科技支撑大食物观潜力趋势展望

◎ 邓小明　张　辉　孙宝国　王璐瑶　卢兵友　王立丽　主编

中国农业科学技术出版社

图书在版编目（CIP）数据

科技支撑大食物观潜力趋势展望 / 邓小明等主编. -- 北京：中国农业科学技术出版社，2025.3. -- ISBN978-7-5116-7008-3

Ⅰ.F326.11

中国国家版本馆 CIP 数据核字第 2024KQ4958 号

责任编辑	史咏竹
责任校对	马广洋
责任印制	姜义伟　王思文

出 版 者	中国农业科学技术出版社
	北京市中关村南大街12号　邮编：100081
电　　话	（010）82105169（编辑室）　（010）82106624（发行部）
	（010）82109709（读者服务部）
网　　址	https://castp.caas.cn
经 销 者	各地新华书店
印 刷 者	北京建宏印刷有限公司
开　　本	185 mm×260 mm　1/16
印　　张	18
字　　数	427千字
版　　次	2025年3月第1版　2025年3月第1次印刷
定　　价	89.00元

◄—— 版权所有·翻印必究 ——►

《科技支撑大食物观潜力趋势展望》编委会

主　　编	邓小明　张　辉　孙宝国　王璐瑶　卢兵友　王立丽
副 主 编	王　静（北工商）　王振忠　赵婉莹　李静红　何晓燕　董　文
学术顾问	张　涌　刘录祥　刘英杰　杨富裕　杨其长　储富祥
执行主编	白　伟　刘　军　张　瑞　鲁康乐　林　涛　曹崇江　周　波　郦金龙　程瑞峰

编　　委（按姓氏汉语拼音排序）

蔡　倩　陈　伟　陈曦光　陈义伦　戴翊超
段维兴　冯　瑞　付广青　付玉杰　傅荣美
高元鹏　葛毅强　郭天洋　胡德俊　胡熳华
胡小鹿　李　峰　李　萌　李　妍　李大鹏
李福利　李新海　李雅君　林建英　林智贤
刘　旭　刘雅怡　刘元法　米晓钰　年琳玉
潘建东　裘　实　权富生　苏　惠　苏　杰
苏建民　孙康泰　沈广辉　田见晖　王　婵
王　静（农村中心）　　　　王　峻　王朝元
王建宇　王文月　王晓妍　王燕星　王勇胜
夏福霖　肖　江　熊兴国　许朵霞　杨红生
杨经学　张　哲　张峻瑜　张诗雨　张炜银
张永淋　赵凤艳　钟仁海　周艳虹　朱华平
祝振亮

前　言

洪范八政，食为政首。我国是个人口众多的大国，解决好吃饭问题始终是治国理政的头等大事。随着我国社会主要矛盾已经转化为人民日益增长的美好生活需要和不平衡不充分的发展之间的矛盾，国民对食物的追求从"吃得饱"向"吃得好""吃得营养""吃得健康"转变，催生食物供给由单一生产向多元供给转变。

习近平总书记指出，解决吃饭问题，根本出路在科技。在确保重要农产品特别是粮食供给的前提下，通过树立大农业观、大食物观，向耕地草原森林海洋、向植物动物微生物要热量、要蛋白，全方位多途径开发食物资源，拓展了传统的粮食边界，使我们从更广的维度把握粮食安全。充分发挥科技创新驱动作用，加强各食物领域技术支撑，在解决食物产量"够不够"的同时，更要着眼于食物质量"好不好"、营养健康价值"高不高"问题，为突破资源环境约束、不断拓展农业生产可能性边界提供科技方案，对保障国家粮食安全、食物安全具有重要意义。

在此背景下，中国农村技术开发中心认真贯彻落实党中央关于树立大食物观重要部署，对标人们对美好生活的需要，主动思考、系统谋划，组织农业农村、食品等领域优势科研力量，聚焦科技支撑大食物观潜力趋势，开展了大量研究。通过分析不同食物供给数量与质量的潜力趋势和科技支撑现状，探索保障我国食物供给稳定向好的可能来源和重要突破口，探讨将潜力变实力、将突破口变生产力的科技支撑着力点，提出近中远期我国大食物发展的配套政策建议，为满足我国人民日益增长的美好生活需要提出科技方案、贡献科技智慧。

本书共分为总报告和专题报告两部分。总报告首先明确大食物观提出的时代背景、现实意义和概念范围，概括我国食物发展现状，梳理相关领域产业科技现状及存在问题，分析食物供需结构、潜力、趋势，探索挖掘科技支撑的潜力和趋势所在，并提出相关政策建议。专题报告则聚焦粮食、畜禽、林业、水产、设施农业、食品加工和微生物7个领域，进一步深入研究，细化分析各分领域食物供给的潜力趋势及科技支撑的发力点，并对部分极端环境下我国食物供给潜力和科技应急支撑策略进行了探讨，以期为大食物产业发展提供更多意见建议。

本书是对科技支撑大食物观潜力趋势的展望，是对践行大食物观的初步探索和总结，集结了全体编著人员的智慧与汗水。希望本书有助于相关单位和个人了解科技创新对大食物观的支撑作用，为保障我国粮食安全和食物安全，更好地满足人民群众日益多元化的食物消费需求，推动农业强国建设提供一些借鉴参考。

由于时间有限，书中难免有遗漏和不足之处，我们会在后续研究中继续完善，欢迎广大读者批评指正。

编　者

2024 年 6 月

目 录

第一篇 总报告

科技支撑大食物观潜力趋势展望 ·· 3
  一、大食物观的内涵 ··· 3
  二、中国大食物发展现状和科技支撑潜力趋势 ······································· 8
  三、政策建议 ·· 46
  参考文献 ·· 48

第二篇 专题报告

专题报告一 大食物观背景下科技支撑粮食领域潜力趋势 ······················· 57
  一、粮食的内涵 ··· 57
  二、中国粮食供需结构、潜力和趋势 ··· 58
  三、中国科技支撑粮食的潜力和趋势 ··· 73
  四、极端情况下中国科技支撑粮食的潜力 ··· 89
  五、政策建议 ·· 94
  参考文献 ·· 97

专题报告二 大食物观背景下科技支撑畜禽领域潜力趋势 ······················· 99
  一、畜禽食物的内涵 ··· 99
  二、中国畜禽食物供需结构、潜力和趋势 ··· 99
  三、中国科技支撑畜禽食物的潜力和趋势 ··· 114
  四、极端情况下中国科技支撑畜禽食物的潜力 ····································· 128
  五、政策建议 ·· 134
  参考文献 ·· 136

专题报告三 大食物观背景下科技支撑森林领域潜力趋势 ······················· 142
  一、森林食物的内涵 ··· 142
  二、中国森林食物供需结构、潜力和趋势 ··· 143

三、中国科技支撑森林食物的潜力和趋势……………………………… 151
　　四、极端情况下中国科技支撑森林食物的潜力………………………… 157
　　五、政策建议……………………………………………………………… 159
　　参考文献…………………………………………………………………… 161

专题报告四　大食物观背景下科技支撑水产领域潜力趋势………………… 163
　　一、水产食物的内涵……………………………………………………… 163
　　二、中国水产品供需结构、潜力和趋势………………………………… 163
　　三、中国科技支撑水产品的潜力和趋势………………………………… 169
　　四、极端情况下中国科技支撑水产品的潜力…………………………… 178
　　五、政策建议……………………………………………………………… 181
　　参考文献…………………………………………………………………… 182

专题报告五　大食物观背景下科技支撑设施农业领域潜力趋势…………… 183
　　一、设施农业的内涵……………………………………………………… 183
　　二、中国设施农业食物供需结构、潜力和趋势………………………… 184
　　三、中国科技支撑设施农业的潜力和趋势……………………………… 197
　　四、极端情况下中国科技支撑设施农业的潜力………………………… 206
　　五、政策建议……………………………………………………………… 207
　　参考文献…………………………………………………………………… 208

专题报告六　大食物观背景下科技支撑食品加工领域潜力趋势…………… 212
　　一、食品加工的内涵……………………………………………………… 212
　　二、中国加工食品供需结构、潜力和趋势……………………………… 214
　　三、中国科技支撑食品加工的潜力和趋势……………………………… 223
　　四、极端情况下中国科技支撑食品加工的潜力………………………… 234
　　五、政策建议……………………………………………………………… 236
　　参考文献…………………………………………………………………… 239

专题报告七　大食物观背景下科技支撑微生物领域潜力趋势……………… 241
　　一、微生物食物的内涵…………………………………………………… 241
　　二、中国微生物食物供需结构、潜力和趋势…………………………… 242
　　三、中国科技支撑微生物食物的潜力和趋势…………………………… 249
　　四、极端情况下中国科技支撑微生物食物的潜力……………………… 257
　　五、政策建议……………………………………………………………… 259
　　参考文献…………………………………………………………………… 261

附　录

附表 1　中国主要食物供给与消费现状 ………………………………………… 265
附表 2　食品加工制造业与大食物各行业之间的关联 ………………………… 266
附表 3　中国大食物产业发展趋势 ……………………………………………… 268
附表 4　"十三五""十四五"期间中国科技支撑大食物产业情况 …………… 271

第一篇

总报告

科技支撑大食物观潜力趋势展望

一、大食物观的内涵

(一) 大食物观提出的时代背景与意义

"粮食安全是'国之大者'。悠悠万事，吃饭为大。民以食为天"。粮食安全事关国运民生，与能源安全、金融安全一样是经济安全的重要方面，是国家安全的重要基础。中华人民共和国成立后，我国始终把解决人民吃饭问题作为治国安邦的首要任务。

食物供给体系的变化，能够映射一个国家经济社会的发展变化。中华人民共和国成立之后，我国经历了很长一段时间的食物短缺。1978年之后，农村基本经营制度改革提高了农业生产力，我国才逐渐摆脱食物短缺。在那样一个时期，食物问题几乎就等同于粮食问题，当时中国居民的食物消费以粮食为主，目标是有的吃，填饱肚子。20世纪90年代以来，我国从注重粮食数量安全开始向兼顾数量安全和营养安全过渡。

1993年国务院制定并颁布《九十年代中国食物结构改革与发展纲要》，是我国首部关于食物与营养发展的纲领性文件，标志着保障粮食安全的目标从单一数量安全扩展为数量安全与营养安全并重。

1996年发布的《中国的粮食安全问题》白皮书明确表示，中国能够依靠自己的力量实现粮食基本自给，并提出"立足国内资源实现粮食基本自给"是我国解决粮食供需问题的基本方针。在此方针指导下，我国形成了符合国情的粮食安全观，即种植业是农业的重要基础，粮棉油糖是关系国计民生的重要商品，保障粮食有效供给是农业发展的首要任务。我国传统粮食安全观侧重粮食供给数量，基于此，制定和实施了一系列农业发展政策，粮食产量不断迈上新台阶。

2012年中央一号文件《关于加快推进农业科技创新 持续增强农产品供给保障能力的若干意见》强调保障粮食供给以及增强农产品供给保障能力，明确要实现农业持续稳定发展、长期确保农产品有效供给，根本出路在科技。

党的十八大以来，以习近平同志为核心的党中央把粮食安全作为治国理政的头等大事，将粮食安全纳入国家安全大局，提出了"以我为主、立足国内、确保产能、适度进口、科技支撑"的国家粮食安全战略。2013年，习近平总书记在中央农村工作会议上对国家粮食安全战略进行了系统阐述，明确提出确保"谷物基本自给、口粮绝对安全"的战略底线。正是这些相关论断引领并推动了我国粮食安全理论创新、实践创新和制度创新，"单一安全"向"全链条安全"拓展，"产量安全"向"生态安全"延伸，"粮食安全"向"食物安全"推进。

2015年中央一号文件《关于加大改革创新力度 加快农业现代化建设的若干意见》提出要不断增强粮食生产能力，深入推进农业结构调整，启动实施油料、糖料、天然橡胶生产能力建设规划。加快发展草牧业，支持青贮玉米和苜蓿等饲草料种植，开展粮改饲和种养结合模式试点，促进粮食、经济作物、饲草料三元种植结构协调发展。同时，强调要强化农业科技创新驱动作用。

2015年中央农村工作会议上正式提出"要树立大农业、大食物观念，推动粮经饲统筹、农林牧渔结合、种养加一体、一二三产业融合发展"。2016年中央一号文件《关于落实发展新理念 加快农业现代化实现全面小康目标的若干意见》强调优化农业生产结构和区域布局，并将"树立大食物观，面向整个国土资源，全方位、多途径开发食物资源，满足日益多元化的食物消费需求"作为重要内容。

2017年中央一号文件《关于深入推进农业供给侧结构性改革 加快培育农业农村发展新动能的若干意见》指出，农业的主要矛盾由总量不足转变为结构性矛盾，突出表现为阶段性供过于求和供给不足并存，矛盾的主要方面在供给侧；提出建设粮食生产的功能区、重要农产品的保护区和特色农产品的优势区。2017年12月，习近平总书记在中央农村工作会议上指出，老百姓的食物需求更加多样化了，这就要求我们转变观念，树立大农业观、大食物观，向耕地草原森林海洋、向植物动物微生物要热量、要蛋白，全方位多途径开发食物资源。

2021年4月，第十三届全国人民代表大会常务委员会第二十八次会议通过《中华人民共和国乡村振兴促进法》，要求国家实施以我为主、立足国内、确保产能、适度进口、科技支撑的粮食安全战略，坚持"藏粮于地、藏粮于技"，采取措施不断提高粮食综合生产能力，建设国家粮食安全产业带，完善粮食加工、流通、储备体系，确保谷物基本自给、口粮绝对安全，保障国家粮食安全。要求国家完善粮食加工、储存、运输标准，提高粮食加工出品率和利用率，推动节粮减损。要求国家实行重要农产品保障战略以保障粮食和重要农产品有效供给和质量安全。

2022年3月，习近平总书记在看望参加全国政协十三届五次会议的农业界、社会福利和社会保障界委员时提出，要树立大食物观，从更好满足人民美好生活需要出发，掌握人民群众食物结构变化趋势，在确保粮食供给的同时，保障肉类、蔬菜、水果、水产品等各类食物有效供给，缺了哪样也不行。

2022年10月，习近平总书记在党的二十大报告中提出，"全方位夯实粮食安全根基，全面落实粮食安全党政同责，牢牢守住十八亿亩[①]耕地红线，逐步把永久基本农田全部建成高标准农田，深入实施种业振兴行动，强化农业科技和装备支撑，健全种粮农民收益保障机制和主产区利益补偿机制，确保中国人的饭碗牢牢端在自己手中""树立

---

① 1亩≈667米^2，全书同。

大食物观，发展设施农业，构建多元化食物供给体系"。

2022年12月，习近平总书记在中央农村工作会议上强调，保障粮食和重要农产品稳定安全供给始终是建设农业强国的头等大事。要实施新一轮千亿斤①粮食产能提升行动，抓紧制定实施方案。要抓住耕地和种子两个要害，坚决守住18亿亩耕地红线，逐步把永久基本农田全部建成高标准农田，把种业振兴行动切实抓出成效，把当家品种牢牢攥在自己手里。要健全种粮农民收益保障机制，健全主产区利益补偿机制。保障粮食安全，要在增产和减损两端同时发力，持续深化食物节约各项行动。要树立大食物观，构建多元化食物供给体系，多途径开发食物来源。

2023年中央一号文件《关于做好2023年全面推进乡村振兴重点工作的意见》提出"树立大食物观，加快构建粮经饲统筹、农林牧渔结合、植物动物微生物并举的多元化食物供给体系，分领域制定实施方案"。

大食物观是中共中央粮食安全观念的战略性转变和历史性演进的体现，也是新时代我国经济社会发展进步的重要标志。它拓展了传统的粮食边界，推动传统粮食安全向食物安全转变，不仅关注数量安全而且关注质量安全，使我们从更广的维度把握粮食安全，对当前我国农业供给侧结构性改革提出了更高要求，已成为我国粮食安全战略的重要组成部分。

党的二十大报告明确提出，党的中心任务是"全面建成社会主义现代化强国、实现第二个百年奋斗目标，以中国式现代化全面推进中华民族伟大复兴"。以习近平同志为核心的党中央基于我国经济社会发展的需要和人民对美好生活的向往提出了大食物观。大食物观坚持以人民为中心的发展思想，遵循人类发展的大历史观，体现人与自然和谐共生的资源观，彰显人类命运共同体大视野。只有全面准确把握大食物观的科学内涵，才能树立正确的大食物观，这对于保障我国粮食安全、促进乡村振兴乃至全面建成社会主义现代化强国具有重要意义。

（二）大食物观的概念与范围

1. 大食物观的概念

大食物观是我国从温饱社会向小康社会转型后，尤其是开启全面建设社会主义现代化国家新征程以后，国民对食物追求从"吃得饱"向"吃得好""吃得营养""吃得健康"转变过程中，催生的食物供给由单一生产向多元供给转变，面向整个国土资源全方位多途径开发食物资源的新型食物资源观，以及新时代背景下的食物安全观、食物生产观、食物消费观、食物营养观和健康管理观（图1-1）。

大食物观不仅是我国传统食物观的发展和演进，也是构建更绿色、更可持续的大食物生产观，更是解决目前传统食物制造过程中某些高能耗、高水耗、高排放和高污染等产业核心瓶颈，助力实现碳达峰碳中和的关键。

大食物观的中心在食物，基础在粮食，重点在空间，关键在多元，突破在科技，

---

① 1斤=0.5千克，全书同。

图 1-1 大食物观的内涵

趋势在观念。中心在食物，即食物供给的最终目标是可食用性，推动国民膳食结构从"有得吃、吃得饱"向"吃得丰富、平衡、健康"转变。基础在粮食，即要求把抓好粮食生产和重要农产品供给摆在首要位置，全方位夯实粮食安全根基，把中国饭碗端得更牢。重点在空间，即要求观念上从先前的"向耕地资源要食物"转变为"向国土空间、水域和海洋要食物"。既要牢牢守住 18 亿亩耕地红线，同时全方位发掘种植养殖空间潜力，在保护好生态环境的前提下，根据各地资源禀赋，宜粮则粮、宜经则经、宜牧则牧、宜渔则渔、宜林则林，形成同市场需求相适应、同资源环境承载力相匹配的现代农业生产结构和区域布局，为食物供给提供量的保障。关键在多元，要大力提升食物来源的多元化，下大力气抓好肉类、蔬菜、水果、水产品等重要农产品的生产，推动食物供给由单一生产向多元供给转变，充分保障"科研—投入—生产—流通—消费"全产业链的食物安全，并以食物产业链为载体向前拓展到微生物资源、动植物种质研发和要素投入，向后延伸到食物流通和消费，通过在加工环节和消费端做减法，加工环节减少粮食损耗，消费端减少食物浪费。多元化还要求统筹常态期和极端期两类背景下的大食物观，既要满足迈向全面建设社会主义现代化国家新征程过程中国民对于食物的更高层次要求，也要关注"世界之变、时代之变、历史之变"的大背景下，我国的食物安全问题。突破在科技，要发挥从农产品各要素到食物各环节的科技支撑能力，尤其要发挥现代食品加工技术等科技力量在食物开源、节流、调结构等方面的核心作用，解决食物高质量、安全供给方面的痛点、难点，突破"卡脖子"问题。趋势在观念，要加大宣教力度，改变传统食物生产、供给和消费观念，助力大食物观在政府、企业、消费者等多方面形成新的共识，不断促进生产、消费、营养、健康协调发展。

要辩证地全面把握大食物观的内涵。首先，把握好"整体"与"局部"的关系。要十分关注主粮这个"局部"，也不能忽视自然界这个大系统的"整体"，主食副食一起抓，植物动物微生物一起利用。其次，把握好"数量"与"质量"的关系。粮食安全不仅需要高度重视食物数量的稳定增长，也要保证食物质量的同步提升。这就需要推动食物供应由"以量为主"向"量质结合、提质保量"的方向转型，也需要推动食物政策目标导向从"有没有""够不够"向"好不好""优不优"的方向转变，加快构建消费驱动、结构合理、供给有效的食物供应保障体系，以更好地满足国内日益丰富、多元的消费需求。再次，把握好"生产"与"生态"的关系。要在充分评估资源环境承载力和有序合理保障生态安全的前提下，推动形成与市场需求相适应、同资源环境承载力相匹配的现代农业生产结构和区域布局，让耕地、草原、森林、江河湖海能够休养生息，为人们提供源源不断的食物。最后，把握好"国内"和"国际"之间的关系。树立大格局和全球视野，把国际市场和资源也纳入我国大食物保障的范畴。我国食物供给安全离不开国际市场和资源。同时，必须清醒地认识到，保障中国粮食安全不可能完全寄托于国际市场，尤其是在当前背景下，将更加考验我国统筹利用国际国内"两个市场、两种资源"的大眼界、大智慧。

2. 大食物观的范围

在大食物观理念下，食物资源的来源必然是全方位、多途径的，其底层逻辑在于"三物农业"与人之间的关系，即植物、动物、微生物与人四者间的资源循环闭环（图1-2）。因此，从资源的大类来源来分，可分为植物性食物资源、动物性食物资源和微生物性食物资源。随着科技的进步，"人造植物肉""细胞肉""人工合成淀粉""人工合成蛋白质"等新型食物资源将随之出现。同时，需要明确的是，大食物观的内涵还包括观念的引导和建立，包括新型食物资源观、新型食物安全观、新型食物消费观、新型食物生产观、新型食物营养观和新型健康管理观等。

尤其重要的是，大食物观的践行是一个庞杂的系统工程，要素繁杂，环节众多，影响因素多维，要素与要素、环节与环节之间存在非常复杂的层层影响、互相作用关系。因此，必须要有全局观和系统协调机制，通过顶层设计推动大食物观的落实。

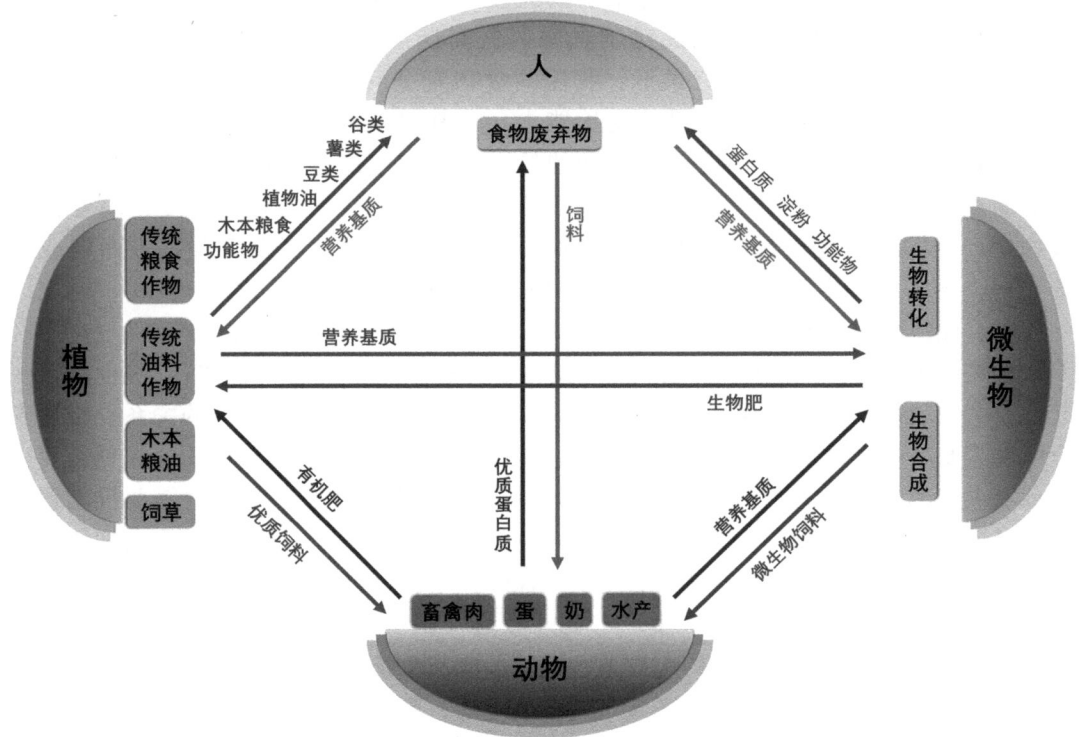

图 1-2 "三物农业"与人之间的大食物资源循环逻辑

二、中国大食物发展现状和科技支撑潜力趋势

（一）中国大食物发展现状

1. 中国现阶段居民膳食结构特征

从我国居民恩格尔系数变化趋势以及居民饮食理念变化趋势可以明确，目前我国已全面解决温饱并进入小康社会。在大食物结构方面，居民食物消费结构正逐渐从满足吃饱向健康膳食结构转变，"吃得更好更健康"成为主要目标，如图1-3和图1-4所示。实现营养健康的膳食结构升级，主要体现在两个方面：一方面是膳食结构中口粮消费量逐步减少，肉类食物消费需求快速增加；另一方面是饮食结构趋向多元化。

（1）人均粮食及谷物消费量下降，消费结构更多元

国家统计局数据显示，2013—2021年，我国居民人均主要食物消费量缓步上升，从2013年的360.6千克上升至2021年的413.2千克。其中，粮食（原粮）的人均年消费量在2013年处于高点（148.7千克），随后缓慢下降，至2018年到达最低点（127.2千克），随后再次缓步上升至2021年的144.6千克，至2022年，再次下降至136.8千克。收入水平的提高一定程度上促进了城乡居民饮食消费观念的转变。如果从原粮的细

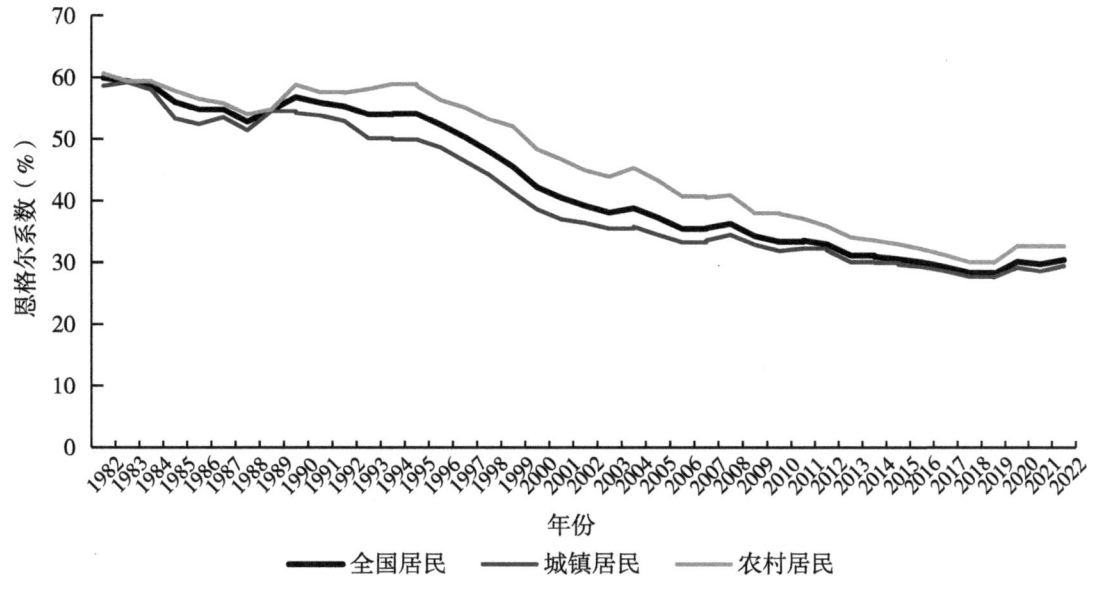

图 1-3　1982—2022 年中国居民恩格尔系数变化趋势

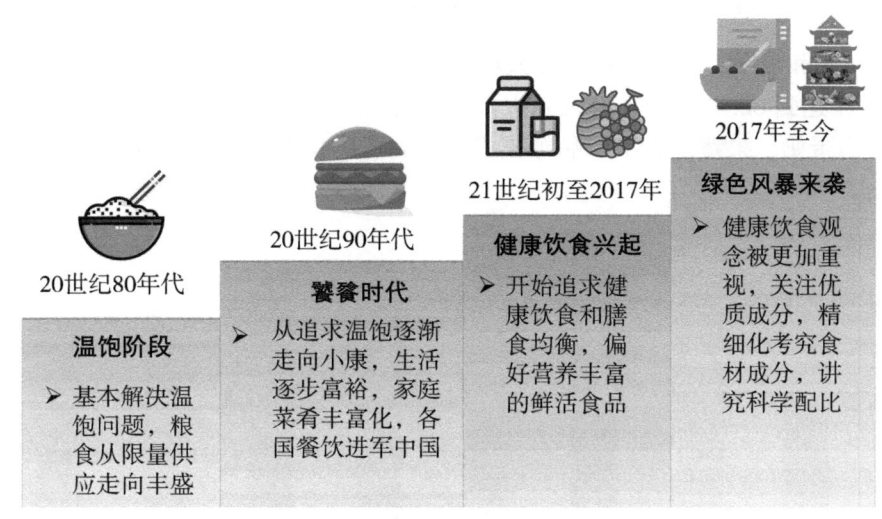

图 1-4　中国居民饮食理念变化趋势

（资料来源：天猫《2022 年食用油行业趋势白皮书》）

分种类看，原粮中谷物的消费量从 2013 年的 138.9 千克降至 2018 年的 116.3 千克，随后缓步上升至 2021 年的 131.4 千克，而薯类和豆类的消费量基本保持持续上升趋势（图 1-5）。

从 2013—2021 年人均主要食物消费的组成结构看，原粮的消费占比缓步下降；肉、禽、水产、蛋的消费量显著提升，从 2013 年的 51.4 千克提升至 2021 年的 72.6 千克，增长 41.2%；奶类人均消费量也由 11.7 千克上升到 14.4 千克，提升 23.1%；食用油消费稳中略有下降，蔬菜、食用菌、瓜果的消费量大体保持稳定。从数据看，肉、禽、水

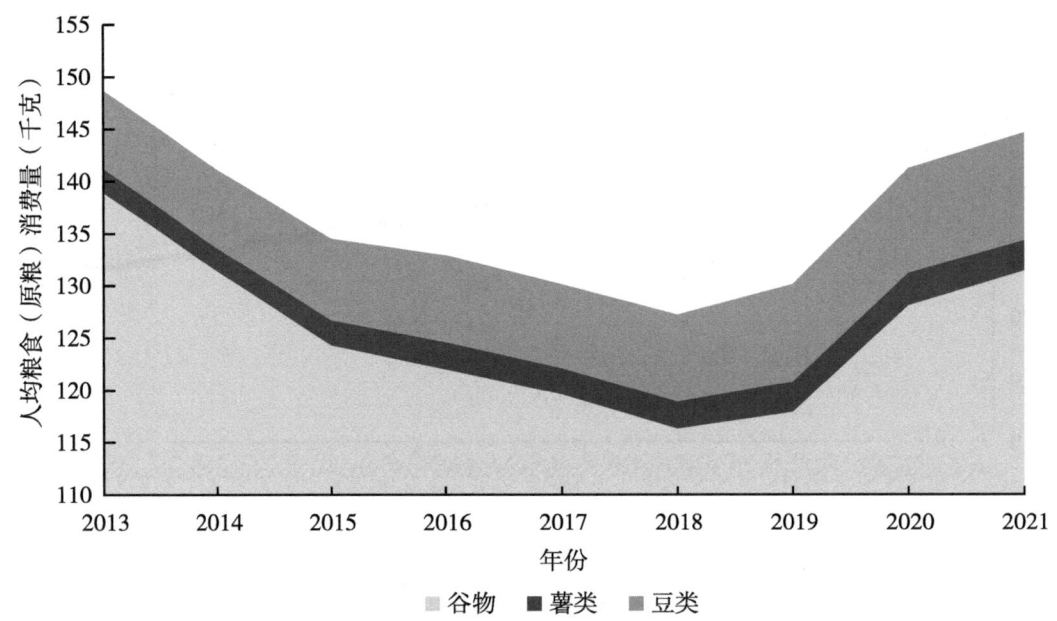

图 1-5　2013—2021 年中国居民人均粮食（原粮）消费量变化趋势

产、蛋、奶和蔬果、食用菌在居民人均主要食物消费中的占比从 2017 年开始超过 60%，至 2021 年达到 62.40%，成为人们生活的"刚需"（图 1-6）。主粮不"主"、副食不"副"，肉蛋奶、果蔬菌、水产品等正成为我国居民餐桌上的"主旋律"。当人们的"吃

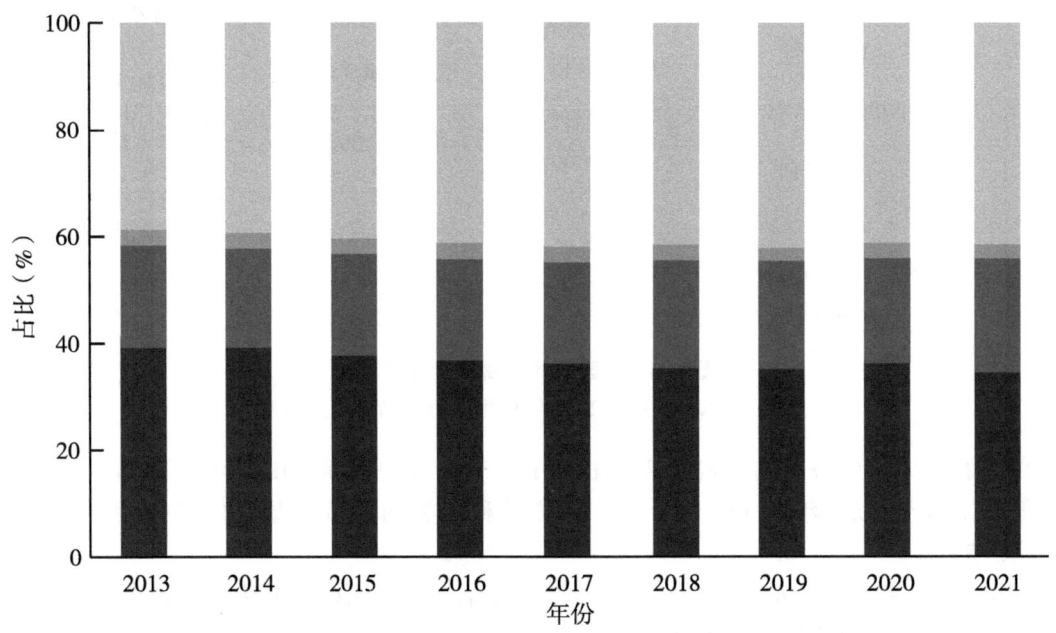

图 1-6　2013—2021 年中国居民人均主要食物消费结构变化趋势

饭"需求从"吃得饱"转向"吃得好""吃得健康",更加丰富多元、营养健康的食物供应成为发展新要求。

(2) 食物供给与消费质量还有待进一步优化

据《2022年中国食物与营养发展报告》显示,我国食物供给与消费结构尚不合理:在生产供给方面,粮食、蔬菜、水果和肉类基本自给。大豆进口近年来一直保持在高位,植物油、奶类和饲料粮进口量大幅上升。在食物消费方面,精加工谷物消费量趋于稳定,全谷物消费偏低,杂粮消费减少。肉类、蛋类和水产品消费不断增加,奶类消费仍然偏少。蔬菜、水果消费持续快速增长,为居民营养改善作出了贡献,但食用油和食糖的快速增长则可能带来健康风险。报告还显示,随着城乡居民收入的不断提高,人民群众对食物的消费需求日益多元化,对营养健康的关注日益迫切,但受农业发展尚未完全实现现代化、投入不足、科研力量薄弱、"食育"不到位等因素的影响,我国仍存在一些亟待解决的食物与营养问题:①居民膳食不平衡,居民超重和肥胖问题不断凸显,慢性病患病、发病仍呈上升趋势。②过度加工导致食物营养损失较大,全产业链食物损耗浪费严重。③居民食物营养认知转变相对滞后,合理膳食的消费理念有待强化。④营养安全支持体系薄弱,食物资源数据匮乏,缺乏监测评价标准,食物营养品质数据库尚不完善,限制了食物资源的高质量利用、食物品种多样性的开发和居民营养改善。

2. 国内外膳食模式对比分析

在国内外膳食模式对比分析方面,借鉴了邻近的日本与韩国以及中国台湾的膳食结构。三个地区都达到了富裕状态下的稳定膳食消费,尤其是中国台湾与中国大陆均属于典型的中华民族饮食习惯,具有一定可借鉴性。对照《中国居民膳食指南(2022)》推荐的平衡膳食消费模式对比2020年中国大陆与中国台湾、日本、韩国的居民膳食消费,可发现,中国台湾、日本和韩国的膳食模式营养较为均衡、结构较为合理,更接近平衡膳食模式,可作为未来我国经济发展到富裕水平时居民膳食消费需求模式的参考(图1-7)。以中国台湾为例,其居民主要膳食年消费总量为543.3千克/人,比中国大陆居民多消费157.6千克/人,中国大陆居民在肉禽类、水产品和奶类等动物性食物以及水果类食物方面与中国台湾居民消费量差距较大,分别少46.0千克/人、15.5千克/人、35.9千克/人、67.9千克/人,而中国大陆居民口粮年消费量比中国台湾居民高出30千克/人以上。未来,我国居民膳食消费总量和动物性食品消费仍有较大的提升空间,肉禽类食品消费的提升空间可能超过1倍。从消费结构上看,大陆居民食物消费逐步多样化,主食在膳食营养中的地位不断下降,其提供的热量由1980年的67%下降为46%,蔬菜、水果及动物产品消费量明显增加,这些产品提供的热量由1980年的10%增加到34%。农业农村部食物与营养发展研究所的研究结果表明,2021年,我国人均肉类、蛋类、奶类和水产品的消费量分别为69.6千克、24.1千克、42.5千克和22.8千克,扣除全产业链损耗与不可食部分,折合人均动物蛋白消费量为每天37.7克,与1978年的每天6.5克相比,增加了近5倍,与世界平均、亚洲平均水平相比,分别高出13.7%、29.5%。

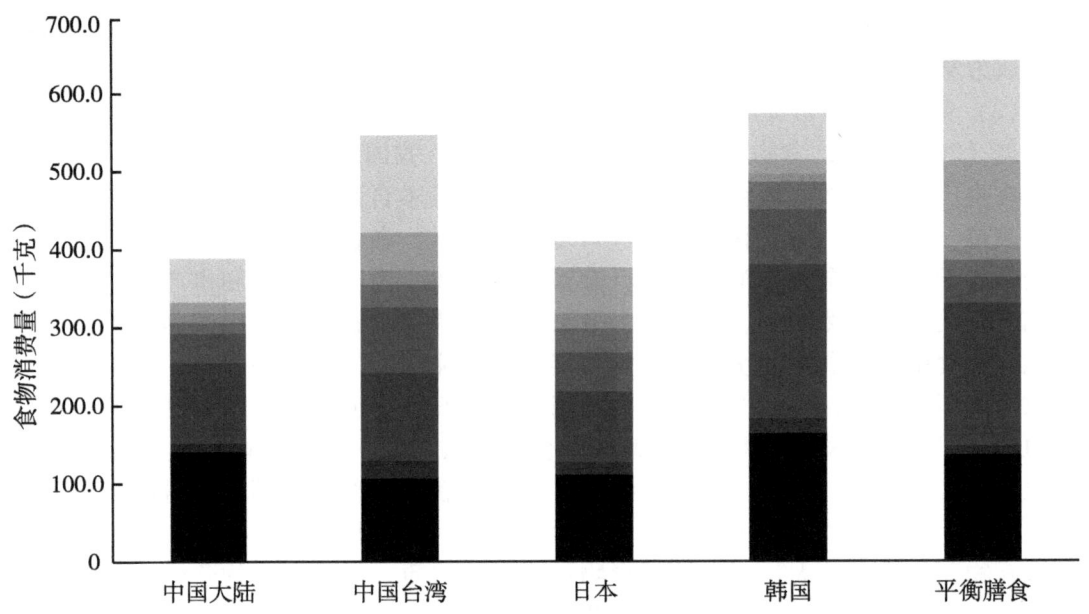

图1-7 中国大陆、中国台湾、日本、韩国居民主要食物消费量对比

3. 中国主要食物供给、消费和进出口情况

（1）口粮绝对安全，谷物基本自给

我国粮食的范围主要包括稻谷、小麦、玉米、薯类、豆类、高粱、谷子及其他杂粮。除1999—2003年的5年，1980—2022年我国粮食产量一直保持稳定增产，2015年起连续8年稳定在1.3万亿斤以上（图1-8）。2008年起，人均粮食占有量已经连续15

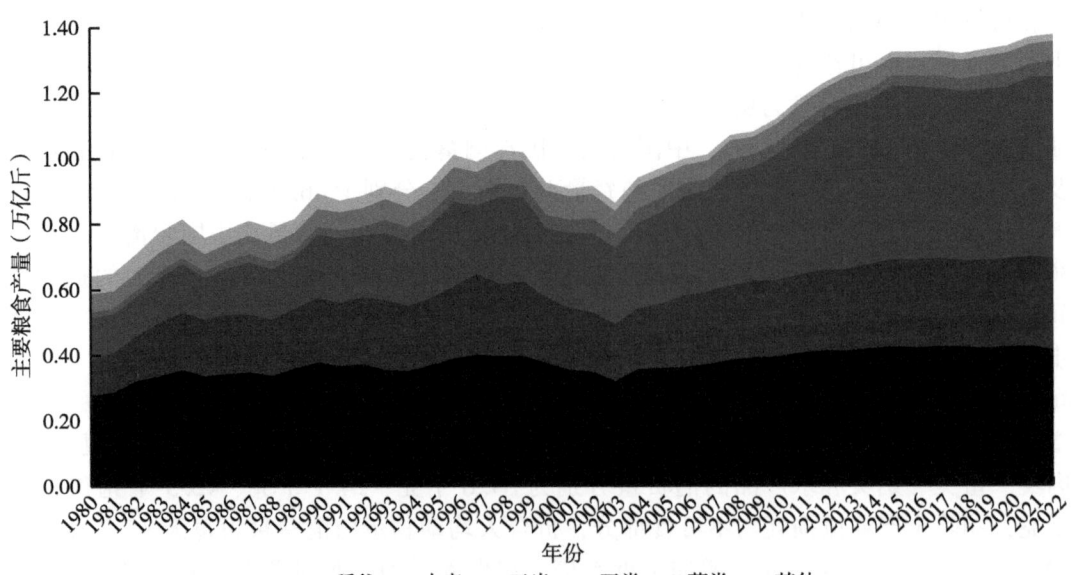

图1-8 1980—2022年中国主要粮食产量变化趋势

年超过400千克（图1-9），高于国际公认的400千克粮食安全线。当前，中国是全球最大的粮食生产国，粮食产量约占全球粮食生产总量的1/4。我国国家层面提到的"口粮绝对安全，谷物基本自给"的战略底线，口粮主要是指小麦和大米，谷物主要指稻米、小麦和玉米。

图1-9　1980—2022年中国人均粮食占有量

在既有粮食安全与农产品供给安全目标导向下，口粮安全形势判断关系到农业资源配置和农业结构调整的政策选择，而按不同口径测算的口粮自给率存在较大差异，并影响对口粮安全形势的判断。目前围绕"口粮绝对安全"所保障的口粮需求量并不是"口粮"实际所指的口粮品种的食用消费量，而是口粮品种的总消费量，后者既包括食用消费量，也包括饲用消费等其他用途的消费量。近几年，随着食物消费结构升级和口粮用途转变，以及粮食精深加工技术的不断提升，稻谷饲料用粮和工业用粮比重逐渐提高，口粮消费占比逐渐下滑。因此，存在两种口粮自给率统计口径，分别是"口粮品种总消费自给率"（国内产量与口粮品种总消费量之比）和"口粮品种食用消费自给率"（国内产量与口粮品种食用消费量之比）。据测算，2020/2021年度我国稻谷和小麦的口粮品种总消费自给率分别为100.7%和90.6%，稻谷处于紧平衡状态，小麦则存在较大产需缺口。但是，如果仅计算口粮品种食用消费自给率，则分别达到133.7%和145.4%，处于绝对安全区间。2022年我国累计进口粮食14 687.2万吨，占粮食总产量（68 653万吨）的21.4%，对外依存度为17.6%；2021年进口16 454万吨，占粮食总产量（68 285万吨）的24.1%，对外依存度为19.4%。从我国粮食进口情况看，表现出典型的品种特征和结构化特征。口粮进口量较少，进口的口粮主要是为了实现国内品种的调剂。

从历年我国三大谷物产量看，2011年开始我国玉米的产量超过稻谷的产量，成为头号粮食作物（图1-10）。近年来我国玉米产量一直保持高位，玉米增产的背后是中国食物需求结构的变化。随着居民收入的提高，肉蛋奶等农副产品需求增加，饲料粮需求随之增加。在国内玉米产量增加的背景下，进口量也出现了显著增长，2001年加入世界贸易组织后，中国一直保持玉米净出口态势，至2010年，中国首次转变为净进口国。一方面是市场需求巨大，另一方面是国内外存在价差。但是如图1-11所示，我国玉米

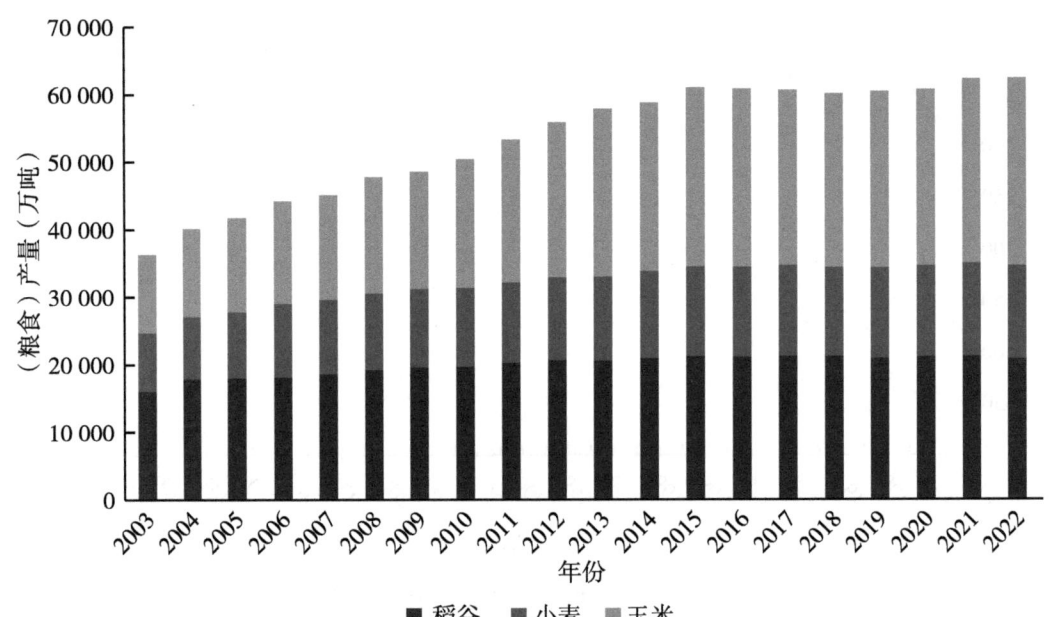

图1-10　2003—2022年中国谷物产量变化趋势

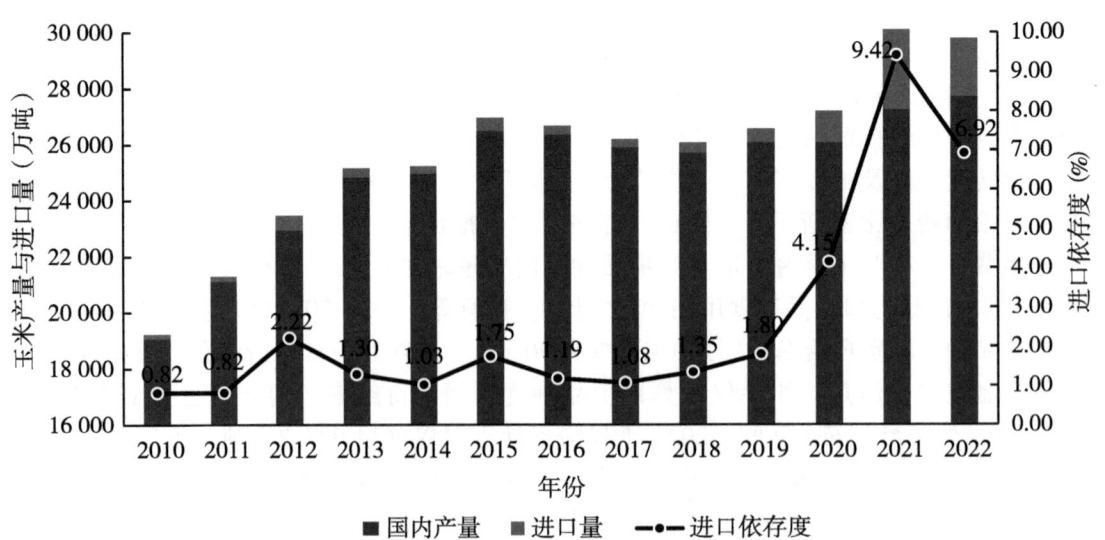

图1-11　2010—2022年中国玉米产量与进口量情况

总体进口量可控，2021 年高点时的玉米进口量占比也未超过 10%。由于玉米进口的存在，使得我国谷物总体上未能实现 100% 的自给，但是稻谷、小麦、玉米三大谷物的总体自给率始终保持在 96% 以上，实现了基本自给。未来 10 年，预计玉米播种面积先降后增，有望稳定在 6.5 亿亩；预计 2031 年玉米产量将达到 32 393 万吨，年均增长 2.0%。随着玉米种植模式不断优化、育种技术和田间管理技术的推广应用，单产水平稳步提升，预计年均增长 1.7%。玉米供求关系将由偏紧逐步向基本平衡格局转变，进口量下降后趋于稳定，预计 2031 年进口量降至 757 万吨。

(2) 大豆等饲料粮产需缺口较大

近年来，受种植结构调整、需求增加、比较效益较高等因素的影响，我国玉米从供应有余到产量不足，2022 年产需缺口 1 461 万吨，但期末库存消费比仍高达 43.8%。大豆是我国重要的饲料蛋白来源，受城乡居民肉蛋奶消费增长影响，消费迅猛增长，产需缺口大。2021 年我国大豆产量、消费量分别为 2 036 万吨、11 993 万吨，缺口 9 957 万吨。由图 1-12 可见，我国基本实现口粮绝对安全，确保饲料粮安全已成为当前国家粮食安全面临的主要矛盾。

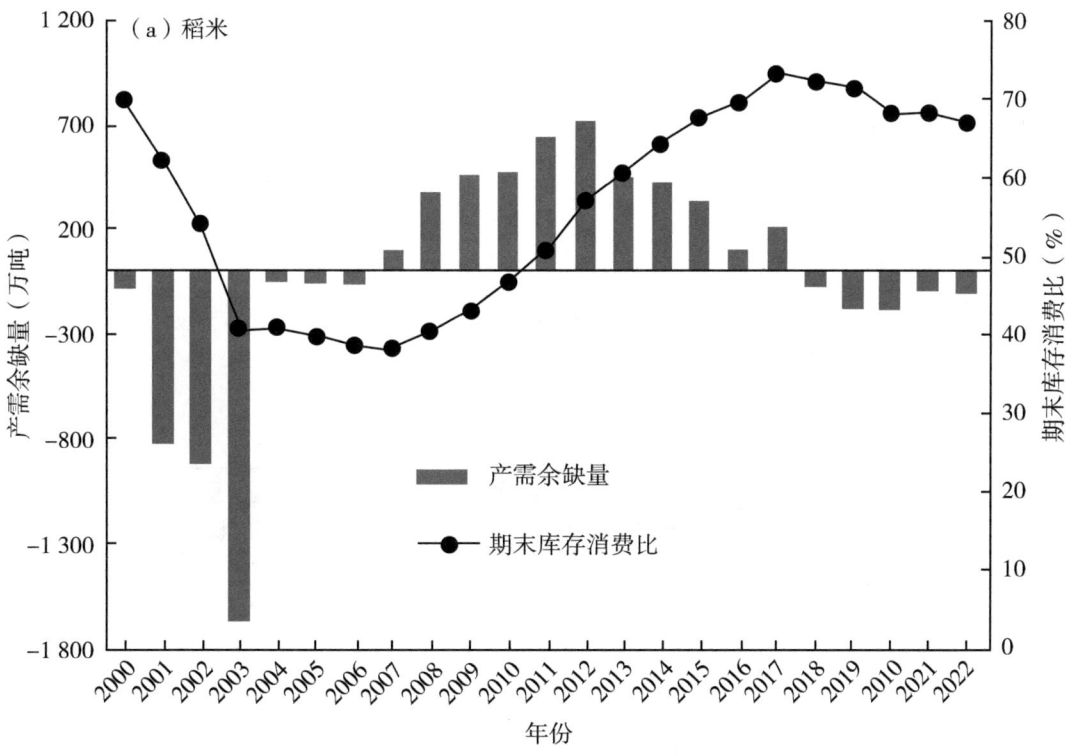

图 1-12　2000—2022 年中国四大主粮供需变化情况

（数据来源：FAO-OECD，*Agricultural Outlook 2021—2030*）

注：稻米是将稻谷按照 70% 的系数折算而来。

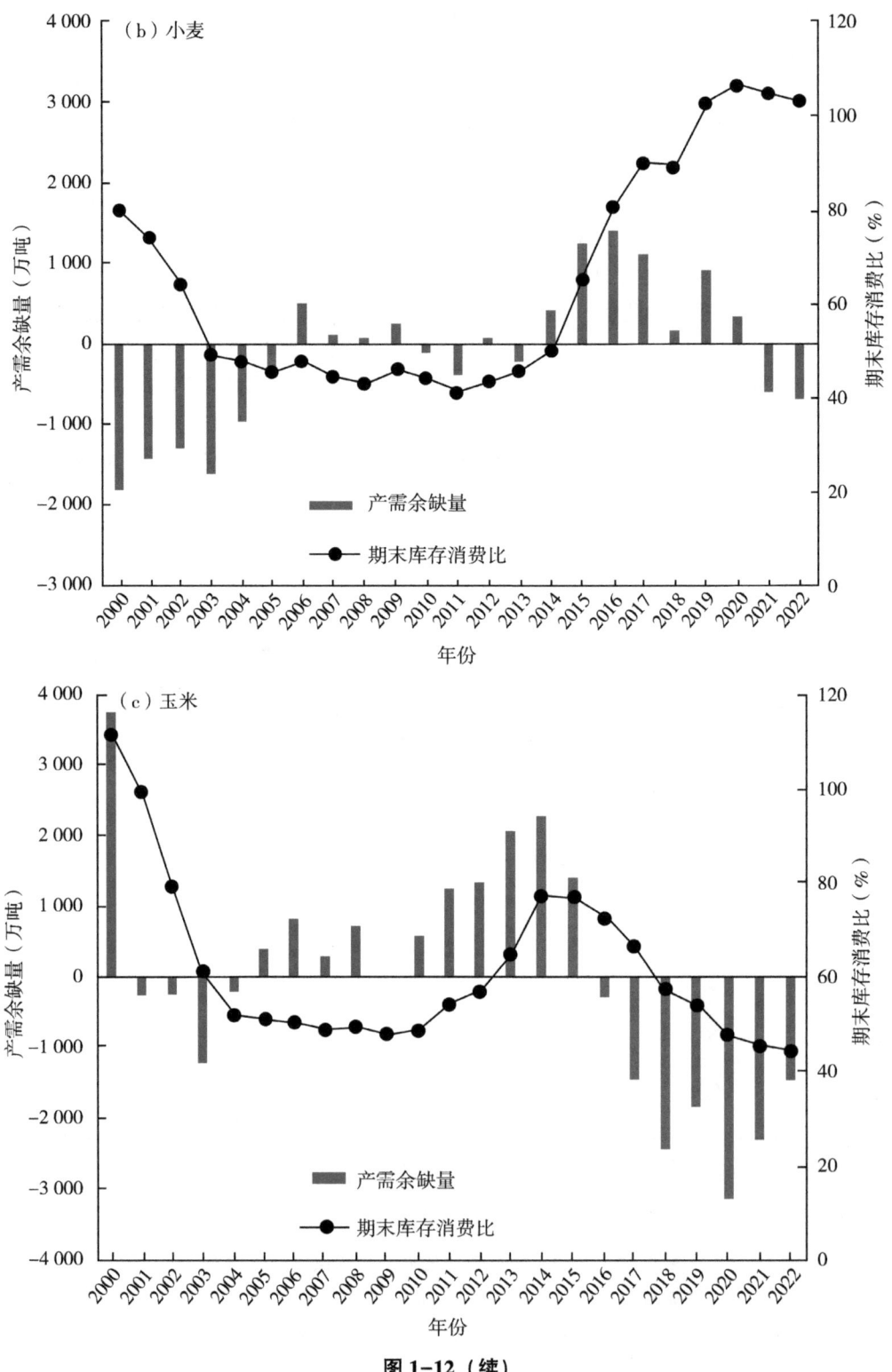

图 1-12（续）

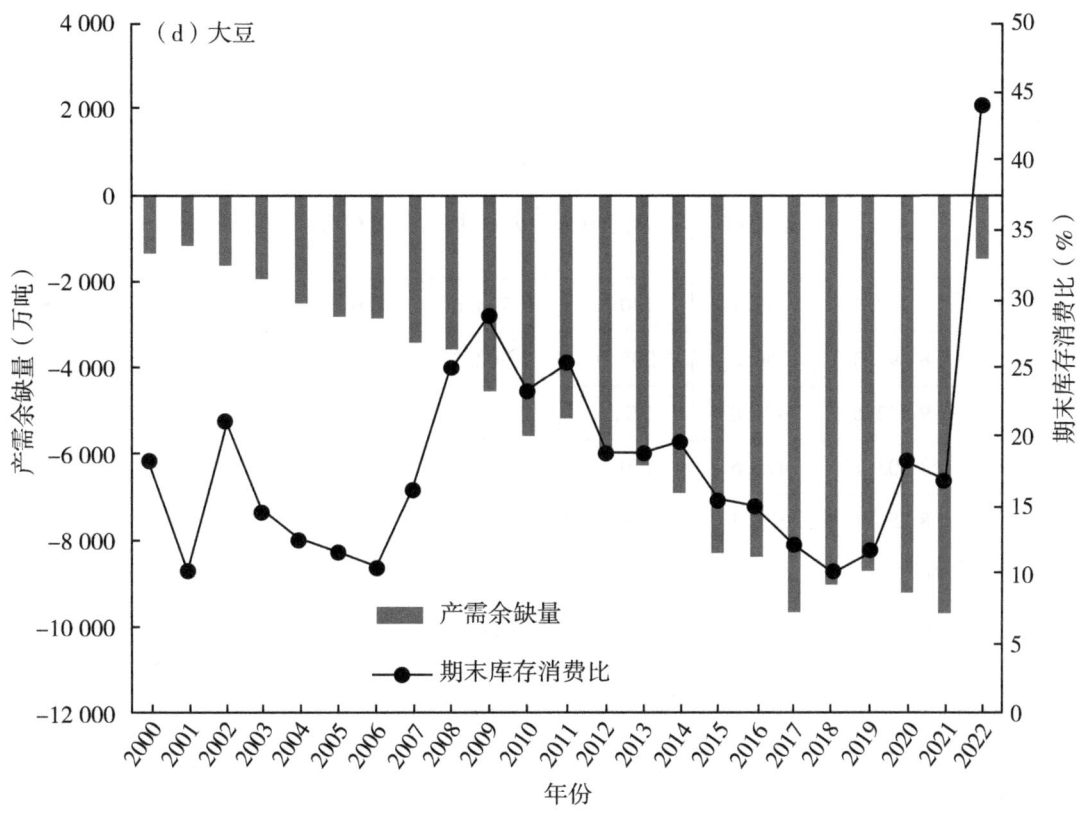

图 1-12（续）

(3) 食用植物油供求缺口大，自给率较低

植物油是人们膳食中不可缺少的成分。我国食用油消费以植物油为主。随着消费需求增长和消费能力提高，我国食用植物油消费的品种结构不断发生变化，逐渐形成以大豆油、菜籽油和木本油为主，多油并举的格局。

近年来，食用植物油脂消费占植物油脂总消费量的比值虽出现小幅回落，但总体仍保持在85%以上。2021年，全国食用植物油脂消费占植物油脂总消费量的87.2%，工业及其他植物油脂消费占比为12.8%。植物油脂又分为草本植物油和木本植物油，前者包括大豆油、花生油、油菜籽油、葵花籽油、棉籽油等，后者包括棕榈油、椰子油、橄榄油、核桃油、油茶籽油等。据2021年消费数据统计，我国食用植物油产品结构以大豆油占比最高，为48.9%，其次是菜籽油、棕榈油和花生油，分别占比23.6%、15.0%和10.0%，葵花籽油、棉籽油、棕榈油、椰子油和橄榄油等占比均较低。

尽管我国每年都有大量的油料生产，但是国产油料所产油脂不能完全满足国内食用油和其他加工用油的巨大需求，形成的巨大用油缺口须通过进口油料和直接进口油脂满足。因此，我国油脂供应主要分为3个来源：国产油料所产油脂、进口油料所产油脂以及进口植物油。根据表1-1和表1-2的相关数据可测得，2018—2022年，我国食用油的对外依存度已经接近甚至超过70%。尤其需要注意的是，进口大豆量居高不下，对外依存度大，是我国油脂对外依存度高的重要因素。

表1-1　2015—2022年中国油料进口量及其产油估算量

年份	油料进口量（万吨）			进口油料产油估算量（万吨）			进口油料产油总量（万吨）
	大豆	油菜籽	其他油籽	大豆油	菜籽油	其他油籽油	
2015	8 169.4	447.1	140.6	1 715.6	156.5	42.2	1 914.3
2016	8 391.3	356.6	205.0	1 762.2	124.8	61.5	1 948.5
2017	9 552.6	474.8	172.6	2 006.0	166.2	51.8	2 224.0
2018	8 803.1	475.6	170.2	1 848.7	166.5	51.1	2 066.3
2019	8 851.1	273.7	206.0	1 858.7	95.8	61.8	2 016.3
2020	10 032.7	311.4	270.0	2 106.9	109.0	81.0	2 296.9
2021	9 651.8	263.8	289.5	2 026.9	92.3	86.9	2 206.1
2022	9 108.1	196.1	306.7	1 912.7	68.6	92.0	2 073.3

数据来源：国家粮油信息中心。

注：大豆按21%出油率估算，油菜籽按35%出油率估算，其他油籽按平均30%出油率估算。

表1-2　2018—2022年中国油脂产量、进口量与进口依存度

年份	国产油料榨油量（万吨）	食用植物油进口量（万吨）	各类食用植物油进口量（万吨）				进口油料折算油脂产量（万吨）	油脂进口依存度（%）
			豆油	棕榈油	菜籽油	其他油脂		
2018	1 192.8	808.7	54.9	532.7	129.6	91.5	2 066.2	70.68
2019	1 202.8	1 152.7	82.6	755.2	161.5	153.4	2 016.3	72.49
2020	1 212.3	1 169.5	96.3	647.0	193.0	231.4	2 296.9	74.09
2021	1 303.3	1 213.7	112.0	637.7	215.4	248.6	2 206.1	72.41
2022	1 350.3	801.7	34.4	494.1	106.1	167.1	2 073.3	68.04

数据来源：国家粮油信息中心。

注：2022年的国产油料榨油量为预测量。

（4）畜禽食物需求持续增加，饲草饲料、种质资源等进口依赖大

如图1-13所示，目前，由于资本市场、期货市场和猪肉价格等因素的影响，我国生猪产能尚未完全释放，猪肉供给潜力可提升20%。受到2018年暴发的非洲猪瘟疫情的影响，我国生猪产能严重受损，2019年、2020年生猪出栏数仅分别为5.44亿头及5.27亿头，2020年产量为4 113.3万吨，均较2018年大幅下降。2021年，全国生猪出

栏6.71亿头，基本恢复到猪瘟前水平，产量为5 295.93万吨，是全球最大的猪肉生产国。2022年，全国猪肉产量为5 541万吨，同比增长4.63%；人均猪肉消费量为26.9千克，按14亿人口进行计算，全国消费猪肉3 766万吨，折合生猪4.76亿头。整体来看，全国猪肉供大于求的趋势比较明显。

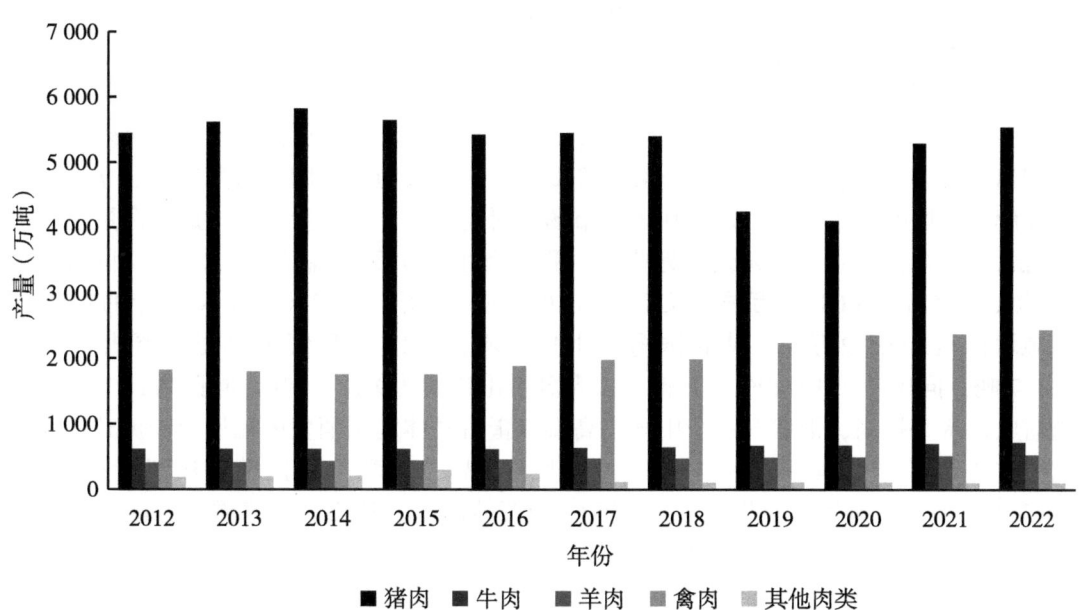

图1-13　2012—2022年中国肉类产量与结构分布情况

禽肉消费占比重不断增加，供给潜力有待挖掘。肉禽养殖成本低、周期短、饲料转化率高，我国肉禽养殖潜力有待开发，在饲料保障的条件下，3~4个月即可实现供给量的大幅提升。随着我国居民生活水平的不断提高，膳食结构的改善，追求安全、健康、营养日渐成为食品消费的主流，禽肉产品因其高蛋白质、低脂肪、低胆固醇、低热量、营养价值高深受消费者喜爱。随着居民膳食结构的调整，禽肉消费需求逐步增长，间接带动了产量的提升。2022年，我国家禽出栏161.4亿只，比2021年增加4.0亿只，增长2.5%，全国禽肉产量2 443万吨，增加63万吨，增长2.6%。我国禽肉人均年消费量由1980年的0.66千克增长至2022年的13.1千克。2023年上半年，全国家禽出栏71.9亿只，同比增加2.8亿只，增长4.1%；禽肉产量1 113万吨，同比增加46万吨，增长4.3%；禽蛋产量1 658万吨，同比增加47万吨，增长2.9%。2023年第二季度末，全国家禽存笼63.2亿只，同比增长3.5%，环比增长3.3%。以上数据一方面反映我国居民收入大幅提高导致肉类消费需求增加，另一方面反映餐饮企业不断推出新的禽肉产品以培育消费市场，共同驱动我国人均禽肉消费量增长。总体来看，我国禽肉消费占肉类消费的比重不断增加，禽肉消费市场有巨大发展空间。

牛羊肉供给不足，供给潜力有限。我国牛羊生产保持总体增长态势，规模比重不断提高，生产水平逐步提高。2022年，牛羊生产趋于稳定，牛肉产量718万吨；羊肉产量525万吨。但由于牛羊肉产业基础差、生产周期长、养殖方式落后，生产发展不能满足消费快速增长的需要，加之饲草和饲料资源不足，造成养殖端养不起，加工端不够用的局面，短期内难以大幅提升产能。牛羊肉供应不足问题凸显，进口依赖度增加。2021年农业农村部发布《推进肉牛肉羊生产发展五年行动方案》，提出到2025年我国牛羊肉自给率保持在85%左右，牛肉和羊肉产量分别稳定在680万吨和500万吨左右，牛和羊的规模养殖比例分别达30%和50%。

禽蛋生产由大中型企业主导，供给潜力较大。在大中型企业主导下，供给潜力可提升20%。禽蛋行业属于高强度运营行业，主要由大中型企业生产经营。中国禽蛋市场呈现出品牌多元化和竞争激烈的态势，许多知名农业公司和品牌在禽蛋领域建立了自己的品牌，中国的禽蛋产品也逐渐在国际市场上崭露头角，出口量逐年增加。禽蛋物美价廉且营养丰富，深受人们喜爱。近些年，我国禽蛋产销量日益增加。2022年我国禽蛋产量从2015年的3 046.1万吨增长至3 456.0万吨，禽蛋行业需求量从2015年的3 038.8万吨增长至3 445.2万吨。从我国禽蛋出口来看，2021年我国干去壳禽蛋出口量为131.7吨，同比增长10.49%，其他干去壳禽蛋出口量为9 784.9吨，同比增长112.4%。随着收入水平提高，消费升级，中国中高端鸡蛋占整体鸡蛋消费的比例稳步提升。我国禽蛋主要是以鲜蛋消费为主，只有10%用于食品工业和生物医药。从消费量来看，2015年以来，中国禽蛋消费维持在每年3 000万吨以上。从出口量来看，中国禽蛋贸易主要以出口为主，进口较少且以种用蛋为主。

乳制品缺口较大，供给潜力不足。我国乳制品产业呈现畸形发展，一方面供给不足，严重依赖进口；另一方面原料奶价格低、成本高，养殖积极性严重受限。由于多种因素的限制，我国奶牛养殖受上游饲草料和下游生产加工端的挤压，原料奶供给潜力难以发挥。主要因素包括乳制品行业进入壁垒高，中小型企业难以生存，新型企业较少；成本增长过快，规模化养殖企业难以快速进退，奶牛存栏量和单产短期内难以快速提升。2022年，我国牛奶产量3 932万吨。2023年上半年，牛奶产量1 794万吨，增加125万吨，增长7.5%。我国乳制品制造的产业链较长，涵盖饲草饲料、奶牛养殖、乳制品加工、终端销售等多个环节。目前，我国原料奶市场不断发展，供应量不断增长，但供给不足，无法满足市场需求，未来供应缺口将继续扩大。国内奶业对国际市场依赖度较高，乳制品进口总量与进口额逐年提高，尤其是与乳清相关的乳清粉、乳清蛋白、乳铁蛋白等乳基原料作为婴幼儿配方乳粉生产的重要原料，国内暂无生产，完全依赖进口，若进口受限会直接影响我国婴幼儿配方乳粉的生产。

生产资料依赖进口。种质资源与饲草是畜牧业发展的重要物质基础。种猪、白羽肉鸡祖代、种牛、牛冻精、饲草种子等种质资源还将长期依赖进口。目前我国饲草草种的对外依存度超过75%，优质饲草种子仍有1/3依赖进口。

（5）林源食物种类丰富，生产潜力大，进口依赖小

一方面，供应量增加。随着森林资源的保护和合理利用，森林食物的供应量逐渐增加。政府加大对森林资源的投入，推动林业科技创新，提高森林食物的产量和产值。此外，农民对森林食物种植的认识不断加深，纷纷投身于森林食物的种植和经营，从而使

得森林食物的供应量得到了有效提升。同时，消费量也日益提升，森林食物基本处于供略大于需的状态（图1-14）。据"中国林业和草原统计年鉴"数据，2020年，全国经济林种植面积6.3亿亩，森林食品产量增至1.94亿吨，需求量1.91亿吨。其中，核桃、板栗、油茶籽和竹笋干等主要森林食品产量呈爆发式增长。1991—2020年，以核桃为代表的森林干果产量由15.16万吨增至479.59万吨，增长30.6倍；以板栗为代表的木本粮食产量由13.77万吨增至314.16万吨，增长21.8倍；以油茶籽为代表的木本油料由62.07万吨增至225.25万吨，增长2.6倍；以竹笋干为代表的森林蔬菜由8.72万吨增至96.73万吨，增长10.1倍。

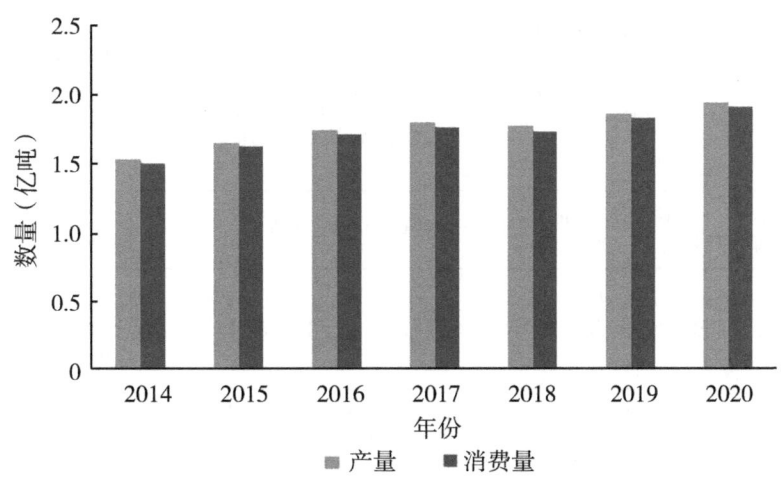

图1-14　2014—2020年中国林源食物产量及消费量变化

另一方面，品种多样化。林源食物品种逐渐丰富，满足了人们多样化的需求。20世纪90年代至今，我国森林食物品种不断创新，从相对单一的大宗林产品发展到了各类丰富的产品，森林食物产业逐渐壮大，市场规模不断扩大。1991—2000年，全国林业资源调查仅涉及核桃、板栗、油茶籽和竹笋干等主要林产品。经过近30年的发展，一些以往被认为是地方性的、小众的林产品逐渐进入寻常百姓家。例如，森林水果由仅有传统的苹果、柑橘、梨等大宗水果，发展到蓝莓、沙棘和刺梨等小浆果随处可见；木本粮食干果由传统的核桃、板栗扩大到枣、柿子、仁用杏、银杏、榛子、松子和香榧等；木本油料由油茶发展至油橄榄、文冠果和油用牡丹等多种特色树种；森林蔬菜除了笋用竹，食用菌、山野菜等新产业日益壮大；同时，林产饮料、辛香料和木本药材成为新的增长点，茶叶、咖啡、可可、花椒、八角、桂皮、杜仲、黄柏、厚朴、枸杞和山茱萸等产业发展迅猛。从需求结构上看，我国森林食品消费较大的领域主要是水果及干果，需求占比约为66.5%，其中，水果年消费量1.59亿吨，板栗、枣等木本粮食年消费量1 300万吨。其次为茶及其他饮料、森林蔬菜等，其中林产饮料年消费量241万吨，食用菌、山野菜等森林食品年消费量468万吨，木本油料年产量770万吨，年产木本食用油104万吨。这些食物不仅满足了人们日常生活的需求，还为食品加工、医药、保健等产业提供了丰富的原料（表1-3）。

表 1-3 2021 年中国森林食品结构现状

种类	代表作物	我国种植面积与产量	进口量
木本油料	含油率 15% 以上的有 200 多种，代表性作物包括油茶、核桃、油橄榄和油用牡丹等	油茶种植面积 433 万公顷，核桃种植面积 800 万公顷，油橄榄为 9 万公顷，油用牡丹为 13 万公顷。油茶籽油年产量 72 万吨，核桃油年产量 3.0 万吨，油橄榄油年产量 1.3 万吨，牡丹籽油年产量 5.3 万吨。年产食用油共计约 100 万吨	进口食用植物油合计 1 213.7 万吨
木本粮食	500 多种木本粮食树种，经济栽培的仅有 20 多种，主要包括板栗、柿、枣和橡子	三大木本粮食作物板栗、枣和柿栽培面积分别为 151.9 万公顷、78.2 万公顷和 14.8 万公顷。板栗年产量为 225 万吨，枣年产量为 517 万吨（干重），橡子年产量 200 万吨。年产木本粮食共计约 1 200 万吨	进口谷物量合计 6 048 万吨
森林蔬菜	木本、草本、藤本和真菌等森林蔬菜 700 多种	年产量共计约 200 万吨	—
森林果品	果树资源 670 多种，已开发刺梨、沙棘及蓝莓等浆果	年产量共计约 16 345 万吨	水果及坚果进口量为 652 万吨
森林坚果	100 多种，如核桃、榛子、松子和香榧等	核桃年产量约 480 万吨，榛子年产量 15 万吨，松子年产量 15 万吨	
森林药材	药用植物 3 000 余种，常见的有 1 000 多种，形成规模并产业化的主要林源药用植物有 30~40 种，如银杏、人参、刺五加、五味子、黄芪和枸杞等	木本药用植物面积约 58.41 万公顷，其中，枸杞 23.44 万公顷，银杏 9.38 万公顷，杜仲 5.34 万公顷，黄檗 1.94 万公顷，其他药用植物 18.31 万公顷。年产量共计 395 万吨	—
森林香料	天然香料植物共 400 余种，木本约 100 余种，如花椒、八角和肉桂等	花椒种植面积 39.82 万公顷，八角 37.94 万公顷，肉桂 14.88 万公顷。林产香料总产量 80 万吨（干重）	—
森林饮料产品	可作为饮料原料的森林树种约有 100 多种，如金银花、罗汉果、甘草、沙棘和枸杞等	年产量 248 万吨	—

（6）水产品总体供给量充足，存在供需结构性矛盾

近 30 年我国水产品供应从缺乏到充足。我国是水产品超级消费大国，也是水产品产量大国，1989—2022 年，我国水产品产量连续 34 年保持世界第一。水产品已经成为我国居民摄入动物蛋白质的重要来源，也是改善营养膳食结构的关键食物之一。1992—2022 年，我国水产品年产量由 1 557 万吨增长至 6 865.9 万吨，居民人均水产品年占有量

从13.3千克增长至48.6千克，彻底解决了我国居民"吃鱼难、吃鱼贵"的问题。目前，我国水产品市场供应充足，种类繁多，价格稳定，水产蛋白质消费量占我国动物蛋白质消费量的30%以上，人均占有量达到世界人均水平的2倍多。

一是高端水产品的需求呈上升趋势。按品类结构分析，我国的水产品主要由鱼类、虾蟹类、贝类和藻类组成。1992—2022年，各类水产品所占比例大小依次为鱼类、贝类、虾蟹类和藻类。鱼类占水产品总量的比例，由1992年的72%下降至2022年的53%；贝类占水产品的比例，则由1992年的13.8%上升至2022年的24%；虾蟹类占水产品的比例，由1992年的9%上升至2022年的13%；而藻类所占比例则维持在3%~4%。这种变化反映了随着中国经济的发展，人民对于虾蟹和贝类等海鲜食物的消费意愿逐渐增加。

二是水产品供给方式具有中国特色。国内水产品总产量呈现两大特点：一方面，养殖是水产品的主要来源。近30年，我国水产养殖产量从693万吨增加到5 492万吨，年均增长率为6.73%，而同期捕捞产量年均增长率仅为1.80%，养捕比已由1989年的52∶48发展到2022年的80∶20。水产养殖业成为我国水产品的主要来源，其中，鱼、虾主要是淡水养殖，贝、藻主要是海水养殖。另一方面，养殖产品以淡水养殖为主。按照产量占比，由高到低依次是淡水养殖（45%）、海水养殖（31%）、海洋捕捞（21%）和淡水捕捞（3%），淡水养殖产量占绝对优势。原因在于，淡水养殖鱼类多为低营养级的滤食性、草食性和杂食性鱼类，其人工繁殖难度低，对低溶解氧和富营养化水体适应能力强，仅需要简单的技术和设备便可开展养殖生产。

三是水产品供需仍存在结构性矛盾。1992—2022年，尽管我国水产品产量增长了4倍（1992年水产品总产量1 557万吨，2022年则为6 865.9万吨），根据国家统计局数据，我国人均水产品消费量仅从1992年的7.69千克增长至2021年的14.2千克。由此可见，水产品供应与消费存在巨大的结构性矛盾，主要有两方面原因。一方面，养殖业中水产品消耗占比高，即"用鱼养鱼"的消耗，养殖业使用的鱼粉和鲜杂鱼可达水产品总产量的19.8%；另一方面，水产品食用加工环节的损耗严重，我国居民喜食鲜活水产品，鱼类等以完整、鲜活的形式直接进入消费端，鱼头、内脏等蛋白质资源以厨余垃圾形式大量废弃，产业链损耗达15.5%，这造成了一定程度的资源浪费。

（7）蔬菜和水果基本自足，进口量小于5%

我国是世界蔬菜生产和消费的第一大国，目前蔬菜已经成为我国种植业中仅次于粮食的第二大农作物。近年来，我国蔬菜产业发展迅速，总体上满足了城乡居民对蔬菜数量、质量、品种日益增长的需要。

蔬菜和水果生产依靠大田和设施种植，设施种植蔬菜以22%的蔬菜播种面积满足了36%的蔬菜供应，设施西甜瓜播种面积和产量与大田种植相当。2019年，大田蔬菜的露地播种面积约为2.45亿亩，设施蔬菜播种面积约为0.68亿亩。设施蔬菜年产量约2.6亿吨，单位面积产量达到3.82吨/亩，大田蔬菜年产量约4.6亿吨，单位面积产量为1.88吨/亩。设施蔬菜单产水平约为大田种植的2倍。在每年收获次数层面，设施中占比最高的大棚多为3茬。以番茄为例，塑料大棚单产水平达到大田生产的2.8倍，日光温室单产甚至能达到大田生产的5倍。设施水果以设施栽培的西甜瓜为主，2016年全国设施西甜瓜播种面积达到1 849.5万亩，占全国西甜瓜总播种面积的52.3%。设施西甜瓜的产量为5 396万吨，占西甜瓜总产量的57.6%。

我国设施农业面积居世界第一，设施种植的蔬菜和瓜果品类超过百种，80%以上设施用于蔬菜种植。如表1-4所示，截至2021年年底，我国设施农业面积已达286万公顷，年总产值超过1.4万亿元，已经形成了日光温室（81万公顷）、塑料拱棚（203万公顷）、大型连栋温室（1.8万公顷）和植物工厂（250座）4种结构形态，设施蔬菜人均占有量从1981年的2.5千克增长到2021年的超过190千克，成功解决了我国蔬菜瓜果的周年均衡供给难题。目前我国设施蔬菜主要包括茄果类、瓜类、豆类、甘蓝类、白菜类、葱蒜类和叶菜类等10余个大类的上百种。番茄的种植面积为1 215万亩，占据首位，其次是黄瓜1 051万亩，二者与辣椒、茄子、芹菜的种植面积占设施蔬菜总面积的53%。设施水果主要包括设施果树类和设施瓜果类。设施果树栽培总面积超过750万亩，其中，设施葡萄约345万亩，设施草莓达到195万亩。设施瓜果以西瓜和甜瓜为主，两者在2016年的设施栽培面积分别达到1 347万亩和502.5万亩。在产能方面，设施产量从1980年的27万吨增长到2021年的2.3亿吨，2021年设施蔬菜产量占蔬菜总产量的30%。设施农业已成为满足城乡居民"菜篮子"需求的重要渠道。

表1-4 2021年中国设施农业供给城乡居民食物的情况

项目	蔬菜	瓜果	食用菌
总产量（万吨）	77 549	73 800	4 061
设施产量（万吨）	26 500	5 000	345
设施供给率（%）	34.2	6.7	8.5
设施产品人均占有量（千克/人）	190.0	35.0	2.5

需要明确的是，蔬菜种子是我国进口额最大的农作物种子，占进口总额的半壁江山，辣椒、洋葱、胡萝卜、茄子、青花菜、番茄和马铃薯等普通蔬菜80%的种子都是从国外进口，尤其是高端蔬菜种子进口依赖更为严重。

（8）食用菌物成为重要的大食物资源，大宗菌种进口依赖大

食用菌是主要的食物来源，同时也是动物、植物及其副产物变能量、变蛋白的生力军。只有微生物的参与，动物植物的废弃物才能进入生态循环生产。食用菌在大食物中的作用，不仅能够为人类提供优质的食用蛋白质和活性多糖，同时还可作为食品专用配料添加至咖啡、食品、人造肉、保健品和畜禽饲料等产品中。2020年，我国食用菌总产量超过4 000万吨，是继粮食、菜、果和油之后，我国农业第五大产值超过3 000亿元的种植业，是真正的大食物产业。食用菌产业在农业产业结构调整中成为生力军，在大健康产业发展中成为新引擎，在粮食安全中成为新抓手，在构建大格局中成为新推手。我国虽然是全球最大的食用菌生产国和消费国，但是除木耳、银耳外，目前大宗食用菌类品种的菌种几乎被国外全部垄断。

（二）中国大食物产业科技现状

1. 中国大食物科技创新进展情况

我国重视大食物产业科技创新，"十三五""十四五"期间围绕耕地、生态环境、种子、粮食、经济作物、畜牧（禽）、水产、林业、农机、化肥、农药、食品加工制造、食品安全和未来食物资源等支撑大食物产业可持续发展的重要方向，布局国家重点研发计划、国家科技重大专项开展基础前沿、重大共性关键技术和应用示范等方面的研究，并在食物类型多样化挖掘、食物产量绝对安全保障、食物生产效率显著提升、食物质量显著提高等科技创新方面取得阶段性科技成果和显著成效。

（1）粮食领域：巩固自给自足，迈向现代生物育种和智慧耕作

我国粮食产业科技创新持续增强，新品种、新技术、新装备、新模式不断创新和突破，据统计，我国农业科技进步贡献率从2012年的54.5%提升至2022年的62.4%，农作物耕种收综合机械化率高达73%，其中小麦、玉米和水稻三大粮食作物耕种收综合机械化率分别达到97%、90%和84%，我国粮食生产已步入机械化为主导的新发展阶段，农业科技创新整体迈进了世界第一方阵。

"十三五"以来，我国作物种业科技创新领域取得重要进展，农作物良种覆盖率在96%以上，自主选育品种面积占比超过95%。目前，我国实现了粮食生产基本用中国种子，主要农作物种子质量合格率稳定保持在98%以上，良种覆盖率超过97%，我国农作物供种保障能力得到大幅提升，对农业增产的贡献率达到45%。在水稻、小麦和大豆等作物用种上，我国已经实现了品种全部自主选育，玉米自主品种的面积占比也由85%恢复增长到90%以上，做到了"中国粮"主要用"中国种"。

作为第四主粮，马铃薯主食化已取得阶段性进展。农业农村部统计数据显示，我国马铃薯主食中全粉添加比例，已由第一代产品的30%左右，提高到当前第二代产品的50%以上。目前，全粉配比55%的馒头、50%的面条、50%的复配米已在市场销售。马铃薯主食产品种类由最初的馒头、面条和米粉，拓展到饺子、饼、凉皮、蒸包、油条、麻花和煎饼等，形成近300种马铃薯主食产品。航空食品、列车食品等地域特色型、休闲消遣型、功能保健型马铃薯主食产品正逐步开发出来，以满足不同需求。马铃薯育种获得突破，希森6号以单季亩产9.38吨、9.58吨的产量，两度刷新世界纪录。作为主推的新品种，希森6号品形好，产量高，抗旱、抗逆性强，可鲜食、可加工，是全粉加工、薯条加工的多用途品种。

此外，在粮食安全仓储、粮油适度加工、粮食质量安全、节粮减损等共性关键技术领域取得突破。例如，以机械通风、谷物冷却、环流熏蒸、粮情测控为主的"四合一"技术的应用，有效降低了粮食储备过程中的损耗。目前，二氧化碳储粮技术、氮气储粮技术、氮气和二氧化碳局部处理技术、局部通风技术日臻成熟，并广泛应用于我国粮食储备仓库。通过科学管理，国有大型粮库能够将储粮周期内粮食综合损耗率降至1%以下。农业农村部数据显示，2021年，三大主粮机收损失率平均降低1个百分点，挽回100亿斤损失。

近年来，随着数字农业技术的成熟发展，数字农业建设已经成为农业强国战略的核心支撑。特别是在5G时代全面到来的背景下，以及遥感、北斗卫星定位系统赋能，数字农业技术在农产品种植、生产、销售等领域得到了全面下沉应用，如智能化农业管理系统、智能化精准施肥系统、智能化智能灌溉系统，在提高农业生产效率、减少资源浪费、提高农产品质量和安全性、降低环境污染和碳排放等方面赋能农业高质量发展的需求驱动和创新驱动都更加强劲，已经成为我国农业转型升级的根本驱动力。

（2）林源食物领域：挖掘区域特色新资源，支撑未来"吃得健康"

通过改良品种、提高抗病虫害能力、优化生长环境等方法，提高了森林食物的产量和质量。首先，对森林食物资源进行了深入调查，梳理出了300多种木本粮食，200多种木本油料，1 800多种森林蔬菜，3 000多种森林药材、饲料和辛香料，并针对其中的大宗森林食物资源进行了资源库建设，选育了一批丰产优质品种，部分森林食物由资源收集向产业利用转变。目前，我国建有国际最大的油茶、核桃、枣、柿、板栗、香榧和榛等资源库。例如，我国枣等树种研究处于世界领先地位，建立了世界最大的种质资源库，培育了鲜食和干食等枣新品种100余个，被美国、罗马尼亚等多个国家引种栽培。其次，高效扩繁和配套栽培技术突破。枣、板栗、核桃、油茶和香榧等特色经济林攻克了良种快繁、低产林改造等关键技术，建立了节水节肥、简化修剪等优质高产栽培技术体系，极大推动了栽培面积的扩大，促进了产量品质提升。最后，在基础研究方面，攻克了核桃、油茶、枣、板栗、柿和香榧等经济树种的基因组突破，为后续加快新品种选育奠定了基础。

围绕木本粮油开展了资源收集、良种选良、高效栽培等工作。解析了油脂中营养成分的构成和变化，建立了基于含油率、脂肪酸成分和微量脂肪伴随物等指标的不同物种、不同品种油料的综合评价体系，优化了油料提取工艺。在林下果蔬采后品质控制、病害防控、贮运保鲜、毒素快速检测、产品精深加工以及副产物多级联产加工等研究领域取得了进展。解析了浆果生长及采后贮藏中营养成分、功能组分、果胶组分以及细胞壁微观形态变化，开拓了保鲜理论与技术研究。集成了依托分子检测、串联质谱、神经网络图像分析的病害识别体系，形成了多种新型高效广谱的绿色防控技术方案。

（3）畜禽领域：良种与先进技术迭代，保障畜禽产品供给稳定

畜禽良种对畜禽业发展的贡献率超过40%，是提升畜禽业竞争力的核心和关键，2008年以来，我国先后发布实施奶牛、生猪、肉牛、蛋鸡、肉鸡、羊和水禽等畜种的遗传改良计划，逐步建立起我国畜禽现代自主育种体系，一批有实力的种业企业蓬勃发展，种畜禽群体性能与品质得到持续改良提升，为建设现代畜禽种业打下了坚实的基础。近年来，我国畜禽育种技术水平大幅度快速提升，基本完成我国猪、牛、羊和家禽等主要动物品种的基因组测序和参考基因组构建，建立了中国荷斯坦牛和生猪的基因组选择育种的技术体系，开发研制了抗蓝耳病猪等优异种质；我国首个具有完全自主知识产权的生猪父本新品种通过国家审定并获得新品种证书，打破了我国商品猪生产中以进口种猪作为父本的局面；培育出了具有自主产权的京红蛋鸡、京粉蛋鸡、京海黄鸡、京星黄鸡103、广明2号白羽肉鸡、中畜草原白羽肉鸭、中新白羽肉鸭和华西牛等系列商

业品种，推动了我国主要畜禽核心种源自给率达75%以上，打破了国外畜禽品种的长期垄断格局，由中国农业科学院北京畜牧兽医研究所主导培育的华西牛成为我国具有完全自主知识产权的专门化肉牛新品种，这些品种都具备饲料利用率与转化率提高以及好饲养的特性。

此外，通过开发新饲草料来源，发展优质饲草产业，减少牛羊养殖精饲料用量，推广高品质低蛋白日粮，推动了豆粕减量替代和饲料用量减量。畜牧种业科技创新是确保农业丰收和国家粮食安全的关键之所在，种业科技创新关系全局、关乎长远，责任之重大于泰山，只有种业强，畜牧业才能发展得好，才能提供更优质的畜禽产品，才能有助于大食物观的迅速发展。

（4）水产领域：科技整体提升，产品丰富多元

我国渔业在良种选育、生态养殖等研究方向已达到国际领先水平。突破了水生生物全基因组选择育种应用瓶颈，建成了国际上第一个水生生物全基因组选择育种平台。一直以来，渔业科技围绕水产品有效供给，加快关键核心技术攻关，突出解决了产业的基础性、关键性、前瞻性问题，先后获得国家科技进步奖和技术发明奖17项，渔业科技进步贡献率已达63%。优良新品种不断涌现。截至2022年，通过全国水产原种和良种审定委员会审定并经农业农村部公告的水产养殖新品种为266个，其中，自主培育品种236个，包括152个选育品种、73个杂交品种和11个其他品种，涵盖鱼、虾、蟹、贝、藻、龟鳖和棘皮类等主要养殖种类。目前，我国水产核心种源自给率超70%，水产养殖遗传改良率超50%，种质对水产养殖的贡献率超过40%。培育水产种业企业1.9万余家，年提供苗种6万亿尾（粒）以上，种苗自给率达95%，支撑了我国以养为主、绿色发展的全球领先模式。

突破了鱼虾贝藻等人工养殖原理与技术，创建了一批生态、绿色、高效的养殖技术与生产模式。水产病害防控、健康养殖管理、饲料精准营养加工与综合利用的理论和技术水平逐步提高。研发了一批自动化作业、智能化管控新装备，建立了较为系统的水产养殖技术、装备和生产体系，养殖设施与装备技术水平不断提升，信息技术推动水产养殖转型升级，机械化、信息化和智能化程度明显提高。设计建造了全潜网箱"深蓝1号"、半潜式桁架结构智能渔场"德海1号"、坐底式智能网箱"长鲸1号"和半潜式波浪能养殖网箱"澎湖号"等多个具有自主知识产权的深远海养殖平台。

（5）微生物食品领域：专利高速增长，制品稳定增产

我国对微生物食品高度重视，通过加大科技创新投入，产学研资源优化整合，应用基因编辑、发酵工程优化、生物传感技术和生物反应工程等关键技术，实现了微生物食品领域的高科技含量发展和大食物产业的科技创新，微生物制造产业得到迅速发展，产值稳步增长，产量和规模大幅提升，实现了微生物食品产业的科技升级和国际竞争力提升，有望在全球市场中占据领先地位。据统计，2006—2017年，全球工业生物技术领域申请专利515 677件，中国专利120 586件，占总数的23.4%，全球排名第一。目前，我国微生物制造产业正在向质量效益型转变，已经形成了淀粉、纤维素、木质素油脂、蛋白质等系统的产业链，在柠檬酸、谷氨酸、维生素B_2和淀粉酶等领域产量排名世界第一。

食用菌是人类食物结构的重要组成部分，具有低热量、高蛋白质、高膳食纤维、多营养要素（维生素和矿物质）的营养价值以及提高人体免疫力的健康价值，其中蛋白质含量可达19%~42%，与牛肉、猪肉等相当。稻麦秸秆培育食用菌技术较为成熟，秸秆内含有大量有机碳，食用菌可将秸秆转化成膳食纤维、优质蛋白质等营养物质；菌渣可做肥料，增加土壤有机质，储碳于土，形成碳利用闭环。据估算，1 000万吨秸秆加1 000万吨牛粪，可生产400万~700万吨双孢菇（即至少40万吨干菇）。

（6）设施农业产业：智慧引领，未来农业发展亮点

我国已闯出了一条中国特色设施农业科技创新之路，因地制宜突破了一系列关键技术，显著提升了技术成果产出力和影响力，促进了产业跨越式发展。主要科技进展如下。

创新了设施农业应用基础研究。研究创新了设施"动植物—环境—装备"互作机理，空间环境重构与新型工艺设计方法；农业设施结构设计理论与方法；农业设施纵向通风理论，以及亚适宜/健康环境适应及其精准调控方法；畜禽粪便污染监测核算方法，有机废弃物高效转化利用的环境增值能源技术体系等。

突破了系列自主产权技术装备。因地制宜研发了适用于不同规模设施种植、畜禽与水产养殖的特色生产工艺；突破了日光温室、塑料大棚、智能温室、植物工厂，经济节能畜禽舍、装配式畜禽舍、连栋鸡舍、超大型楼房猪舍，循环水、池塘和网箱水产养殖等设施结构及其环境控制、生物安全防控等技术体系；研发了精准通风与控温、高能效LED光源、水肥一体化、饲喂与饮水、清粪与清洗、叠层笼具、消毒与净化、病死畜禽无害化处理、粪便风干、精准管控等系列自主产品，以及智能物流、巡检机器人、作业机器人等智能化装备。同时，成套化技术装备进步显著，当前我国的自主技术已基本可以满足各类设施农业的自主生产要求，部分先进产品实现了批量化出口。

构建了中国特色设施农业模式。特别是2000年以来，创新了宜机化温室、人工光植物工厂、大型立体高效畜禽养殖、池塘与工厂化循环水养殖等一批中国特色现代设施种养模式，推动了产业快速发展。设施养殖通过采用现代工程技术、生物技术和生态技术等手段营造出适合动物高效生产的条件和环境，从畜禽饲养机械设备、饲料加工机械、畜产品采集机械、畜禽舍建筑、畜禽舍内外环境控制等方面提升了设施畜牧业现代化水平，基本突破了传统养殖模式存在污染严重、禽病预防控制不力、养殖智能化程度低等痛点问题，极大提高了畜牧业劳动生产率，减轻了劳动强度，改善了畜禽生产环境，提高了畜产品产量和质量。"十三五"以来，设施农业加速了与信息化技术的深入融合。华为、京东、阿里巴巴、拼多多等信息技术（IT）企业进入设施农业领域，带动了商业巨头与社会资本的不断涌入。建成了单体超过1万米^{2}的全人工光植物工厂、单体26层年出栏60万头肥猪的楼房猪舍、年出栏210万头肥猪的楼房猪舍集群、存栏4万头的奶牛场等超大规模的现代化生产模式，推动产业向超大规模化生产、智能化决策、精准化作业的中国式农业现代化转型。2018年非洲猪瘟和2020年新冠疫情以来，加速了智慧牧场、智能植物工厂等新业态的发展，缩小了与国际先进水平的差距。

（7）食品加工领域：新技术不断涌现，带来食品产业新期盼

我国食品工业整体科技水平有所提高，自主创新能力得到增强。食品包装设备企业

持续加大技术研发，推出功能强、性能优的包装机械设备，包装与前端工序集成化程度提高，带动生产线整体自动化水平。通过超微粉碎、生物酶解等先进手段，开发了方便主食食品规模化加工、高效节能小麦适度加工等新技术，在智能加工、柔性加工方面提升了装备水平。

我国农产品加工领域科技自主创新能力实现了由整体跟跑向"三跑"（跟跑、并跑和领跑）并存转变，科技对农产品加工产业发展的贡献率达到63%，为农产品加工业长久稳定发展提供了强有力的支撑。农产品精深加工、产后减损和绿色供应链产业化关键技术装备不断取得突破。制粉、榨油、榨汁、畜禽屠宰分割等关键核心装备实现从依靠引进向自主制造转变，自主创新能力明显增强，粮油加工、罐头加工及肉品加工领域自动化、智能化水平显著提高。同时，我国建立了较完善的农产品质量安全监测、标准法规体系，农产品质量安全水平不断提升。此外，农产品加工与物流保鲜技术的突破，为"安全、营养、美味"健康食品为主导的农产品加工业和现代流通业发展提供了有力的科技支撑。新一代工业革命技术在农产品加工业生产制造、流通消费等领域的应用，催生了一批农业观光、生态旅游、休闲娱乐、创意创业、科普基地、特色小镇等一二三产业融合发展的新业态、新产业、新模式。真空慢煮技术等新技术应用于预制菜产业，为行业高质量发展提供基础，使得预制菜具有方便、营养、安全、烹饪损失少和产品得率高等优点。

2. 中国大食物科技创新面临的问题和挑战

通过育种、种养、病虫害防控、机械化农业设备、加工利用等方面的科技创新与应用，我国在农林牧渔草等领域生产的食物产量品质显著提升。然而，这一进程同样面临着不少问题和挑战。主粮单产仍低于世界先进水平，但提升空间大；林业木本粮食潜力巨大，但尚未得到足够重视；畜牧业亟须扩大自主水平，提升科技含量；水产生产基础好，但引领作用尚待挖掘；微生物食物需要更多关注；设施农业在应用智慧化手段提质增效方面明显不足；加工食品亟须深挖基础研究。面对这些挑战，需要继续推动科技创新与产业深度融合，确保食物安全和可持续发展。

（1）优异种质培育的效率亟待突破

在育种领域，转基因技术、基因编辑技术、全基因组选择育种、基因组学解析技术、诱发突变技术成为当前国际生物技术育种研究的核心与前沿。我国优质种源培育的效率亟待突破。

一是单一技术的改进不足以使粮食生产迈上新台阶。部分发达国家已进入以"生物技术+人工智能+大数据信息技术"为特征的育种4.0时代。然而，我国大部分育种水平整体相对滞后，主要还处于2.0时代向3.0时代过渡阶段，育种周期长、效率低；种质资源遗传多样性不够，遗传基础相对狭窄；原创性技术受制于人等问题仍然普遍存在，特别是我国玉米种子存在被外资控制的风险。我国大多数种子企业的研发投入占销售收入的比例不足3%，远低于国际公认的5%水平线，亟须利用新一代的育种技术，培育更高产、优质的农作物品种。

二是高产优质良种仍普遍缺乏。除稻谷外，我国大豆、畜禽、林业、食用菌、薯类及蔬菜产业都存在不同程度的良种资源不足、依赖进口等制约产业发展的技术问题。水稻、小麦基因编辑技术缺乏原始工具创新，全基因组选择育种尚处于起步阶段。作物育种所需高端仪器设备存在明显卡点风险，科技创新过程中常用的高端仪器设备基本都是进口，被卡风险较大。饲草饲料品种审定主要以高产为衡量指标，对品质、高效、抗性的考量不足，仍是普通品种多，优质、专用、绿色品种少，导致"新品种数不胜数、好品种屈指可数"。

三是核心种源产业化不足，核心竞争力不强。畜禽专门性种质资源选育还须加强科技攻关。目前，科技创新的共性关键点和短板还存在问题。重要性状遗传调控机制解析不清，原始创新能力不足；育种和高效扩繁关键技术研究和应用不足，育种效率不高；现有品种与发达国家存在差距，遗传改良和重大新品种培育的速度缓慢；育种技术体系不完善，以企业为主导的商业化育种和联合育种模式不健全。例如，对于猪，核心种源性能与发达国家存在差距，遗传资源共享机制不健全；对于奶牛，核心育种群和基因组选择参考群规模小，遗传评估性状少，智能表型测定技术研发不足，OPU-IVP等快繁技术应用不足；对于肉牛，育种数据库基础建设薄弱，智能表型测定技术研发不足，地方品种优异性状挖掘与利用不足；对于绵羊，优异地方品种资源利用不充分；对于山羊，缺乏遗传评估和测定平台，地方品种评估和发掘利用不足；对于蛋鸡，现代商业品种环境适应性降低，选育面临的生物学瓶颈限制；对于肉鸡，白羽肉鸡育种素材短缺，鸡种质资源特性的精准鉴定不足；对于水禽，种质资源发掘与利用不足，前沿生物育种技术研究有待加强。

四是种质资源挖掘与利用不足。例如，我国微生物中已知真菌的物种占世界已知真菌物种数的11.6%，庞大的物种资源为菌种的研发和筛选提供了保证。但是，我国微生物种质资源保护和菌种研发远远落后于植物、动物种业科研，微生物种业尚未被摆上与动植物种业同等重要的位置，处于微生物"资源大国、菌种小国；生产大国、研发弱国"的尴尬境地。我国虽然是全球最大的食用菌生产国和消费国，但在菌种方面长期受制于国外，国内自主研发菌种能力薄弱，品种开发利用水平多数仍处于初级阶段，资源优势尚未有效转化为产业优势，亟须加快种业系统研发和技术创新。

（2）农林牧渔草相关产业的种养和采收水平较低

农业整体生产效率有待提升，关键粮食作物、油料作物的产率还有较大提升空间。

一是种、养、采、收等环节的机械化、集约化水平较低、精准化程度不高。林业领域多数企业缺乏先进的加工设备和工艺技术，生产规模小，加工能力差，因此导致企业产品质量不稳定。虽然目前已经对森林食品进行基础性研究，但总体上比较薄弱，科技转化率低，资源优势无法转化为经济优势。畜禽立体养殖的饲养密度大，疫病防控难度大。

二是种养空间拓展技术亟待研发。对非耕地空间的开发利用不足，垂直农业、戈壁农业、山区农业、盐碱水渔业、深远海养殖、海洋牧场等的推广与布局不足。目前我国水产养殖种类和模式众多，传统的粗放型养殖方式在生产中占绝对优势，基本上还是依赖土地资源的发展模式，产量提升主要依赖扩大水域空间规模来实现。渔业整体设施陈旧落后，抗灾防灾能力差，生产的机械化、自动化、信息化水平尚低于农业的其他领域。

三是绿色生态工程化技术处于起步阶段。我国90%以上天然草原发生退化，生产力偏低，在草地免耕补播抗逆高产品种选育、免耕补播低扰动改良退化草地机制、新型智慧化免耕补播机研制、草原灌溉施肥等环节科技支撑能力薄弱。如何提升天然草地草畜产品生产能力，缓解优质饲草料供应紧张局面是当前草牧业发展亟待解决的重大问题。

（3）设施农业发展大而不强，生产水平和产业素质低

机械化、智能化水平低，装备不足。全国大田作物机械化水平已达70%以上，但设施园艺只有35%左右。设施园艺领域存在着"大型化与能耗的矛盾""结构选型与机械化的矛盾""传统经验与智能化的矛盾"三大矛盾。在发展高智能、低成本、精准高效智能化装备方面仍具有较大挑战。

一是单体规模小。我国设施农业总体而言，单体生产规模小，设施简陋。例如，设施园艺仍以拱棚为主，其中，大中棚2276万亩，占53.2%，小拱棚758万亩，占17.7%，另有日光温室1217万亩，占28.5%，大型连栋温室面积仅27万亩，占0.6%，而荷兰设施园艺90%以上面积为大型连栋Venlo玻璃温室。同时，我国2/3以上设施园艺种植面积，不具备机械化作业条件，依赖劳动力作业，90%以上不具备精准控制条件，95%以上没有应用智能决策系统，作业和管理决策全部依赖劳动力和经验，大部分从业人员缺少专业知识，大部分主体管理粗放。

二是产出效能低。与发达国家相比，我国设施农业专用品种缺乏，单产水平较低。近年来，我国设施蔬菜大面积生产每平方米每年平均产量约7千克（不到荷兰的1/3），其中日光温室黄瓜、番茄等果菜每平方米每年最高产量也仅为45千克，远低于荷兰最高产量的105千克。我国母猪PSY（每头母猪每年能提供断奶仔猪的头数）只有丹麦的55%，奶牛单产约为美国和以色列的50%。工厂化循环水养殖单产较北欧低30%~50%。在劳动生产率上，我国设施农业单位产量劳动力用工量大，人均管理温室的面积只有日本的1/5、西欧的1/8；人均蛋鸡饲养量只有美国的1/5，人均生猪饲养量为丹麦的1/6，人均奶牛饲养量为美国的1/10~1/6。同时，资源利用效率差距明显，我国设施园艺种植管理以"大肥、大水、大药"为主，部分地区施肥、用药量甚至超过实际需求的3~5倍；我国先进水平的农业企业牧原股份，育肥猪的料重比为3:1，而丹麦全国平均已达2.65:1。

三是优品率低。设施农业本质是优质高产高效农业，但由于我国设施农业高技术与尖端产品等完全自主性总体不高，与生产者对高品质设施装备的持续需求相比仍有差距，因此农药、化肥、饲料、抗生素等投入品使用强度普遍较大，绿色低碳发展体系显著滞后，优品率较低。以设施园艺为例，产品在适口性、鲜活度、多样化、持续供应等方面存在明显不足，还无法完全满足消费者对多元化、高品质园艺产品不断增长的实际需求。

（4）饲料开发、利用潜能有待提升

我国饲料粮科技投入与科技支撑不足。一方面，饲料及原料的缺口大。饲料中玉米和豆粕占比过高。总体来说，能量饲料粮供给整体上仍以国内为主，饲用蛋白质原料供给主要依赖进口，进口依存度超过80%，鱼粉进口依存度较大，新饲料产品创新和替

代性饲料资源开发严重不足。我国饲料利用效率不高，现有饲料的平均蛋白质实际利用效率和饲料转化率较低，严重限制养殖效率提升。我国饲养 2.5 头肉牛、1.4 头猪、1.4 只肉鸡、1.9 只羊，仅相当于畜牧发达国家饲养 1 头（只）相应畜种的生产力水平，生产成本比畜牧发达国家高 40%~50%，极大地影响了国内畜禽产业健康发展。另一方面，饲料利用率、饲料转化率与发达国家相比还有差距。例如，挪威三文鱼的饲料系数可达 1.2，我国水产饲料系数为 1.2~1.8，部分品种更高，存在利用率不高、消化率低、抗营养因子多等问题。一些潜在的可饲粮化的资源，如林业资源、海洋藻类、水产加工副产物等，目前还缺乏高效利用的科学方案。

（5）绿色化、智能化、数字化与信息化食品加工制造与装备仍有巨大提升空间

国产设备在自动化控制、数字化设计与制造、多维原位感知等装备关键技术方面仍存在差距，规模化、智能化的杀菌、提取分离、包装等关键装备，无损和在线快速检测等技术和装备进口依赖度高。大型无菌冷罐装、肉制品加工关键装备、大型乳品生产线、乳制品加工关键装备，食品品质在线检测等食品生产关键装备国产程度低。国产化高端科研仪器设备较少，仅有的少量国产设备无法满足需求，设备性能、获取数据质量以及运行稳定性方面都与进口设备存在较大差距。

（6）大食物资源的综合利用率不高，食品精深加工技术薄弱

植物工厂、森林与草业农业、海洋牧场等的研究与应用布局不足，对林草食物资源、海洋食物资源、微生物食物资源的挖掘亟待提升。大食物资源综合利用率低，谷糠、玉米芯、果渣、蔗渣、畜禽骨和血液等加工副产物加工技术亟待提高。我国在特色经济林采后果实与副产物的有效利用技术领域与国际先进水平仍存在一定差距。目前市场上销售流通的森林食品，大多只是进行了粗加工，超过 70% 的产品未经过精深加工。一些关键食品添加剂国产化程度低，在食品酶制剂领域，存在缺乏自主知识产权表达系统与食品酶品种、酶工业应用属性差、原料利用率和催化效率低等问题。

（7）面向多元需求的营养与健康食品开发不足

随着中国特色社会主义进入新时代，城乡居民对膳食营养与健康幸福的需求成为我国食品加工业的主题，然而，面向多元需求的营养与健康食品开发不足。首先，膳食健康基础理论与系统化基础数据库支撑不足。在营养膳食干预基础、食品营养与健康核心技术领域的前沿研究深度依然不够，特别是在用现代生物学、医学、营养学的基本理论阐述、界定及干预亚健康状态，从分子营养学水平上研究功能食品作用机理等方面存在不足，存在食品营养与健康因子作用机制不明确、缺乏膳食营养健康大数据资源等薄弱环节。其次，针对中国人群营养代谢特征的研究较少，种族、地域性人群营养需求分析缺乏理论支持。缺乏不同个体遗传背景下膳食脂质对代谢途径和体内生理系统的影响研究，导致传统膳食、脂质与健康之间的相互关系不明确，影响健康油脂产业的发展。最后，针对特殊人群、特殊用途的食品产品发展还远远不够。无法充分满足消费不断升级、细分、多元化的需求，高品质食品有效供给滞后市场需求，在创造食品消费新需求、引领食品消费新潮流、培育新消费文化等方面有待提升。

（8）合成生物技术发展仍然滞后

"十二五"以来，在国家和地方一系列科研计划的资助下，从顶层设计上明确了合

成生物学的重要战略地位,并逐步加强了该领域的国家宏观战略谋划,我国农产品细胞工厂创建与生物合成制造在快速发展。但是,合成生物学领域的长期、短期技术发展路线整体规划、技术发展实施路径仍有待加强,生物伦理监管体系构建仍处于空白地带。与国际先进水平相比,我国在基础方法与仪器装备、产品研发、规划引导与政策扶持等方面尚存在不小的差距。目前,合成生物学领域的专项政策规划并未出台,如何实现从基础研究到技术创新,从工程平台建设到产品开发、产业转化等多层次、分阶段的发展方式和发展路径仍不明确。2015年以来,我国在合成生物学研究领域发文量跃居全球第二,但整体质量还不够高,在基础研究、技术方法原始创新、基因编辑技术、生物信息大数据、分子设计育种等前沿和核心技术领域的创新能力与欧美发达国家仍有较大差距。同时,虽然国内研究机构应用研究成果凸显,但创新成果的产业化应用实践较少,科企融合度较低,对生物合成产业的推动力量较弱,产业主体规模和自主创新能力均较弱,在食品加工领域产品开发较少。

(三) 中国大食物产业科技支撑潜力和趋势分析

随着经济社会的快速发展,人民生活水平不断提高,国民对食物消费的追求逐步从"吃得饱"向"吃得好"转变,并正逐步向"吃得营养""吃得健康"过渡。这种快速发生的转变催生食物供给由单一生产向多元供给转变,促使大食物各产业要面向整个国土资源全方位、多途径挖掘食物供给潜力,开发食物资源。挖掘大食物产业潜力并维持其持续健康发展的关键,一方面在于多元食物资源开发,另一方面在于各类食物资源"量""质""效"的协同提高,其中科技创新起到了至关重要的作用。

1. 大食物发展未来趋势

一是在食物生产方式上,将向绿色化、低碳化、高效化、智能化转变。未来的食物生产需要在最大限度地减少对环境、气候、自然资源依赖的同时,提高生产效率、增加食物产出、保障食物安全,实现可持续的食物供应。同时,依托信息技术、智能化加工和包装技术发展,构建完整和精准的可控储运体系,采取适度合理的加工方式,采用绿色高效的加工技术和智慧型包装技术等,最大限度地减少食物损失,提高食品供应链的持续性。

二是在食物来源上,将向更广域空间,更广谱资源上拓展。未来食物资源拓展将主要依托科技开发新型食品生产方式和食物新资源。基于科技创新的植物工厂、藻类工厂、细胞工厂、微生物工厂、人工合成等新型食物生产方式将会迅速发展,高效生产粮食、蔬菜、肉、淀粉、油脂、蛋白质和功能性营养素等食品和组分。可以预期利用合成生物学技术,创建细胞工厂,建立高效、环保且可持续的人造农产品生产技术和工艺是解决未来农产品供应缺口、减少对国外农产品依赖、开创绿色新农业、革新农产品生产加工的必经之路。挖掘自然界未被利用的新资源也是未来获取更多食物的有效途径。例如,全球可食昆虫种类超过3 000种,有180多种可食花被用于日常饮食,对昆虫、可食花等食物新资源的挖掘和利用将从源头上提高食品原料的多元化和可持续性,保障食物供给。

三是在食物消费结构上，将向营养均衡和膳食合理方向转变。随着健康自我管理理念逐渐普及，全新健康理念的形成催生健康饮食成为健康身体的前置性需求。"食物多样，合理搭配"是合理膳食的核心原则。具有"蔬菜水果丰富，常吃鱼虾等水产品、大豆制品和奶类，烹调清淡少盐"特征的我国东南沿海一带膳食模式将成为具有示范意义的"东方健康膳食模式"而得到广泛接受。

四是在食物消费形式上，将由传统家庭烹饪型向现代便捷型和满足个性化转变。生活方式的变化推动着新需求的诞生，年轻消费群体的崛起、单身人口的增加、生活节奏的加快、精致生活的追求都让消费者对食物有了更多期待，对膳食消费的便捷性要求会不断提高。卫生、标准化、方便快捷的半成品预制菜将逐步成为我国当前膳食消费向全面小康阶段转变的一个重要消费市场。同时，个性化的消费需求也将重塑整个食品加工行业。未来社会对特殊人群食品需求旺盛，老年食品等特需食品将得到快速发展。

2. 近年来中国科技支撑大食物的布局与分析

"十三五""十四五"期间，我国已在大食物众多领域实施实质性的科技支撑。重点在农业种质资源创新、粮食增产、土壤修复与保护、畜禽种质资源开发、畜禽疫病防控、渔业资源开发、林业种质资源培育、设施蔬菜装备、绿色生产、现代食品加工与制造、食品安全等领域进行了成规模的科技投入，相关布局已经或正在有效促进大食物各行业提质增效。基于已有的科技支撑布局可知，我国在林源食物资源开发与高值加工、各大食物产业之间畅通循环与协同发展、天然草地草畜产品生产能力提升、大食物各行业加工副产物全价利用、食物资源生产加工全链条碳排放与生态效益评估、食物资源生产加工全链条减损、特殊人群膳食供给、新式食物资源可食性与适口性改良、泛微生物性食物资源开发等方面还有待进一步支撑。

(1) 主粮是科技投入主战场，得到了长期稳定支持

在传统农业方面，基于农业在我国粮食安全中的基础性地位，以及农业供给侧结构性改革的需要，"十三五""十四五"期间，在传统农业的主要方面都进行了较为明确的科技支撑，成效显著。但是在农业与其他食物供应行业（领域）相互影响层面，科技投入在主粮生产中扮演着重要角色，为确保粮食安全和农产品质量提供了坚实支撑。政策上强调科技支撑、质量控制、品牌建设和产品营销，加强科技经费投入，并制定了科学的标准，如 GB/T 30600《高标准农田建设通则》和 NY/T 4175《稻田油菜免耕飞播生产技术规程》。此外，推进农业现代化试验示范平台建设，创建了约 100 个农业现代化示范区。尽管取得长期稳定支持，但在农业全产业链减损增效方面、农业副产物高效利用方面仍有待加强。

在油脂加工方面，"十三五"期间，我国在食用油脂领域开展了"大宗油料适度加工与综合利用技术及智能装备研发与示范"和"特色油料适度加工与综合利用技术及智能装备研发与示范"两项重点研发项目。"十四五"期间，开展或即将开展"大宗油料绿色加工及高值化利用关键技术研究与应用示范""特色油料精深加工制造关键技术与新产品创制"和"功能性脂质的生物合成及制造关键技术研究"等油脂油料加工与生物合成的研究项目，推动我国油脂行业从传统的加工技术研发向生物创制和高值化利用方向发展。但是，我国在油脂营养健康化、绿色制造工程、主动安全保障方面仍存在

薄弱环节。

(2) 林粮科技创新得到关注，启动部分特色林粮研究

我国政府出台了一系列政策支持森林食物产业的发展，将森林食物产业列为发展重点。《林草产业发展规划》将经济林产业列为重点领域，释放出了明确信号挖掘森林的粮库潜力。在油脂加工方面，开展了多项重点研发项目，推动油脂行业向生物创制和高值化利用方向发展。此外，重视森林种质资源开发，取得了扩繁、栽培、加工等方面的技术突破。然而，由于研发投入有限，大部分森林食品资源尚未得到有效开发利用，育种效率偏低，经济林整体基础研究薄弱。

近年来，国家重点研发计划中布局了"林业种质资源培育与质量提升"专项并设立木本粮食和木本油料等应用基础研究项目，聚焦解决森林食物产业良种缺乏、高值深加工林产品缺乏等的突出问题，并支撑林业高质量发展。通过全基因组选择育种、基因编辑等生物技术手段，加快育种进程，改良森林植物的品质和产量；研发绿色生产和病虫害防控技术，实现可持续发展；加强对森林食物产品的研发和市场推广，拓宽消费市场。

(3) 畜牧科技创新聚焦短板，努力夯实发展基础

在畜牧业领域，我国自2023年起施行《中华人民共和国畜牧法》，旨在规范生产经营行为、保障产品供给和质量、保护遗传资源、振兴畜禽种业。科技支撑方面主要聚焦畜禽新品种培育、疫病防控研发、知名畜牧业品牌培育和国际合作交流。培育的新品种提升了生产效率，规模化率逐步提升，生产效率和经济效益将提升10%。重点突破疫病防控、无害化处理与资源化利用等关键科学与技术瓶颈，实现病死率下降8%~10%、污染物排放减少60%、资源化利用率达80%以上。知名企业通过技术创新提高了效率和产出，提高了畜牧业的国际竞争力。国际合作将为农业发展提供更广阔的空间，助力畜牧科技创新，夯实畜牧业发展基础，促进高质量发展。

在畜牧大食物生产领域，还亟须在大豆蛋白替代资源开发与高效利用，饲草和秸秆纤维素高效降解，饲料饲草资源替代和高效利用，生物防控技术和疫苗开发技术研发迭代与产品更新，畜禽专门性种质资源选育等方面加强科技攻关。饲草饲料品种审定主要以高产为衡量指标，对品质、高效、抗性的考量不足，仍是普通品种多，优质、专用、绿色品种少，导致"新品种数不胜数、好品种屈指可数"。不同作物品种的自给水平不平衡，玉米等粮饲兼用作物强、饲草作物弱。在粮—饲协同方面，亟待开发农作物粮—饲分级利用技术模式，加大非粮饲料资源开发利用力度。目前粮食收获后剩余部分作为饲料粮收获、加工、利用技术体系不完善，使得秸秆及其他非粮农作物副产品无法高效供给畜牧养殖与利用，造成了极大的浪费。

(4) 水产科技创新基本覆盖全创新链

在水产方面，"十三五"国家重点研发计划"蓝色粮仓"重点专项和"十四五""海洋农业与淡水渔业"重点专项中对深远海养殖、盐碱水渔业等水产大食物科技创新有一些点上的布局，对深远海和盐碱水池塘等新开拓空间养殖开展技术攻关。此外，农业农村部设立了国家现代农业产业技术体系来支撑渔业科技的发展，分别设置了大宗淡水鱼、特色淡水鱼、海水鱼、虾蟹、贝类和藻类六大体系，共172位岗位科学家、115

个综合试验站，为产业发展提供全面系统的技术支撑。这些举措有效提升了重要水产养殖生物种质创制、营养调控与病害防控、养殖装备工程化技术、海水养殖新模式与新装备、远洋渔业科技、水域生境与渔业资源养护、流通加工和质量安全保障等方面的技术水平，为我国渔业产业的健康稳定发展提供了坚实支撑。

尽管水产科技创新覆盖了创新链的很多点位，但尚未形成科技推进水产大食物产业全面发展的局面。下一步还需要重点突破深远海养殖装备技术，研发大型现代化养殖网箱、养殖工船和养殖平台，开发大型深水网箱养殖适宜繁养品种与养殖技术；要开展耐盐碱适养新品种开发、选育与推广，探索盐碱池塘精养高产、高盐碱区域规模化生态种养等多种模式。

（5）微生物科技创新刚刚起步

我国在微生物食物领域的科技创新取得了初步成果，通过国家重点研发计划的支持，我国加大了对微生物食物的研发投入，并建立了国家级研发平台以助力微生物种质资源的发掘。此外，我国制定了一系列国家和行业标准，规范了微生物食物的生产、加工和销售，为建立信任、保障消费者权益起到了重要作用。同时，我国也持续加强食用菌产业的规划和建设，打造了一批示范基地和龙头企业，促进产业集聚和协同发展。通过菌种资源的开发、创新产品的研发、标准制定与监管等多方面的努力，微生物食物产业得以发展壮大，为实现大食物观的目标作出了积极贡献。未来随着科技的不断进步，微生物食物有望继续引领食品产业的创新和发展。

合成生物学是微生物食物开发的基石。虽然布局了"十三五"国家重点研发计划，拟针对人工合成生物创建的重大科学问题，围绕物质转化、生态环境保护、医疗水平提高、农业增产等重大需求，突破合成生物学的基本科学问题，构建几个实用性的重大人工生物体系，创新合成生物前沿技术，为促进生物产业创新发展与经济绿色增长等作出重大科技支撑，但是，在合成生物学支撑大食物发展方面，尤其是支撑食物资源多样化、高品质化方面等方面不够明确。

（6）设施农业科技创新注重以点带面

在设施农业方面，自"九五"国家科技攻关重大产业化工程项目"工厂化高效农业示范工程"实施以来，国家通过各类科技计划加大了对设施农业科技创新的投入，从基础研究、高技术研发到技术集成创新层面为产业发展提供了基础支撑，同时还建设了一批创新基地。但由于总体资助强度小、持续性低、创新积淀时间不长，目前还缺乏完善的设施农业科技创新体系和国家战略科技力量，造成本领域原始科技创新能力、前瞻科技预见能力及其对产业的支撑能力不足的现状，在提升饲料数字化、智能化生产水平方面，在围绕营养代谢基础研究与健康养殖智能监测模型、个性化营养与精准饲喂可穿戴设备研发、精准营养与饲养模型化技术等领域仍显得相对薄弱。

通过科技部的相关项目和资助，以及农业农村部的支持，我国设施农业科技得到了有力推动。在"十三五"期间，我国逐步加强对设施农业领域的科技项目经费投入，为设施农业的发展提供了有力支持。我国在设施蔬菜生产方面也实施了科学规划，推动产业规范、有序、健康发展，并注重生产效益和发展质量。在智能化管理方面，包括温室设施工程、环境调控和栽培新技术推广应用等领域开展系统布局，增强环境调控能力、促进农机农艺融合。在设施农业装备、数字化农业装备和小型农业机械的研制，新材料和新装备的开发，以及环境控制系统的建设等方面为设施农业发展注入了新的推动力。

3. 大食物科技支撑潜力

由本报告前述分析可知，大食物各行业在多领域、多层次、多维度存在着众多显著性的潜力，这些潜力是今后践行大食物观的重要着力点。考虑到近些年，尤其是"十三五""十四五"期间国家层面在大食物各领域的科技支撑情况，本着科技资源优化配置、合理布局、有所作为的原则，本报告重点提出以下科技支撑潜力。

（1）统筹大食物资源，协同发展底层关键技术

在大食物观下，食物资源的来源必然是全方位、多途径的，其底层逻辑在于"三物农业"与人之间的关系，即植物、动物、微生物与人四者间的资源循环闭环。一方面，基于资源循环、协同的大食物产出优化底层技术群组研究。大食物观的践行是一个庞杂的系统工程，要素繁杂，环节众多，影响因素多维，要素与要素、环节与环节之间存在非常复杂的层层影响、互相作用关系。以大食物观视野下动物性、植物性、微生物性食物资源及人四者为核心框架，以水资源、种植/养殖/培养等空间资源、农药化肥培养物等附加资源以及饲料（草）、加工副产物等过程资源为核心要素资源，探明要素资源在动物性、植物性、微生物食物资源及人四者间循环传导的共性化、个性化机制，基于要素投入与产出核算，探索大食物资源循环、协同条件下的食物产出最优化路径，建立多层次立体化调控的底层技术群组。开发农作物粮—饲分级利用技术模式，加大非粮饲料资源开发利用力度。另一方面，构建主要食物与饲料资源生产、加工、消费的碳排放评估体系，创立食物生态效益标签。践行大食物观，必然要求构建更加绿色、更加生态、更可持续的大食物生产观，解决食物制造过程中某些高能耗、高水耗、高排放和高污染等产业核心瓶颈问题，助力实现碳达峰碳中和。因此，基于耗能、耗水、排放与污染指标的定量与定性分析，梳理主要食物与饲料资源生产、加工、消费等核心环节的碳排放水平，构建大食物碳排放评估体系，确立生态效益评估关键控制点，构建大食物全要素生态效益评估模型，明确主要食物与饲料资源生产、加工、消费的生态消耗值与溢出效应值，为推出食品生态效益标签（类似家电能效标签），逐步实现食物生产碳中和全周期积累基础性数据。

（2）通过多技术耦合挖掘主粮增产增效潜力

在农作物产能结构调整上要倡导"稳稻麦、扩玉米、增大豆"的基本方略。通过种植结构调整、种业创新、土地生产力提升、高效耕作栽培、单产水平提升、产品结构优化和多功能一体机田间作业减损实现主粮整体生产能力的提高。首先，科学调整粮食产能结构，挖掘增产增效潜力。支持利用水资源丰富的优势发展水稻生产，适当扩大水稻种植面积。大力发展优质专用品种粮食生产，重点推广高油高蛋白大豆、优质水稻、强筋小麦和高淀粉玉米等优质高产品种，优良品种覆盖率要达到95%以上。其次，良种良法并举，提升粮田耕地质量。必须打造中国农业的"芯片"，高度重视种质资源保护，目前新品种的贡献率为45%，未来15年将提高到55%。建设好良田，聚焦土壤障碍因子消减、基础地力提升、新品种开发及其增产潜力挖掘、水肥资源高效利用等环节，综合考虑作物产量和环境效应，提高土壤蓄纳和稳定供应养分能力，不断提升耕地

质量。最后，健全生态低碳粮食生产，构建现代智慧粮食生产体系。推广科学、先进、适用的初加工技术与设备，并加强谷物在收获、储存、运输及加工各环节的减损技术研究。完善粮食综合减损体系，实施粮食适度替代战略，提高加工利用效率、降低无效产品产出，创新加工方式、丰富终端产品类型，并加强薯类主食制品创制及品质提升技术攻关等。这些科技攻关，有望提高口粮的单产水平，在主粮单产方面达到1%~2%的年均增长率，从而有助于提升主粮的供给能力。

(3) 通过强化科技布局挖掘林源食物生产潜力

科技对大食物产业提供支撑的潜力巨大，通过强化科技布局挖掘更大的潜力。加强林源食物资源的纵深开发与高值化利用关键技术研发。按照林粮、林油、林饲、林果、林蔬等的林源食物资源分类，解决林源特色资源有效成分调控与高效利用的基础理论问题。首先，持续通过资源挖掘和良种培育促进产量与品质提升。加强具有潜力的可食林源优异种质的收集、创制和重大品种培育，并通过基因编辑技术和基因组学等技术改善树种的抗逆性、抗病性和营养价值，加速新品种培育进程，提高森林食物的产量和品质。其次，利用现代信息技术，提高森林食品产出效率。通过大数据和物联网等技术优化生产过程，实现智慧化现代林业经营技术，提高水肥利用率并降低成本。研发轻简、精准、高效的规模栽培技术，实现对低产低效林的全面改造，并协同环境科学促进森林食品的绿色发展。最后，关注多产协同创新和融合发展。突破特色资源集储高效增值转化的重大技术瓶颈；突破林源食物适口性改良、工业化生产等精深加工和保鲜贮藏技术；解决林源食物采后果实微生物致病与品质劣变规律的基础理论问题，突破特色经济林鲜果采后品质劣变和腐败的重大技术瓶颈；优化林源食品多级联产加工技术，开发可食林源的高附加值特优产品，创制战略性重大产品，加强新型包装材料与专用装备开发，保障优质高产特色林源资源的有效供给。

同时，产业布局应结合畜禽养殖的需求，注重林草饲料等新兴领域的科技开发利用。开展林源大食物资源的纵深开发，解决饲料安全问题，提高林源食品的市场供给，充分挖掘森林食物资源的生产潜力。一方面，面向增草增畜需求，实施天然草原生产力提升科技工程。针对天然草原生产力偏低、天然草地草畜产品生产能力偏低、优质饲草料供应技术短缺等瓶颈问题，实施天然草原（草地）生产力提升增草增畜科技工程，重点开展草地免耕补播抗逆高产专用品种选育、免耕补播低扰动改良退化草地机制、新型智慧化免耕补播机研制、优质饲草替代豆粕玉米等研究。另一方面，实施木本饲料等新型能量饲料、蛋白质饲料资源开发科技工程。通过实施木本饲料等新型能量饲料、蛋白质饲料资源开发科技工程，针对木本饲料各主要种植区专门饲用品种缺乏、木质纤维素高、加工利用技术不完善等瓶颈问题，实施木本饲料饲用品质形成机制与新品种选育基础、木本饲料预处理工艺、抗营养因子对不同种类畜禽转化效率影响特征、功能活性成分对畜禽生产性能与健康的作用机理、木质纤维素高效降解、木本饲料高效饲喂等研究。

(4) 通过新技术、新资源开发应用提升畜禽生产潜力

科技支撑畜禽业食品供给潜力主要包括以下几个方面。

一是生物育种技术将大幅提升畜禽食物的供给潜力。全基因组选择、转基因和基因

编辑等新一代生物育种技术的应用潜力巨大，可以快速提升畜禽品种的生产性能、抗病抗逆性，显著提高畜禽食物生产效率。畜禽良种对畜牧业发展的贡献率超过40%，是提升畜牧业竞争力的核心和关键，培育的高产抗病猪、白羽肉鸡、华西牛等品种，可推动畜禽产品生产效率提高15%。

二是规模化智能化健康养殖和生产加工技术将提高效率降低损耗。通过应用自动化技术，可以实现畜禽养殖过程的监测、控制和管理，提高生产效率和资源利用率，2022年我国畜禽养殖规模化率超过70%，预计全国畜禽养殖规模化率达到80%，生产效率、经济效益和资源利用率将提升10%。

三是饲草料开发潜力极大。通过木本饲料、农作物秸秆等副产物开发及其梯级化高值利用，构建多元化饲料供应体系，补充饲料原料，降低饲养成本，增加牛羊牛奶等畜牧产品产出。通过开发利用新型木本饲料、农作物秸秆和新型蛋白质饲料等，预期饲草产量增产20%，饲料中豆粕占比降低15%。

四是新畜禽食物资源的开发利用。我国拥有丰富的畜禽遗传资源，其中包括传统畜禽和特种畜禽，具有巨大的食物开发潜力。《国家畜禽遗传资源目录》首次明确了包括马、驴、骆驼、兔子、鸽子、瘤牛、火鸡、梅花鹿、驯鹿、羊驼和鸵鸟等33种家养畜禽。这些动物的肉类和奶制品具有丰富的营养成分，符合健康饮食的需求。例如，马肉富含蛋白质、维生素和矿物质，驴肉属于高蛋白质、低脂肪的肉类，驴奶营养成分接近人乳，而骆驼肉和奶也备受认可。通过马、驴、骆驼、兔和火鸡等作为食物来源，可扩展动物食物来源5%左右。

（5）通过新品种、新技术、新空间拓展水产潜力

随着新一轮科技革命深入发展，新模式新技术新材料广泛应用，物联网、大数据等信息技术加快在渔业领域转化应用，现代生物技术为渔业种质资源保护、新品种培育提供有力支撑。

一是深远海养殖、盐碱渔业、南极捕捞等空间拓展。①深远海养殖方面，目前产量仅占海水鱼类养殖产量的两成，拓展养殖新空间促进增产的潜力很大。种质资源开发和养殖装备创新是深远海养殖的关键，同时，必须考虑水产品的生物学特性和经济学特性。未来5年，随着种质资源的不断开发，深远海养殖预计将新增1 600万米^3。持续推动深远海养殖技术装备开发，保障深远海养殖的可持续发展。加强深远海网箱材料和结构开发，提高养殖装备对深远海恶劣气候的耐受性和适应能力，针对我国深远海水域复杂气象和水文水质条件，开发适宜的养殖品种、生产工艺、苗种繁育、病害防治、渔获保险和加工、养殖管理以及运输等全产业链系统配套养殖技术，推动我国深海养殖领域快速发展。②盐碱渔业方面，盐碱水综合利用是拓展水产养殖发展空间的重要举措，但当前我国耐盐碱的水产品种匮乏，亟须针对现有主养品种开展耐盐碱新品系选育，提高盐碱水养殖效率，挖掘盐碱渔业的潜力。通过改良耐盐碱养殖品种、优化池塘养殖模式，盐碱水养殖的综合效益可提升35%。③南极捕捞方面，南极磷虾资源储量非常丰富，广泛分布于南极水域，产能达6.5亿~10亿吨，是全球海洋中最大的单种可捕生物资源，是人类重要的蛋白质储库。目前，全球南极磷虾捕捞量最大的国家挪威年捕捞量约为16万吨，我国的捕捞量约3万吨。应加强研发南极磷虾深加工生产技术和设备，磷虾冷冻和磷虾脱壳技术装备、产品保鲜储

运技术也亟待研发。

二是良种良法促进养殖效率提升。针对渔业高质量发展与水产养殖转型升级的技术需求，面向江河湖库，通过开展渔业生态调控活动促进生物资源保护与养护、生态环境改善与修复、生产功能服务与产出、生态系统平衡与稳定，推动渔业与生态环境的优化、协调、和谐发展。①品种方面，2022年，我国水产养殖遗传改良率为52.8%，大量水产养殖品种尚有待进行系统遗传改良。良种对我国水产增产的贡献率为25%~30%，低于水产养殖发达的国家。②养殖装备方面，在装备技术的创新下，实现全方位信息化、大数据智能化，提高深远海养殖模式的生产效率和设施安全，将进一步释放深远海养殖的潜力。③养殖模式方面，开展近海等典型渔业水域生境碳汇功能及其关键调控技术研究，建立碳汇潜力评估指标体系和技术体系，构建稳定、高效、环境友好和可持续的产出模式，提升碳汇渔业和渔业低碳技术的整体水平。攻克水产绿色养殖模式构建技术，研发水产养殖轻简化、工程化、机械化、精准化设备，生产鱼虾蟹贝藻等水生动植物食品，大幅提升水产养殖的自动化、精准化生产能力。④疫病防控方面，近20年来水产养殖病害频发造成了严重的经济损失，已成为我国水产养殖业发展的重要制约因素。水产用疫苗在世界水产养殖业中已显示出良好的发展前景，是非常有效的疫病防治手段。疫苗技术也必将成为解决我国水产养殖病害问题的关键技术，并逐步实现疫苗商品化，这是养殖维持高产量的关键。

（6）通过加大基础和关键装备研发提升微生物生产潜力

我国现有的微生物食物的产业潜力巨大，并且已经有了一定的科技基础和产业基础，微生物食物已经在食品产业中逐渐崭露头角。随着生物技术和信息技术的发展，微生物食物的种类和功能将不断扩展和提升，可以实现微生物食物的智能化监测和控制，提高产品质量和稳定性，降低生产成本和资源消耗。通过发酵技术的创新、基因编辑、生产规模化等方面的技术支持，微生物食物产业有望在未来发展壮大，为构建健康、绿色、可持续的食品体系贡献力量。

一是强化合成生物学技术，为微生物食品开发提供基础。利用合成生物学、基因编辑、代谢工程等技术，定制微生物菌种和发酵过程，开展高蛋白质饲料高效生物制造技术攻关，针对我国饲用蛋白质资源短缺，高度依赖进口等问题，开展高蛋白质饲料高效生物制造技术攻关，应用基因编辑、高通量筛选等前沿合成生物技术，破解目标氨基酸高效表达抑制底盘菌生长的解偶联机制，突破合成路径与底盘菌代谢网络的适配技术，实现饲用氨基酸的高效低成本制备；研究一碳原料生产细菌、酵母蛋白与微藻蛋白生物合成；挖掘固氮菌氮元素富集合成蛋白质新机制，创制高铵固氮和蛋白质高效合成回路；构建定向高效转化秸秆等副产物为菌体蛋白质的底盘细胞，研发低成本、高密度、深层连续发酵的工艺技术及装备。构建高质量染色体级别的基因组序列，创制生长快、抗逆性强的昆虫新种质，建立以资源昆虫为转化工具的生物驱动技术平台。

二是特用酶制剂高效表达和应用关键技术。以酶制剂为核心的绿色、低碳、高效生物加工是国际农产品加工领域的发展趋势。我国目前仍然极度缺乏农产品加工用自主知识产权酶制剂，农产品生物加工技术落后、生产率低、能耗水耗大，亟待开发农产品酶法生物加工技术体系，实现集成创新。我国酶制剂70%以上市场份额被国际公司垄断，导致这一现象的关键因素是缺乏高效、安全、具有自主知识产权的表达系统及食品酶品种。因此，开发出具有自主知识产权、高效、安全的食品级表达系统，开发更多的自主知识产权食品酶品种，对于突破国际跨国企业的束缚，促进我国食品酶制剂行业的健康发展具有重要的意义。

三是泛微生物食物资源开发关键技术。传统的农业生产技术尽管日趋成熟，但也面临着瓶颈，现有的劳动生产效率增长缓慢。微生物食物产业具有多重独特价值，大力开发利用微生物食物资源，是保障粮食安全和促进绿色发展的理想选择。在微生物菌类食物资源、泛微生物发酵食物资源、微生物与动植物互作的泛食物资源3个领域开展基础理论研究与关键技术研发。包括菌种资源的筛选以及良种、特种菌株高效培育，食用菌工业化、低碳化生产关键技术研发，高附加值氨基酸生产技术突破，高性能酶制剂研制与量产"瓶颈"问题突破，食用菌新种质创制和新品种研发，微生物蛋白质、淀粉、油脂合成关键技术研发，粮食加工副产物通过食用真菌高效生物转化关键技术研发及健康食品创制等。

（7）依托高端装备和智慧管理实现设施农业增产提效

设施农业科技创新须根据本国国情和气候及资源特点，进行必要的、非重复性核心技术研究，重点提高农业资源的产出率和农业生产效率。未来我国设施农业蔬菜产量占蔬菜总产量的比例将提升至40%，通过设施蔬菜现代化发展，力争为粮食作物增加5 000万亩以上耕地。在设施结构升级、环境管控技术应用、作业过程技术提升和品种选育等方面有较大的发展潜力。

一是面向设施农业智慧化升级的核心技术与关键装备研发。基于我国设施农业整体机械化、智能化水平低，单体规模小，生产效率和优品率低，高精尖技术与装备受制于人的现状，以及大食物视野下对设施农业整体发展的更高要求，以设施农业智慧化升级为突破口，围绕作物生命体征信息动态感知、植物/动物生长趋势预测、光温水肥耦合与高效环境控制等主题，聚焦算法模型、人工智能等关键技术突破，带动大型连栋智能温室设计、制造、控制技术，畜禽智能养殖装备和制造技术，高端农业环境传感和生命信息感知设备，智能控制和精准作业装备，智能水肥一体化设备等方面开展自主科技攻关，深入实施以软件工程、大数据分析、数据库技术为基础的数字技术集成应用，通过可视化生产、智慧诊断、远程控制等智能化作物管理平台集成创新和迭代开发，开展生产环境和作物生长情况的精准化、智慧化监测和控制服务，实现系统性技术与装备升级，增强设施农业生产体系的数字化应用能力，实质性促进我国设施农业提质增效。

二是基于空间拓展的设施蔬菜节能高效生产技术及装备研发。以"大食物观"向设施农业要食物为目标，针对戈壁、沙漠、城市楼宇闲置空间、废弃工业用地等特殊应用场景下的果蔬生产，对低碳设施结构系统、高效无土栽培技术、节能环境调控、省力化机械装备进行科技攻关，重点开展低碳设施设计方法及智能建造技术、环保栽培基质原料创制、清洁能源高效利用、微小型精细化作业装备的研究工作。突破设施农业"不与粮争地"的关键技术瓶颈，实现多元化的空间拓展，保障蔬菜扩产增效。

（8）通过发展精准加工技术扩大加工食品生产潜力

当前，全球食品产业正发生深刻变化，技术不断突破、装备更新换代频度加快。面对贸易保护主义抬头、国际产业链供应链加速重构等严峻复杂的国际形势，食品工业迫切需要统筹规划整体布局，提升原创驱动力，发挥"产学研用"科技创新体系作用，协同技术攻关，有效支撑食品工业迈向更高台阶。

一是大食物各领域加工副产物全价利用关键技术创新。对加工副产物等存量资源的高效利用，既是拓展食物资源增量的有效路径，也是实现大食物各产业可持续发展、提升经济效益的必然要求。基于"循环利用、高值利用、梯次利用"的不同层次，包括加工副产物在某大食物领域内部，以及大食物领域与领域之间的循环利用技术，加工副产物精深加工的高值化利用技术，以及对加工副产物"吃干榨净"的梯次利用技术，加强大食物各领域加工副产物全价利用的关键技术创新与集成，重点突破加工副产物饲料化、可食化以及活性功能物高效回收的核心技术。开展粮食加工副产物食用真菌高效生物转化关键技术研发及健康食品创制。

二是主要食物资源从供给侧到需求侧的全链条减损技术研究及装备研发。减损即增产。减少食物损耗是食物安全保障的一个薄弱环节，也是重要的食物增量潜力点。基于多类型食物资源从初级原料到最终食品的全链条、全生命周期，在种植、养殖、培养环节，采收、屠宰、加工环节，储运、消费环节等确定多维度、多水平关键点上分析减损效价，通过一点一策一技术的全覆盖模式，研究主要食物资源减损的共性和个性技术方案，突破关键技术，研发适用性良好的减损配套装备。

三是开展基于营养健康、绿色制造、主动安全保障要求的油脂加工基础研究与前沿探索。围绕我国食用油脂产业科技重大需求和重大短板，以实施油脂营养健康工程、绿色制造工程、主动安全保障工程三大工程为重点，按照健康诉求、营养设计、绿色制造、装备创制、新产品开发等科技创新链条，从基础研究、前沿技术、产业化示范等各层面，系统开展研究。重点开展食用油脂营养健康科学基础、营养健康产品创制关键技术、营养健康产品加工产业化与示范研究，实现基于营养满足与慢病预防控制靶向的个性化营养健康产品的设计与规模化加工，解决我国食用油脂营养与健康基础理论匮乏重大短板。针对国民对优质化、健康化食用油脂的紧迫诉求及其加工过程存在高能耗、高水耗、高物耗等问题，实施优质化、营养化、健康化产品绿色制造升级工程，开展重点领域的产业化应用，解决我国绿色智能制造核心技术装备缺乏的重大短板。基于我国食用油脂安全与质量控制体系构建，重点研究油脂危害物发现与形成机理、危害物主动防控技术、主动安全保障技术与示范应用研究，解决我国食用油脂安全危害因子发现与控制能力不足的重大短板。

四是基于新式食物资源可食性改良的食品加工技术研究。大食物观的中心在食物，即最终目标是可食用性。在大食物观下，食物资源的来源必然是全方位、多途径的。从供应侧的可食用到需求侧的愿意食用，存在不等价性。因此，通过现代食品加工技术的赋能，研究并突破关键的不良风味与滋味掩盖技术、质构与口感改良技术、护色与赋色技术，有效提升新式食物资源在风味、口感、色泽方面的可食性，解决食物资源从可食到愿食的"最后一公里"问题。突破预制菜风味、口感、营养和贮藏品质稳定性改良核心技术。

五是特殊人群精准化膳食食品研发关键技术。面向多元需求的营养与健康食品开发是当前食物供给方面的薄弱点，也是大食物观视野下满足多样化食物需求的重要方向。基于婴幼儿、儿童、青少年、孕妇、乳母和老年人等特殊生理人群，高血压、糖尿病、高脂血症、高尿酸血症、痛风、恶性肿瘤和慢性肾病等特殊营养需求人群，以及运动员、航天员、接触有毒化学物质作业者等特殊职业人群，以膳食指南和基础医疗数据为指导，针对性开发适应性强的特膳食品；突破乳清蛋白综合利用、营养素稳态化与可控缓释、营养素消化吸收模型构建等关键核心技术，为拓展特膳食品产业化场景奠定科学基础。

六是替代蛋白及关键配料精准生物制造与产业化。随着全球环保压力的不断加大和消费者健康意识的提升，发展高效、环保、可持续的替代动物蛋白生产方式成为重要趋势。在确保传统肉类、奶类产能的前提下，应超前发力相关的替代蛋白研究和产业化工作，以拓宽肉奶产业的边界，并为传统肉、奶寻找合理的补充。因此，针对替代蛋白制造的"卡脖子"技术与推进产业化瓶颈问题，亟须构建核心技术体系，开展替代蛋白及关键配料精准生物制造体系攻关，创制和选育蛋白工业制造的核心菌种，构建安全性好、稳定性高的替代蛋白规模化生产技术体系，研制一批替代蛋白生产所需的前沿引领技术、现代工程技术、颠覆性技术、共性关键技术。

4. 大食物科技支撑趋势

未来大食物产业的科技支撑将呈现多重趋势。现代育种技术的发展和广泛应用将成为食物安全的重要技术来源，为培育高产、优质、抗逆的新品种提供支持。合成生物学将成为未来食物供给的重要期盼，通过合成生物学的应用，可以创造出更多种类的食物原料，丰富食物供给。生产装备的升级改造将是未来食物生产的重要保障，提高生产效率和质量。物联网、大数据、人工智能等智慧化技术的应用将为未来食物生产提供先进的管理手段，提升生产过程的智能化和自动化水平。学科交叉融合将为未来食物生产提供更多可能，不同学科领域的融合将带来更多创新和突破，推动食物产业的发展。这些科技发展趋势将共同推动大食物产业向更加智能化和可持续的方向发展。

（1）现代育种技术的发展和广泛应用将是食物安全的重要技术源

开展现代育种技术研发与种业绿色技术创新攻关，围绕《种业振兴行动方案》，以提高生产效率、产品品质为总目标，立足我国主导品种群体优势和地方品种资源特色优势，加强选育和高效利用，加快现代育种技术研发与应用；立足我国自主培育的作物、禽畜等种质资源，研发健康种养关键技术，促进大食物产业高效率、安全、环保、智能化发展。通过基因编辑技术（如 CRISPR 等），可以培育出更适应气候变化、抗病、产量更高的良种。集成创新登记测定、基因组选择和高效快繁等关键技术，广泛利用国内外遗传资源。扩大高质量育种核心群规模，增强品种自主培育能力，提高核心种源自给率。健全各品种生产性能测定、遗传评定和后代测定体系的建设。推进遗传评估技术升级换代，进一步扩大国家各类育种数据库，完善数据收集传输系统。开展多品种基因组选择平台建设，建立地方品种混合参考群体，研究多品种基因组评估技术。加强核心群和基因组选择参考群建设，建立各品种自主选育基因组预测等关键技术，创新、熟化快繁关键技术。

同时，组织种业绿色技术创新攻关，推进绿色性状突出、具有重大应用价值和自主知识产权的新品种培育。持续开展已有品种的本品种选育，对市场占有率高的品种开展联合选育。例如，针对奶牛、乳用羊，重点提高产奶量、乳品质和泌乳持久力。选育适于舍饲的专门化母本肉用畜禽品种，以生长速度、饲料效率、产肉量和肉质为重点，选育专门化肉用杂交父本品种。创新开展奶牛及乳肉兼用牛特色品种选育工作，加强自主培育的乳肉兼用牛综合养殖效益提升的模式研究，创新功能型乳制品。针对绒山羊选育，重点提升羊绒品质和羊绒产量，改善群体整齐度。同时整合独特品种、特殊产品、环保养殖创制高利润畜禽新模式，进而孵化新品种。针对对极端环境具有良好的适应性、具有独特的生物学特性、对高寒牧区生态环境和粗放饲养管理条件有很强的适应性、畜禽产品具有较高抗氧化能力等特点的地方特色畜禽品种，进行专门品种选育，开发特定的饲草饲料供应链和差异化产品，推动其可持续利用与发展。加快种业绿色技术装备从散装到组装再到整装的跨越，加速种业绿色化、智能化、数字化发展和新材料应用。

（2）合成生物学将是未来食物供给的重要期盼

基于合成生物技术的食物资源量产关键技术突破。合成生物仍处于"可合成"和"可量产"的双重限制中，从前端菌株构建到后端的发酵生产，不断提升可量产的技术平台以实现高效率量产仍是关键。选取人造奶、细胞培养肉、微生物菌体蛋白、食品添加剂、功能食品原料、新型食品原料、农产品健康功能活性因子等方面具有一定前景的新型合成食物资源为标的，以一物一策的逻辑，梳理关键技术环节和技术路径，突破食物资源量产的关键技术（群），积累量产经验，实现早期收获，为合成生物技术在新食物资源生产方面积累可行化的技术示范。

基于合成生物学理论开展粮油作物组分智能生物制造。针对淀粉、油脂等粮油主要组分生物制造效率低、成本高、能力不足等问题，设计二氧化碳生物转化的底盘新元件、新途径和新系统。开展能量转化、二氧化碳还原和碳素聚合等基础研究；解析二氧化碳人工合成淀粉、油脂等多碳复杂分子的动力学与热力学耦合规律；阐明碳素定向聚合途径的设计原则，突破淀粉、油脂人工合成的能效和速率的极限；开发智能化自动化生物反应器，实现最优化基础上的生物制造过程的智能化，推动人工合成淀粉、油脂等粮油主要成分生物制造成果从实验室走向工程化应用，综合成本接近农业种植，替代10%以上耕地产出的重大农业产品供给。

（3）生产装备的升级改造是未来食物生产的重要保障

为了保障未来的粮食和畜禽渔业等食物生产，生产设备的升级改造涉及多个关键技术和科技发展趋势。①智能化与自动化技术。智能农业装备通过集成传感器、全球定位系统（GPS）、遥感技术和人工智能算法，提高作物种植的精准度。利用智能机器人在畜牧业和渔业中执行自动化饲料分配、动物健康监测、收获等工序，提高效率并降低劳动强度。利用无人驾驶拖拉机和收割机自动进行土地耕作和收割作业，减少人力需求并提高作业效率。②精准农业技术。精准农业侧重于通过精确控制灌溉、施肥、病虫害管理等，对作物生长环境和状态实时监控，并根据数据分析进行精确管理，以确保资源的最优化使用和环境影响的最小化。③垂直农业与水培系统。在城市建筑内部等非传统农业空间内进行食物生产，不仅节省空间，还可以减少对土壤和水资源的依赖，同时减少运输过程中的碳排放。④食品绿色生产与安全监测技术。随着可再生能源技术的成本下降，使用太阳能和风能等为农业机械供电，减少化石能源消耗。开发新型传感器和追踪系统，实时监控食品安全状况，从农场到餐桌全程保障食品质量。随着人工智能和机器学习技术的进步，预计未来的生产设备将更加自主智能，能够自我优化生产流程，并实时响应环境变化。

（4）智慧化将为未来食物生产提供先进的生产管理手段

随着数字化、传感器以及人工智能技术的飞速发展，未来食物生产将更加注重自动化与智能化的融合。利用人工智能、机器人等技术实现智能化生产和管理，提高生产效率，降低成本，提高食品质量。将人工智能技术应用于种植、收获、加工、物流等食物产业的各个环节。例如，在种植过程中，通过人工智能分析大数据为农民提供精准的种植建议，提高产量和品质；在收获过程中，辅助农民进行智能化作业，提高收获效率。无人机、自动化装备等机器人技术也将在食物产业中发挥重要作用。无人机可以用于粮食、森林食物、畜禽及水产品等种养区的巡视和监测，实现病虫害和疫情的快速发现和处理；自动化装备可以用于食物的收获、加工和包装等环节，提高生产效率。未来的生产设备将更加智能化、网络化和模块化。这些设备将能够无缝集成到云平台和大数据分析工具中，实现远程监控和管理。

例如，开展智慧与深蓝渔业关键技术创新。针对渔业向着"绿色、智能、高效"以及机械化与信息化融合发展的技术需求，以智能传感器、泛在物联网、无线电及卫星通信、人工智能、大数据、云计算等现代信息技术为依托，开展智慧绿色养殖、渔船渔港智联、数字化水产品流通和渔业大数据应用等关键技术研究，构建覆盖渔业生产和管理的智慧渔业技术体系。面向深海大洋，开展重要海洋生物遗传资源解析与综合利用、工业化绿色生产模式与养殖工厂构建、大洋极地资源精准探测与高品质捕捞、海陆联动加工技术与智能装备、海上物流信息技术与渔业船联网系统构建等研发，构建"养—捕—加"一体化、"海—岛—陆"相联动的全产业链渔业生产体系。

（5）学科交叉融合将为未来食物生产提供更多可能

一是"未来食品"发展底层技术布局。基于未来生产方法和生活方式改变，未来对食物要求更安全、更营养、更美味、更可持续，由此"未来食品"将成为食物供给的重要来源。"未来食品"的发展趋势是食品技术、生物技术和信息技术的高度融合，以合成生物学、物联网、人工智能、增材制造、纳米技术等为技术基础，重点研究包括食品合成生物学、食品组学与大数据技术、食品感知科学、食品风险甄别与安全评价，开发食品领域颠覆性技术，在食品营养健康、食品物性科学、食品危害物发现与控制、绿色制造技术的突破、食品加工智能化装备升级、食品全链条技术融合方面，助推我国进入世界食品领域强国。

二是功能性油脂分子修饰与产品创制研究。针对我国功能性油脂产品结构和功能单一、功效不显著、功能化技术弱、同质化严重等关键问题，以脂质功能挖掘和产品为导向，研究生物化学选择性调控、高活性脂肪酶微阵列、脂质分子靶向重构与调控等分子修饰与改性关键技术，集成建立功能油脂制造技术与装备体系，解决我国功能性油脂长期依赖进口的问题，满足未来我国消费和人口结构改变的需求。

三、政策建议

"践行大食物观,根本出路在科技。"在国民从"吃得好"向"吃得营养、吃得健康"转变的过程中,科技发挥了重要的支撑作用。但目前大食物观处于概念阶段,缺乏整体、系统、协同的布局设计。因此,大食物观要强化顶层设计和总体布局,以科技创新和产业发展为抓手,大力培育新质生产力,持续推动产业创新,拓展新领域、寻找新赛道、催生新业态。大食物观为实现人民对美好生活的追求提供了重要的思路和途径,要在数量上绝对保证、质量上重大进步、机械化水平提升、多样化格局形成、营养健康提高、智能化水平突破、不均衡性调整、极端情况储备8个方面发力。

(一)突破点:强化顶层设计和总体布局

立足我国大食物资源优势,区分优势产业、特色产业、潜力产业、战略性产业,在确保"口粮绝对安全"条件下,从大食物结构和区域角度,合理设计和布局我国大食物发展。

一是在保证口粮绝对安全方面布局。"以新安全格局保障新发展格局""确保中国人的饭碗牢牢端在自己手中"。以粮食安全为出发点,全方位夯实根基,牢牢守住18亿亩耕地红线,让高质量发展基础更牢固、更安全。国家统计局、农业农村部2023年的数据显示,我国粮食总产量已经连续9年保持在1.3万亿斤以上,基本保证了"谷物基本自给、口粮绝对安全"。通过向科技要出路、保障耕地数量和质量、紧抓人才培养谋发展,持续保障"中国人的饭碗主要装中国粮",是维护我国长治久安的重要条件。

二是在调整大食物结构方面布局。从数量、质量、营养3个维度出发,在传统食品生产基础上,布局以合成生物学为主的新型食物资源"增量",不仅能缓解农业生产压力,还能改善人类膳食结构,满足日益增长的食品需求;有针对性地进行个性化营养方案设计和布局,以功能性、保健性为核心,开发健康化、标准化、无公害的食品,不仅要方便,更要兼具美味、营养和健康等;以"吃得健康"为目标布局功能营养食物,采用多种食物原料混合复配,使蛋白质、脂肪、维生素等营养素及其他功能因子按需求比例加以平衡,能够起到食药互补,满足多样化的精准营养需求。

三是在优化大食物区域方面布局。按照"因地制宜,宜粮则粮,宜林则林,宜牧则牧,宜渔则渔"的原则,根据相关产业链和资源禀赋,对不同农产品设置粮食生产功能区、重要农产品生产保护区和特色农产品优势区,形成同资源环境承载力相匹配的现代农业生产结构和区域布局,并配以资金倾斜、完善产业链、强化质量控制等措施,提高资源利用效率,合理利用土壤、水源、交通、能源和劳动力等资源。同时,推进农业生产方式向绿色、生态和可持续转变,提高农产品质量,保障食物安全。

(二)关键点:加强科技赋能和体系构建

科技作为第一生产力,作为食物生产的第一驱动力,要发挥多组分、多功能、多元化满足人类食物需求的核心支撑作用，必须在现有基础上对农业科研支撑体系重构。

一是构建科技融合创新体系。联合上中下游企业、高校院所等主体，共建食品产业创新联合体，开展共性关键技术联合攻关、示范推广；梳理未来5~10年科技支撑大食物的策略与方向，布局大食物方向全国重点实验室、技术创新中心等平台，开展大食物智库与示范区建设；加强食物资源数字化建设，筹建国家大食物资源监测评价中心；提前谋划大食物发展进程中的法律法规适配问题，梳理影响大食物领域科技支撑成效的法律、政策堵点。

二是发挥新兴科技作用。从耕地资源向全方位、多途径的食物资源拓展，从传统农作物和畜禽资源向更丰富的生物资源拓展，适度开发盐碱地、河湖、海洋、森林、草原等非耕地资源。特别是要注重利用合成生物学、脑科学、物联网、机器人、人工智能、3D打印、细胞培养、基因编辑、智能制造等颠覆性前沿技术，生产加工更健康、更安全、更营养、更美味、更高效、更可持续的"未来食物"。

三是优化科技投入机制。在顶层设计上，在全面梳理科技支撑大食物现状基础上，要优化现有国家科技计划设计，从大食物观角度加强相关领域技术布局。例如，设立"大食物"领域重点研发计划重点专项，或在现有科技计划、重大专项中增加大食物相关科技支撑任务等；在组织形式上，强化有组织的科研，锚定当前粮食安全方面的紧迫需求，搭建多元化支持渠道。在创新主体上，高度重视各领域科技创新力量，强化多领域、多学科科技力量交叉，实现科技力量统筹协调，为大食物生产注入融合力量，引领科技持续高质量支撑食物生产供给。

（三）切入点：激发产业内生动力和打造全产业链模式

聚焦优势产业，坚持以深化农业供给侧结构性改革为主线，大力发展"四个农业"，着力打造"四链"。大力发展科技农业，着力构建创新链；大力发展绿色农业，着力优化生态链；大力发展质量农业，着力延伸产业链；大力发展品牌农业，着力提升价值链。

一是提升科技对产业的支撑作用。产业支撑在大食物观中具有不可替代的作用，只有通过全面发展农业、林业、畜牧业和渔业等产业，加强科技创新和产业融合，才能实现大食物观的可持续发展。把产地做优，把物流加工做强，把消费做细做精，同时使生产端更加专业化、特色化，消费端更加社区化、便捷化，促进农业产业链提质增效。充分发挥电商平台的优势，挖掘平台上积累的各类数据，应用到农业生产领域，催生新的农业生产模式，进一步增强农业产业链韧性，提升产业链价值。

二是打造全产业链发展模式。不仅要注重食物生产体系建设，还必须加强食物供应链建设，持续增强食物供应链的稳定性、安全性、抗逆性和协同性。构建系统高效、"产购储加销"一体化的食物全产业链发展模式，积极推进食物产业现代化，创新食物生产经营方式，促进食物生产提质增效。大力实施建链、补链和强链工程，引导支持各类加工企业向粮食产区集聚、向粮食产地下沉；深化粮食产销合作，优化完善物流通道和重要节点，完善国家粮食应急预案，不断提高食物应急保供能力，增强风险抵抗能力。

三是大力发展新质生产力。新质生产力能够推动农业、林业、畜牧业和渔业等多个产业的融合发展，实现食物来源多样化，为大食物提供了重要的支撑和保障。通过科技创新和产业升级，可以提高农业生产效率和资源利用效率，实现农业的可持续发展和高质量供给。同时，新质生产力的发展也为食品加工业提供了更加先进的生产技术和设备，推动食品工业转型升级，提高食品质量和安全水平。

（四）保障点：极端条件下大食物生产和供应

极端条件下遵循"保口粮、保谷物、挖潜力"的粮食安全原则，按照可实现性和有效性，多渠道挖掘保供潜力，并前瞻性跟踪、布局食物稳定可持续供应的重要方向与趋势。

一是保数量保口粮。通过稳定粮食种植面积和单产水平稳定粮食总产，保障主粮供应安全，确保"吃得饱"的最低要求；通过应用成熟的全谷物加工、稻谷和小麦柔性加工等技术，进一步提高谷物利用率和减损效能，额外释放粮食增产潜能；加强玉米、薯类主食化替代成套加工技术开发与应用，必要时加大主粮资源临时性替代。同时，加大应急食品生产比例，促进食物应急转化能力建设；重点针对主粮、蛋白质、油脂、果蔬等关键食物资源，建立极端时期食物保障应急预案，提高食物与营养应急保供与可及性水平。

二是挖潜力挖增量。以无土栽培、单细胞培养、生物催化等为基础的植物工厂、细胞工厂、化学合成等新型食物生产方式已经成为传统食物生产系统的重要补充，利用颠覆性技术，多途径开发我国大食物新资源，以精准营养和高效利用为目标，全方位、多途径挖掘我国优质、优价新食物基料资源，强化食物高值化利用能力，推进我国大食物生产和加工的规模化、智能化、低碳化产业升级，实现极端期可持续的食物供给。

三是超前部署和科学研究。目前，我国在细胞培养肉、人工合成淀粉、微生物生产蛋白质等方面已经开展了相关研究工作。面向未来，特别是极端条件下，我国需要在应对气候变化等方面超前部署和超前研究，引领新一轮生物技术革命，加强关键技术储备，例如，关注"未来食品技术"，突破大规模、低成本、可持续的蛋白质、淀粉和油脂等食品原料高效制造；增强营养健康、品类多样的新食品的原始创新和迭代升级能力。

参考文献

毕玮，党小虎，马慧，等，2021. "藏粮于地"视角下西北地区耕地适宜性及开发潜力评价［J］. 农业工程学报，37（7）：235-243.

常钦，李晓晴，2024. 森林也是大粮库［N］. 人民日报，2024-01-09（7）.

陈浩天，2020. 我国西瓜和甜瓜栽培模式发展现状、问题及对策［D］. 沈阳：沈阳农业大学.

陈杰，罗贤宇，黄登良，2023. 习近平总书记关于森林"四库"的重要论述：生成机理、实践指向与重大意义［J］．福建农林大学学报（哲学社会科学版），26（2）：8-14，64．

陈利根，2022．坚持以大食物观统筹保障粮食安全［J］．群众（9）：26-27．

陈幸良，2022．林下经济学的缘起、发展与展望［J］．南京林业大学学报（自然科学版），46（6）：105-114．

陈幸良，窦亚权，2023．发展竹林林下经济 做大做强竹业产业［J］．世界竹藤通讯，21（5）：1-7．

陈志钢，徐孟，2023．大食物观引领下低碳减排与粮食安全的协同发展：现状、挑战与对策［J］．农业经济问题（6）：77-85．

邓俐，简承渊，2015．农业部发布116项节本增效农业物联网应用模式［N］．农民日报，2015-09-12（2）．

丁存振，徐宣国，2022．国际粮食供应链安全风险与应对研究［J］．经济学家（6）：109-118．

丁亚会，张云鹤，孙宁，等，2023．我国设施农业发展的国际经验与启示［J］．江苏农业科学，51（16）：1-8．

国家统计局，2019．中国统计年鉴［M］．北京：中国统计出版社．

韩磊，2023．大食物观下我国重要农产品稳产保供的现实困境与政策思路［J］．当代经济管理，45（4）：1-10．

何晋越，张革成，秦茂，等，2023．向"林"要"粮"，"天府森林粮库"怎么建？［J］．四川省情（6）：37-38．

胡桂芳，李长田，2022．来一场"三物农业"观念大变革［J］．农村工作通讯（9）：50-51．

胡红浪，韩枫，桂建芳，2023．中国水产种业技术创新现状与展望［J］，水产学报，47（1）：3-12．

黄季焜，2021．对近期与中长期中国粮食安全的再认识［J］．农业经济问题（1）：19-26．

黄季焜，2021．国家粮食安全与种业创新［J］．社会科学家（8）：26-30．

姜雪城，张钦，2006．设施园艺在我国发展迅速，总面积已达到世界的80%［EB/OL］．2006-05-21［2023-09-08］．http：//www.gov.cn/jrzg/2006-05/21/content_286974.htm．

姜雪城，张钦，2009．截至2008年底我国设施蔬菜总产值已达4 100亿元［EB/OL］．2009-10-12［2023-09-08］．https：//www.gov.cn/jrzg/2009-10/12/content_1436654.htm．

蒋卫杰，邓杰，余宏军，2015．设施园艺发展概况、存在问题与产业发展建议［J］．中国农业科学，48（17）：3515-3523．

邝西曦，2022．水库、粮库、钱库、碳库，走进总书记讲述的绿水青山［J］．浙江林业（5）：2，1．

李天来，2016．我国设施蔬菜科技与产业发展现状及趋势［J］．中国农村科技

（5）：75-77.

李天来，2023. 我国设施蔬菜产业发展现状及展望［J］. 中国蔬菜（9）：1-6.

李天来，齐明芳，孟思达，2022. 中国设施园艺发展60年成就与展望［J］. 园艺学报，49（10）：2119-2130.

李天满，2022. 以党的二十大精神为指引 高质量建设"天府森林粮库"［J］. 绿色中国（23）：28-31.

李天祥，许银珊，钟钰，2022. 我国粮食进口过度集中的风险化解及策略研究［J］. 经济学家（8）：106-118.

李亚灵，温祥珍，2018. 中国与荷兰温室番茄生产的差异分析［J］. 农业工程技术，38（10）：10-14.

李芷萱，杨晨钰婧，王萌睿，2023. "森林是粮库"视角下中国森林食品产业发展问题探讨［J］. 世界林业研究，36（4）：132-136.

刘长全，韩磊，李婷婷，等，2023. 大食物观下中国饲料粮供给安全问题研究［J］. 中国农村经济（1）：33-57.

刘翀，刘晃，刘兴国，等，2021. 挪威大西洋鲑养殖业可持续发展对中国水产养殖产业的借鉴［J］. 渔业信息与战略，36（3）：208-216.

刘凤之，王海波，李莉，等，2021. 我国设施果树产业现状、存在问题与发展对策［J］. 中国果树（11）：1-4.

刘嗣明，胡伟博，涂玮，2021. 中美贸易摩擦对中国大豆进口贸易格局演变的影响［J］. 宁夏社会科学（2）：73-81.

刘永新，邵长伟，侯吉伦，等，2023. 中国水产育种研究现状与发展建议［J］. 水产学报，47（1）：56-69.

龙文进，樊胜根，2023. 基于大食物观的多元化食物供给体系构建研究［J］. 农业现代化研究，44（2）：233-243.

陆亚男，刘翀，王茜，等，2021. 挪威大西洋鲑良种选育的发展历程及其对我国水产种业工作的借鉴［J］. 渔业信息与战略，36（4）：289-296.

路凤琴，2016. 设施蔬菜种植模式调查及生态高效茬口示范应用［D］. 上海：上海交通大学.

吕文慧，叶林祥，方超，2022. 中国大豆进口市场格局变化及应对思路［J］. 经济纵横（9）：46-55.

农业农村部，国家发展改革委，财政部，自然资源部，2023. 农业农村部 国家发展改革委 财政部 自然资源部关于印发《全国现代设施农业建设规划（2023—2030年）》的通知（农计财发〔2023〕6号）［EB/OL］. 2023-06-09［2023-09-17］. https：//www.gov.cn/zhengce/zhengceku/202306/content_6887551.htm.

农业农村部，中央网络安全和信息化委员会办公室，2019. 农业农村部 中央网络安全和信息化委员会办公室关于印发《数字农业农村发展规划（2019—2025年）》的通知（农规发〔2019〕33号）［EB/OL］. 2019-12-25［2023-09-17］. https：//www.cac.gov.cn/2020-01/21/c_1581145429704893.htm.

农业农村部农业机械化管理司，2022. 2021年全国农业机械化发展统计公报［EB/OL］. 2022－08－17［2023－09－17］. http：//www.njhs.moa.gov.cn/nyjxhqk/202208/t20220817_6407161.htm.

农业农村部食物与营养发展研究所，2023. 2022年中国食物与营养发展报告［M］. 北京：中国农业科学技术出版社.

彭澎，梁龙，李海龙，等，2019. 我国设施农业现状、问题与发展建议［J］. 北方园艺（5）：161-168.

普蕙喆，2023. 把握大食物观内涵 构建多元化食物供给体系［J］. 中国农村科技（6）：22-25.

齐明芳，刘兴安，孟思达，等，2006. 我国节能日光温室发展历程［J］. 新农业，19：4-7.

乔金亮，2023. 向森林要食物应讲科学重生态［N］. 经济日报，2023-11-14（5）.

沈国舫，2024. 森林可持续经营和生态文明建设［J］. 中国水土保持（1）：1-5，37，69.

司伟，2023. 构建多元化的食物供给体系［N/OL］. 光明日报，2023－02－03［2023-09-08］. https：//m.gmw.cn/baijia/2023/02/03/36341519.html.

宋海英，姜长云，2021. 中国拓展大豆进口来源的可能性分析［J］. 农业经济问题（6）：123-131.

孙博，李靖，王静，2020. 机器学习在植物工厂中的研究现状与挑战［J］. 中国农学通报，39（18）：142-150.

孙锦，高洪波，田婧，等，2019. 我国设施园艺发展现状与趋势［J］. 南京农业大学学报，42（4）：594-604.

谭琳元，李先德，2020. 大麦进口关税政策调整对中国大麦产业的影响——基于局部均衡模型的模拟分析［J］. 农业技术经济（7）：17-26.

汤雄，王鹏，吕玲玲，2023. LED植物照明灯具技术发展及应用现状［J］. 应用技术学报，23（2）：120-124.

天猫美食，天猫新品创新中心，有媒信息，2022. 2022年食用油行业趋势白皮书［R］.

田凤山，2001. 国土资源与西部大开发［J］. 中国地质（10）：1-9.

汪锐，杨豫森，王琮，等，2023. 植物工厂产业发展现状［J］. 照明工程学报，34（4）：64-68.

王牧野，2020. 中国设施蔬菜生产效率研究［D］. 北京：中国农业科学院农业资源与农业区划研究所.

王启要，2022. 中国鱼类疫苗技术研发及应用研究进展［J］. 大连海洋大学学报，37（1）：1-9.

王蕊，杨小龙，马健，等，2016. 日光温室保温技术应用现状［J］. 农业工程技术，36（19）：9-11.

王施龙，胡红浪，熊雪梅，等，2023. 遗传改良对世界水产养殖业发展的推动作用

［J］．水产学报，47（1）：27-38．

王宇光，赵明军，赵蕾，2021．居民膳食平衡目标下我国水产品消费研究［J］．中国水产，10：48-50．

王玉堂，2013．疫苗在水产养殖病害防治中的作用及应用前景［J］．中国水产，3：51-52．

王振忠，卢兵友，刘磊，2023．"十三五"时期中国水产种业科技创新进展和展望［J］．大连海洋大学学报，38（1）：1-11．

辛竹琳，崔彦娟，杨小薇，等，2022．全球蔬菜产业现状及中国蔬菜育种发展路径研究进展［J］．分子植物育种，20（9）：3122-3132．

熊学振，杨春，2021．中国粮食安全再认识：饲料粮的供需状况、自给水平与保障策略［J］．世界农业（8）：4-12．

许亚良，刘新颖，杨其长，2022．植物工厂秧苗繁育关键技术装备与产业化［J］．农业工程技术，42（4）：12-15．

杨红生，2022．现代渔业科技创新发展现状与展望［M］．北京：科学出版社．

杨其长，2022．以都市农业为载体，推动城乡融合发展［J］．中国科学院院刊，37（2）：246-255．

杨其长，2023．设施农业现状与发展评说［J］．中国农村科技（2）：15-16．

杨舒，2022．科技赋能"菜篮子"，设施农业大有可为［N］．光明日报，2022-05-26（8）．

姚亚奇，2023．打造森林"粮库" 让中国饭碗更"丰盛"［N］．光明日报，2023-05-11（15）．

佚名，2023．我国森林食品市场规模逐年稳步增长［N］．中国食品安全报，2023-05-20（A01）．

佚名，2022．全球及中国森林食品行业特征、产业链、市场规模、区域结构与供需形势分析［EB/OL］．2022-09-12［2023-09-08］．https：//www.huaon.com/channel/trend/835494.html．

尹伟伦，2022．尹伟伦院士：森林多功能利用与森林经理的变革［J］．高科技与产业化，28（10）：12-15．

喻景权，周杰，2016．"十二五"我国设施蔬菜生产和科技进展及其展望［J］．中国蔬菜（9）：18-30．

岳冬冬，吴反修，李欣童，等，2021．我国水产养殖业生产效率评估及其对渔业统计的启示［J］．渔业信息与战略，36（2）：79-87．

赵春江，李瑾，冯献，2021．面向2035年智慧农业发展战略研究［J］．中国工程科学，23（4）：1-9．

赵明军，孙慧武，王宇光，等，2021．基于居民营养需求的中长期水产品供给与消费研究［J］．中国渔业经济，37（6）：1-14．

中国农业机械工业协会，2019．中国农业机械工业年鉴［M］．北京：机械工业出版社．

中国营养学会, 2022. 中国居民膳食指南（2022）[M]. 北京：人民卫生出版社.

种聪, 郭雨溪, 岳希明, 2023. 中国种业振兴：发展历程、关键问题与机制构建 [J]. 农业现代化研究, 44（2）：205-213.

周杰, 师恺, 夏晓剑, 等, 2022. 中国蔬菜栽培科技60年回顾与展望 [J]. 园艺学报, 49（10）：2131-2142.

周杰, 夏晓剑, 胡璋健, 等, 2021. "十三五"我国设施蔬菜生产和科技进展及其展望 [J]. 中国蔬菜（10）：20-34.

周强, 马彦宏, 沈琛云, 等, 2020. 新时期中国西北地区新能源可持续发展反思与建议 [J]. 电网与清洁能源, 36（6）：78-84.

朱建新, 刘慧, 程海华, 等, 2022. 工厂化循环水养殖技术研究与产业化发展 [J]. 中国水产, 10：41-49.

朱晶, 2022. 树立大食物观，构建多元食物供给体系 [J]. 农业经济与管理（6）：11-14.

朱雪梅, 赵明军, 王宇光, 2021. 水产品可食率与蛋白质贡献比较研究 [J]. 中国渔业质量与标准, 11（3）：32-39.

CHEN Z, ZHAO C, WU H, et al., 2019. A water-saving irrigation decision-making model for greenhouse tomatoes based on genetic optimization TS fuzzy neural network [J]. KSII Transactions on Internet and Information Systems (TIIS)（13）：2925-2948.

CHOWDHURY M, KIRAGA S, ISLAM M N, et al., 2021. Effects of temperature, relative humidity, and carbon dioxide concentration on growth and glucosinolate content of kale grown in a plant factory [J]. Foods（10）, 1524.

DSOUZA A, NEWMAN L, GRAHAM T, et al., 2023. Exploring the landscape of controlled environment agriculture research: A systematic scoping review of trends and topics [J]. Agricultural Systems, 209：103673.

DU J, FAN J, WANG C, et al., 2021. Greenhouse-based vegetable high-throughput phenotyping platform and trait evaluation for large-scale lettuces [J]. Computers and Electronics in Agriculture, 186：106193.

EL-BENDARY N, EL HARIRI E, HASSANIEN A E, et al., 2015. Using machine learning techniques for evaluating tomato ripeness [J]. Expert Systems with Applications, 42：1892-1905.

FAN Y, ZHANG S, FENG K, et al., 2022. Strawberry maturity recognition algorithm combining dark channel enhancement and YOLOv5 [J]. Sensors, 22：419.

GRAAMANS L, BAEZA E, VAN DEN DOBBELSTEEN A, et al., 2018. Plant factories versus greenhouses: Comparison of resource use efficiency [J]. Agricultural Systems, 160：31-43.

HAREL B, PARMET Y, EDAN Y, 2020. Maturity classification of sweet peppers using image datasets acquired in different times [J]. Computers in Industry, 121：103274.

KIM H, OH D, JANG H, et al., 2023. Development of a multi-node monitoring system for analyzing plant growth and indoor environment interactions: An empirical study on a plant factory [J]. Computers and Electronics in Agriculture, 214: 108311.

LI G, LIN L, DONG Y, et al., 2012. Testing two models for the estimation of leaf stomatal conductance in four greenhouse crops cucumber, chrysanthemum, tulip and lilium [J]. Agricultural and Forest Meteorology, 165: 92-103.

SHARPE S M, SCHUMANN A W, BOYD N S, 2020. Goosegrass detection in strawberry and tomato using a convolutional neural network [J]. Scientific Reports, 10: 9548.

TANG C, CHEN D, WANG X, et al., 2023. A fine recognition method of strawberry ripeness combining Mask R-CNN and region segmentation [J]. Frontiers in Plant Science, 14: 1211830.

TONG G, CHRISTOPHER D M, LI T, et al., 2013. Passive solar energy utilization: A review of cross-section building parameter selection for Chinese solar greenhouses [J]. Renewable and Sustainable Energy Reviews, 26: 540-548.

WAN X, XIA T, LI Y, et al., 2023. Study on a novel water heat accumulator below the north roof in Chinese solar greenhouse: System design [J]. Applied Thermal Engineering, 234: 121316.

WANG D, WANG X, CHEN Y, et al., 2023. Strawberry ripeness classification method in facility environment based on red color ratio of fruit rind [J]. Computers and Electronics in Agriculture, 214: 108313.

WANG Y, YAN G, MENG Q, et al., 2022. DSE-YOLO: Detail semantics enhancement YOLO for multi-stage strawberry detection [J]. Computers and Electronics in Agriculture, 198: 107057.

WU X, LI Y, JIANG L, et al., 2023. A systematic analysis of multiple structural parameters of Chinese solar greenhouse based on the thermal performance [J]. Energy, 273: 127193.

ZHAO L, LU L, LIU H, et al., 2023. A one-dimensional transient temperature prediction model for Chinese assembled solar greenhouses [J]. Computers and Electronics in Agriculture, 215: 108450.

第二篇 专题报告

专题报告一　大食物观背景下科技支撑粮食领域潜力趋势

一、粮食的内涵

（一）粮食的概念

民以食为天，粮食是人民生存的必需品，是维持人体生命活动的主要能量来源，是人类赖以生存和发展的必备物质基础，能为人体提供丰富的蛋白质、脂肪、膳食纤维、维生素、某些矿物质元素（钾、铁、锌和镁等）及淀粉等多种营养物质。在2022年全国两会上，习近平总书记强调要树立大食物观，"在确保粮食供给的同时，保障肉类、蔬菜、水果、水产品等各类食物有效供给，缺了哪样也不行"。现在的"大食物观"与过去的"粮食观"相比，过去的粮食多指主粮，现在粮食领域的大食物观是指提供一切动物和微生物生命代谢基础需要的碳水化合物、蛋白质、脂肪、纤维素、矿物质、维生素的种子类和根茎类植物，包括麦类、豆类、粗粮类和稻谷类等。随着我国人民生活水平的日益提高，食物已经不局限于主粮，还包括肉、奶、水产品和果蔬类等。现在，人们不仅向主粮要食物，也要向副食要食物。

大食物观的基础是粮食，粮食生产是关乎国计民生的头等大事，要把抓好粮食生产和重要农产品供给摆在首要位置。党的十八大以来，中共中央把解决好十几亿人口的吃饭问题作为治国理政的头等大事，提出"谷物基本自给、口粮绝对安全"的新粮食安全观，确立"以我为主、立足国内、确保产能、适度进口、科技支撑"的国家粮食安全战略。

（二）粮食的范围

粮食主要包括谷物、豆类和薯类，其中，谷物又包括稻谷、小麦、玉米、谷子和高粱等；豆类包括大豆、蚕豆、豌豆和绿豆等；薯类包括马铃薯、甘薯和山药等。2022年，我国粮食作物播种面积11 833万公顷，产量13 731亿斤，其中，谷物播种面积9 927万公顷，占粮食作物总播种面积的83.89%，产量12 665亿斤，占全国粮食总产量的92.24%，是我国主要的粮食作物。我国粮食产量连续8年稳定在1.3万亿斤以上，年人均粮食产量486.1千克，高于国际公认的400千克粮食安全线。

二、中国粮食供需结构、潜力和趋势

（一）近30年中国粮食供需结构变化特征

1. 口粮供求宽松，饲料粮产需缺口较大

受资源禀赋约束等因素影响，近年来我国粮食增产动能趋缓，随着消费需求的强劲增长，粮食供求矛盾已由数量不足转变为结构性矛盾。

（1）稻谷、小麦等口粮供应充足

2022年，我国四大主粮（小麦、稻米、玉米和大豆）产量、消费量分别为5.73亿吨和6.96亿吨，产需缺口1.23亿吨（图2-1-1）；库存充足，高达3.89亿吨，库存消费比为55.6%，高于18%的国际粮食安全警戒线，但与发达国家的粮食安全警戒线相比还有很大差距。我国稻谷和小麦约80%用于食用消费，随着人民收入水平的提高，

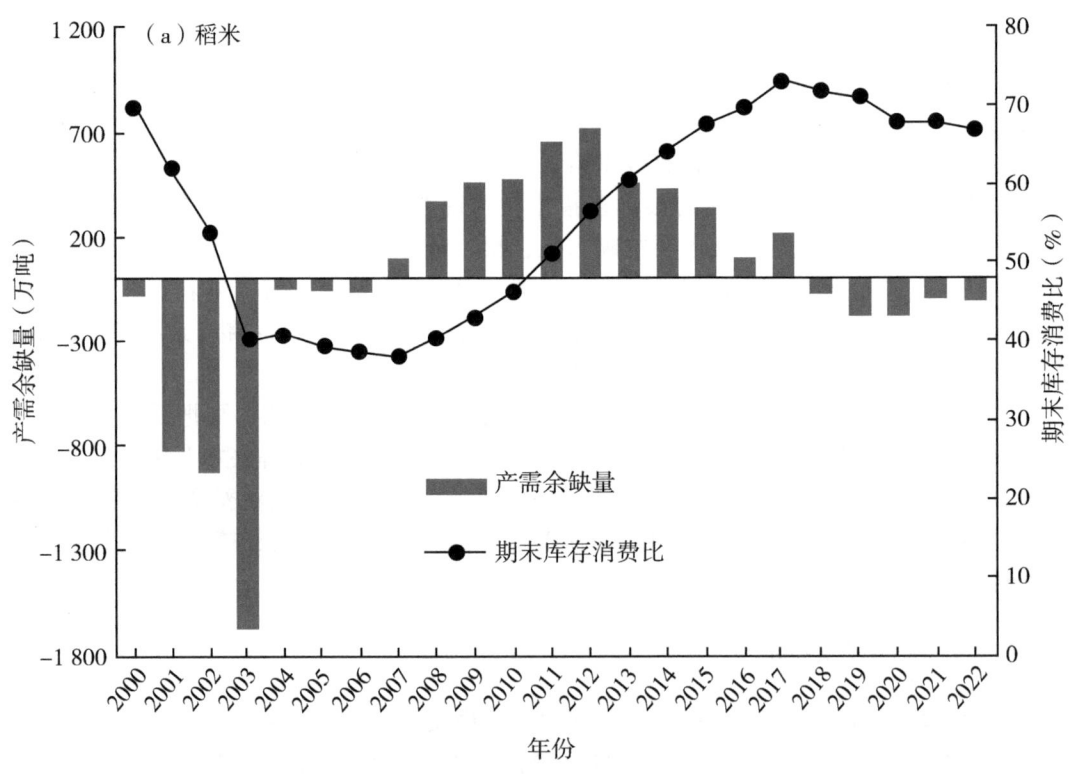

图2-1-1　2000—2022年中国四大主粮供需变化情况

（数据来源：FAO-OECD，*Agricultural Outlook 2021—2030*）

注：稻米是将稻谷按照70%的折算系数而来。

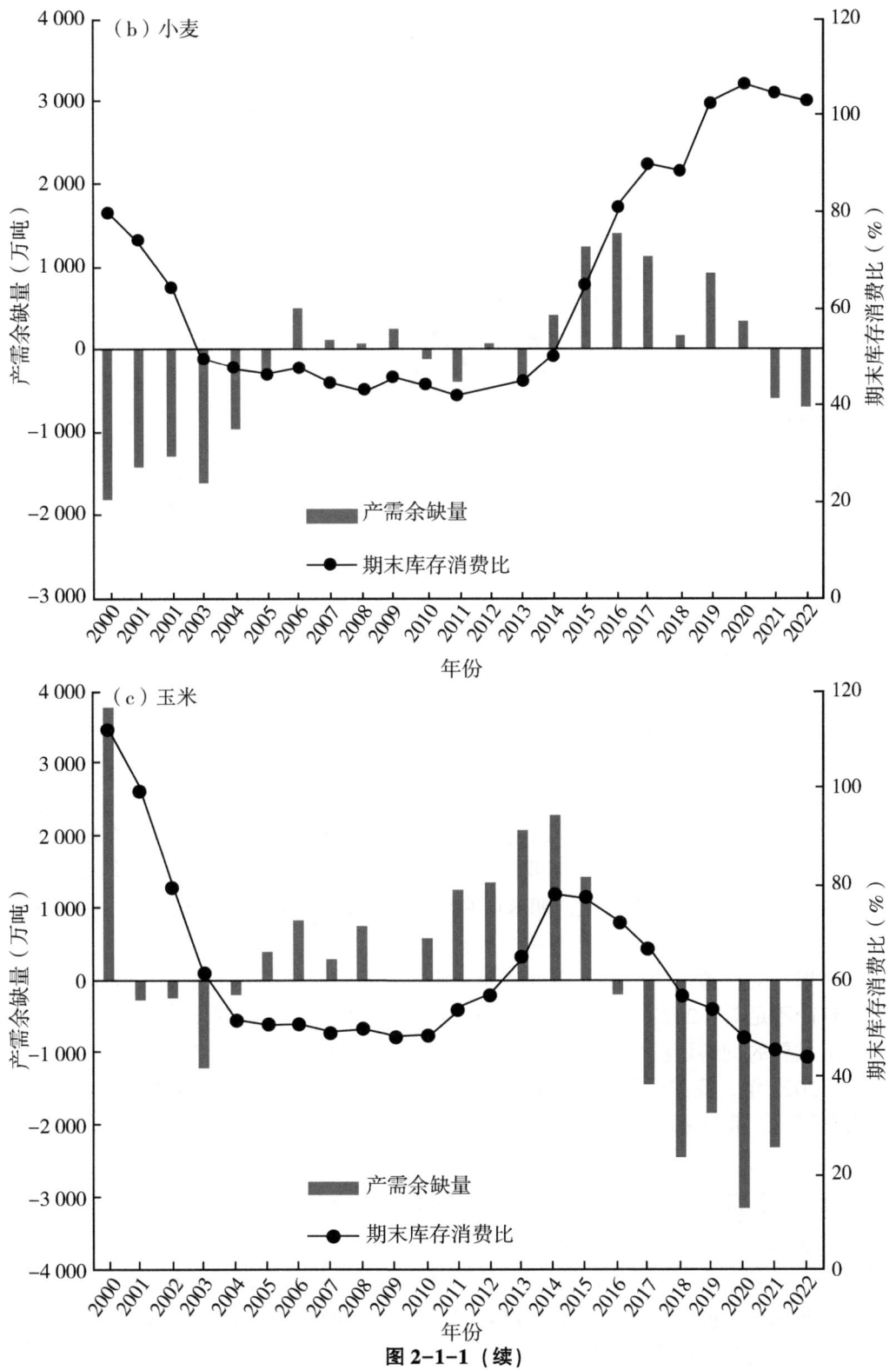

图 2-1-1（续）

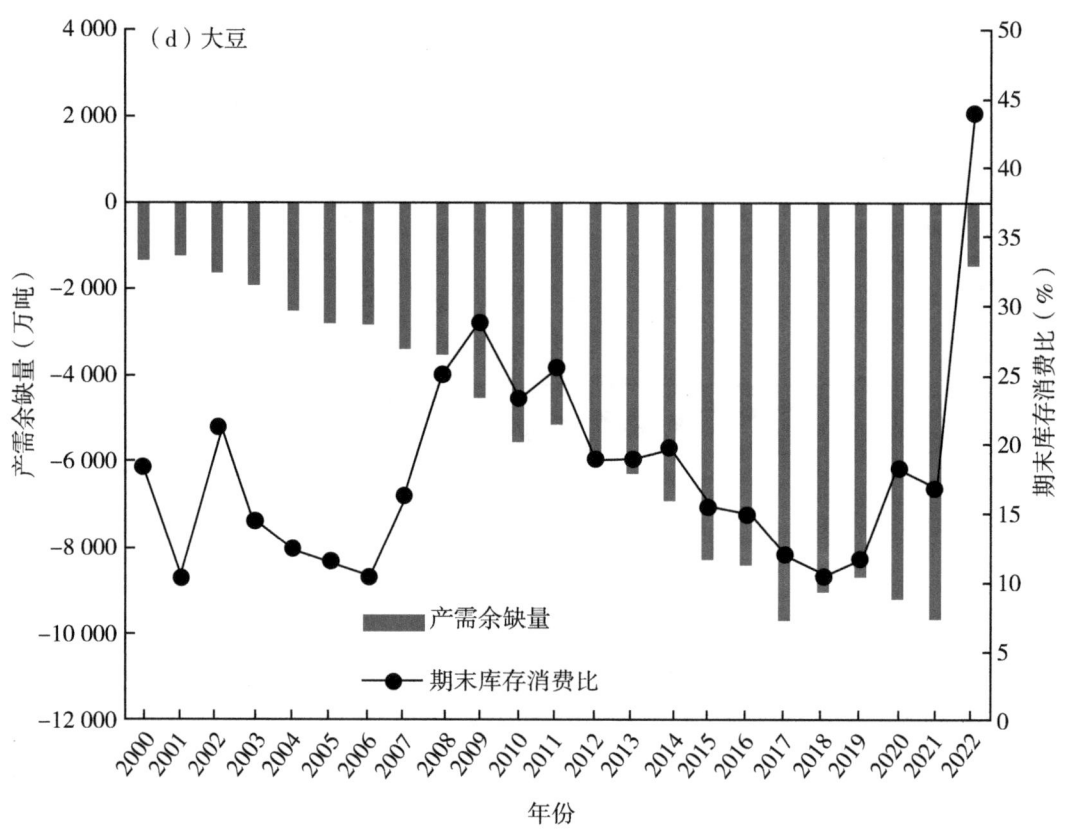

图 2-1-1（续）

消费呈下降趋势，而产量在最低收购价等政策刺激下稳步增长，自给率均超过 95%。虽然受饲用消费增长影响，2022 年我国稻谷和小麦产需略有缺口，但库存均处于高位，分别高达 1.01 亿吨和 1.42 亿吨，期末库存消费比分别为 67.5% 和 103.3%，供应充足。

（2）玉米、大豆等饲料粮产需缺口较大

近年来，受种植结构调整、需求增加、比较效益较高等因素的影响，我国玉米从供应有余到产不足需，2022 年产需缺口 1 461 万吨，但期末库存消费比仍高达 43.8%。大豆是我国重要的饲料蛋白来源，受城乡居民肉蛋奶消费增长影响，消费迅猛增长，产需缺口大。2021 年，我国大豆产量、消费量分别为 2 036 万吨、11 993 万吨，缺口 9 957 万吨。由此可见，我国基本实现口粮绝对安全，确保饲料粮安全已成为当前国家粮食安全面临的主要矛盾。

2. 更加丰富多元、营养健康的食物供应成为发展新趋势

（1）人均粮食及谷物消费量趋于下降

"国以民为本，民以食为天"。粮食是人类生存最基本的生活消费品，口粮、饲料用粮、工业用粮、种子用粮、损耗及贸易用粮是目前我国粮食消费的主要方式，其中口粮是最主要的粮食消费途径，并且在口粮消费中，小麦和稻谷是我国粮食消费的主要对象。随着我国经济的快速发展，人们的生活水平不断提高，居民的粮食消费结构不断发生变化，国家统计局数据显示，1990—2021 年我国居民人均粮食消费量呈现不断变化趋势（图 2-1-2）。1990—2012 年，居民人均粮食消费量不断下降，从 1990 年的 227.4 千克降至 2012 年 119.3 千克；2013—2021 年，我国居民人均粮食消费量呈先下降后上升的趋势，2013 年居民人均粮食消费量最高（148.7 千克），2018 年降至最低点（127.2 千克），随后上升至 2021 年 144.6 千克。从原粮的细分种类来看，原粮中谷物的人均消费量与人均粮食消费量变化趋势趋于一致，从 1991 年的 166.4 千克降至 2018 年的 116.3 千克，随后上升至 2021 年的 131.4 千克（图 2-1-3）。

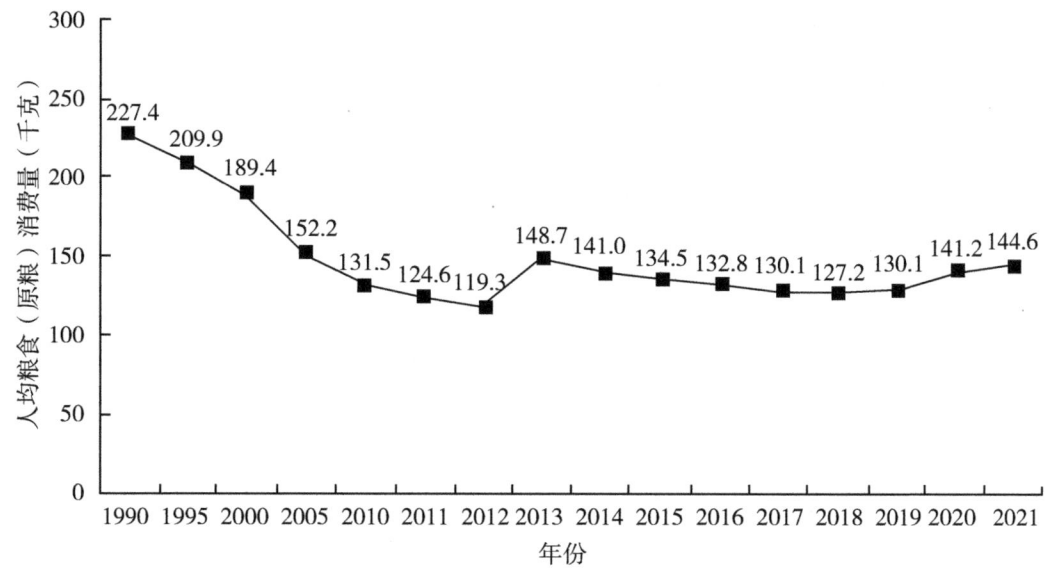

图 2-1-2 1990—2021 年中国居民人均粮食（原粮）消费量变化
（数据来源：国家统计局历年"中国统计年鉴"）

（2）人均食物消费结构更加丰富多元化

根据 1990—2021 年我国居民人均主要食物消费结构来看（图 2-1-4），1990—2012 年居民的膳食结构逐渐有所调整，从 1990 年原粮和蔬菜占食物总量的近 92.4% 逐渐下降至 2021 年的 79.3%，而肉蛋奶等的占比逐渐提高，从 1990 年的 5.0% 上升至 2021 年的 15.9%。2013—2021 年膳食结构中原粮占比有所下降，而蔬菜、食用菌、瓜果、肉、禽、水产、蛋和奶在居民人均食物消费中的占比在不断提高，2021 年膳食结构中原粮占比相较于 2013 年降低了 5.97%。主粮不"主"、副食不"副"，肉蛋奶、果蔬菌和水产品等正成为我国居民餐桌上的"主旋律"。当人们的"吃饭"需求从"吃得饱"转向"吃得好""吃得健康"，更加丰富多元、营养健康的食物供应成为发展的新要求。树立大食物观，正是顺应食物消费结构变化的解题之道。

3. 大豆、油料和人均食用植物油需求量显著增加

从表 2-1-1 可以看出，1977—1979 年我国食用植物油主要以菜籽油、棉籽油、大

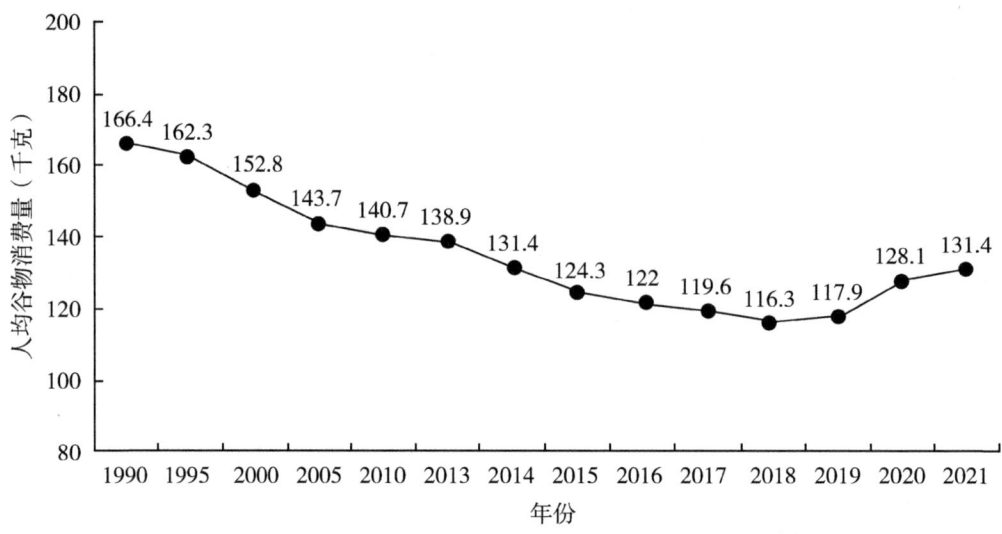

图 2-1-3　1990—2021 年中国居民人均谷物消费量变化
（数据来源：国家统计局历年"中国统计年鉴"）

注：1990—2012 年，人均口粮分城镇、农村两个口径统计，图中的人均水平按照当年的城镇化率取加权平均值而得；2013—2020 年，统计口径取消了城镇、农村口径，统一为全国水平。统计口径改变导致 2013 年前后人均口粮消费量发生了较大变化。人均蔬菜、瓜果、肉蛋奶及水产品的统计口径变动与相应的处理方法相同。

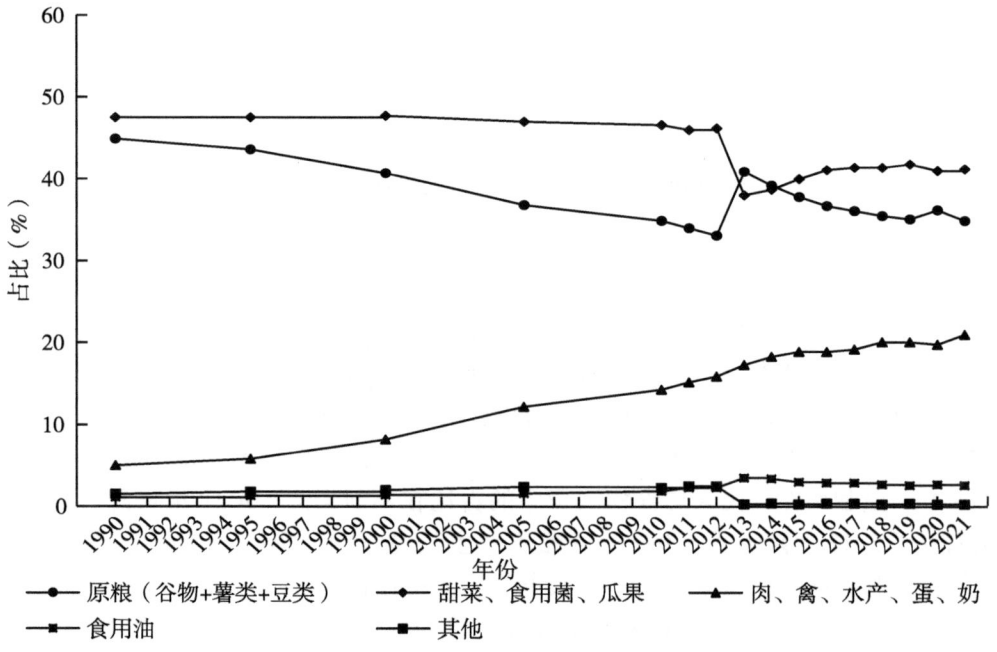

图 2-1-4　1990—2021 年中国居民人均主要食物消费结构变化
（数据来源：国家统计局历年"中国统计年鉴"）

豆油和花生油为主，菜籽油年均消费量 53.1 万吨，棉籽油年均消费量 32.2 万吨，大豆油年均消费量 30.1 万吨，花生油年均消费量 27.4 万吨，分别占总消费量的 34.0%、20.6%、19.3% 和 17.6%。随着经济的发展，我国食用植物油消费的品种结构有所改变，油茶籽油、棕榈油和玉米油等消费量增大；2018—2020 年大豆油年均消费量达 1 716.3 万吨，占总消费量的 44.6%，其次是菜籽油 811.1 万吨，棕榈油 437.2 万吨，花生油 324.1 万吨，棉籽油 136.8 万吨，玉米油 130.0 万吨，葵花籽油 203.1 万吨，油茶籽油 67.0 万吨，橄榄油的年均消费量也达到 6.0 万吨。随着消费需求增长和消费能力提高，我国食用植物油消费的品种结构不断发生变化，食用油脂肪酸组成不断优化，饱和脂肪酸油源占比下降，多不饱和脂肪酸油源占比提升，逐渐形成以大豆油、菜籽油和棕榈油为主，多油并举的格局。

表 2-1-1　1977—2020 年中国主要食用植物油消费结构变化

食用植物油	1977—1979 年		1998—2000 年		2018—2020 年	
	年均消费量（万吨）	占比（%）	年均消费量（万吨）	占比（%）	年均消费量（万吨）	占比（%）
大豆油	30.1	18.7	325.7	25.6	1 716.3	44.6
菜籽油	53.1	33.1	452.5	35.6	811.1	21.1
棕榈油	0.0	0.0	145.7	11.5	437.2	11.4
花生油	27.4	17.1	202.1	15.9	324.1	8.4
葵花籽油	4.2	2.6	23.9	1.9	203.1	5.3
棉籽油	32.2	20.0	90.4	7.1	136.8	3.5
玉米油	0.0	0.0	0.0	0.0	130.0	3.4
油茶籽油	13.7	8.5	19.5	1.5	67.0	1.7
椰子油	0.0	0.0	11.0	0.9	16.8	0.4
橄榄油	0.0	0.0	0.0	0.0	6.0	0.2

数据来源：①美国农业部（USDA）和国家统计局。②油茶籽油、玉米油等数据根据国家统计局数据按出油率测算得到。③张婧妤，许本波，郑家喜，2022. 我国食用植物油消费变化分析及改革对策 [J]. 中国油脂，47（3）：5-10.

从图 2-1-5 可以看出，1991 年以来我国居民的食用植物油年人均消费量逐渐增加，到 2012 年大幅度提高，从 1991 年的 6.0 千克增加至 2012 年的 12.0 千克，此后开始稳中有降，2021 年为 10.1 千克。人均食用植物油消费量从 2012 年开始虽然呈现缓慢降低趋势，但随着人口的逐年增加，对大豆和油料的需求量仍呈现增加的趋势。

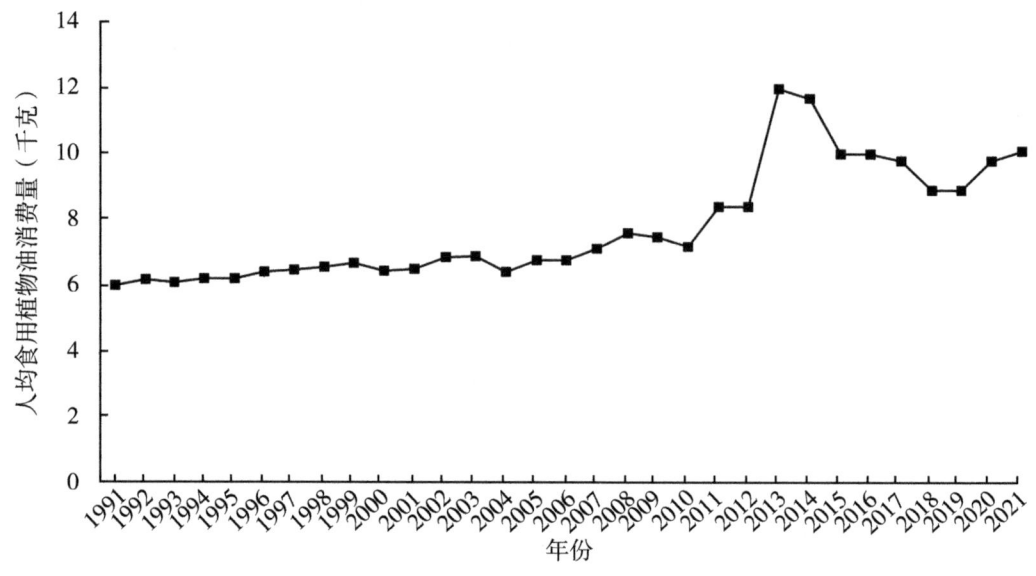

图 2-1-5　1991—2021 年中国居民人均食用植物油消费量变化

（二）粮食领域国内外膳食模式对比分析

中西文化之间的差异造就了中西饮食文化的差异，在两种不同文化背景下，中西方饮食习惯在诸多方面所存在的差异是非常鲜明的。无论是东方还是西方，无论是南半球还是北半球，人们的食物都来自动物和植物，以及少量微生物。不同国家，不同民族，有不同的饮食习惯，形成不同的膳食模式。各自的膳食模式背后，是环境和经济因素在起作用。各自的膳食模式，也使所在地区的居民呈现出特有的健康图谱。

1. 中国与西方饮食文化的差异

（1）饮食观念的差异

中国人相对追求饮食的口味，因而往往忽略食物的营养成分，多从色、香、味、形等方面来评价饮食的好坏优劣，追求的是一种难以言传的意境。饮食的目的，除了果腹充饥，同时还满足对美味的渴望，带来身心的愉悦。与注重"味"的中国饮食相比，西方的饮食喜好小而精，营养性和美味性是其烹饪食物的出发点和目的。他们研究食物在不同状态下的营养差异，特别讲求食物的营养成分（蛋白质、脂肪、碳水化合物、维生素及各类无机元素等）的含量是否搭配合理，热量的供给是否恰到好处，以及这些营养成分是否能被进食者充分吸收，并注重考量食物有无其他副作用。这种价值理念的差别形成了中餐注重饭菜色、香、味的特点，而西方人则坚持从营养角度出发，忽视饭菜的其他功能。

（2）饮食内容的差异

中国自古就是农业大国，饮食结构以谷类（即淀粉）为主，吃肉较少，吃粮食较多，再以蔬菜搭配，蔬菜可以说占主导地位。据西方植物学者的调查，中国人吃的菜蔬就有600多种，比西方多了6倍。随着生活水平的提高，我国居民也开始注重肉类的摄取量，但还是以蔬菜和豆制品为主。西方人比较注重动物蛋白质和脂肪的摄取，饮食结构上，以动物类居多，主要是牛肉、鸡肉、猪肉、羊肉和鱼等。因此肉食在饮食比例中一直占很大的比例。西方人喜爱冷食，从冷菜拼盘、色拉到冷饮，餐桌上少不了冷菜。西方人多生吃蔬菜，不仅番茄、黄瓜、莴苣（生菜）生吃，而且甘蓝、洋葱、花椰菜、青花菜等也都生吃。而中国人喜欢热食，除正菜前的小碟是冷菜外，主菜几乎都是热的。

2. 欧美发达国家的营养过剩型膳食模式

（1）动物性食品消费过高，喜好食糖

以英国和美国为代表的欧美发达国家膳食模式是粮谷类食物过少，而动物性食品和食糖占较大比例，典型特点是以动物性食物为主，因而膳食营养上具有高热量、高脂肪（胆固醇）、高蛋白质的"三高"特点。他们吃的谷物比较少，食糖比较多。人均每天食用食糖近100克，蛋白质超过100克，脂肪接近150克，总热量高达3 400千卡[①]左右，属于营养过剩型。

（2）热量过剩型膳食模式的优缺点

欧美发达国家饮食一般表现为摄入红肉、加工肉类、精制谷物较多，饮食营养以蛋白质、脂肪和糖为主。这种膳食结构的优点是动物性食物占比大，优质蛋白质在膳食结构中占的比例高，同时，动物性食物中所含的无机盐一般利用率较高，脂溶性维生素和B族维生素含量也较高。缺点是食糖过多，热量供应过剩，而热量过剩是"富裕型"疾病多发的重要因素。这种膳食模式造成的主要问题就是肥胖。美国总人口数虽然和我国相差很大，但肥胖人数和我国差不多，可见热量之高。营养流行病学研究认为，欧美饮食结构可能增加糖尿病、高血压、高血脂、心脑血管疾病患病风险。

3. 东亚发达国家的营养均衡型膳食模式

（1）食材种类多样化，注重营养和健康

以日本为代表的东亚发达国家的膳食模式是一种动植物食物较为平衡的膳食结构。日本人的饮食很注重"食材种类"，认为每天吃够28种不同类型的食材，更能够保证营养的均衡摄取。膳食中动物性食物与植物性食物的比例比较适当，较为平衡，海产品比例高，占动物性食物的50%。人均每天摄入能量约2 000千卡，碳水化合物占58%，脂肪占26%，蛋白质占16%，接近一半的蛋白质是优质的动物蛋白。日本人对待饮食的标准是吃"七分饱"即可，不过多地摄取食物，是为了不给肠胃增加负担。

（2）日本膳食模式的特点

日本膳食模式既保留了东方膳食的特点，又吸取了西方膳食的长处，少油、少盐、多海产品，蛋白质、脂肪和碳水化合物的供能比合适，有利于避免营养缺乏性和营养过剩型疾病，膳食结构基本合理。这个模式既能满足身体需要，又不至于营养过剩，成为很多国家参考的标准。

[①] 1千卡≈4.2千焦，全书同。

4. 中国以植物性食物为主的多元膳食模式

我国的膳食结构是以植物性食物为主，动物性食物为辅，食品多不精细加工。优点：①膳食结构以谷类为主，由于谷类食品中碳水化合物含量高，而碳水化合物是热量最经济、最主要的来源。②丰富的蔬菜及粗粮，使得人们摄入了大量的膳食纤维，因此，消化系统疾病及肠癌的发病率极低。③豆类及豆制品的摄入，补充了一部分优质蛋白质和钙。④饮茶，吃水果，食用甜食少，减少了糖的过多摄入。⑤丰富的调料，如葱、姜、蒜、辣椒和醋等，具有杀菌、降脂、增加食欲和帮助消化等诸多功能。不足：①牛奶及奶制品摄入不足。牛奶的营养价值很高，又是钙的最好来源。②缺乏瘦牛肉、瘦羊肉、鱼等动物性食品，导致优质蛋白质摄入不足。③食盐摄入过高。我国居民每人每天食盐摄入量平均为13.5克，这与世界卫生组织在关于防治高血压、冠心病的建议中提出的每人每天食盐摄入量在6克以下的标准相差很远。

中国营养学会发布的《中国居民膳食指南》建议：食物多样、谷类为主；多吃蔬菜、水果和薯类；每天吃奶类、豆类或其制品；经常吃适量鱼、禽、蛋和瘦肉，少吃肥肉及荤油；食量与体力活动要平衡，保持适宜体重；吃清淡少盐的膳食；饮酒应适量；吃清洁卫生、不变质的食物。如按以上8条内容实施即可达到平衡膳食、合理营养和促进健康的目的。

虽然中国与西方饮食文化存在着很大的差异，但是在某些方面，它们又存在着不可忽视的相似之处。中国菜通过选料和烹饪使食物更美味，而西方人则热衷于寻找新的口味和美食，中国以健康与营养为重，西方则更注重从生活体验感出发；无论是中国还是西方，都非常珍惜食材，尤其对于粮食与肉类很重视。随着经济全球化的发展，中国与西方饮食文化之间的融合已经越来越明显。例如，中国人吸纳了西餐的菜品，并且这些菜品深受欢迎。另一方面，西方人则在东方饮食中寻找灵感，并将其融合到自己的餐桌上。这种文化交融的趋势，不仅可以丰富人们的饮食选择，也促进了世界范围内的文化交流和理解。

总之，中国和西方膳食的差异与相似之处，不仅反映了人类的生活习惯和文化传承，也展示了不同国家和地区的独特魅力。在今天日益融合的世界环境中，更具有重要的现实意义。

（三）当前中国粮食供需潜力分析

1. 粮食产量创新高，产需紧平衡压力有所缓解

2021年，中国粮食当年供给量为8.45亿吨，粮食产量创历史新高，达到6.83亿吨，比2020年增长2.0%；消费量稳中略增，为8.25亿吨，比2020年增长0.3%；贸易规模创历史纪录，进口量为1.67亿吨，比2020年增长17.0%。

《中国农业展望报告（2022—2031）》指出，未来10年，中国粮食综合生产能力不断提高，播种面积小幅增加，年均增长0.3%，将建成高标准农田12亿亩左右；科技增产更加有力，单产水平提高较快，年均增长0.9%，2031年有望达到420.6千克/亩；受益于面积和单产均增长，粮食产量不断增加，年均增长1.3%，预计2031年粮食产量

将达到 7.62 亿吨。受饲用消费增速明显放缓影响，粮食消费继续增长但增速放缓，预计年均增长 0.7%，2031 年粮食消费量预计为 8.64 亿吨。粮食产需仍将处于紧平衡态势，但供求不平衡关系将随着产量增长得以改善。粮食进口呈下降趋势，预计年均递减 1.1%，2031 年粮食进口量降至 1.26 亿吨，粮食自给率将提高到 88.1%。

2. 稻米生产和消费保持基本稳定，进出口贸易日趋活跃

2021 年我国稻谷品质整体较好，单产、产量较 2020 年有所增加，分别为 474 千克/亩、21 284 万吨，比 2020 年分别增长 1.0%、0.5%；消费 21 545 万吨，比 2020 年下降 0.6%；稻米进口量扩大至 496 万吨（折合稻谷 709 万吨），比 2020 年增长 68.7%，出口增加，净进口较快增长。

在保障口粮绝对安全的背景下，2022—2031 年我国稻谷生产总体将保持稳定态势，播种面积稳中略降，单产水平逐步提高，稻谷年产量稳定在 2.1 亿吨以上。随着居民食物消费不断升级，稻谷消费呈稳中略降趋势，消费量总体仍将保持在约 2.1 亿吨；其中，口粮消费继续下降，但占稻谷总消费量的比例保持在 69% 以上，饲用消费将随着畜牧业发展及饲料成本价格变化呈先减后增趋势。稻谷供求关系总体处于宽松态势，稻米进口主要是满足品种调剂需求，未来优质高档稻米消费需求增长较快，进口量保持平稳增长，预计 2031 年为 506 万吨；随着国际市场竞争力增强，稻米出口量稳定增长，至 2031 年有望达到 281 万吨（折合稻谷 401 万吨），价格将平稳上涨，"优质优价"特征将进一步显现。

3. 小麦产量稳步增长，进口以调剂需求为主

2021 年中国小麦再获丰收，是播种面积连续 4 年下滑后首次恢复性增长，产量达到 13 695 万吨，比 2020 年增长 2.0%；受饲料消费大幅增长的影响，小麦消费量达到 14 857 万吨，比 2020 年增长 5.6%；进口量 977 万吨，比 2020 年增长 16.6%；普通小麦价格 2.60 元/千克，比 2020 年上涨 8.6%。

根据 2021 年数据推测，2022—2031 年，小麦生产区域布局和品质结构将不断优化，播种面积将稳定在 3.5 亿亩左右，单产水平不断提高，产量稳步增长，2031 年将达到 14 471 万吨。随着玉米产量逐步增长，小麦与玉米比价将保持在合理区间，小麦饲料消费将回落至常年水平，但工业消费增长空间仍较大，小麦消费量整体先降后增，预计 2031 年为 14 104 万吨。中国仍将进口部分专用小麦以满足品种调剂需求，但随着国内优质小麦生产水平不断提高，优质专用小麦进口需求将下降，小麦进口量将从 2021 年的高位逐步降至 2031 年的 522 万吨。受市场对晚播小麦产量和质量的担忧，以及生产资料价格上涨、国际小麦价格高位震荡等影响，短期国内小麦价格将高位运行。从中长期看，随着玉米生产恢复，小麦饲料消费将回落，小麦总体供需形势将由趋紧转向略有盈余，小麦价格总体将保持平稳，优质优价特征将更加明显。

4. 玉米产需缺口逐渐缩小，供求关系向基本平衡格局转变

2021 年，农民种植玉米意愿和生产积极性普遍较高，除黄淮海部分地区受灾严重以外，全年气象条件总体利于玉米生长，特别是东北产区长势明显好于常年，玉米播种面积和产量恢复增长，分别达到 64 986 万亩和 27 255 万吨，分别比 2020 年增长 5.0% 和

4.6%；受小麦、超期存储稻谷大量替代以及大麦、高粱等谷物大量进口影响，玉米饲用消费受到一定抑制，玉米工业消费因加工企业利润下滑导致持平略降，玉米消费量为28 205万吨，比2020年下降2.1%；在供应趋紧的背景下，国内玉米价格高位运行，国内外价差不断扩大，加之中国和美国第一阶段经贸协议的执行，玉米进口量大幅增加，达到2 835万吨，比2020年增长152.2%。

根据2021年数据推测，2022—2031年，玉米播种面积先降后增，有望稳定在6.5亿亩；预计2031年玉米产量将达到32 393万吨，年均增长2.0%。随着玉米种植模式不断优化、育种技术和田间管理技术的推广应用，单产水平将稳步提升，预计年均增长1.7%；产量增长主要来自单产贡献；由于玉米饲用消费继续增长但增速放缓，工业消费需求依然强劲，玉米消费量保持刚性增长，预计2031年玉米消费量为32 821万吨，年均增长1.5%。玉米供求关系将由偏紧逐步向基本平衡格局转变，进口量下降后趋于稳定，预计2031年进口量降至757万吨。

5. 大豆面积和产量大幅增长，进口量平稳下降

2021年，中国大豆种植面积、单产、产量、消费量和进口量均下降，价格高位运行，产量1 640万吨，同比下降16.4%；种植面积1.26亿亩，同比下降15.0%；单产130千克/亩，同比下降1.8%。消费量11 138万吨，同比减少5.1%；进口量9 652万吨，同比下降3.8%；国产大豆均价6.2元/千克，同比上涨16.7%。

根据2021年数据推测，2022—2031年，大豆播种面积将逐年扩大，2031年达2.0亿亩，单产稳步提高，产量达3 507万吨。在国家扩大大豆种植政策、实施大豆油料产能提升工程等政策强力支持下，中国将在盐碱地扩种大豆、推广玉米/大豆带状复合种植技术等方面开拓大豆种植的空间潜力，有望在保证粮食安全不受影响的同时，解决中国大豆自给率偏低的问题。同时，消费需求平稳略增，达11 853万吨，年均增速0.7%，相比2012—2021年（4.4%）显著放缓；进口量平稳下降至8 584万吨，年均降速1.0%；国产大豆能够保障食用大豆基本自给，大豆市场价格长期稳中略升。

6. 马铃薯产量和消费持续增加，出口进一步扩大

2021年马铃薯种植面积比2020年增加3.9%，达到8 664万亩；单产受低温、寡照和雨水偏多等不利天气影响，比2020年降低0.7%，为1 204千克/亩；虽然单产水平下降，但是在种植规模增幅较大的影响下，2021年产量与2020年相比增加3.2%，达到10 428万吨；消费量为10 824万吨，比2020年增加1.5%；出口量和进口量分别为46.4万吨和7.63万吨，比2020年分别减少7.2%和25.6%。

根据2021年数据推测，2022—2031年，马铃薯种植面积将呈现增长态势，2031年达8 804万亩，单产稳步提升，产量达到12 171万吨。随着优质种薯研发、推广力度进一步加强以及生产科技水平不断提升，马铃薯单产水平不断提高，预计2031年为1 382千克/亩。在种植面积总体增加和单产水平提高的共同作用下，马铃薯产量呈增长趋势，预计年均增长1.8%，消费保持增长态势，2031年达到12 005万吨，年均增长1.2%。

7. 杂粮产业萎缩，提升空间较大

随着人们健康意识的提高，对营养均衡的食品的需求不断增加。杂粮食品因其营养丰富的特点，成为人们日常饮食中不可或缺的一部分。市场上的杂粮食品种类繁多，包括杂粮米、杂粮面、杂粮粉等，满足了不同消费群体的需求。相比于对主粮产量的关注，地方政府对杂粮作物的关注度还有待提高；杂粮优势产区产业规模小，区域布局不合理。例如，谷子、杂豆占农作物总播种面积的比例，分别从1995年的1.02%、2.07%下降到2020年的0.54%、1.02%，导致杂粮需求缺口从2017年的1687.90万吨扩大到2020年的4368.00万吨。产业组织化程度不高影响杂粮的高质量发展，杂粮生产以农户为主，缺少龙头企业、合作社等主体带动，小规模经营、分散化管理严重制约技术效率，生产过程中的农资产品质量难以控制；龙头型精深加工企业数量少、规模小，杂粮供应链缺乏整合、销路缺乏稳定性，高层次市场拓宽面临困难，产业链转型升级缓慢。杂粮生产未纳入地方政府粮食安全目标考核体系，导致研发能力偏低、公共科技投入不足；生产性基础设施建设滞后，农业保险、补贴等政策缺位，影响农户抗风险和增收能力。

因此，应该重新审视杂粮产业，优化杂粮区域布局。将杂粮作为调整农业种植结构、改善居民膳食结构、促进农业可持续发展的重要潜力作物，根据资源禀赋、产业基础、区位优势等因素，科学制定产业发展规划；重视发挥杂粮作物节水、抗旱、适应性强等特性，鼓励陕西、山西、甘肃等省份因地制宜发展杂粮作物，促进杂粮生产向优势产区集中，适度替代高耗水型大宗粮食作物。重视培育新型杂粮经营主体，提升产业组织化程度。培育杂粮种植大户等新型经营主体，鼓励采用新品种和新技术，带动农户规范化生产，提高产量和品质，推动杂粮产业标准化建设；创新新型经营主体与农户间的利益联结机制，促进农户持续增收；鼓励企业构建纵向一体化杂粮产业链，激发杂粮产业活力。完善政策体系，加大杂粮产业支持力度。提高杂粮产业发展公共科研投入，支持杂粮专业技术队伍建设，加快研发新品种，加强技术配套与集成示范；加大农地整理、节水设施等建设力度，改进杂粮生产环境；健全杂粮生产保险、补贴等支持政策，提升农户应对风险的能力。

8. 油料产业规模不断扩大，自给率明显提高

2021年，中国油料种植面积19 650万亩，比2020年减少0.2%，单产稳中微增，产量为3 613万吨，比2020年增长0.8%。受国际价格大幅上涨抑制，食用油籽进口量减少，也带动国内消费量减少。

根据2021年数据推测，2031年油料作物种植面积达22 593万亩，其中，油菜和花生种植面积分别为13 021万亩和7 568万亩，较2021年分别增长28.4%和5.9%。在生产方面，冬闲田等闲置农地将被充分使用，间作套种等农技水平不断提高，油料播种面积将明显增加。另外，科技支撑单产能力不断提升，预计2031年油菜籽和花生单产分别达到167千克/亩和258千克/亩，较2021年分别增长20.9%和1.9%。全国油料产量预计达到4 478万吨，较2021年增长25.6%，其中，油菜籽、花生产量将分别达到2 170万吨和1 951万吨，较2021年分别增长55.3%和7.8%。消费方面，食用油籽和植物油消费的年均增速将逐步放缓，预计2031年食用油籽消费量将达到1.81亿吨，较2021年年均增长1.0%，自给率预计达49.1%，比2021年提升10个百分点；食用植物油国内消费预计达到3 801万吨，较2021年增加6.1%，年均增长率为0.6%，远低于上

一个 10 年（2012—2021 年）3.7%的年均增长率；自给率水平将有明显提升，预计 2031 年达到 39.3%，比 2021 年提高 9.7 个百分点。价格受国内生产成本和供需形势的影响越来越明显，总体从当前的高位回落后趋于稳定。

（四）未来中国粮食供需趋势预测

党的十八大以来，中共中央高度重视食物生产供应，政策体系、技术研发体系逐渐完善，主要食物数量充足、品类丰富，居民膳食结构逐步优化，营养状况明显改善。"大食物观"大大拓宽了我国粮食安全研究的范围和深度，对粮食安全研究提出了更新、更高的要求。与经济发展和收入增长趋势相适应，我国主要食物的消费结构呈现典型的分化趋势，食物消费朝多元化、营养化、健康化方向发展。

1. 食用粮食消费基本平稳略减，饲用粮食增长

我国经济持续增长，居民收入水平不断增加，居民消费升级趋势明显，农产品消费量增加与消费结构升级一并出现。居民膳食结构优化，加快居民膳食结构由粮食消费为主向食物多样化方向转变。2011 年起我国玉米的产量开始超过稻谷的产量，成为我国头号粮食作物品种（图 2-1-6）。虽然玉米位居主粮之列，但有着"饲料之王"称号的玉米是最主要的饲用谷物，多用于饲料生产和工业深加工。未来动物性食物的消费会增加，这必然导致饲料粮消费的持续增加。我国人口基数庞大，叠加消费结构不断升级。未来，我国粮食需求仍将继续呈现刚性增长的趋势。同时，需求增长最多的是饲料粮、

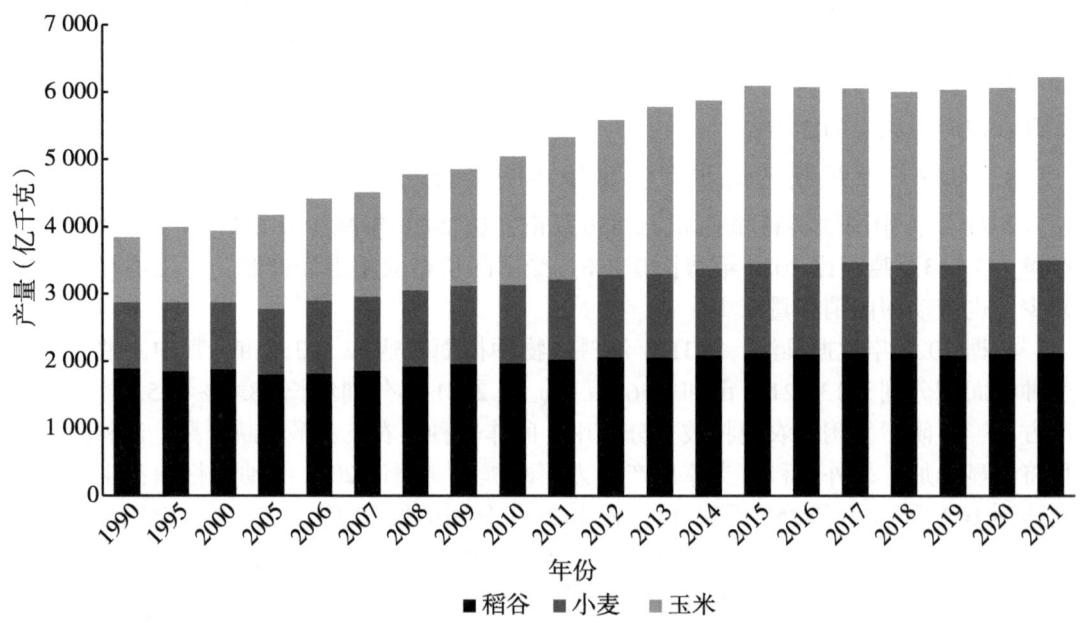

图 2-1-6　1990—2021 年中国三大谷物产量变化
（数据来源：国家统计局历年"中国统计年鉴"）

工业用粮，这是粮食消费结构变化的最大特点。

《中国农业展望报告（2023—2032）》显示，2023年，粮食消费量8.10亿吨。其中，食用消费量3.02亿吨，饲用消费量2.34亿吨，压榨（大豆）消费量为9 328万吨，工业消费量1.28亿吨。10年后的2032年，粮食总消费量预计为8.67亿吨。其中，食用消费量2.99亿吨，比基期减少1.1%；饲用消费量为2.69亿吨，比基期增长13.4%；压榨（大豆）消费量为9 621万吨，比基期增长1.3%；工业消费量为1.53亿吨，比基期增长20.4%。未来，这种结构变化导致居民膳食变化与农产品生产结构变化，而且两者存在更为密切的对应关系，农产品消费在向多样化方向发展。

2. 粮食综合生产能力不断提高

2004—2021年我国粮食生产连续18年保持丰收，并呈现出连年增产的良好态势（图2-1-7）。2012年粮食产量首次站上6 000亿千克台阶，2015年开始，我国粮食产量持续保持在6 500亿千克以上，2021年粮食产量6 828.47亿千克，创历史新高，比2012年增加706.21亿千克，2013—2021年年均增长1.2%。自2012年起，我国年人均粮食产量持续保持在450千克以上，2021年人均粮食产量达到483千克，比2012年提高了31千克（图2-1-8）。

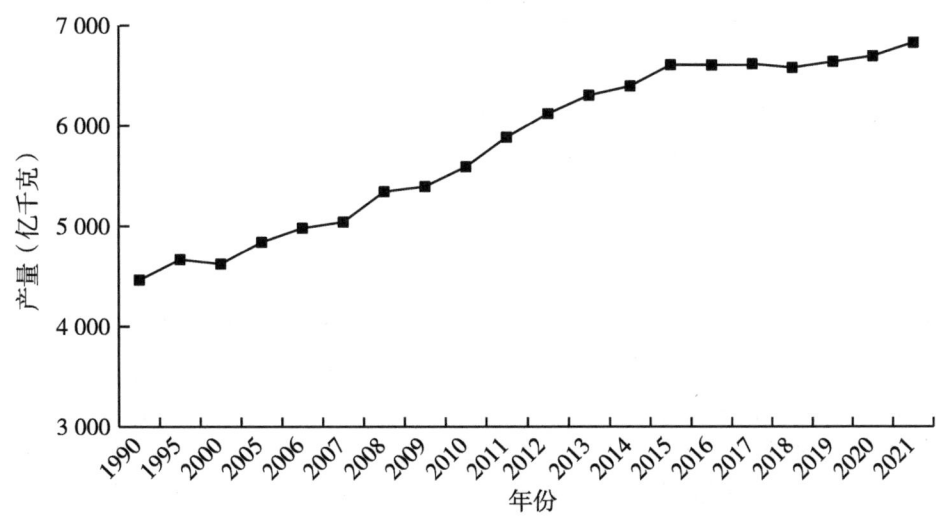

图2-1-7　1990—2021年中国粮食总产量变化

（数据来源：国家统计局历年"中国统计年鉴"）

未来，粮食播种面积预计稳中略增，年均增长0.3%。同时，随着科技的进步，单产也将持续提升，预计年均增长0.9%，是粮食增产的主要贡献因素。

3. 追求营养均衡的膳食模式

饮食不良习惯导致我国肥胖率、心血管疾病发病率增加，越来越多的人开始关注膳食的营养与健康问题。近年我国一直提倡大食物观、健康膳食等，一方面是为丰富食物结构，更好地保障粮食安全，另一方面也是为提升居民的健康水平，不断实现人们对美

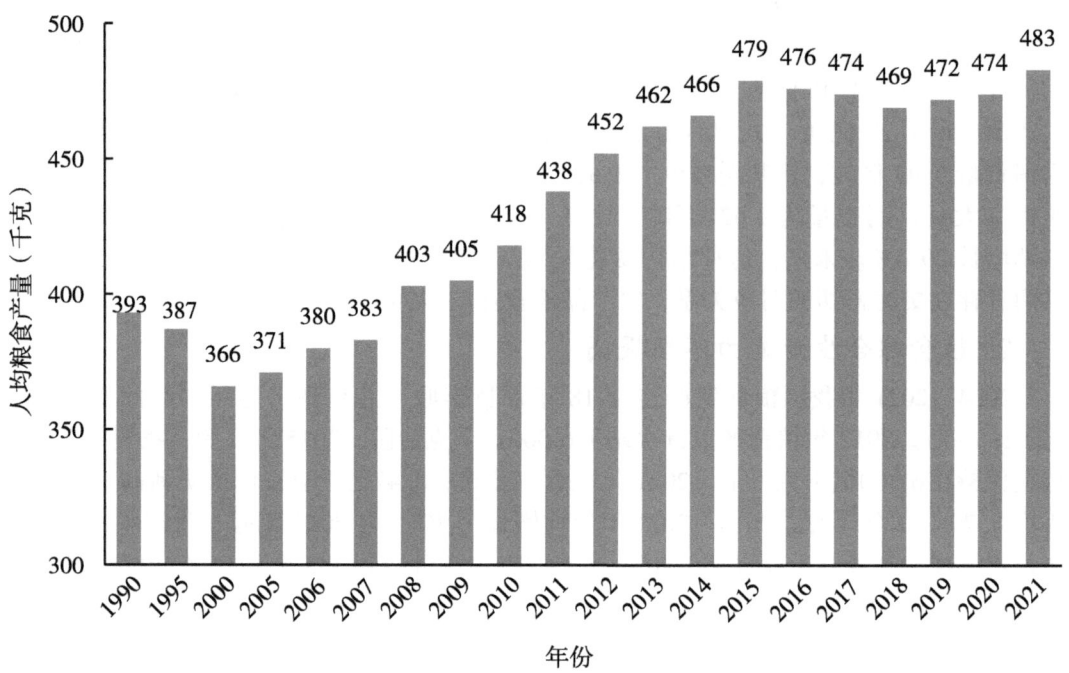

图 2-1-8　1990—2021 年中国人均粮食产量变化
（数据来源：国家统计局历年"中国统计年鉴"）

好生活的需求。在食物匮乏的年代，人们摄取能量的主要来源是以谷物为主的粮食，餐桌上的主要食物是粮食，而在今天，随着生活水平的提高，粮食已经不再占据餐桌上的主要位置。未来，随着居民生活水平的不断提升，这一趋势仍将持续下去，饲用粮消费量将有所增长，蔬菜品种结构改善且产量相对稳定，而奶制品、水果、水产品消费则较快增长。

2023 年中央一号文件提出，加快实施新一轮千亿斤粮食产能提升行动，为未来消费需求的增长提供了保障。但也要注意到，膳食结构的改善，对粮食安全同样有很重要的作用。通过倡导和推动，可以预测，我国的粮食需求不会一直增长下去，有可能在 2030 年左右达到顶峰，届时总需求量大约在 8.5 亿吨。事实上，我国粮食消费在 2020 年的数据，已经接近这个数值（图 2-1-9），未来增长的千亿斤产量，主要是玉米、大豆、油菜等作物，也包括一些杂粮，主要为降低粮食的对外依存度，同时调整粮食市场的结构。其中，玉米产量的增长，主要是为解决饲料需求增长的问题；大豆也是如此，同时大豆产量增长还可以解决油脂对外依存度高的问题；油菜产量的增长，也是为解决油脂对外依存高的问题。

在未来一段时期内，我国粮食总需求量将呈持续增加的趋势。虽然人均口粮消费量在缓慢减少，降幅却逐渐收窄，随着我国人口的不断增长，口粮总需求量仍将持续增加。种子用粮与播种面积呈极强正相关，预期全国粮食作物的播种面积未来将长期保持相对平稳的发展态势，同时，种子用粮总需求量基本保持不变，但随着全国粮食总需求量的增加，种子用粮总需求量所占的比例将逐渐降低。

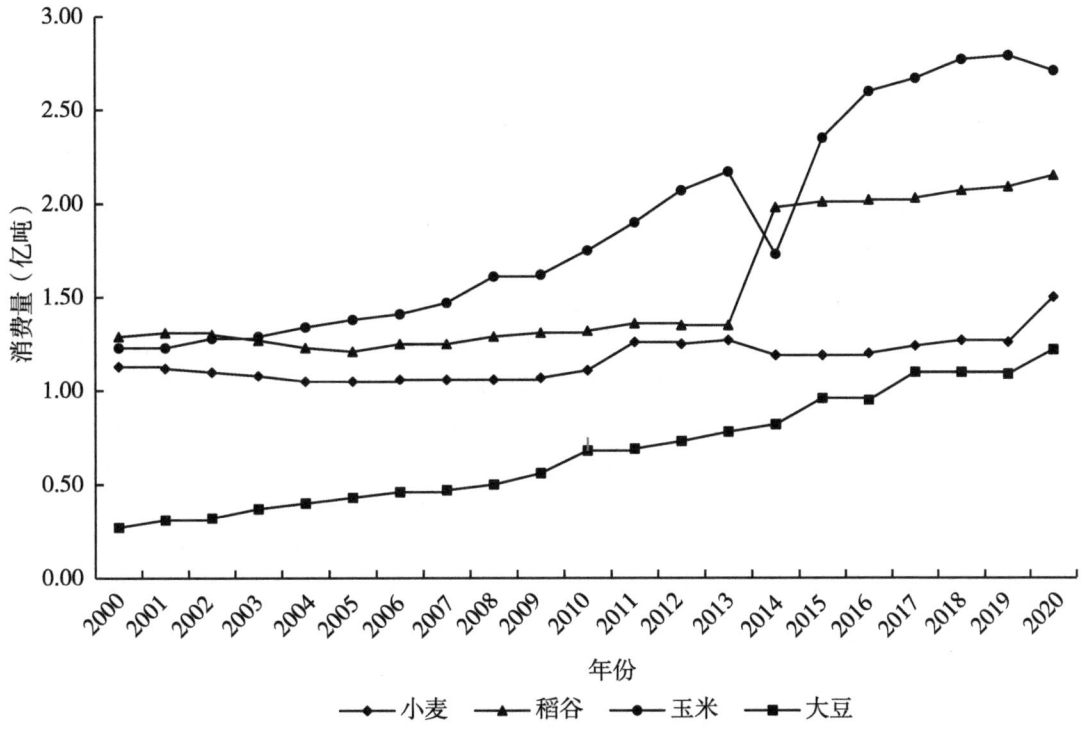

图 2-1-9　2000—2020 年中国 4 种粮食消费量变化
（数据来源：FAOSTAT，*Food Balances*）

预计饲料用粮和加工用粮将成为中国粮食总需求量的主要增长点。一方面，国民对食物的追求从"吃得饱"向"吃得好""吃得营养""吃得健康"转变，对肉、禽、蛋、奶和鱼的消费需求持续增加，动物性产品总需求量的增加将使饲料用粮成为拉动粮食总需求量增长的主要因素，其中，玉米和大豆等饲料用粮将成为粮食总需求量最主要的增长点；另一方面，用于作为主要原料或辅料生产食品、医药、化工、酒精（乙醇）、淀粉和酒类等产品的工业用粮需求量随着市场需求的增加，也将呈现出不断增长的发展态势。

三、中国科技支撑粮食的潜力和趋势

（一）中国科技创新支撑粮食发展现状

2020 年 7 月，习近平总书记在吉林省考察时指出："农业现代化，关键是农业科技现代化。要加强农业与科技融合，加强农业科技创新，科研人员要把论文写在大地上，让农民用最好的技术种出最好的粮食。"落实大食物观要以科技为支撑，通过科技创新的牵引与支撑，不断提高食物产量和质量，确保粮食自给率，提高食物资源利用效率，同时，开辟获取食物的新途径，开发更加多元化的食物类型，增加食物的多样性。具体说来，农业育种、农业资源的开发利用、食品深度加工等都需要大力加强基础性、前沿性科学研究，需要加快推进农业和食品产业科技创新的步伐。农业强则国强，科技兴农无终点，践行大食物观，关键靠科技创新。只有加强科技自主创新，实现涉农相关产业链的自主可控，才能落实好大食物观，才能在应对各种食物风险挑战并赢得主动权。

1. 农业新技术、新装备、新模式不断创新和突破

粮食安全是"国之大者"，要在有限的耕地资源中实现粮食量与质齐升，解决我国14亿多人口的吃饭问题，根本出路在于科技。农业科技创新是保障农业稳定发展最重要的驱动力，以科技创新为支撑力，才能走好科技兴农、强农的道路。依靠科技创新促进种植创新、农业设施与装备创新、农业生产技术创新、农业产业现代化技术配套创新，推动农业机械化和智能化发展。利用科技创新提升农业生产力、国家粮食安全保障力和资源利用效率。农业农村部数据显示，我国农业科技进步贡献率从2012年的54.5%提升至2022年的62.4%，农作物耕种收综合机械化率高达73%，其中小麦、玉米和水稻三大粮食作物耕种收综合机械化率分别达到97%、90%和84%，中国粮食生产已步入机械化为主导的新发展阶段，农业科技创新整体迈入了世界第一方阵。

（1）数字农业有效提高农业资源利用效率

21世纪是科技迅猛发展的时代，近年来，北斗导航、5G等科技已应用到农业各个环节中，物联网、大数据引领的"无人化"智慧农业正逐步取代看天浇水、靠经验施肥的传统管理模式，数字农业将会成为现代化农业的更高级阶段。目前，数字经济发展最为突出的是电子商务，据统计，2019年我国农村网络零售额为1.7万亿元，农产品网络零售额达到3 975亿元，增长27%。数字农业水平的提升将能够在源头上优化紧急状态下生活物资保供能力。

目前，我国已经在9个省份物联网方面部署实施了农业物联网区域试验示范工程，进行以苹果、大豆、棉花等6个重要经济作物的全产业链数据中心建设试点工程。精准农业技术的广泛应用为粮食生产提供了可持续发展的解决方案。当前，精准农业技术不断发展，通过遥感、全球定位系统（GPS）、地理信息系统（GIS）等先进的技术手段可以精准地完成农田分区施肥、施药、精确种植等作业。这些先进的科技能有效提高农业资源利用效率。

（2）农业机械智能化有效提高农业生产效率

我国农机制造业从零开始，从满足小规模经营的小型农机生产缓慢发展到大中型农机制造，农机行业的结构性调整后，开始逐步转向发展高效率的大中型农机具，大幅提升了农业机械化水平，在降低农民劳动强度、缓解农村劳动力短缺的同时还可提高农业生产水平，推动农业规模化发展，并能保护生态环境，提高资源利用率。现阶段我国农业机械行业正式迈入了智能化发展的新阶段。

随着人工智能技术的不断进步和应用，未来农业机械智能化的发展具有以下几个趋势：①机器学习将广泛应用于农业机械智能化中，如利用机器学习算法来判断土壤肥力、识别作物病虫害等。②集成化技术将进一步推动农业机械智能化的发展，如利用大数据技术来实现作物区域化种植决策、增加机械自主运行的灵活性等。③人机协作技术将逐渐应用到农业机械智能化中，如利用语音识别、手势识别技术来实现机器的跟随和

操作等。④农业机械的智能化将进一步形成网络化，多台机械通过协作、交互实现更加高效的生产模式，从而实现产业的智能化和可持续性。

2018年国务院颁布的《关于加快推进农业机械化和农机装备产业转型升级的指导意见》指出，到2025年，农机装备品类基本齐全，重点农机产品和关键零部件实现协同发展，产品质量可靠性达到国际先进水平，产品和技术供给基本满足需要，农机装备产业迈入高质量发展阶段。全国农机总动力稳定在11亿千瓦左右，其中灌排机械动力达到1.3亿千瓦，农机具配置结构趋于合理，农机作业条件显著改善，覆盖农业产前、产中、产后的农机社会化服务体系基本建立，农机使用效率显著提升，农业机械化进入全程全面高质高效发展时期。全国农作物耕种收综合机械化率达到75%，粮棉油糖主产县（市、区）基本实现农业机械化，丘陵山区县（市、区）农作物耕种收综合机械化率达到55%。薄弱环节机械化全面突破。

综上所述，农业机械智能化已经成为现代农业发展的必然趋势。在未来的发展中，农业机械将更加智能化和自主化，为农业生产注入新的动力。

(3) 耕作新模式有效提高土地生产力

随着城镇化和工业化的快速发展，耕地资源面临着严峻的挑战。过去，耕地保护措施不够严格，在一些地区甚至出现了耕地被转为商业用地的情况，严重威胁着粮食安全。为了确保国家十八亿亩耕地红线不被突破，我国在近年陆续出台了一系列耕地保护政策和措施，如耕地保护"五不得"、永久基本农田"五严禁"等，取得了一定成效。耕地是粮食生产的"命根子"，为了更好地推进"藏粮于地、藏粮于技"战略落地，我国持续加大农田水利等基础设施建设，耕地灌溉面积不断增加，中国耕地灌溉面积在2021年年底达到10.4亿亩；增加对中低产田的改造力度，2021年全国新建成高标准农田1亿多亩，已累计完成高标准农田9亿多亩的建设任务，粮食生产基础条件持续不断改善。

近年，中国在东北地区不断加大对黑土地的保护力度，《中华人民共和国国民经济和社会发展第十四个五年规划和2035年远景目标纲要》明确提出，实施黑土地保护工程，加强东北地区黑土地保护和地力恢复，守护好"耕地中的大熊猫"。在黑龙江省，《黑龙江省黑土地保护工程实施方案（2021—2025年）》《黑龙江省"十四五"黑土地保护规划》先后出台，将黑土地保护措施落实到地块；全面推行"田长制"，建立省、市、县、乡、村、网格、户"5+2"七级田长的责任分工体系，确保黑土地数量不减、质量提升。吉林省则着眼于扩大保护性耕作技术推广规模，落实中央扶持资金12.47亿元，3 300万亩任务已细化分解到县、乡、村。辽宁省提出在实施保护性耕作任务面积1 300万亩的基础上，"精耕细作"500万亩黑土地，建设集中连片、土壤肥沃、生态良好、设施配套、产能稳定的黑土地保护示范区。

东北三省在黑土地保护上持续统筹布局，稳住"大国粮仓"。"梨树模式""龙江模式""辽河模式"等黑土地保护性耕作模式推广面积逐年扩大。

2. 作物种业科技创新构建新时代种业发展新格局

习近平总书记曾说过："种子是我国粮食安全的关键。只有用自己的手攥紧中国种子，才能端稳中国饭碗，才能实现粮食安全。"因此，抓好种业创新，切实保障种子安全，努力做到种源自主可控是实现"藏粮于技"的根本保障。通过大力发展农业科技，促进粮食生产量与质稳步提升，让良田、良种成为农民致富的重要抓手。"大国粮安"要建立在坚实的生物安全基础上。

（1）实现了粮食生产种子自给

种子是现代农业的最重要生产要素，它直接关系到农产品产量、质量、效益和竞争力，能够决定性地影响粮食安全和生物安全。在众多农业科技中，良种位居所有农业科技之首，是粮食增产的关键因素。目前，我国实现了粮食生产基本用中国种子，主要农作物种子质量合格率稳定保持在98%以上，良种覆盖率超过97%，我国农作物供种保障能力得到大幅提升，对农业增产的贡献率达到45%。在水稻、小麦、大豆、油菜等大宗作物用种上，我国已经实现了品种全部自主选育，玉米自主品种的面积占比也由85%恢复增长到90%以上，做到了"中国粮"主要用"中国种"。在蔬菜生产上，自主选育品种的市场份额达到87%以上。海南、甘肃、四川等三大国家级制种基地建设顺利推进，一批区域性良繁基地巩固发展。一粒种子可以改变一个世界，一项技术能够创造一个奇迹。

（2）在主粮种业种源等方面持续发力

党的十八大以来，我国在种业种源等方面持续发力，保障粮食产量连年稳定在1.3万亿斤以上。中国水稻等基因组学研究及应用国际领先，超级稻亩产突破1000千克。袁隆平院士培育的杂交水稻，是我国粮食科技发展史上具有里程碑意义的事件，使我国水稻平均亩产提高20%以上，为国家乃至世界粮食安全作出重要贡献。李振声的小麦远缘杂交育种、李登海的紧凑型杂交玉米、谢华安推广的再生稻以及朱有勇的旱地水稻种植技术等农业科技的突破，都对我国粮食增产起到了积极作用。良田为基，良种播下，良法用上，方能让国家的粮仓充盈。

种子是现代农业的"芯片"，是保障粮食安全的基础。黄河三角洲拥有大量待开发的土地，有效利用这些土地种植大豆将对扩面积、提产能、保供给发挥重要作用。针对黄河三角洲土地盐分含量高、旱涝灾害频发的特点，山东省农业科学院大力实施"突破黄河三角洲战略"，聚力盐碱地适生作物筛选及耐盐碱品种选育，培育出耐盐碱耐涝耐旱、高产优质的大豆品种齐黄34，成为我国唯一一个同时超过高蛋白和高油品质标准的主推大豆品种。目前齐黄34为黄河三角洲盐碱地第一大品种，年种植面积25万亩以上，占当地大豆种植面积的60%以上，平均亩产200千克左右，使大豆产量提高了20%以上。利用分子设计育种，可以大大缩短育种年限。传统育种方式下，选育一个新品种需要5~8年，而借助基因组学技术，育种年限可缩短至3~5年。2023年4月，中科荃银基地正式在红光村落地，目前中科荃银基地已有7个水稻新品种完成了成果转化，包括沪科优泰香、科优丝苗、嘉禾优175等。其中，沪科优泰香入选2020年农业农村部水稻良种联合攻关品种展示示范品种；新品种科优丝苗的种子目前已累计销售30万吨。

（3）种业发展环境显著改善

以国务院出台3个种业工作文件、全国人大修订《中华人民共和国种子法》为主要标志，构建了我国现代种业的顶层设计，形成了种业发展的"四梁八柱"。目前，种业支持政策体系不断完善，法律法规制度体系更加健全，行政管理体系和部门协调机制有效确立，创造了现代种业发展的良好环境。随着种业知识产权保护、市场监管力度持续加大，制售假劣、套牌侵权等违法行为大幅减少，"劣种子"问题基本解决，"假种子"问题得到有效遏制。据初步统计，2018年假劣种子案件比2011年减少50%，种子侵权案件减少36%。

3. 农业转基因技术培育优质新品种，为粮食产业提供重要支撑

科技创新为农业提供了持续发展的动力，前沿的技术为粮食生产的可持续发展提供了新希望。生物科技创新拓宽了对食物认知的边界，在资源与环境的双重压力下，植物蛋白、昆虫蛋白以及利用生物技术合成的人造肉等替代蛋白质正在引领未来食物供给的新方向。农业生物技术成为解决全球粮食安全的关键因素之一。生物技术的迅速发展为作物改良提供了新的途径。

转基因技术可将外源基因导入植物，使其获得抗病虫害、耐旱耐寒等优良性状。通过转基因作物的种植，农民可以获得更高的产量和更好的抗病虫害能力，从而提高粮食生产的效率。农业转基因技术的应用，培育出抗虫、抗病、高产、优质的作物新品种，能够降低化肥农药的使用。我国是粮食消费大国，大豆、玉米等农产品仍大量依赖进口。受到人口增长、资源约束、气候变化等因素限制，我国粮食供需处于紧平衡状态，大豆、玉米等产品总量缺口还会扩大。转基因技术是提升我国大豆产业竞争力的关键手段。我国通过转基因技术培育的3个耐除草剂大豆已获得生产应用安全证书，可降低除草成本30元/亩以上，较主栽品种增产10%以上，亩均增效100元，同时可以实现合理轮作。在玉米供给形势方面，我国玉米单产仍有很大的上升空间。以2020年为例，我国玉米单产为421千克/亩，仅为美国的60%。转基因技术可提升我国玉米产量和生产水平。目前，通过转基因技术培育的4个抗虫耐除草剂转基因玉米获得生产应用安全证书，抗虫效果达95%以上，比对照玉米产量可提高7%~17%，减少农药用量60%。同时，耐除草剂特性显著，降低了除草剂风险。

当前形势下，面临人口增长、资源约束、气候变化等诸多挑战，合理利用包括转基因技术在内的生物育种技术，成为保障我国粮食安全的必由之路。要以科技创新为支撑，大力发展生物技术，探索未来食物供给的新方向、新可能。不断拓展生物资源，大力发展生物科技、生物产业。要积极推动植物基蛋白、细胞基蛋白等新食品制造产业发展，强化农业产业技术配套，推动设施农业、植物工厂规模化发展。

4. 中国粮食生产取得举世瞩目的成就

国家统计局数据显示（图2-1-10），2005—2021年，我国粮食产量从4.84亿吨增至6.83亿吨，增加41%；粮食平均亩产从309.44千克增至387.00千克，增加1.25倍以上。

1995—2021年，我国粮食作物的播种面积占农作物总播种面积的69.39%~73.43%（图2-1-11），谷物的播种面积占农作物总播种面积的52.66%~61.87%，粮食作物和谷物播种面积占比相对稳定，但谷物中各类作物播种面积占比发生较大变化，稻谷、小麦和谷子等精粮作物播种面积占比持续减少，分别由1995年的20.51%、19.26%和1.02%降低至2021年的17.74%、13.97%和0.55%，其中，小麦播种面积占比降低最多，降低5.29%，相反，粗粮作物玉米播种面积占比呈上升趋势，由15.20%上升至

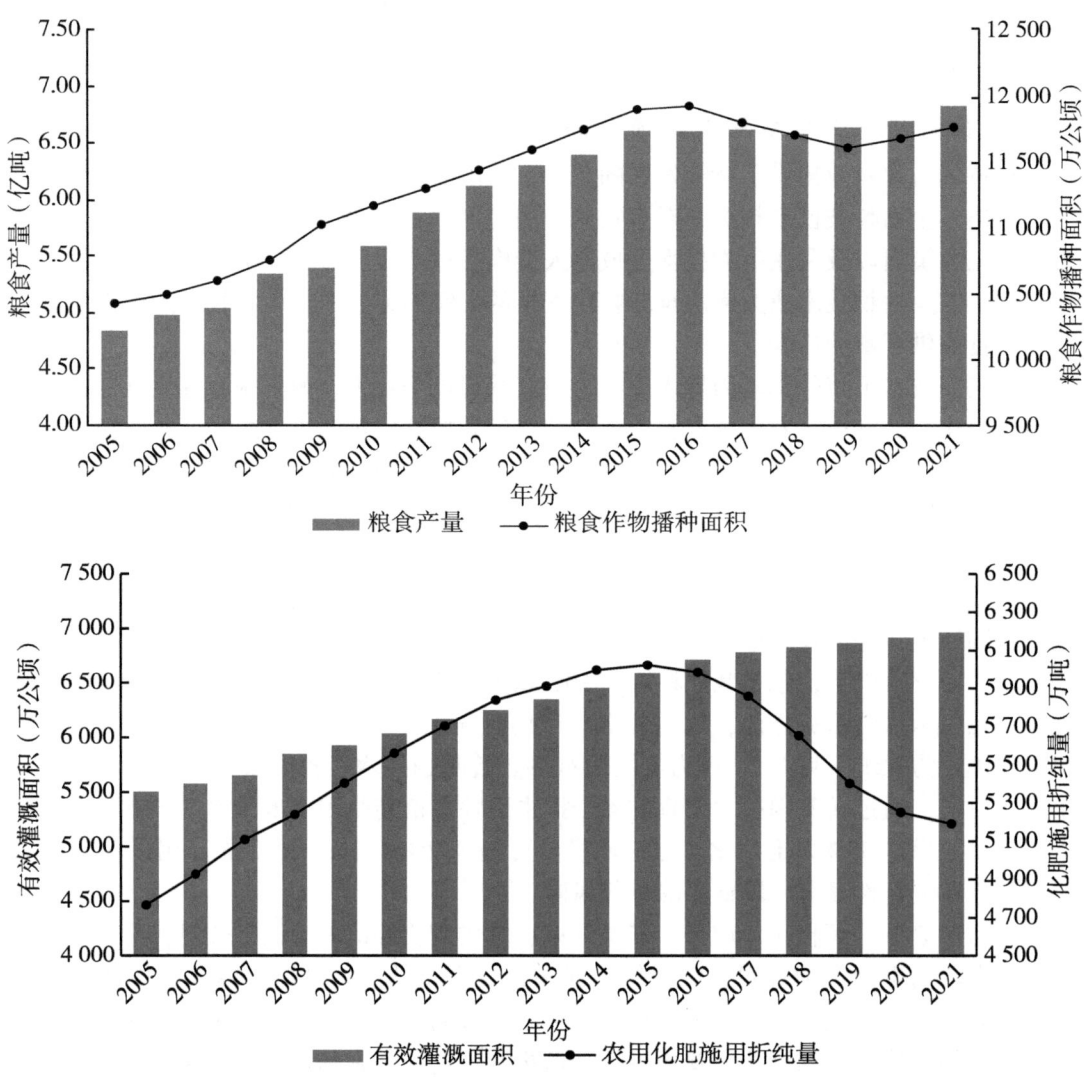

图 2-1-10　2005—2021 年中国粮食产量、粮食播种面积、有效灌溉面积和化肥施用量
（数据来源：国家统计局历年"中国统计年鉴"）

25.68%，升高 10.48%（图 2-1-12），且由谷物中的劣势作物发展为现在的绝对优势作物，说明由于种植结构和人们饮食结构的改变，对谷物中各类农产品的需求也发生变化，最终导致播种面积占比发生变化。

我国粮食产量受粮食作物播种面积、化肥施用量与有效灌溉面积显著影响：每增加 1 000 公顷粮食作物播种面积，我国粮食产量就会增加约 0.55 万吨；每增加 10 000 万吨化肥施用量，我国粮食产量就会增加约 13 万吨；每增加 1 000 公顷有效灌溉面积，我国粮食产量就会增加约 0.98 万吨（图 2-1-13）。因此，我国应大力支持建设高质量农田，保护粮食作物播种面积；推进现代节水技术建设，扩大耕地有效灌溉面积（邵馨漾，2023）。此外，我国粮食产量还受机械化程度的影响，主要是随着集约化农业的快

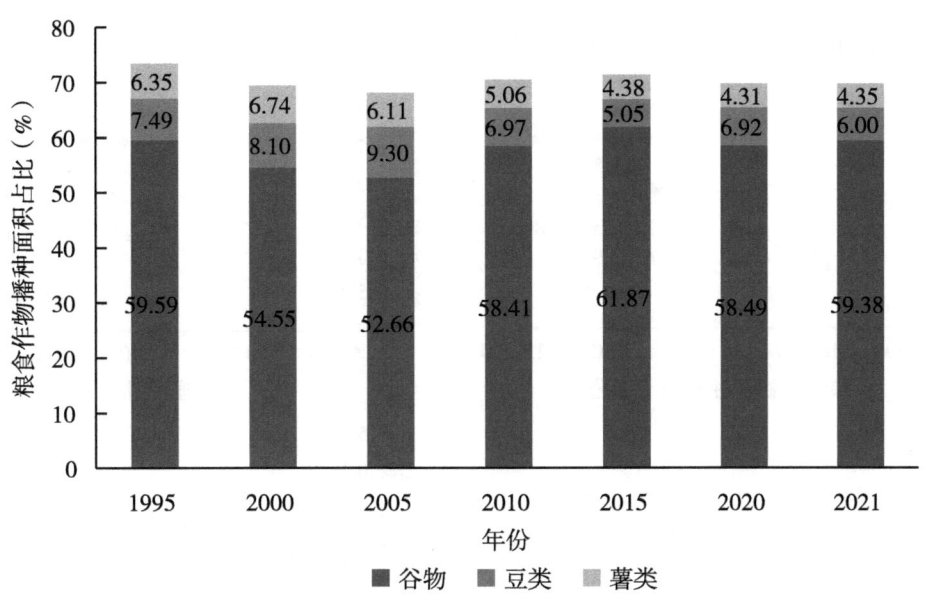

图 2-1-11 中国粮食作物播种面积占比
（数据来源：国家统计局历年"中国统计年鉴"）

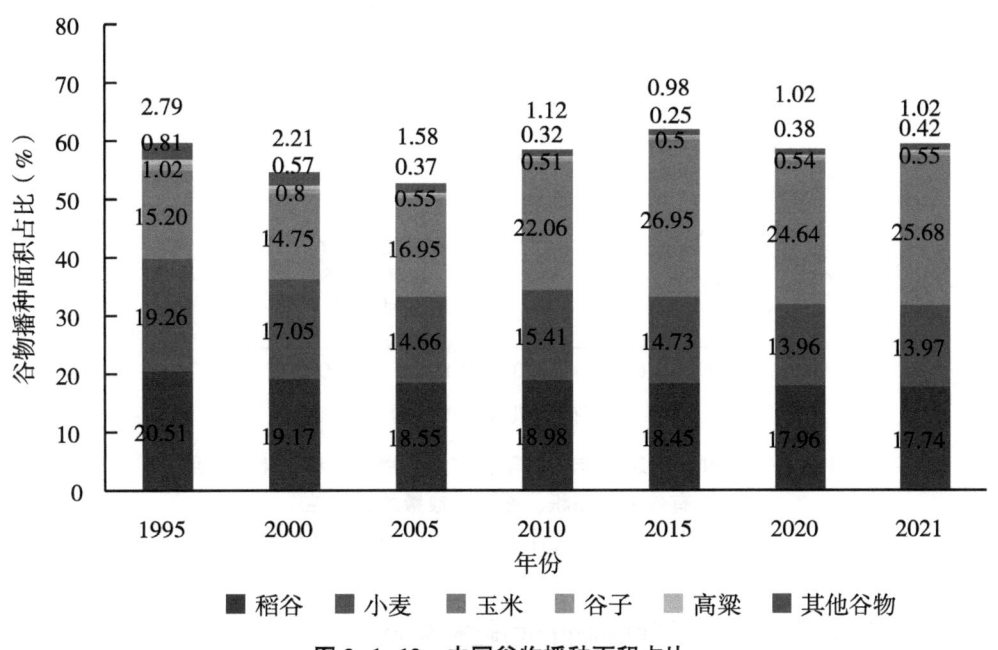

图 2-1-12 中国谷物播种面积占比
（数据来源：国家统计局历年"中国统计年鉴"）

速发展，配套农机装备也在不断完善，农作物耕种收综合机械化率达到 72%。2005 年我国大中型拖拉机数量为 139.6 万台，2021 年为 498.07 万台，为 2005 年的 3.57 倍，多功能一体化大中型农机具数量增长迅猛。目前，农作物总播种面积稳定在近 18 亿亩，粮食作物播种面积约 12 亿亩，截至 2023 年 4 月，我国已建成 10 亿亩高标准农田，农业科技水平和机械化水平不断提升。

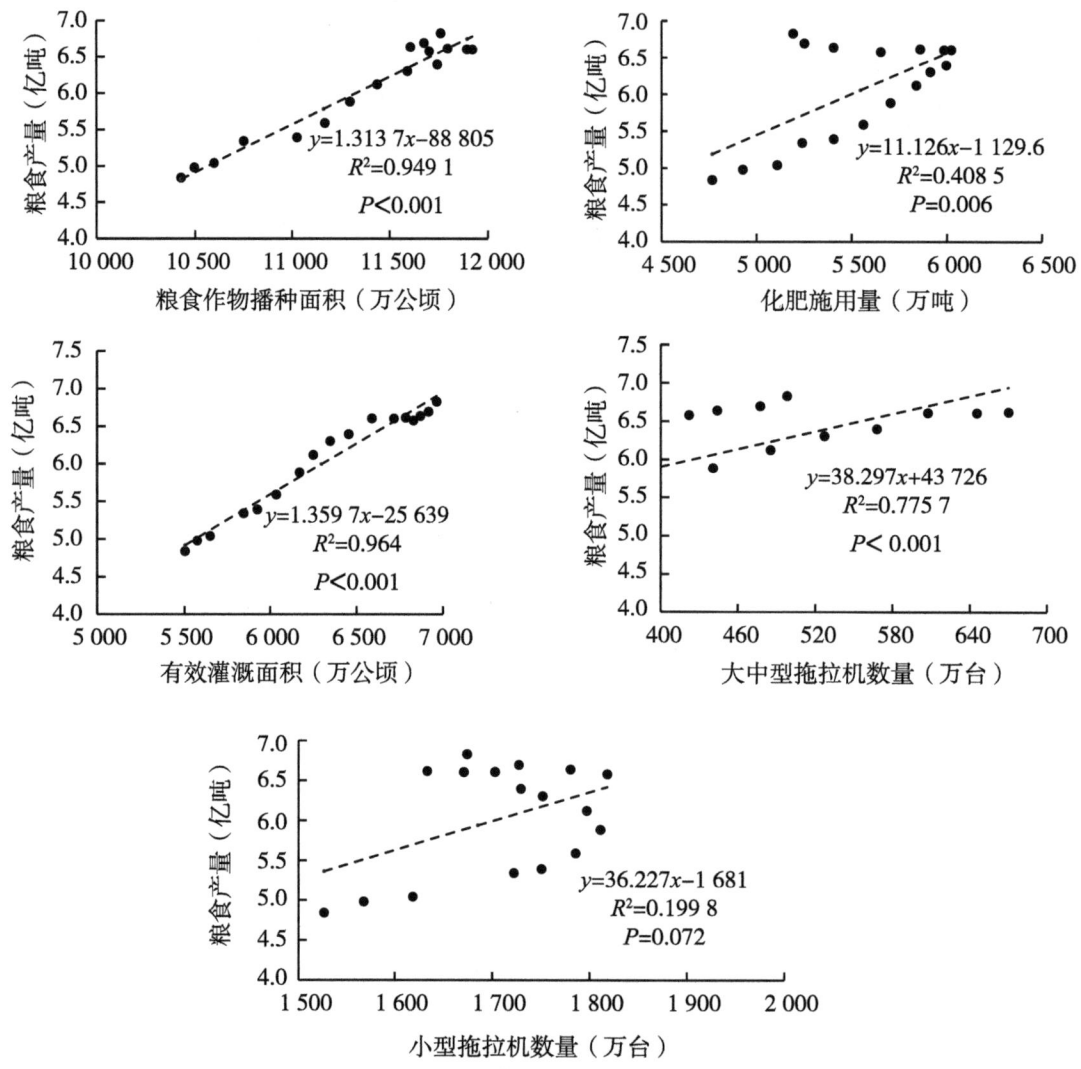

图 2-1-13　2005—2021 年中国粮食产量与播种面积、化肥施用量、
有效灌溉面积、拖拉机数量的相关性

（数据来源：国家统计局历年"中国统计年鉴"）

（二）我国粮食科技创新面临的问题和挑战

单产提升是实现粮食丰收的关键，我国粮食作物单产相比国际农业强国仍存在较大差距，其主要根源在于科技创新。联合国粮食及农业组织（FAO）的数据显示，2020 年我国稻谷单产仅为澳大利亚的 70.22%，玉米单产仅为以色列的 32.87%，大豆单产仅为美国的 58.58%。

一是保持耕地面积压力大，耕地质量不高，限制作物单产水平发挥。目前，我国耕地质量下降还面临耕层变薄、有机质含量下降、红壤酸化、土壤污染严重等问题，耕地质量水平不高显著限制了作物单产水平的发挥。机械化生产是提高粮食单产的重要手段，但我国农业土地细碎化问题突出，导致规模化、机械化水平不高，抑制粮食单产提高。

二是种子产业发展缓慢，制约粮食单产提高。农业新种源研发培育问题一直都是我国的"卡脖子"问题，为解决这一问题首先应加强自主创新能力。目前单一技术的改进已不足以使粮食生产迈上新台阶，我国需要利用新一代的育种技术，培育更高产、优质的农作物品种。我国大部分作物育种水平整体相对滞后，主要还处于2.0时代向3.0时代过渡阶段，育种周期长、效率低，种质资源遗传多样性不够导致遗传基础相对狭窄；原创性技术受制于人等问题仍然普遍存在，特别是我国玉米种子存在被外资控制的风险。我国大多数种子企业的研发投入占销售收入的比例不足3%，远低于国际公认的5%水平线（杨翠红等，2022）。

三是粮食生产规模化、机械化水平不够，影响粮食单产水平。虽然三大主粮生产已基本实现机械化，但农业的不同产业间、不同区域间机械化发展还很不平衡，丘陵山区和平原地区差距较大。以玉米为例，丘陵山区玉米标准化生产水平低，机械化作业难、效率低。调研数据显示，我国玉米收获时籽粒含水率普遍在30%左右，籽粒收获时平均破碎率在9%左右，还达不到5%以下的作业质量要求。

四是农业劳动强度大、收入低，缺少"五险一金"的保障，大量农村青壮劳动力涌向城镇或非农业，不愿种粮，未来谁来种粮或许会成为一个亟待解决的问题。第三次全国农业普查的数据显示，小农户占农业经营户总数的98%以上，约有2.1亿户农户的耕地面积在0.67公顷以下，土地细碎化仍是我国小农经营的显著特征。此外，2018年新型农业经营主体土地流转调查报告显示，截至2017年，我国家庭农场耕地面积平均只有11.82公顷，而美国同期的户均农场面积超过152.85公顷（杨翠红等，2022）。

科技创新赋能粮食安全，战略上及早部署，以解决我国粮食生产面临的新制约、新挑战。①树立坚持农业科技自主创新的基本理念。作为一个把粮食安全作为基本国策的国家，考虑到它要受到育种、农药、农业机械等方方面面重要产业的影响，要真正保障粮食安全必然要加强我国农业科技自主创新，这是夯实粮食安全的基石。②坚持当前、着眼长远。在对国家粮食生产作出安排，充分发挥传统技术优势的同时，必须着眼长远。例如，气候变化绝不仅仅影响水资源、土地的利用，它已向整个生产体系提出了挑战，今后可能要选育那些适应更高温度、更干旱环境下的品种，才能真正实现持续增长。③统筹部署科技创新。要实现自主创新，必须在基础研究、前沿技术研究方面有所发现、创造和发明，才能争取主动，不断夯实自主创新基础。与此同时，还应加强相关共性关键技术的研究。在科技部署上，既要考虑前沿技术和共性关键技术的研究，也要考虑产业化问题。④统筹部署创新行业。从构建现代农业产业体系（包括构建以粮食为主体的粮食产业体系）来看，粮食有很大的公益性，但由于粮食产业涉及面非常广泛，与之密切相关的化肥、农药以及后端的精深加工各个产业与市场化、产业化发展密不可分。⑤人才培养和能力建设。面向未来，面向新的挑战，必须培养一大批适应未来发展的新一代科学家和科学家团队，让他们支撑未来可持续农业的自主创新。⑥加强国际合作，合作不仅包括与世界各国，尤其是与发达国家开展多方面的交流,共同研究、探讨一些重大的科学和前沿技术问题,还包括通过引进、消化再吸收不断提高共性关键技术的水平。

(三)近年来中国科技支撑粮食的布局

1. 农业发展政策合理布局是我国粮食安全的重要保障

《中国特色农产品行业现状深度研究发展战略评估报告(2023—2030年)》显示,为了促进特色农产品行业的发展,我国陆续发布了许多政策(表2-1-2),强化了科技支撑、质量控制、品牌建设和产品营销,建设了一批特色农产品标准化生产、加工和仓储物流基地,培育了一批特色粮经作物。

表 2-1-2 中国特色农业相关政策

政策分类	发布时间及部门	政策名称	主要内容
农业生产	2017年9月,中共中央办公厅、国务院办公厅	关于创新体制机制推进农业绿色发展的意见	加快划定粮食生产功能区、重要农产品生产保护区,认定特色农产品优势区,明确区域生产功能
	2019年2月,中共中央办公厅、国务院办公厅	关于促进小农户和现代农业发展有机衔接的意见	各地要结合特色优势农产品区域布局,紧盯市场需求,深挖当地特色优势资源潜力,引导小农户发展地方优势特色产业,形成一村一品、一多一特、一县一业
	2022年12月,中共中央、国务院	扩大内需战略规划纲要(2022—2035年)	健全农业支持保护制度,优化农业生产区域布局,加强粮食生产功能区、重要农产品生产保护区、特色农产品优势区建设
	2023年6月,农业农村部、国家发展改革委、财政部、自然资源部	全国现代设施农业建设规划(2023—2030年)	优化现代设施农业布局、适度扩大规模、升级改造老旧设施,提高光热水土等农业资源利用率和要素投入产出率,强化技术装备升级和现代科技支撑,持续提升现代设施农业集约化、标准化、机械化、绿色化、数字化水平
农产品加工	2021年2月,中共中央、国务院	关于全面推进乡村振兴 加快农业农村现代化的意见	立足县域布局特色农产品产地初加工和精深加工,建设现代农业产业园、农业产业强镇、优势特色产业集群
	2021年6月,商务部等17部门	关于加强县域商业体系建设促进农村消费的意见	统筹推进现代农业产业园、农业产业强镇和优势特色产业集群建设,继续抓好特色农产品优势区,推动加工、仓储、物流等向主产区布局,实现产购储加销衔接配套
	2022年5月,国务院	关于印发扎实稳住经济一揽子政策措施的通知	在农产品主产区和特色农产品优势区支持建设一批田头小型冷藏保鲜设施,推动建设一批产销冷链集配中心

（续表）

政策分类	发布时间及部门	政策名称	主要内容
产业转化	2018年2月，中共中央、国务院	关于实施乡村振兴战略的意见	推进特色农产品优势区创建，建设现代农业产业园、农业科技园。实施产业兴村强县行动，推行标准化生产，培育农产品品牌，保护地理标志农产品，打造一村一品、一县一业发展新格局
	2020年2月，中共中央、国务院	关于抓好"三农"领域重点工作 确保如期实现全面小康的意见	采取长期稳定的支持方式，加强现代农业产业技术体系建设，扩大特色优势农产品覆盖范围，面向农业全产业链配置科技资源
	2021年11月，农业农村部	关于拓展农业多种功能 促进多村产业高质量发展的指导意见	注重线下渠道维护，与休闲体验相结合，建设优质特色农产品直营店、体验区，用网络营销带来的知名度促进线下销售
	2022年2月，国务院	"十四五"推进农业农村现代化规划	加强特色农产品优势区建设，发掘特色资源优势，建设特色农产品优势区，完善特色农产品优势区体系。强化科技支撑、质量控制、品牌建设和产品营销，建设一批特色农产品标准化生产、加工和仓储物流基地，培育一批特色粮经作物、园艺产品、畜产品、水产品、林特产品产业带

2. 加强农业科技经费投入合理布局是我国粮食安全的重要支撑

近年来，国家已在粮食领域布局国家重点研发计划专项7个，包括中国农村技术开发中心组织的黑土地保护与利用科技创新、农业生物重要性状形成与环境适应性基础研究、农业生物种质资源挖掘与创新利用3个重点专项，农业农村部科技发展中心组织的北方干旱半干旱与南方红黄壤等中低产田能力提升科技创新、农业面源与重金属污染防控和绿色投入品研发、重大病虫害防控综合技术研发与示范、主要作物丰产增效科技创新工程4个重点专项。在今后的工作中，科技经费投入需要扩规模、提效率、拓渠道、强基础；应从顶层设计角度优化科技支撑，优化农业科技发展布局；须进一步健全农业科研经费"政府投入为主、社会多渠道投入"的机制。

相较于"十二五"，"十三五"期间农业农村领域科研投入规模呈现持续上升趋势。但与典型发达国家（包括美国、日本、澳大利亚、德国、英国和法国等）相比，农业农村领域科研投入规模不足、结构不够合理，特别是美国农业领域科研投入的结构与目前我国"高试验发展、中应用研究、低基础研究"的农业领域科研投入结构差异明显。我国农业领域政府研发经费投入强度也远低于发达国家，研究典型国家政府在农业领域的政府研发投入强度及其变化趋势发现，2014年以来德国农业领域政府研发投入强度基本保持在4%以上，英国和日本则多年保持在2%以上，美国、澳大利亚和法国在农业领域的政府研发投入强度均保持在1%左右，而我国农业领域政府研发投入强度基本保持在0.1%~0.15%，我国农业领域政府研发投入强度有待进一步提高。

3. 制定科学的农业行业标准是推动我国粮食安全发展的重要手段

农产品作为人们日常生活中必不可少的食物来源，其质量直接关系到人们的健康和生活质量。通过提高农产品质量标准，可以确保食品安全，减少食品中的有害物质含量，降低食品潜在危害对人体健康的影响；通过提高农产品质量标准，可以增强农产品的竞争力；通过提高农产品质量标准，可以促进农业产业的转型升级。

农业农村部牵头起草的《高标准农田建设通则》（GB/T 30600—2022）（以下简称《通则》）于2022年10月1日起正式实施。《通则》坚持以全面提升农田质量为目标，以体现区域特色为重点，面向农业机械化、规模化、产业化，突出农田工程建设和质量建设，坚持"科学布局、分类施策，目标导向、良田粮用，生态理念、注重质量"等原则，有利于促进农田建设高质量发展。同年11月，农业农村部发布公告，《稻田油菜免耕飞播生产技术规程》（NY/T 4175—2022）等160项新一批农业行业标准于2023年3月1日起实施。

2023年，有媒体报道我国韭菜中腐霉利残留限量标准从0.2毫克/千克调整为5毫克/千克，引起网民关注。韭菜中腐霉利残留限量标准是强制性食品安全国家标准。1993年，我国批准腐霉利在韭菜上登记使用，但当时风险评估科研基础薄弱，一直没有制定韭菜中腐霉利残留限量标准。21世纪初，由于缺乏农药残留试验数据，我国在制定农药残留限量标准时，将国际食品法典（CAC）相关标准作为参考依据。但因CAC没有韭菜中腐霉利残留限量标准，当时引用了CAC洋葱中腐霉利残留限量标准（0.2毫克/千克）作为我国韭菜中腐霉利残留限量标准，并于2005年发布，一直沿用至今。按照"最严谨的标准"要求，考虑到原标准引用的是洋葱而不是韭菜的限量，2020年农业农村部启动韭菜中腐霉利残留限量标准修订工作。在连续两年4个韭菜主产区开展农药残留试验的基础上，结合中国膳食消费数据和腐霉利毒理学数据，经过风险评估得出，腐霉利残留量在30毫克/千克以内的韭菜是可安全食用的。同时，考虑到美国等西方国家没有食用韭菜的习惯，美国未制定相关限量，与我国膳食结构相近的日本、韩国的标准中韭菜中腐霉利残留限量均为5毫克/千克，将韭菜中腐霉利的残留限量标准调整为5毫克/千克。该限量标准在广泛征求社会意见、有关部门意见并向世界贸易组织（WTO）成员通报的基础上，经国家农药残留标准审评委员会、食品安全国家标准审评委员会技术总师会议及秘书长会议审查通过，由国家卫生健康委、农业农村部和国家市场监督管理总局于2022年11月11日发布，于2023年5月11日起实施。

4. 推进农业现代化试验示范平台建设是我国粮食安全的重要基础

目前，农业农村工作面临两大转变：一是农业增长方式由粗放型向"科技内涵型"增长转变；二是科技内容从"农业科技"向"农村科技"转变。建立粮食生产功能区和重要农产品生产保护区，打造农业现代化建设的"主阵地"；建设好国家现代农业示范区，打造农业现代化的"排头兵"。2022年，综合考虑各地农业资源禀赋、基础设施条件、特色产业发展等因素，围绕粮食产业、优势特色产业、都市农业、智慧农业、高效旱作农业和脱贫地区"小而精"特色产业等发展，以县（市、区）为单位，分区分类创建100个左右农业现代化示范区。创建示范区提供一个实际的展示平台，可以为其他地区或行业提供借鉴和参考的标杆，促进经济、科技、环境等方面的发展和提升。

（四）粮食产业科技支撑的潜力分析

基于大食物产业生产体系、流通体系、消费体系和科技创新体系，挖掘产业潜力的科技创新重要支撑点与未来趋势如下。

1. 科学调整粮食产能结构，提升粮食生产潜力

在农作物产能结构调整上要倡导"稳稻麦、扩玉米、增大豆"的基本方略。通过种植结构调整、种业创新、土地生产力提升、高效耕作栽培、单产水平提升、产品结构优化和多功能一体机田间作业减损实现主粮整体生产能力的提高。今后发展粮食生产，重点要放在适应市场、优化结构、增加单产、改善品质、提高效益上，走挖掘潜力的路子。

（1）优化粮食品种、品质结构

支持水资源丰富的地区利用优势发展水稻生产，适当扩大水稻种植面积。大力发展优质专用品种粮食生产，重点推广高油高蛋白大豆、优质水稻、强筋小麦和高淀粉玉米等优质高产品种，优良品种覆盖率要达到95%以上。围绕畜牧业和农产品加工业发展粮食经济，延伸粮食产业链条，努力提高粮食产业的经济效益，力争用较短时间基本改变"原字号"的局面。通过种业科技的持续创新，随着抗逆性能突出品种的选育与推广，我国中低产田和盐碱地等边际土地的产量也将得到提升，一定程度上有助于提升主粮的供给能力。在主粮单产方面，我国将保持单产年均增加1%~2%。口粮方面，预计到2023年水稻单产为478千克/亩，2025年为485千克/亩；预计2023年小麦单产为390千克/亩，2025年为400千克/亩。主要谷物方面，预计到2023年，玉米单产为435千克/亩，2025年为456千克/亩；预计2023年大豆单产为135千克/亩，2025年为145千克/亩。

（2）实施优质粮食产业工程

抓住国家支持粮食主产区加强生产能力建设的机遇，重点实施优质专用良种繁育、病虫害防控、高标准农田建设、现代农机装备和粮食加工转化等项目。深入实施大豆振兴计划，继续对产粮大县给予重点扶持，加快玉米、大豆、水稻、小麦四大粮食作物优势产业带建设。

（3）积极发展高效经济作物和饲草饲料作物

建设优质高效经济作物带，实行规模化、集约化经营。继续发展瓜果、蔬菜、甜菜、亚麻、药材等经济作物，抓好优质小杂粮种植，重点扩大饲用玉米、青贮玉米和豆科牧草种植面积，进一步优化三元种植业结构。

2. 良种良法并举，提升耕地质量

一粒种子能够改变农业的命运。"杂交水稻之父"袁隆平，一生矢志不渝地研究杂交水稻，正是有了他研究生产的杂交稻种，不仅改变了中国人吃不饱饭的命运，而且还

惠及世界其他国家缺粮人口。所以，必须打造中国农业的"芯片"，高度重视种质资源保护。黄河三角洲拥有大量待开发的土地，有效利用这些土地种植大豆对扩面积、提产能、保供给将发挥重要作用。针对黄河三角洲土地盐分含量高、旱涝灾害频发的生态特点，山东省农业科学院培育出耐盐碱耐涝耐旱、高产优质的大豆品种齐黄34，成为我国唯一一个同时超过高蛋白和高油品质标准的主推大豆品种。中科荃银利用分子设计育种，目前已有7个水稻新品种完成了成果转化，包括沪科优泰香、科优丝苗、嘉禾优175等。其中，沪科优泰香入选2020年农业农村部水稻良种联合攻关品种展示示范。在国家建立种质资源库的同时，地方各级人民政府都要积极地建立地方特色物种资源库、保护区，特别是加强对濒临灭绝物种的抢救性保护。

同时，建设好良田。严格落实耕地"非农化"、基本农田"非粮化"的禁令，对乱占耕地从事非农产业、在基本农田里种树或养殖的进行清理整改；大力开展高标准农田建设。不断改良土壤，测土配方施肥，实行耕地有计划轮耕、深耕和浅耕，让耕地合理地休养生息。例如，红黄壤是我国南方主要土壤类型，约占全国耕地面积的1/3，由于有机质相对缺乏，酸化问题比较突出。中国农业科学院祁阳红壤实验站站长张会民表示，长期偏施氮肥，造成土壤中酸性物质积累，引起耕地退化、地力下降。2008年以来，中国农业科学院祁阳红壤站提出种地与养地相结合，开展绿肥替代氮肥定位试验推广。张会民介绍，豆科绿肥能固定空气中的氮素，通过发达的根系富集土壤深层养分，翻埋后形成的腐殖质提高土壤活性有机质。试验表明，通过"稻—稻—紫云英"减肥高效轮作，土壤肥力综合指数提高0.1~0.2个等级。耕地质量提升是一个长期过程，农业农村部耕地质量监测保护中心副主任李荣表示，耕地质量建设要聚焦土壤障碍因子消减、基础地力提升、新品种开发及其增产潜力挖掘、水肥资源高效利用等环节，综合考虑作物产量和环境效应，提高土壤蓄纳和稳定供应养分能力。近年来，农业农村部组织实施全国退化耕地治理试点项目，引导各地不断提升耕地质量。在东北地区，启动国家黑土地保护工程，"十四五"期间将完成1亿亩。

3. 合理安排耕作制度，增强农田生物多样性

年复一年的大力翻耕，造成了土壤严重退化，土地从肥沃变成贫瘠，严重影响生态平衡。集约化农田长期大面积、单一化种植，生物多样性遭到破坏，造成农田生态系统综合服务功能障碍，如生产力下降、养分循环失衡、传粉能力下降、病虫害多发等。建设生态田园是基于生态系统管理方法，通过农田生态系统整体设计和重构，协同增强集约化农田生物多样性保护、病虫害控制、土壤肥力提升、固碳减排、水源涵养、侵蚀控制和可持续产量等生态系统服务功能，以及气候异常条件下抗逆缓冲能力，持续推进农田生态系统健康管理，促进粮食安全和农产品质量安全。

事实证明，传统的翻耕措施已经不适用了。我国开始实施3项改善传统土地耕整的措施，包括保护性耕作、深松作业和激光平地。保护性耕作通过少耕地或免耕地、地表形态的改造技术、种植绿植增加地表覆盖率、合理种植农作物等举措，减少对土壤的侵害，保护土壤生态环境。深松作业是替代传统土地翻耕的一项土地耕整技术，目前，减阻和防堵两大难题仍然横在我国深松技术面前，所以，深入研究深松减阻和防堵技术，是我国土壤耕作得到进一步突破的关键技术。随着经济的发展，

农业水平的提高，激光平地的方法已经被大量运用到农业生产中。尤其水稻生产对水量要求极高，水的高度不能没过田地，传统的土地平整方法难以达到种植水稻所要求的平整度和水量，仍然存在高度差，为了解决种植稻田土地精准平整的问题，就要采用激光平地的方法。通过以上方法来改善土地耕整方式，可以大幅度提高土地利用率，减少自然灾害对农作物的影响，增加耕地面积，增加土壤蓄水能力，提高土地产出，有效地改善了农业生产效益和农村生活条件，可以说土地耕整方式的改变，对我国农业可持续发展有重大意义。

4. 健全生态低碳粮食生产体系，构建现代智慧粮食生产体系

与发达国家相比，我国农产品产地初加工技术相对滞后，这也是制约着一些农产品产地经济水平的因素，应加强农产品产地初加工技术创新与升级，进一步推广普及科学、先进、适用的初加工技术与设备，建设大型、高效、低碳的农产品初加工中心，减少收储运环节损失率，延长农产品供应周期，提高产品质量。

食品产业作为民生支柱型产业，既为人民群众提供了基本的生活物资，又能延伸农业产业链、提升价值链、打造供应链。发展食品精深加工产业，必将助力乡村振兴和农民增收致富。为此，要以乡村振兴为基础，促进农业与食品产业的深度融合发展。特别是要创造出优化动植物、食用微生物生长的环境因子，开发出使之能够全天候生长的设施工程，不断提高设施农业的生产效率。要面向整个国土资源，收集调查大食物资源，充分评估和挖掘我国食物资源供给潜力，建立大食物资源基因库。要以食品产业为牵引，赋能乡镇企业发展，不断提高农业质量效益和竞争力，实现"粮头食尾"和"农头工尾"的有机结合，达成大食物安全和现代农业产业发展的有机统一。

5. 完善粮食综合减损体系，实施粮食适度替代战略

产能的潜力主要来自加工方式的创新。一是提高加工利用效率、降低无效产品产出；二是创新加工方式、丰富终端产品类型。开展全谷物、杂粮活性物质数据库建设与品质改良研究，开发全谷物、杂粮原料加工技术与装备，提高青稞、小米、藜麦等区域性资源深加工水平，开发全营养食品；加强谷物在收储运及加工各环节的减损技术研究，开展谷物全值化利用技术攻关，提高粮食可食化利用率，延长产业链长度，挖掘隐形粮田；研发品质良好的全谷物、杂粮制品，拓展全谷物、杂粮预制主食的种类和数量，提高全谷物与杂粮制品的口感可接受性、营养全面性、储运方便性，并在多场景进行科普宣传与推广应用，引导公众接受全谷物与杂粮制品。

小麦麸皮的传统利用途径，主要是用于酿造和饲料行业，占85%以上。将麦麸直接应用于食品加工显示出更广阔的前景，如小麦麸皮被添加到面包、馒头、面条等主食中，以提高膳食纤维等食物营养价值。小麦次粉粗蛋白含量较高，常被用于动物饲料的加工。世界发达国家稻谷深加工全利用经验表明，稻谷精深加工后可增值5~10倍，稻谷深加工产业进一步提升了农业的价值。目前我国稻谷加工仅处于一种满足口粮大米需求的初级加工状态，稻谷资源有效利用率不足70%。稻谷加工业对稻谷资源的增值率仅为1∶1.3。我国每年稻米副产品达4500多万吨，但米糠的深加工综合利用只占10%，稻壳发电及综合利用只占30%。100斤稻谷只出50多斤米，精加工面粉出粉率

仅30%。如果我国大米和面粉加工出品率提升10%，每年全国可挽回3 300万吨的粮食损失。由于过度加工，营养物质都进入加工副产物米糠、麸皮中，导致超过10%的粮食浪费和70%的营养物质损失。2019年，《大米》（GB/T 1354—2018）实施，对大米"加工精度"指标设置了上限，对一级大米的加工精度由90%以上调整为80%~90%，突出了适度加工，有利于更多地保留大米原有的营养价值，使国家标准更能适应绿色发展理念。

加强薯类主食制品创制及品质提升技术攻关，开展薯类主食产品品质形成机理和营养功效的系统研究，提高薯类制品的梯次利用和副产物综合利用水平，研制高效、先进、智能的薯类加工技术及装备，拓展主粮供应能力。

（五）粮食产业科技支撑的未来趋势分析

1. 运用大数据和人工智能技术提高粮食生产效率

随着大数据和人工智能产业的高速发展，农业科技领会迎来更多科技创新。通过收集、整合、分析、存储和运用大数据，农业生产和管理将会变得更加智能和高效。精准农业可以基于大数据和精细化农业技术，通过对土壤、作物、气象环境等数据的收集分析，对农业生产进行精准管理。例如，通过大数据分析，可以模拟作物的生长状况和病虫害等，从而制定合理的施肥方式和防治方法，有效提高作物品质和产量，提高生产效率。人工智能技术同时可以实现农业机械自动化，可以根据机器学习算法，对农机进行完善和优化，实现农作物的高效播种、管理和收割，从而提高农业生产的效率，降低成本的投入。

2. 发展绿色高效、低碳新型现代加工技术，寻求新的食品资源

要从根本上保障国家粮食安全，满足现代食品工业的发展和人民日益增长的物质需求，寻求新的食品资源、开发食品新材料势在必行。发展低碳干燥及智能干燥技术、高效冷冻技术、绿色提取技术、高效保鲜与杀菌技术；提升生物高效转化技术（如多酶耦连、细胞合成、可控降解、靶向设计改性）及组分重组技术（如超微粉碎、高水分挤压、纳米包埋、分子自组装等）；开发生物标志物靶向食品、3D打印食品技术；以专业化、大型化、成套化、智能化、绿色环保、安全卫生、节能减排为导向，发展高效节能降耗的食品加工装备，实现食品智能制造。

3. 利用现代科技在更大空间向更广阔的领域拓展食物来源

生物科技、生物产业是新一轮科技革命的主要方向，在保障食物供给方面前景广阔。未来食物资源拓展将主要依托科技开发新型食品生产方式和食物新资源。基于科技创新的植物工厂、藻类工厂、细胞工厂、微生物工厂、人工合成等新型食物生产方式将会迅速发展，高效生产粮食、功能性营养素等食品和组分。可以预期利用合成生物学技术，创建细胞工厂，建立高效、环保且可持续发展的人造农产品生产技术和工艺是解决未来农产品供应缺口、减少对国外农产品的依赖、开创绿色新农业、革新农产品生产加工的必经之路。

挖掘自然界未被利用的新资源也是未来获取更多食物的有效途径。例如，全球可食

昆虫种类超过3 000种，富含蛋白质、脂肪、矿物质、维生素，且易为人体所吸收，营养价值高，是优质的蛋白质和能量的来源，还具有抗凝血、溶解血栓、增加血流量、改善微循环等特殊作用。同时，与传统肉类生产相比，昆虫的饲料转化率高，排放的温室气体相对较少，产生的氨气也很少，对土地和水的需求也少。作为未来食物和饲料的蛋白质来源，昆虫的生长过程生态友好，对地球环境造成的影响远远小于传统养殖。此外，全球有180多种可食花被用于日常饮食。对昆虫、可食花等食物新资源的挖掘和利用将从源头上提高食品原料的多元化和可持续性，保障食物供给。

总的来说，探索"未来食物"是落实粮食安全的重要途径之一，有利于缓解资源与环境压力、推动可持续发展、保障国家食物安全、促进居民营养健康。未来食物的发展取决于科技，这涉及大数据、云计算、物联网、人工智能、区块链、基因编辑等多学科的深度交叉融合，要求从单一生产环节的创新转变为全产业链的链条式交叉融合创新。同时，也要加强对"未来食物"的安全评估和监管体系建设，加大对"未来食物"的宣传和教育，引导消费者认可和接受"未来食物"。

四、极端情况下中国科技支撑粮食的潜力

（一）极端情况对中国粮食安全的影响分析

1. 战争会导致我国粮食安全风险加剧

我国是粮食进口大国（图2-1-14），而粮食是战争时期的重要战略物资，因此，如发生战争必然会给我国粮食安全造成冲击。国家统计局数据显示，2021年中国粮食进口总量16 449万吨，占我国粮食总产量的24%左右，按国际公认的400千克粮食安全线计算，进口量相当于4亿人一年的粮食占有量，其中大豆年进口量9 647万吨，位居首位，其次是玉米，年进口量2 835万吨，进口的稻谷与小麦多以高品质为主，此外食用油和食糖也需要进口来满足需求。但国际环境不稳定因素较多，粮食安全和营养安全面临的外界风险加剧。

（1）局部战争爆发会导致粮食进口渠道受阻

我国粮食进口品种和进口来源高度集中，导致粮食进口方式和进口路径相对固定，主要依赖长距离的海洋运输，就总量而言，2020年我国粮食海运进口量多达1.3亿吨，占国内粮食进口总量的90%以上。从运输路线来看，部分粮食品种进口的海运路线相对固定和单一，且大多需要途经国际海洋运输的一些关键咽喉要道。

以大豆为例，我国最主要的进口国是美国和巴西。其中，美国进入中国的大豆运输路线有两条，一条为美国北部地区的大豆通过卡车和火车运到美西港口，再穿过太平洋海运到我国；而另一条为五大湖及附近地区的大豆通过密西西比河的驳船运输到美湾港口，再经巴拿马运河穿过太平洋海运往我国。巴西进入中国的大豆运输路线主要是先用汽车运往沿海的里约热内卢港、桑托斯港、南圣弗朗西斯科港等港口，海运通过好望角或巴拿马运河进入印度洋或太平洋，然后运往我国。在这些运输路线上，主要有巴拿马

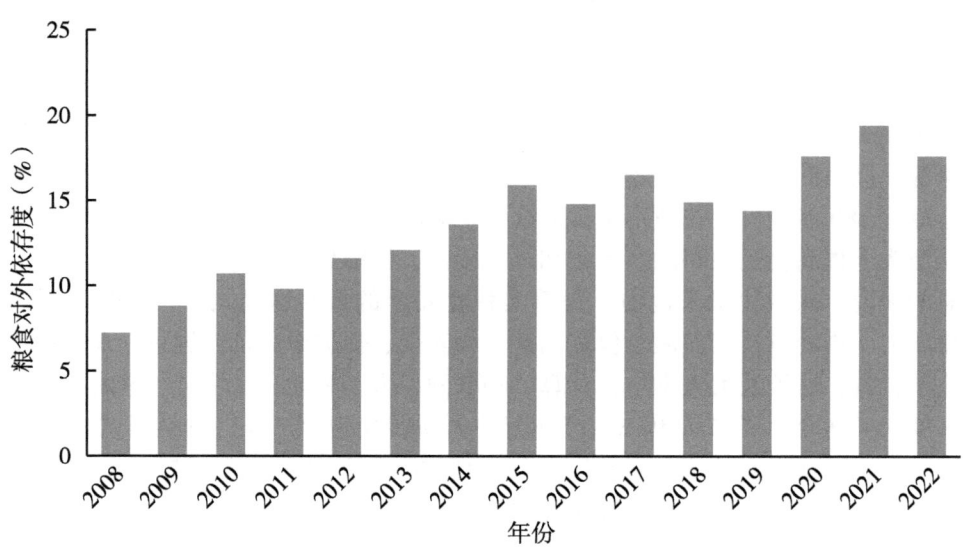

图 2-1-14　中国粮食对外依存度

（数据来源：美尔雅期货）

运河和马六甲海峡两个关键咽喉要道。目前途经巴拿马运河运往我国的进口大豆份额由2010年的30%减少到2020年的26%，穿越马六甲海峡进入我国的大豆占比由53%上升到65%。近几年来，乌克兰在我国玉米进口方面的重要作用日益凸显，该国的玉米主要从产粮区通过铁路运输到黑海北岸的敖德萨港，再经土耳其海峡、苏伊士运河、马六甲海峡辗转到我国。总体上，在我国通过海运进口的粮食中有43%需要途经马六甲海峡，7%需要跨越土耳其海峡，经苏伊士运河、霍尔木兹海峡等。我国大豆主要依赖于进口，如果大豆进口路线受阻，不仅会对我国畜牧业和下游植物油生产与供应产生严重的负面影响，同时也将严重影响到我国口粮的安全。

2022年3月，由于俄乌冲突的发生，双方都宣布暂停出口粮食和化肥等产品。全球三大黑土分布区中，乌克兰黑土面积独占40%，是全球主要农业生产国和出口国，素有"欧洲粮仓"之美称。根据联合国贸易统计数据库数据显示，俄罗斯和乌克兰是许多重要谷物和油籽的出口大国，小麦、大麦、葵花籽和玉米的出口量均居全球前五名。其中，俄罗斯是世界上最大的小麦出口国，乌克兰则位居第五。两国合计占全球大麦供应的19%、小麦供应的14%和玉米供应的4%，占全球谷物出口量的1/3以上。两国还是葵花籽油的重要出口国，乌克兰葵花籽油出口占全球市场的49.6%，俄罗斯则占23.1%。而世界第一大粮食出口国美国的主要出口货物是大豆和玉米，严重依赖进口俄乌两国粮食。

俄乌冲突从短期看，会推高市场价格；从长期看，会影响农业生产，对下一季农产品供给产生影响。因此，在外部战争发生时，对运输路线的安全保障尤为重要。

（2）地缘战争爆发会导致粮食生产、运输受阻

我国粮食现状为"北粮南运"，从区域看，粮食主产区是保障粮食安全的中坚，主销区的粮食主要由主产区供应，一旦我国粮食主产区如东北三省和河北等地粮食生产受

阻或者运输受阻，主销区如北京、浙江、上海、广州等地将受到严重冲击。一方面，口粮受到威胁；另一方面，下游生产原料不足。

例如，中国如果发生地缘战争，中国的粮食供应将面临巨大的挑战。东北地区、华北地区、长江中下游地区作为中国三大粮食主产区，冲突一旦爆发，首先会摧毁农田，阻断粮食生产和供应，不仅面临粮食短缺问题，同时也会导致下游生产的原材料不足。

此外，战争时期，交通运输是战争胜负的重要因素之一。交通运输是提供我国各地人民农产品物资所需的巨大后勤保障。战争毁坏交通运输的影响主要表现在以下两个方面：一方面是粮食供应中断或延误。战争可能导致破坏农田、破坏交通运输、破坏农田灌溉系统等，从而导致粮食产量下降或绝产，供应中断；此外，战争可能导致交通运输中断，从而导致粮食无法及时运输到目的地。另一方面是粮食价格上涨。战争可能导致粮食产量降低或者供应中断，均会导致粮食价格上涨。

2. 战争能带来的"新机会"

(1) 寻求多元化的国际贸易合作伙伴，保障进口粮食安全

粮食进口是保障国内粮食稳定供应的重要渠道。在国际粮食贸易受到地区冲突、贸易保护主义等各种因素干扰的情况下，我国不断深化与世界各国的粮食合作，推动进口来源渠道多元化和品种多元化，确保粮食进口稳定性，以应对国际粮食贸易环境的不确定性。为了分散粮食进口来源高度集中带来的市场风险，我国多年来致力于构建粮食进口多元化格局，与140多个国家和地区建立全方位、多层次的粮食合作关系，不断拓展粮食进口渠道，增加粮食进口品种，粮食进口规模不断扩大，粮食进口量连续多年保持在1.4亿吨以上，充分满足国内日益增长的消费升级需求。

粮食进口多元化包括渠道多元化和品种多元化。渠道方面，大豆进口来源地从高度集中于美国发展到巴西、美国、阿根廷、俄罗斯等多个国家；玉米进口来源地从高度集中于美国发展到美国、乌克兰，再到巴西、南非、缅甸等多个国家；小麦进口来源地包括澳大利亚、加拿大、法国、美国、俄罗斯、哈萨克斯坦，未来俄罗斯将成为我国小麦的重要进口来源地；大米进口来源地包括越南、泰国、缅甸、印度、巴基斯坦等多个国家。品种方面，我国粮食"购物车"里的品种更加丰富多元，除了大豆、玉米、小麦、大米、高粱、大麦、木薯等原粮外，还包括肉类、油脂油料，以及乳制品、啤酒麦芽、进口酒、清洁能源等粮油制成品。

(2) 快速发展我国非粮食产业，保障食物自给

俄罗斯与乌克兰的粮食禁售措施给我国又敲响了一次警钟。如果敌对方是中国的粮食进口国，特别是份额较大的进口国，在极端情况发生时它会直接切断对中国的粮食出口。这样，对中国的粮食安全、民生和经济会造成很大影响。美国目前是中国最大的粮食进口国，如果与美国之间发生战争，美国仅采用切断粮食对中国出口的措施，就会对中国产生很大的不良影响。因此，加快我国非粮产业的发展，保障食物自给是我国势在必行的举措。

果蔬菜茶等非粮食作物、肉蛋奶等动物产品与食用菌等微生物产品都是构成中国饭碗"粮食安全"的重要内容，要立足整个国土资源空间，向森林要食物，向江河湖海要食物，向设施农业要食物，全方位、多途径开发食物资源，构建多元化的食物供给体

系。秉持"少耗粮"与"多产优质肉、蛋、奶"并重的原则,优化调整畜牧业品种结构,重视发展节粮型畜牧业,加大水产、禽类占比。

(二)极端情况下科技赋能粮食领域潜力巨大

极端条件下(如战争的发生),我国粮食供应链将受到影响,如玉米、大豆、植物油、豆粕等进口以及国内粮食运输等将受到影响。因此,在极端条件下保障粮食安全,可从以下几个方面采取措施来填补食物缺口。

1. 突破农业生产关键核心技术,提高农田生产力

在极端条件下保障最低粮食供应水平,首先要保口粮。在我国耕地面积存量与增量均有限的前提下,需要通过种业科技创新、优化种植结构和提高耕作栽培水平来提升粮食单产和综合生产效率,进而稳定粮食总产量。全国现有耕地面积为19.14亿亩,划定了17.64亿亩的粮食生产功能区和重要农产品生产保护区,建成了10亿亩高标准农田,农业科技进步贡献率达到61%,粮食作物良种基本实现全覆盖。

得益于科技进步对单产水平的提升,未来10年,中国粮食综合生产能力将不断提高,播种面积稳中略增,种植结构持续优化,粮食产能稳步提升。粮食播种面积将年均增长0.3%;单产将年均增长0.9%,是粮食增产的主要贡献因素,2032年粮食单产将达到423千克/亩。粮食产量稳步增长,预计到2032年粮食产量将达到7.67亿吨,年均增长1.2%。稻谷生产将维持稳定态势,播种面积稳中略降,单产水平稳步提高,预计2032年产量稳定在21 000万吨左右。小麦播种面积呈稳中略降趋势,随着小麦单产提高,产量稳步增长,2032年将达14 390万吨,年均增长0.5%。玉米播种面积先增后稳,预计2032年达到65 905万亩;随着玉米单产提升工程实施,预计单产将保持1.7%的年均增长速度;产量将稳步提升至32 869万吨,年均增长2.0%。大豆播种面积将逐年增加,预计2032年将达到2.01亿亩,生物育种及其产业化有力推进,单产预计年均增长3.4%,总产年均增长7.0%,至2032年将达到3 675万吨。马铃薯种植面积将呈增长态势,预计2032年为9 169万亩,年均增长0.9%;随着育种研发能力增强和关键核心技术加快推广,中国马铃薯单产水平将不断提高,预计2032年达到1 335千克/亩,年均增长1.1%。

此外,随着自然灾害的不断增多,其对农业生产的影响也越来越大。为了让农业和农民能够更好地应对重大灾害,必须加强农业科技的研究和应用,探索科技应对灾害的有效途径(表2-1-3)。

表2-1-3 农业科技创新在抗击自然灾害中的作用

技术	作用
抗灾性(耐旱、耐寒、抗病虫害等)作物品种培育和推广	提高作物抗逆性
遥感技术、节水灌溉技术、增产稳产气候智慧型种植技术等农业生产抗逆技术和模式的创新	提高农业生产适应性

（续表）

技术	作用
自然灾害监测和预防系统的建立和应用	提高农业生产的防灾能力
培养新型农民掌握防灾知识和技能	提高农民抗灾的自救和互救能力

2. 提高加工效能，实现粮食增产

通过全谷物加工技术开发和推广，设备升级改造等形式，采用全麦粉生产工艺，全谷物加工出粉率可达95%以上，与目前的小麦加工出粉率75%相比，如果能将50%的小麦转为全谷物加工，面粉产量将提高1 369.5万吨，相当于小麦增产10%。

3. 加大粮食资源替代性

当进口玉米、大豆被切断后，作为食物，可选用大米、木薯、米糠、大麦和高粱来替代玉米；作为生产原料，棉籽粕、花生粕、棕榈粕、菜籽粕、葵花粕、玉米酒糟、亚麻粕、核桃仁粕、葡萄籽粕、芝麻籽粕和玉米加工副产品是取代豆粕的不错选择。棉籽粕是棉籽提取油后形成的一种副产物。棉籽粕含有大约40%的粗蛋白，消化率处于中等水平，其主要的抗营养因子是棉酚，与蛋鸡相比，肉鸡能够耐受更高水平的棉酚；花生粕被认为是单胃动物的一种开胃饲料原料，主要是其中残留了一定量的花生油（约1%）。花生粕含50%的粗蛋白质，且蛋白质的消化率较高，同时也含有一些抗营养因子（主要抑制胰蛋白酶活性），这与豆粕相类似。棕榈仁粕的粗蛋白质含量虽然不高（16%~20%），但它依旧是一种目前很受欢迎的饲料原料，因为它可以显著降低畜牧养殖的生产成本。棕榈粕在许多方面可以与玉米麸相媲美。可选用棕榈仁粕按1:1比例替代部分玉米或者麸皮作为反刍动物（如牛、羊、马、鹿等）以及畜禽（如猪、鸡、鸭等）的饲料原料。棕榈仁粕无副作用，且粗脂肪含量较高，在具体使用中可将其归为能量饲料，其含有丰富的矿物质（如磷、铜、锌、锰），而且是极佳的油脂来源，并含有适于瘤胃消化的纤维，可改善乳脂含量或用于育肥。

2021年我国薯类产量约3 045万吨，按照5千克鲜薯折1千克粮食计算，折合年生产粮食609万吨。若将薯类主食化生产技术推广，将50%的薯类进行主粮化加工，相当于增加粮食产量304.5万吨，占2021年稻米产量的1.4%、小麦产量的2.2%、玉米产量的1.1%（表2-1-4）。如以马铃薯、番薯等鲜薯为主料，通过薯类高值化利用技术，深加工为薯类非油炸方便面、方便粉丝、方便米粉、方便火锅等薯类方便食品，鲜薯利用率可达100%，薯类方便食品膳食纤维达5.05%。此外，薯类茎、叶以及加工副产物资源量大、富含营养物质，利用其部分替代动物饲料中的谷物原料，既可实现其资源化利用，又可减少养殖动物对谷物原料的大量需求，是缓解目前人畜争粮问题的可行途径（刘洋等，2023）。例如，在饲粮中添加15%~25%马铃薯渣替代部分玉米，不影响奶牛的产奶量（李伟等，2016）；饲粮中添加20%的发酵马铃薯茎叶不影响奶牛的产奶量、乳蛋白率和乳脂率（韦科龙等，2020）；饲粮添加10%的青贮马铃薯渣，可改善肉鸡的平均日增重，增加脂肪沉积，改善肉品质（张伟伟等，2011）。

表 2-1-4 2021 年全国 50%薯类进行深加工后替代的粮食产量

薯类产量（万吨）	薯类折合粮食产量（万吨）	稻米产量（万吨）	小麦产量（万吨）	玉米产量（万吨）	50%薯类主粮化加工			
					增加粮食产量（万吨）	占稻米产量比例（%）	占小麦产量比例（%）	占玉米产量比例（%）
3 045	609	21 284	13 695	27 255	304.5	1.4	2.2	1.1

我国核桃、大枣、柿子、板栗、山杏等森林粮食栽培面积大约 300 万公顷，总产量达 170 万吨；我国橡子年储量多达 90 万吨，相当于近 100 万亩玉米良田的淀粉产量。在极端情况下，以上森林粮食可直接食用或加工成面粉，且民间一直也有食用橡子的习惯，通过提质增量，具有较好的应急转化潜力。

4. 利用合成生物技术，生产"未来食物"

利用合成生物学、脑科学、物联网、机器人、人工智能、3D 打印、细胞培养、基因编辑、智能制造等颠覆性前沿技术，生产加工更健康、更安全、更营养、更美味、更高效、更可持续的"未来食物"，在极端情况下可用来保障我国粮食安全和营养安全。例如，多种技术的有效结合和应用能够制造出合成食品，如人造鸡蛋、人造牛腿、人造牛里脊、人造牛肝、人造牛筋等。英国已把合成牛肉食品推广到市场，用于制作合成"牛肉"汉堡包和冻"牛肉"馅。

"未来食物"的诞生，有助于帮助和保护农作物及畜牧生产，其在提高农业生产力、改良农作物及畜禽品质、降低生产成本、减少化肥农药施用以及实现可持续发展等方面的潜力日益凸显。

5. 加强应急物流协调，储备应急食品

突发事件频繁发生给食物应急保障带来了挑战，提高政府应急治理能力成为当今时代的重大课题。2021 年 11 月，商务部发文，鼓励"家庭根据需要储存一定数量的生活必需品，满足日常生活需要和突发情况的需要"。中共中央全面深化改革委员会第二十一次会议明确提出要统筹解决好"储什么""谁来储""怎么储"的问题，把优化物资储备品类和结构作为国家储备实力和应急能力体系构建的重要内容。考虑到突发事件场景的复杂性，食物应急保障不仅要考虑食物应急物流方面，而且要考虑受灾人群基本的营养需要，还应该考虑到食物的食用特性。

在极端情况下，罐装食物（罐装面包、罐装肉、罐装水果、罐装蔬菜等）、肉干、脱水果蔬（水果干、菌干、干果等）、压缩饼干、即食饭等一系列应急食物是一种即时、营养丰富、保质期长且易存储的不错选择，同时强化应急物流各环节，包括储备、调度、分发、信息跟踪等，即可保障极端情况下社会食品物资的供应。

五、政策建议

与传统粮食安全观相比，大食物观在强调主粮消费和数量安全的基础上，更加关注居民食物的多样化和健康属性，打破了"食物主要来源于耕地"的传统农业思维模式，提倡食物资源的多样化，更加注重生态环境保护与资源可持续利用。大食物观体现了我国农业发展目标从侧重粮食安全向粮食安全、营养健康、"双碳"目标、产业链韧性、共同富裕多元目标的转变。大食物观为多途径开发食物资源、实现食物供给来源的多元化指明了方向。践行大食物观要从国家层面、科技建设层面和产业层面3个维度打好组合拳，其中，国家政策导向是前提，科技创新是关键，全产业链韧性强是出口。科技支撑粮食领域大食物观主粮是根本核心，粗粮是未来发展方向，副粮是多样化补充，逐步形成以空间优化、资源节约、环境友好、生态提升为基本路径，以粮食安全、绿色供给、减灾防灾、农民增收为基本任务，以制度创新、政策创新、科技创新、服务创新为基本动力，以农民主体、市场主导、政府监管、大众参与为基本遵循的中国式农业现代化发展道路。

（一）国家层面

1. 加快大食物观立法进程，保障粮食安全优先级

一方面，确保我国大食物观的战略定位与重视程度。仓廪实，天下安。当前和今后一个时期，保障粮食安全面临的资源环境约束仍然严峻，外部环境依然复杂，仍须认真实施国家粮食安全和大食物观战略，明确底线任务，将构建大食物观供给体系作为建设农业强国的首要目标，保障解决粮食和主要农产品自给问题的优先地位。另一方面，加强依法治粮、依法管粮。目前，我国涉及大食物观和粮食安全的法条散见于《中华人民共和国农业法》《中华人民共和国国家安全法》等法律中，但这些法条规定零散、不成体系；此外，还有《粮食流通管理条例》《中央储备粮管理条例》《粮食质量安全监管办法》等专门的行政法规。2018年，《中华人民共和国粮食安全保障法》正式启动立法工作，粮食安全立法已具备现实基础和经验积累，立法条件已经趋于成熟，大食物观方面目前还尚无相关立法，应进一步加快大食物观和粮食安全法立法进程，完善围绕粮食供求平衡、价格稳定、质量安全等方面的法律法规。

2. 优化粮食产区区域布局，调整食物生产和消费结构

一方面，持续优化粮食区域结构和布局。按照比较优势的原则加快粮食生产功能区和重要农产品生产保护区建设，加快建设高标准农田和农田水利等基础设施；加强对粮食主产区的资源保护、物质装备、科技支撑、生产经营、加工转化和市场调控等政策支持；建立健全主产区奖励制度和产销区之间的利益平衡机制，优化区域布局和要素组合，促进农业结构调整。同时，要充分利用南方地区光、热、水条件，大力发展小型农业机械技术，协调丘陵山区生产、生活、生态空间布局，因地制宜推动南方特色农业，发展适合南方丘陵山区现代农业，分类推进撂荒耕地利用，增加南方地区食物供给，减轻北方地区食物供给负担。另一方面，不断丰富优化食物生产和消费结构。未来食物将逐步从"供给导向型"向"需求导向型"转变，以食物消费需求来调整食物生产供给，这就要求食物生产和消费要更加多样化，并注重以膳食多元化指导生产多元化。要做好居民食物消费数据收集和预测的基础性工作。在食物生产方面，要注重作物多样性，注

重杂粮、传统作物、饲料用粮的生产，保障肉类、蔬菜、水果、水产品等各类食物有效供给。在食物消费方面，我国食物人均消费量与总消费量的增长趋势还将持续较长的一段时间，其中口粮消费量将持续减少，全谷物类、禽类、水产品、奶类的消费将会明显增长。要通过宣传教育、经济刺激等政策来引导居民采取平衡的膳食模式，以实现居民营养和可持续发展的双赢。

（二）科技创新层面

1. 设计科技支撑粮食领域大食物观专项，实现科技自立自强

一方面，设计科技支撑粮食领域大食物观专项，提升科技创新能力。围绕粮食安全的战略研究、耕地到国土空间拓展的科技创新、非农业资源的拓展创新、食物品种生产方式的创新4个重点内容设计大食物观科技创新专项。突出"精简规模化、优质品牌化、资源高效化、生态绿色化和智慧精准化"技术发展方向，实现粮食生产融入粮食产业发展，全面提升粮食生产土地产出率、资源利用率和劳动生产率。另一方面，加强交叉学科科技创新，实现藏粮于技战略。根据我国耕地、林地、海洋、湖泊和草地资源现状，开发出新的食物资源与食物品种，促进生物育种科技创新发展，突破山水林田湖草沙不同场景下健康食物资源的挖掘利用技术，深度开发森林食物、草原食物、海洋食物、沙漠食物等食物资源，开发地域性与功能性食物资源，满足人民群众日益多元化的食物消费需求。同时，加快补齐相关技术和产业短板，推动食物生产方式的创新。

2. 面向前沿科技创新，生产更多的"未来食物"

一方面，加强颠覆性技术创新，保障粮食安全。为了满足人们对营养健康和多样化食物的需求，食物生产不能光盯着有限的耕地，要大力发展设施农业，以突破耕地资源的限制；要从耕地资源向全方位、多途径的食物资源拓展，要从传统农作物和畜禽资源向更丰富的生物资源拓展，要大力开发盐碱地、河湖、海洋、森林、草原等非耕地资源。特别是要研发未来人工合成食品开发技术，要注重利用合成生物学、脑科学、物联网、机器人、人工智能、3D打印、细胞培养、基因编辑、智能制造等颠覆性前沿技术，生产加工更健康、更安全、更营养、更美味、更高效、更可持续的"未来食物"。另一方面，以科技革命引领科技创新，延伸大食物渠道。目前，我国在细胞培养肉、人工合成淀粉、微生物生产蛋白质等方面已经开展了相关研究工作。面向未来，我国需要进一步加大研究力度，引领新一轮生物技术革命，持续提高粮食综合生产能力，建立稳产、高产、绿色和可持续的新型粮食生产体系，通过科技创新为我国粮食安全和生命健康作出贡献。

（三）产业层面

1. 打造系统高效的食物产业链发展模式，增强供应链韧性

确保粮食安全，不仅要注重粮食生产体系建设、提高粮食生产能力，还必须加强粮食供应链建设，持续增强粮食供应链的稳定性、安全性、抗逆性和协同性。一方面，构

建系统高效、"产购储加销"一体化的食物全产业链发展模式，积极推进粮食产业现代化。坚持"粮头食尾"和"农头工尾"，创新粮食生产经营方式，促进粮食生产提质增效。加快建设国家粮食安全产业带，大力实施建链、补链和强链工程，引导支持各类粮食加工企业向粮食产区集聚、向粮食产地下沉。创新深化粮食产销合作，优化完善粮食物流通道和重要节点，完善国家粮食应急预案，不断提高粮食应急保供能力，增强风险抵抗能力。另一方面，积极参与粮食贸易国际治理体系建设。面对外界风险加剧、粮食进口不稳定性增加等挑战，应加强与世界各国及国际机构的沟通，深化粮食贸易合作，积极创造稳定的国际粮食生产、贸易环境，建立应对国际突发事件响应与预案机制。同时，逐渐增长的粮食进口需求对稳定的国际进口粮源和畅通的国际流通渠道提出更高要求，也需要积极参与国际粮食贸易治理体系建设。同时，拓宽农产品进口新渠道，实行进口来源国多样化战略。

2. 拓宽大农业和食物系统全产业链内涵

一方面，拓宽产业融合之路，促进农业提质增效。要构建强大农业产业链，提升专业农户合作化水平以及规模化服务水平，促进涉农企业做大做强。要把产地做优，把物流加工做强，把消费做细做精，同时，使生产端更加专业化、特色化，消费端更加社区化、便捷化，促进农业产业链提质增效。充分发挥电商平台的优势，挖掘平台上积累的各类数据，以进一步应用到农业生产领域，催生新的农业生产模式，进一步增强农业产业链韧性，提升产业链价值。另一方面，改善小农和弱势群体在农业食物系统价值链中的地位。联合国粮食及农业组织（FAO）估计，中国在 2020 年健康膳食的成本是 2.983 美元/（天·人），2020 年大约有 12% 的人（1.687 亿人）无法承担健康膳食成本（FAO et al.，2022）。要注重培育职业农民、高素质农民、家庭农场等新型农业经营主体，同时也要注意保护小农和弱势群体的利益，增加弱势群体在农业食物系统价值链中的收益，既有利于生产更多样的食物，也有利于居民整体的营养健康提升。

报告主要研究人员：白伟、赵凤艳、张哲、蔡倩、张诗雨（辽宁省农业科学院）

参考文献

李伟，刘学良，郭春晖，等，2016. 马铃薯糟渣饲料部分替代玉米对奶牛产奶量的影响 [J]. 黑龙江畜牧兽医（24）：72-74.

刘洋，余祖功，孔祥峰，2023. 薯类加工副产物饲料化应用研究进展 [J]. 饲料工业，44（7）：87-93.

农业农村部市场预警专家委员会，2022. 中国农业展望报告（2022—2031）[M]. 北京：中国农业科学技术出版社.

邵馨漾，2023. 我国粮食产量影响因素及对策研究 [J]. 食品安全导刊（7）：22-24.

韦科龙，黄加祥，卢瑛，等，2020. 微生物发酵马铃薯饲料部分代替精饲料对水牛生长发育血液生化指标及经济效益的影响[J]. 安徽农业科学, 48（20）: 92-94.

杨翠红, 林康, 高翔, 等, 2022. "十四五"时期我国粮食生产的发展态势及风险分析[J]. 中国科学院院刊, 37（8）: 1088-1098.

张伟伟, 邵淑丽, 徐兴军, 2011. 马铃薯渣发酵饲料饲喂肉鸡效果的研究[J]. 中国家禽, 33（16）: 64-65.

FAO, IFAD, UNICEF, et al., 2022. The state of food security and nutrition in the world 2022[M]. Rome：FAO.

专题报告二 大食物观背景下科技支撑畜禽领域潜力趋势

一、畜禽食物的内涵

在大食物观理念下,食物资源的来源必然是全方位、多途径的,其底层逻辑在于"三物农业"与人之间的关系,即植物、动物、微生物与人四者间的资源循环闭环。因此,从资源的大类来源来分,可分为植物性食物资源、动物性食物资源和微生物性食物资源。肉、蛋和奶制品是畜禽食品资源的重要来源,在人类饮食中起着不可或缺的作用,提供了丰富的营养和能量。肉类指的是牛肉、猪肉、羊肉、家禽肉等来自多种动物的可食用组织,这些肉类富含高质量的蛋白质、脂肪、维生素和矿物质,是人体获得必需营养的主要来源之一。蛋类是一种重要的畜禽产品,主要包括鸡蛋、鸭蛋和鹅蛋等,广泛应用于烹饪和食品加工中,营养丰富,符合人体需求。奶制品是畜禽食品的另一重要组成部分,富含蛋白质、脂肪、钙和维生素等营养成分,被广泛应用于液体饮料、乳制品和烘焙产品等食品领域。

总之,大食物观畜禽领域所涉及的食物主要包括肉类、蛋类和奶类产品,在人类饮食中起着不可或缺的作用,对人体健康和维持生命活动具有重要意义。同时,需要明确的是,大食物观的内涵还包括观念的引导和建立,如新型食物资源观、新型食物安全观、新型食物消费观、新型食物生产观、新型食物营养观和健康管理理念等。

二、中国畜禽食物供需结构、潜力和趋势

(一)近 30 年中国畜禽食物供需结构变化特征

1. 畜禽食物人均消费量逐年增加

我国乳制品、禽肉和蛋类消费增长速度较快,其次是牛羊肉,猪肉已趋于稳定。肉类消费以猪肉为主,但是猪肉占比逐年下降,乳制品、禽肉、牛羊肉占比显著提升。

中国是全球最大的肉类消费市场,我国肉类消费量逐年增长,持续稳居世界第一。我国肉类消费以猪肉为主,禽类、牛羊肉等作为重要补充。2015 年以后,人均消费肉、蛋、奶的比例逐渐均衡,说明居民越来越注重平衡膳食营养的重要性(图 2-2-1)。

2017—2023年，我国禽类消费占比从22%升至26%，成为越来越多注重饮食健康者的选择（图2-2-2）。随着中国消费者收入水平的增加，牛羊肉消费的比例也进一步提升。调查结果显示，20%的中国消费者有增加牛羊肉消费的意愿，净增加值明显高于猪肉（6%）和禽肉（1%）。蛋类消费趋势长期以来趋于稳定增长。2023年，我国人均乳制品消费量较1980年增长了约15倍，达到了16.2千克（表2-2-1）。特别是2018年之后，随着奶业振兴政策出台，我国乳制品消费迎来一次较快增长，2018—2023年的年均增长率达到4.9%（崔海军，2021；刘科，2023；龙文进，2023）。

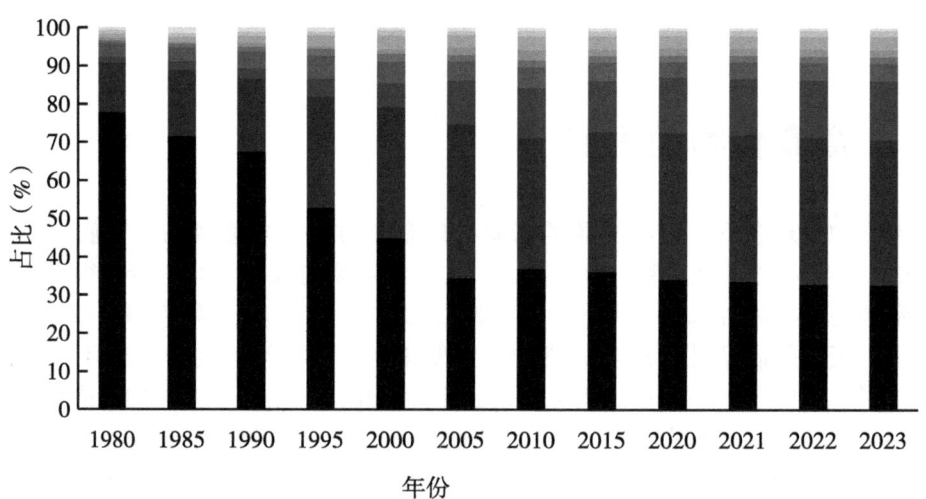

图2-2-1　1980—2023中国居民人均主要食物消费占比变化趋势

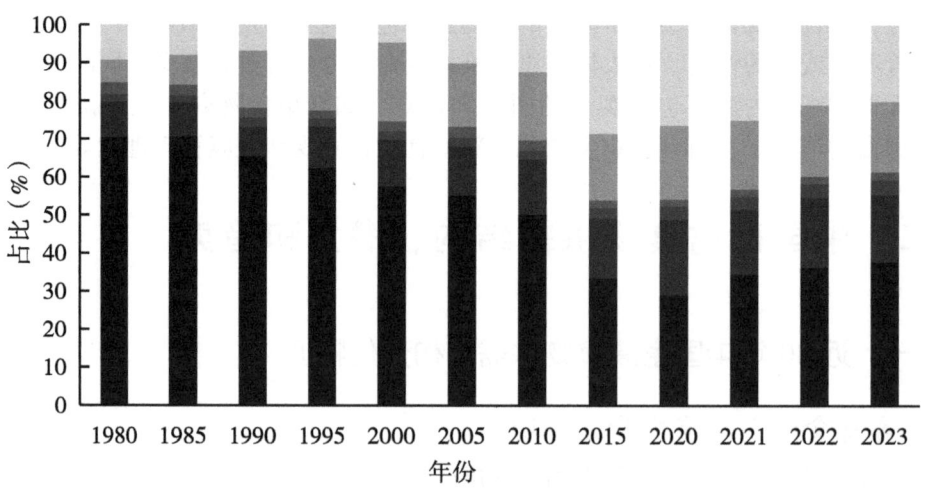

图2-2-2　1980—2023中国居民人均肉蛋奶消费变化趋势
（数据来源：国家统计局历年"中国统计年鉴"）

表 2-2-1　全国居民人均肉蛋奶消费量

年份	人均消费量（千克）					
	猪肉	禽肉	牛肉	羊肉	蛋类	乳制品
1980	7.8	1.0	0.2	0.3	0.7	1.0
1985	9.3	1.2	0.2	0.4	1.0	1.1
1990	10.5	1.3	0.4	0.4	2.4	1.1
1995	10.6	1.8	0.4	0.4	3.2	0.6
2000	13.3	2.8	0.5	0.6	4.8	1.1
2005	15.6	3.7	0.6	0.8	4.7	2.9
2010	14.4	4.2	0.6	0.8	5.1	3.6
2015	20.7	9.4	2.4	1.5	10.5	17.1
2020	19.0	13.0	3.1	1.4	13.5	17.3
2021	25.1	12.3	3.2	1.6	13.4	18.2
2022	26.1	13.2	2.6	1.5	13.1	15.1
2023	30.5	14.2	3.1	1.7	15.0	16.2

数据来源：1981—2024 年"中国统计年鉴"、FAO 食物平衡表、《中国农业展望报告（2020—2029）》《中国农业展望报告（2021—2030）》《中国农业展望报告（2022—2031）》。

改革开放 40 余年来，我国畜禽食物产量与消费量年度变化呈现逐年上升趋势（图 2-2-3）。虽然期间受到非洲猪瘟、禽流感、新冠疫情等的影响，但随着我国居民消费水平的不断提高，畜禽食物产量与消费量还是逐年攀升（李国祥，2022；周勋章等，2023）。2023 年，我国猪肉的消费量 5 900 多万吨，人均消费量约为 30.5 千克，其中本土生产量约 5 794 万吨，是世界猪肉产量最大的国家，占全世界猪肉总产量的 50%（石守定，2021；张红等，2021；石自忠和胡向东，2022）；禽类的消费量约 1 748 万吨，其中本土产量约 2 563 万吨，人均消费量约为 14.2 千克，产量世界第二（辛翔飞等，2024）；牛肉的消费量约 1 027 万吨，人均消费量约为 3.1 千克，其中本土产量约 753 万吨，产量世界第三（马晓科，2022；王楚婷等，2020；陈来华等，2022）；羊肉的消费量约 574 万吨，人均消费量约为 1.7 千克，其中本土产量约 531 万吨，产量世界第一（樊慧丽和付文阁，2020）；禽蛋类的消费量约 3 500 万吨，人均消费量约为 15 千克，其中本土产量约 3 563 万吨，产量世界第二（陈若晨等，2024）；乳制品的消费量约 6 098 万吨，人均消费量约为 16.2 千克，其中本土产量约 4 197 万吨（孙田田等，2023）。

中国畜禽产品产量（包含肉类、禽蛋和乳制品）和出栏量均呈现不断增长的趋势，生产结构变化明显，规模化养殖程度不断加深。肉类在畜产品中的比例不断下降，乳制品产量在畜产品中的比例不断提高。从肉类生产结构来看，其在过去 40 年发生了较大变化，主要表现为猪肉比例大幅下降（朱增勇，2022），禽肉和牛肉比重明显上升，羊肉比重基本保持稳定。由于人均收入的增加和城市化的不断推进，中国居民的饮食和营养结构正在发生较大变化，即从低能量的谷物和蔬菜向高能量的肉类和乳制品转变。统计数据表明，1985—2023 年城乡居民的人均畜产品需求量则呈不断增加的趋势（图 2-

2-3），中国畜产品消费量的广度和深度均不断扩张（龙文进和樊胜根，2023）。

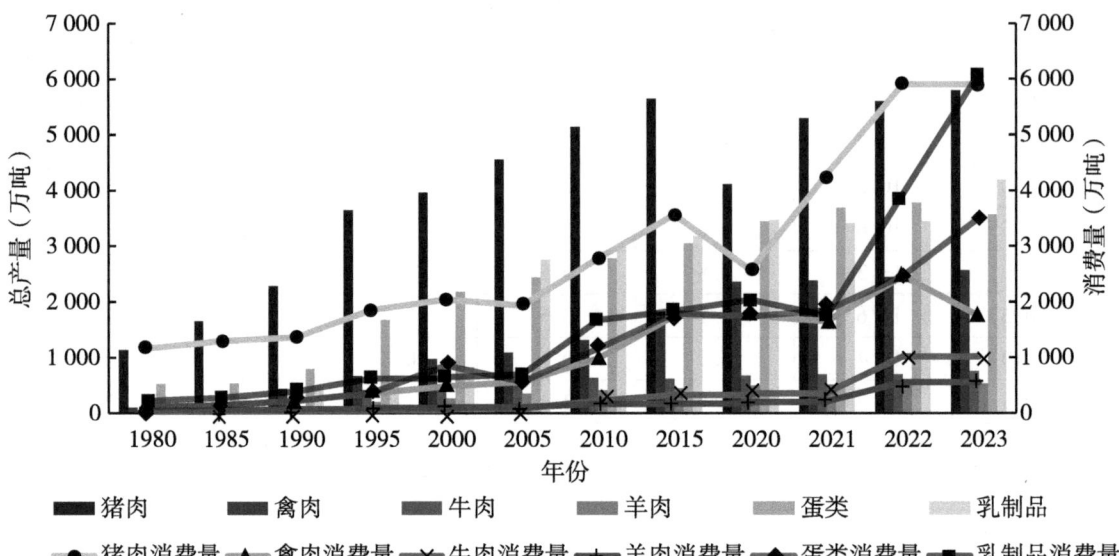

图 2-2-3　1980—2022 中国畜禽食物产量与消费量年度变化趋势
（数据来源：1981—2024 年"中国统计年鉴"）

2. 畜禽食物供给量大幅提升

肉类供给量稳步增长，蛋类供给量大幅提升，奶类供给量增速最快。我国人口快速增长导致人均供给量增速明显低于总供给量，个别食物种类在个别年份甚至出现暂时下降，但总体供给数量大幅上升。

据国家统计局数据，1980—2023 年我国肉蛋奶等动物性食物总产量持续增加。2021 年肉、蛋、奶产量分别达到 8 005.5 万吨、3 408.8 万吨、3 682.7 万吨，比 1980 年分别增长了 5.1 倍、11.2 倍、31.3 倍，其中乳制品增速最快，增长了 30 倍以上。动物性食物人均产量大幅增长，其中，2000—2021 年增长最为迅速（刘科和黄博琛，2023）。动物性食物人均产量由 1980 年的 24.7 千克增加至 2021 年的 161.2 千克，增长了 6.3 倍。其中，肉类由 1980 年的 14.5 千克增加至 2021 年的 62.9 千克，增长 3.3 倍；蛋类由 1980 年的 2.8 千克增加至 2021 年的 24.1 千克，增长 7.6 倍；乳制品由 1980 年的 2.9 千克增加至 2021 年的 26.7 千克，增长 8.2 倍。从 2022 年开始，畜禽食物消费量增长价格走势相对温和，肉类供给量稳中有增，2022 年达 8 352 万吨，比 2021 年增长 0.04%（表 2-2-2）（熊学振等，2022）。

表 2-2-2　1980—2023 年中国肉蛋奶产量

年份	产量（万吨）					
	猪肉	禽肉	牛肉	羊肉	蛋类	乳制品
1980	1 134.1	108.0	26.9	44.4	280.0	114.1

(续表)

年份	产量（万吨）					
	猪肉	禽肉	牛肉	羊肉	蛋类	乳制品
1985	1 654.7	160.2	46.7	59.3	534.7	249.9
1990	2 281.1	322.9	125.6	106.8	794.6	415.7
1995	3 648.4	934.7	415.4	201.5	1 676.7	576.4
2000	4 031.4	985.2	532.8	274.0	2 182.0	827.4
2005	4 555.3	1 145.8	568.1	350.1	2 438.1	2 753.4
2010	5 138.4	1 275.4	629.1	406.0	2 776.9	3 038.9
2015	5 645.4	1 389.8	616.9	439.9	3 046.1	3 179.8
2020	4 113.3	1 486.0	672.4	492.3	3 467.8	3 440.1
2021	5 295.9	1 498.0	697.5	514.1	3 408.8	3 682.7
2022	5 541.0	1 568.0	718.0	525.0	3 580.0	3 932.0
2023	5 794.0	2 563.0	753.0	531.0	3 563.0	5 794.0

数据来源：1981—2024年"中国统计年鉴"、FAO食物平衡表、《中国农业展望报告（2020—2029）》《中国农业展望报告（2021—2030）》《中国农业展望报告（2022—2031）》。

2021年，肉、蛋、奶总供给量分别达到9 720.8万吨、3 398.8万吨、5 877.7万吨，较1980年分别增长7.2倍、11.0倍、49.2倍，人均供给量则分别由2021年的12.0千克、1.2千克、4.4千克增加至68.8千克、41.6千克、48.8千克。由此可见，各类食物供给总量40余年来均大幅上升，但由于这期间我国人口的快速增长，导致人均供给量增速明显低于总供给量，个别食物种类人均供给量在个别年份甚至出现暂时下降，尽管如此，肉蛋奶总体供给量呈现明显上升的态势（图2-2-4）。在供给数量大幅上升的同时，食物种类也更加丰富（张梅和郑伊佳，2023）。

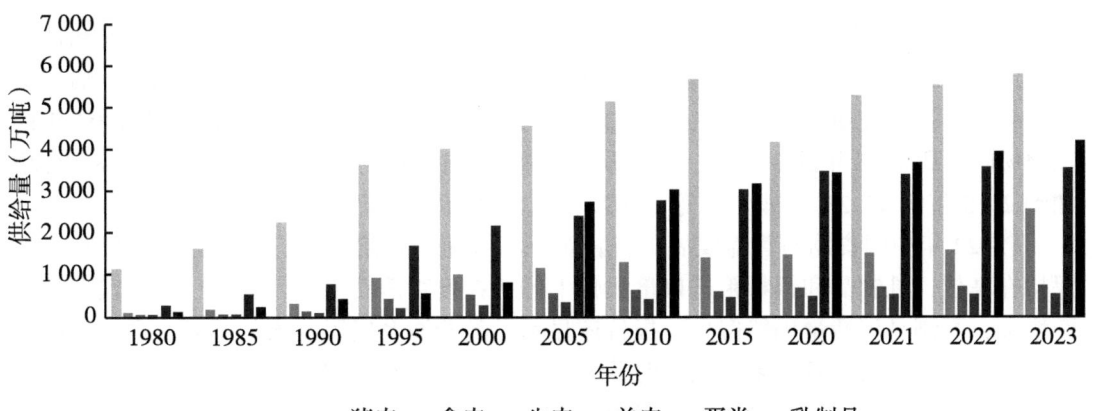

图 2-2-4　1980—2023年中国肉蛋奶年度供给量

（数据来源：1981—2024年"中国统计年鉴"）

与我国居民主要食物人均实际消费相比，各类食物供需比均大于1，其中乳制品从1980年的1.3∶1下降至2021年的1.1∶1，成为改革开放以来唯一不升反降的食物种类，显示乳制品需求增速快于供给。从主要食物国内生产量与实际消费来看，乳制品国内产量与实际消费之间的缺口持续扩大，产需比从1980年的3.2∶1降至2021年的0.7∶1；蛋类始终处于产需平衡状态（龙文进和樊胜根，2023）。

根据《中国居民膳食指南（2022）》我国主要食物年人均推荐摄入量，肉类为15.6~27.4千克，蛋类为15.6~18.2千克，乳制品为109.5~182.5千克。与之相比，肉类人均供给量（生产量），1980年尚低于膳食推荐量下限，1985年则已达到该标准，1995—2000年超过膳食推荐量上限，二者之比从1995年的1.7∶1（1.6∶1）上升至2000年的2.5∶1（2.3∶1）；蛋类人均供给量（生产量）2000年前尚低于膳食推荐量下限，2000年达标，2005—2010年虽略微高于上限，但二者之比仅从2005年的1.1∶1（1.0∶1）小幅上升至2010年的1.3∶1（1.3∶1），明显低于肉类，尚基本处于合理区间；与以上食物种类不同，乳制品人均供给量（生产量）与推荐摄入量之比则呈现截然相反的特点，其人均供给量和生产量始终远远未能满足推荐摄入量的标准，即使参考推荐摄入量的下限，1980年以来其达标率也仅分别从1980年的1.1%和2.6%提高到2022年38.0%（24.4%），尽管升幅明显，但仍存在很大缺口，如参考上限，则更是仅分别从1980年的0.7%和1.6%提高到2022年22.8%和14.6%，缺口更为巨大（张梅和郑伊佳，2023）。

改革开放以来，我国畜禽食物进口量明显上升（图2-2-5）。1980—2023年，我国肉类由净出口24.4万吨转为净进口738万吨。2023年，猪肉进口量155万吨，较1980年同比减少58.2%；禽肉进口量68.2万吨，较1980年同比增长22.4%；牛肉累计进口274万吨，较1980年同比增加65.1%；羊肉累计进口43.4万吨，较1980年同比增加10.6%；蛋类进口量5.4万吨；乳制品类净进口量由1980年2.9万吨大幅增至1 435.0万吨，增长了493倍，乳制品类主要依靠进口，缺口巨大（李国祥，2022；熊学振等，2022）。

《中国居民膳食指南科学营养研究报告（2021）》显示，我国居民营养状况和体质明显改善，消费结构朝优化方向发展，膳食质量普遍提高，城乡差距逐渐缩小。居民动物性食物尤其是优质蛋白质摄入量增加，农村居民动物性蛋白质摄入比例从1992年的12.4%提高到2015年的31.4%，城乡居民动物性蛋白的摄入比例从1992年的18.9%增加到2015年的35.2%（熊学振等，2022；龙文进和樊胜根，2023）。

《2022年中国食物与营养发展报告》显示，在生产供给方面，大豆进口近年来一直保持在高位，乳制品和饲料粮进口量大幅上升。在食物消费方面，肉类、蛋类消费量不断增加，乳制品消费量仍然偏少。报告还显示，随着城乡居民收入的不断提高，人民群众对食物的消费需求日益多元化，对营养健康的关注日益迫切，但受农业发展尚未完全实现现代化、投入不足、科研力量薄弱、"食育"不到位等因素的影响，我国仍存在一些亟待解决的食物与营养问题：一是居民膳食不平衡，居民超重肥胖问题不断凸显，慢性病患病、发病仍呈上升趋势。二是过度加工导致食物营养损失较大，全产业链食物损耗浪费严重。三是居民食物营养认知转变相对滞后，合理膳食的消费理念有待强化。四

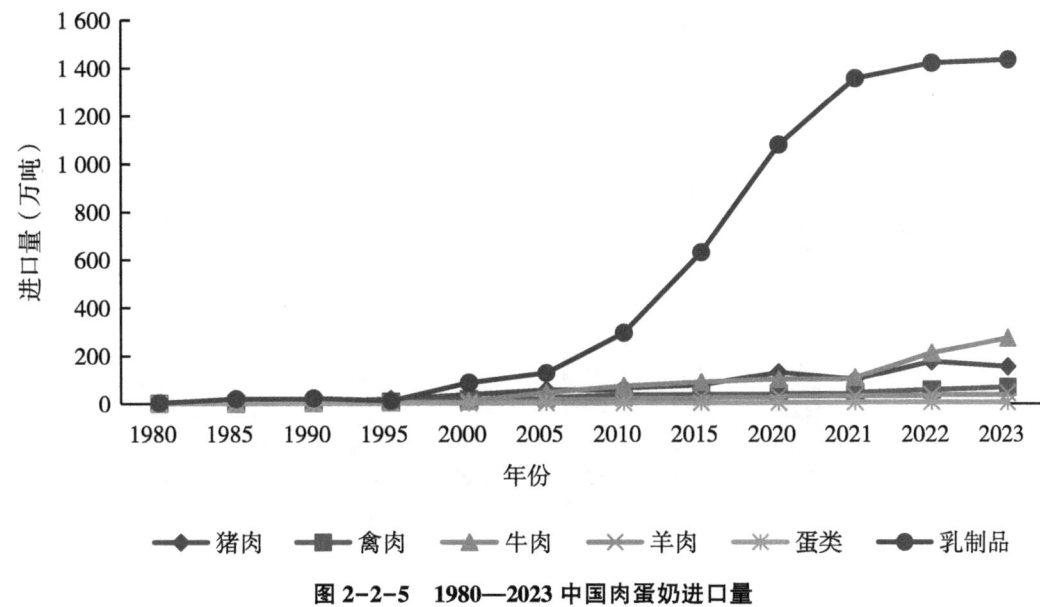

图 2-2-5　1980—2023 中国肉蛋奶进口量

（数据来源：中华人民共和国海关总署数据、联合国商品贸易数据、美国人口普查局贸易数据）

是营养安全支持体系薄弱，食物资源数据匮乏，缺乏监测评价标准，食物营养品质数据库尚不完善，限制了食物资源的高质量利用、食物品种多样性的开发和居民营养改善（李国祥，2022；周勋章等，2023）。

（二）畜禽领域国内外膳食模式对比分析

国家居民膳食指南（Dietary Guidelines，DG）是根据营养科学原则和当地百姓健康需要，结合当地食物生产供应情况及人群生活实践，由政府或权威机构研究并提出的食物选择和身体活动的指导意见。2022 年，中国居民膳食指南修订专家委员会在分析我国面对的问题和挑战、系统综述和分析科学证据基础上，著成《中国居民膳食指南（2022）》，提炼出了 8 条平衡膳食准则，即食物多样，合理搭配；吃动平衡，健康体重；多吃蔬菜、奶类、全谷、大豆；适量吃鱼、禽、蛋、瘦肉；少盐少油，控糖限酒；规律进餐，足量饮水；会烹会选，会看标签；公筷分餐，杜绝浪费。《中国居民膳食指南（2022）》作为 2 岁以上健康人群合理膳食必须遵循的原则，强调了膳食模式、饮食卫生、三餐规律、饮水和食品选购、烹饪的实践能力。

《中国居民膳食指南（2022）》推荐的各种食物摄入标准与英国食物消费占比更为相似（图 2-2-6），目前我国居民粮食消费占比偏高，乳制品消费占比严重不足（图 2-2-7）。

在国内外膳食模式对比分析方面，借鉴了邻近的日韩地区膳食结构。这些地区都达到了富裕状态下的稳定膳食消费，具有一定的可借鉴性。

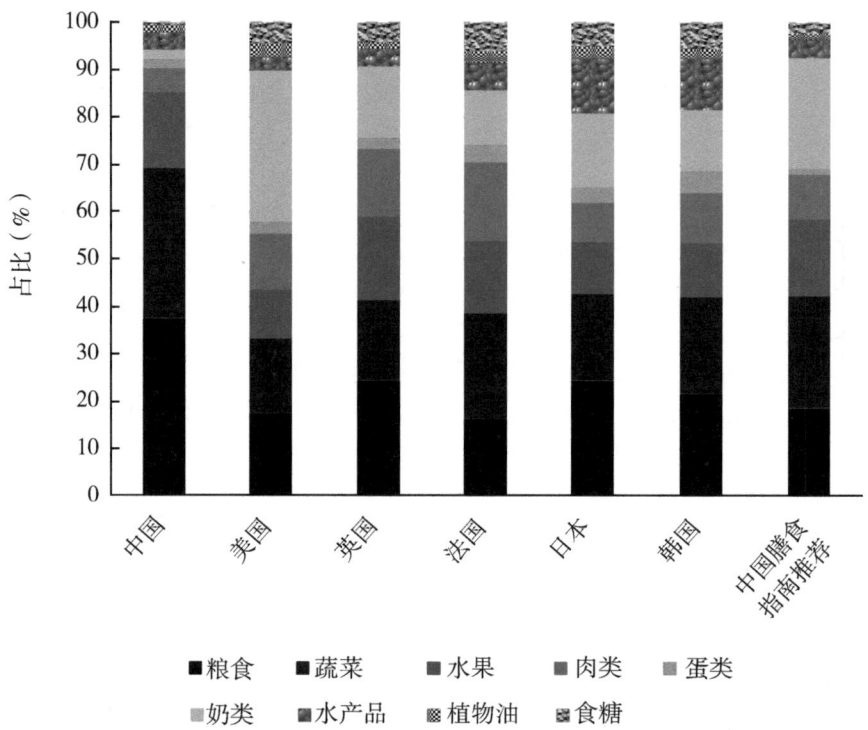

图 2-2-6　不同国家主要食物消费占比

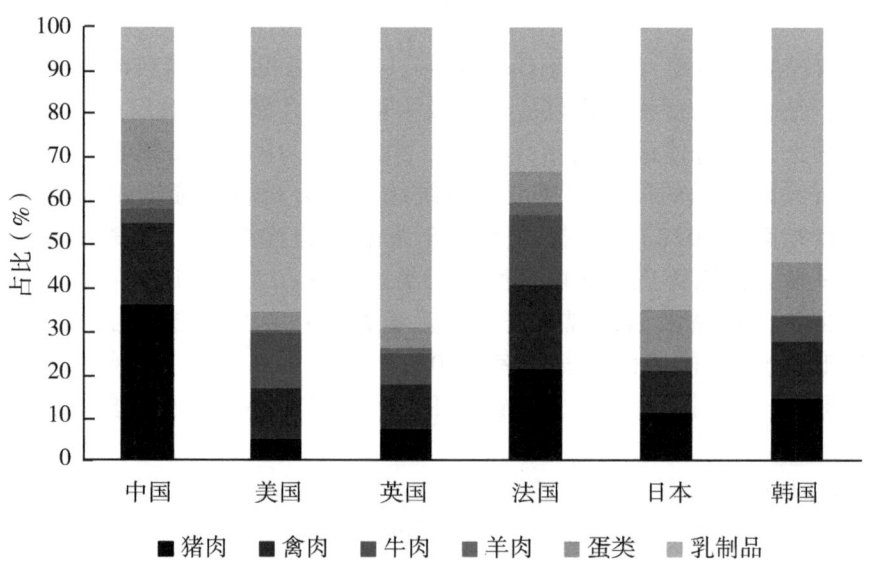

图 2-2-7　不同国家人均肉蛋奶消费占比

1. 欧美发达国家

(1) 美国以乳制品、牛肉和禽肉为主，猪肉和蛋类占比较低

美国是较早制定膳食指南的国家，在健康膳食结构标准制定方面有着较先进的经验，然而很多美国人的生活习惯远远没有达到标准。美国人日常饮食以动物性食品为主，有65%的儿童将牛奶作为饮料饮用。乳制品通常以钠含量较高（例如，作为三明治、比萨和意大利面等混合菜肴的一部分的奶酪）和饱和脂肪含量较高（例如，高脂肪牛奶和酸奶）的形式食用，并且可能添加大量的糖，如调味牛奶、冰淇淋和加糖酸奶。大部分人摄入总蛋白质的量达到推荐量，但是近90%的人海鲜制品摄入不足，超过一半的人坚果和豆制品摄入不足。43%的蛋白质食物作为单独的食物被食用，如鸡胸肉、牛排、鸡蛋、鱼片或花生；48%作为混合菜的一部分被食用，其中汉堡、玉米饼和三明治所含的量最多。从美国人的饮食特点来看，无论男女，不同年龄段的人群蔬菜、水果、全谷物、乳制品、海产品和油的摄入都较少，而精制谷物、添加糖、饱和脂肪酸、钠的摄入较多。总的来说，美国人摄入的能量较多，倾向于高糖高蛋白饮食，但食物种类以及营养素的摄入量未达健康膳食的目标。

(2) 英国具有与美国类似的饮食习惯

英国饮食习惯调查显示，对于红肉和加工肉制品，19~64岁男性和65岁及以上成年人在2016—2019年的摄入量中位数低于2014—2016年，所有年龄或性别组的平均摄入量均符合每日不超过70克的建议；2008—2019年，所有年龄组红肉和加工肉制品的平均摄入量均有所减少。在所有年龄或性别组中，平均总脂肪摄入量均超过了总能量的33%（政府建议量）。4~10岁和11~18岁儿童平均脂肪供能分别占总能量的34.2%和34.1%；19~64岁、65~74岁和75岁及以上成年人平均脂肪供能分别占总能量的34.1%、34.3%和34.6%。2016—2019年，所有年龄组的饱和脂肪酸（饱和脂肪）摄入量都超过了总能量的10%（政府建议量）。其中，4~10岁儿童的平均摄入量为总能量的13.1%，11~18岁儿童为12.6%，19~64岁成年人为12.3%，65岁及以上成年人为13.3%。19~64岁的男性，2016—2019年平均饱和脂肪酸摄入量占总能量的百分比较2014—2016年增加了0.5个百分点，符合建议摄入量的人数下降了7%。总体来看，英国居民的饮食习惯具有典型西方饮食结构特点，其最受关注的糖摄入、反式脂肪摄入、红肉和腌制肉摄入等能较好地控制。

(3) 法国饮食可分为7种不同模式，总体以脂肪摄入过多、碳水化合物和纤维摄入量不足为特征

根据国际营养师协会（INCA）的调查结果，总体来看法国人的平均饮食包括44%的碳水化合物、39%的脂肪和17%的蛋白质，并且年轻人没有吃足够的水果和蔬菜。法国的饮食可以被分成7种不同的模式，包括"小食者""健康意识型""地中海型""甜加工型""传统型""零食型"和"基本型"。例如，健康意识型的特点是大量消费低脂和轻食产品。属于这种模式的个体可能比总体人群平均年龄更大，营养状况更好，但更多地暴露于多种污染物。"小食者"模式的个体可能更年轻，食用更多的高度加工食品，营养状况较差，但接触的食物污染物的数量有限。7种模式中，"地中海型"膳食结构模式得到了广泛的关注，它被证明与地中海沿岸地区居民糖尿病、高胆固醇血症

与心脑血管疾病的低发生率有关，具有以下特点：以种类丰富的植物食品为主，对食物的加工尽量简单，烹饪时用植物油代替动物油，每日适量食用酸奶或奶酪类的乳制品，鼓励每周至少食用2~3次海鲜类食品，进食中用新鲜水果代替甜食。

2. 东亚发达国家

（1）日本饮食习惯比较注意选择多种多样的食物，且对肉类、鸡蛋和奶制品摄入逐渐增加，能量摄入也较为适中，被称作世界两大健康膳食模式之一

日本将大米、大豆和鱼类作为基本食品，喜欢生吃各种蔬菜、鸡蛋、鱼，甚至生吃肉。即便食物进行加工制作，也不加入过多调料，尽量保持食物的原味，以清淡为主。其饮食营养结构的特点如下：谷类作为热量的主要来源，避免摄取过多的热量，食物多样化，将大米、大豆和鱼类作为基本食品，避免过多食用动物脂肪，肉食来源多以鱼肉为主，注意饮用牛奶，食品尽量采用生食或蒸煮的方法料理，每天必须食用新鲜的水果、蔬菜，控制每天盐与糖的摄入量。与其他发达国家和发展中国家的膳食模式比较，日本的膳食模式是相对合理的，介于典型的西方模式与东方模式之间，既避免了西方膳食中的三高一低（即高热能、高蛋白、高脂肪、低碳水化合物），又避免了东方膳食中三低一高（即低热能、低蛋白、低脂肪、高碳水化合物）的饮食弊端。即使如此，日本膳食模式仍存在着不合理处，如新鲜蔬菜和水果相对较少，动物性食物和脂肪逐渐增加，碳水化合物逐步减少，使日本逐渐趋向于西方化疾病模式，恶性肿瘤的死亡率逐年上升。

（2）韩国动物性食物以水产品为主，优质蛋白质比重较高，摄入热量以谷物为主，热量、蛋白质摄入量较为合理

传统的韩国饮食动植物性食物摄入相对平衡，但同时也存在一些不利于健康的方面，如因乳制品摄入不足和用盐发酵的食物摄入较多而导致的高钠低钙，使得韩国绝经女性骨质疏松的发生率较高。近年来，韩国居民的饮食模式越来越西化，表现为谷类摄入量减少，面包、肉类和海鲜摄入量增加，导致慢性病的发病率和死亡率均有所增加。国民食物结构在保持原有特点和趋势的基础上，除谷物、薯类、籽实类有所下降外，其他食物的供给量均有增长，其中以乳制品、水产品和肉类增加较多，奶业迅速发展。

（3）中国与日本、韩国膳食结构的比较

分析中国、日本、韩国的膳食结构以及《中国居民膳食指南（2022）》推荐的平衡膳食消费模式可发现，中国台湾、日本和韩国的膳食模式营养较为均衡、结构较为合理，更接近平衡膳食模式，可作为未来我国经济发展到富裕水平时居民膳食消费需求模式的参考。以中国台湾为例，其居民主要膳食年消费总量为543.3千克/人，比大陆居民多消费157.6千克/人，中国大陆居民在肉禽类、水产品、乳制品等动物性食物以及水果类食物方面与中国台湾居民消费量差距较大，分别少46.0千克/人、15.5千克/人、35.9千克/人、67.9千克/人，而中国大陆居民口粮年消费量比中国台湾居民高出30千克/人以上。未来，我国居民膳食消费总量和动物性食品消费仍有较大的提升空间，肉禽类食品消费的提升空间可能超过1倍。从消费结构上看，大陆居民食物消费逐步多样化，主食在膳食营养中的地位不断下降，其提供的热量占比由1980年的67%下降为2021年的46%，蔬菜、水果及动物产品消费量明显增加，这些产品提供的热量由

1980年的10%增加为2021年的34%。农业农村部食物与营养发展研究所的研究结果表明，2021年，我国人均肉类、蛋类、乳制品、水产品的消费量分别为69.6千克、24.1千克、42.5千克、22.8千克，扣除全产业链损耗与不可食部分，折合人均动物蛋白质消费量为每天37.7克，与1978年的每天6.5克相比，增加了近5倍，与世界平均、亚洲平均水平相比，分别高出13.7%、29.5%。

（三）当前中国畜禽食物供需潜力分析

我国居民动物性食品消费仍有较大的提升空间，肉禽类食品消费的提升空间可能超过1倍。据联合国粮食及农业组织（FAO）的数据，2019年我国人均每日热量、蛋白质、脂肪消费量分别为3 340千卡、105克、106克，与1980年相比，分别增长57%、95%、208%。总的来看，中国城乡居民食物消费的动物源膳食热量占比进一步大幅增长的可能性较小，但动物源膳食蛋白占比必然还要有较大增长。这个变化趋势意味着：在城乡居民动物产品消费中，高热量、低蛋白质的猪肉的消费量将进一步下降，低热量、高蛋白质的牛羊肉和奶的消费量将大幅增长。

1. 猪肉供需趋于平衡，供给潜力巨大

目前，由于资本市场、期货市场和猪肉价格等因素的影响，我国生猪产能尚未完全释放，猪肉供给潜力可提升20%。受2018年暴发的非洲猪瘟的影响，我国生猪产能严重受损，2019年、2020年生猪出栏数仅分别为5.44亿头及5.27亿头，2020年产量为4 113.3万吨，较2018年大幅下降。2021年，随着非洲猪瘟逐步得到有效控制，生猪产能快速释放，全国生猪出栏6.71亿头，基本恢复到非洲猪瘟暴发前水平，产量为5 295.93万吨，是全球最大的猪肉生产国。2022年，全国猪肉产量为5 541万吨，同比增长4.63%；人均猪肉消费量为26.9千克，按14亿人口进行计算，全国消费猪肉3 766万吨，折合生猪4.76亿头。2023年上半年，全国生猪出栏37 548万头，同比增加961万头，增长2.6%；猪肉产量3 032万吨，同比增加93万吨，增长3.2%。2023年第二季度末，全国生猪存栏43 517万头，同比增加461万头，增长1.1%；环比增加423万头，增长1.0%；全国能繁殖母猪存栏4 296万头，同比增加20万头，增长0.5%；环比减少9万头，下降0.2%。

整体来看，全国猪肉供大于求的趋势比较明显。为了让我国生猪产业发展更稳、让生猪价格波动更小，2021年农业农村部印发《生猪产能调控实施方案（暂行）》，确定了全国能繁母猪存栏保持在4 100万头左右的调控目标。要求分级建立生猪产能调控基地，把总的产能调控目标分解到各省（区、市），分级落实调控责任，实行"三抓两保"：抓产销大省、养殖大县、养殖大场；保能繁母猪存栏量底线、保规模养殖场数量底线。

2. 禽肉消费占比不断增加，供给潜力有待挖掘

肉禽养殖成本低、周期短、饲料转化率高，我国肉禽养殖潜力有待开发，在保障饲料的条件下，3~4个月即可实现供给量的大幅提升。随着我国居民生活水平的不断提高以及膳食结构的改善，追求安全、健康、营养日渐成为食品消费的主流，禽肉产品因其高蛋白质、低脂肪、低胆固醇、低热量、营养价值高深受消费者喜爱。随着居民膳食结构的调整，禽肉消费需求逐步增长，间接带动了产量的提升。2022年全国家禽出栏161.4亿只，比2021年增加4.0亿只，增长2.5%；全国禽肉产量2 443万吨，增加63万吨，增长2.6%。我国禽肉人均年消费量由1980年的0.66千克增长至2022年的13.1千克。2023年上半年，全国家禽出栏71.9亿只，同比增加2.8亿只，增长4.1%；禽肉产量1 113万吨，增加46万吨，增长4.3%；禽蛋产量1 658万吨，增加47万吨，增长2.9%。2023年第二季度末，全国家禽存笼63.2亿只，同比增长3.5%，环比增长3.3%。这一方面反映我国居民收入大幅提高导致肉类消费需求增加，另一方面反映餐饮企业不断推出新的禽肉产品以培育消费市场，共同驱动我国人均禽肉消费量增长。总体来看，我国禽肉消费量占肉类消费量的比例不断增加，禽肉消费市场有巨大发展空间。

3. 牛羊肉供给不足，供给潜力有限

我国牛羊生产保持总体增长态势，规模比例不断增加，生产水平逐步提高。但由于牛羊肉产业基础差、生产周期长、养殖方式落后，生产发展不能满足消费快速增长的需要，加之饲草和饲料资源不足，造成养殖端养不起，加工端不够用的局面，短期内难以大幅提升产能。牛羊肉是人们膳食结构的重要组成部分，对于提高人们身体素质和营养水平具有积极作用。2022年，牛羊生产趋于稳定，全国肉牛出栏4 840万头，同比增长2.8%，牛肉产量718万吨，同比增长3.0%；羊出栏33 624万只，同比增长1.8%，羊肉产量525万吨，同比增长2.0%。2023年上半年，全国肉牛出栏2 090万头，同比增加81万头，增长4.0%；牛肉产量315万吨，同比增加14万吨，增长4.5%；全国羊出栏14 536万只，同比增加662万只，增长4.8%；羊肉产量223万吨，同比增加11万吨，增长5.1%。2023年第二季度末，全国牛存栏10 504万头，同比增长3.9%，环比增长2.3%；全国羊存栏33 367万只，同比增长0.9%，环比增长0.6%。

牛羊肉供应不足问题凸显，进口依赖度增加。2021年发布《推进肉牛肉羊生产发展五年行动方案》，提出到2025年我国牛羊肉自给率保持在85%左右，牛羊肉年产量分别稳定在680万吨、500万吨左右，牛羊规模养殖比例分别达30%、50%。除产能外，各项政策还从养殖区划、饲料供给、母畜产能、防疫水平、专项信贷、养殖补贴等各方面全方位推动产业发展。

4. 禽蛋生产由大中型企业主导，供给潜力较大

在大中型企业主导下，供给潜力可提升20%。禽蛋行业属于高强度运营行业，主要由中大型企业进行生产经营。中国禽蛋市场呈现出品牌多元化和竞争激烈的态势，许多知名农业公司和品牌在禽蛋领域建立了自己的品牌，中国的禽蛋产品也逐渐在国际市场上崭露头角，出口量逐年增加。禽蛋物美价廉且营养丰富，深受人们喜爱。近年我国禽蛋产销量日益增加。我国禽蛋产量从2015年的3 046.1万吨增长至2022年的3 456.0万吨，禽蛋行业需求量从2015年的3 038.8万吨增长至2022年的3 445.2万吨。从我国禽蛋出口来看，2021年我国干去壳禽蛋出口量为131.7吨，同比增长10.49%，其他干去壳禽蛋出口量为9 784.9吨，同比增长112.4%。随着收入水平提高，消费升级，中国

中高端鸡蛋占整体鸡蛋消费的比例稳步提升。我国禽蛋主要是以鲜蛋消费为主，只有10%用于食品工业和生物医药。从消费量来看，2018—2022年，中国禽蛋年消费量维持在3 000万吨以上。从出口量来看，中国禽蛋贸易以出口为主，进口较少且以种用蛋为主。

5. 乳制品缺口较大，供给潜力不足

我国乳制品产业呈现畸形发展，一方面供给不足，严重依赖进口；另一方面原料奶价格低、成本高，养殖积极性严重受限。由于多种因素的限制，我国奶牛养殖受上游饲草料和下游生产加工端的挤压，原料奶供给潜力难以发挥。主要因素包括乳制品行业进入壁垒高，中小型企业难以生存，新型企业较少；成本增长过快，规模化养殖企业难以快速进退，奶牛存栏量和单产短期内难以快速提升。2022年我国牛奶产量3 932万吨，同比增长6.8%。2023年上半年，牛奶产量1 794万吨，同比增加125万吨，同比增长7.5%。我国乳制品产业链较长，涵盖饲草饲料、奶牛养殖、乳制品加工、终端销售等多个环节。目前我国原料奶市场不断发展，供应量不断增长，但供给不足，无法满足市场需求，未来供应缺口将继续扩大。

需要注意的是，每种食物供需潜力的具体情况会受到多种因素的影响，包括人口增长、消费习惯变化、健康意识提高、农业技术创新、可持续发展要求等。供需潜力的实际情况可能受到市场变化和政策调控等因素的影响，因此对于每种食物供需潜力的分析需要结合实际情况进行综合评估。

（四）未来中国畜禽食物供需趋势预测

未来，随着产业转型升级，产业规模化、集约化、智能化的发展趋势加速，畜禽生产能力将逐步提高，产量将稳步增加至9 685万吨，但增速放缓，年均增长1.7%，生产结构逐步调整，猪肉占比趋降；随着城镇化水平提高、居民收入水平提升，畜禽食品消费量将呈稳中有增态势，2032年将达到10 127万吨，年均增长1.4%，消费结构持续优化，牛肉、羊肉、禽肉消费量占比将提高（图2-2-8）；国内肉类产业增产扩能，肉类产品自给率不断提高，进口呈下降趋势，预计2032年进口量509万吨。在无重大疫情等突发事件的情况下，肉类价格波动幅度趋窄（图2-2-9）。

1. 猪肉产量总体稳中有升，进口量逐渐下降

未来10~15年，规模化水平提高、产业集中度提高、产业链完善以及调控政策优化提升了猪肉供给稳定性。中国生猪出栏量和猪肉产量年均增速将分别达1.9%和2.1%，2032年预计分别达到6.99亿头和5 591万吨；消费总量和年人均占有量总体平稳，展望前期增长，中后期略有下降。到2032年消费量和年人均占有量预计将分别达到5 699万吨和40.19千克，较基期均年均增长1.5%；国际贸易方面，国内供给平稳将带动猪肉年进口需求逐步减少。展望前期猪肉年进口量仍将在200万吨以上，展望中后期猪肉进口量将会明显回落，预计保持在120万~150万吨；展望期初猪价格处于较低水平，预计在2032年生猪价格或将再次进入新一轮价格周期，但生产规模水平提升起到稳定猪价的作用，波动幅度将会较上两轮周期显著下降，猪价将会窄幅波动。

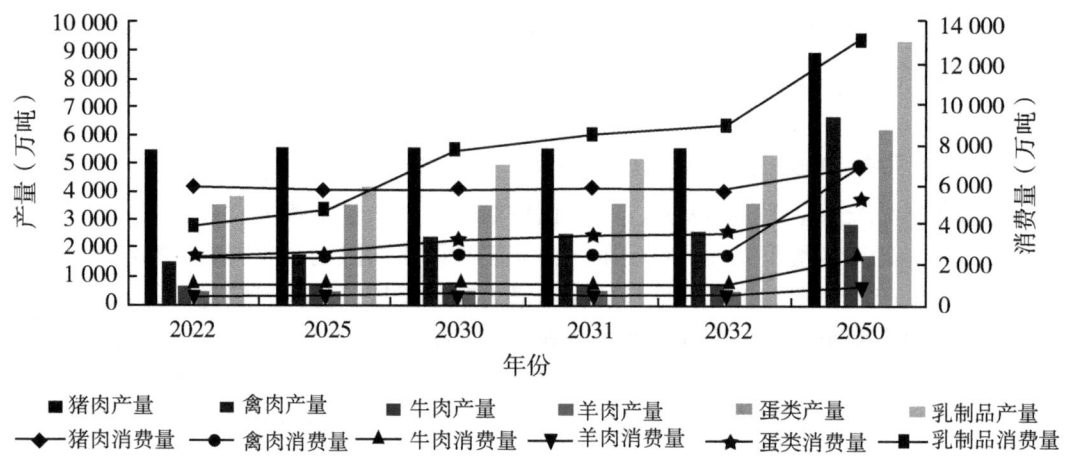

图 2-2-8 2022—2050 年中国肉蛋奶食物产量与消费量预测
（数据来源：《中国农业展望报告（2022—2031）》）

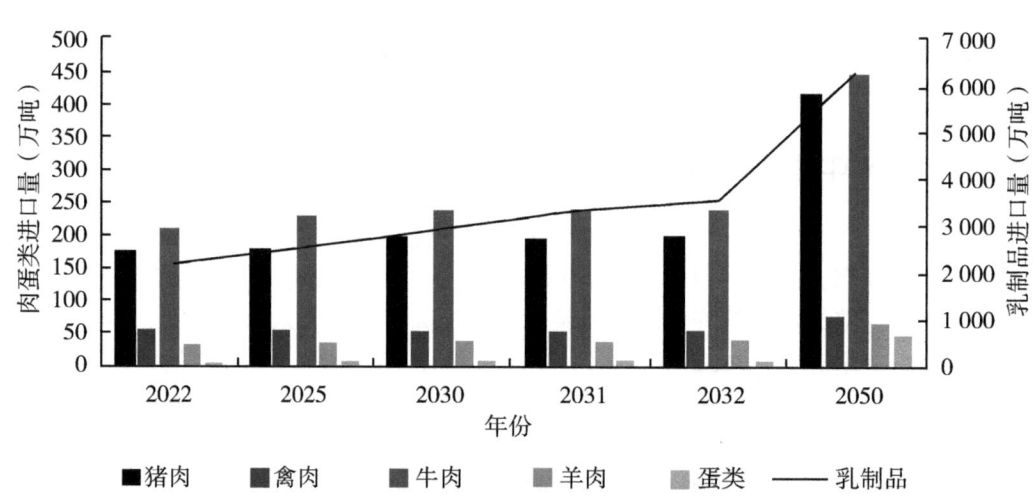

图 2-2-9 2022—2050 年中国肉蛋奶食物进口量
（数据来源：《中国农业展望报告（2022—2031）》）

2. 禽肉生产和消费增速放缓，进口回落明显

未来 10~15 年，随着肉禽产业布局优化、一体化养殖比重增长和养殖技术提高，产量将保持增长态势，但增速逐步回落，年均增长 1.2%，2032 年将达到 2 634 万吨。大众禽肉消费观念日益成熟，产品结构不断优化，加工技术逐步提升，优质、特色差异化产品供给持续增加，禽肉消费量继续增加，预计年均增长 0.9%，2032 年将达到 2 639 万吨；中国禽肉保持基本自给，进口禽肉产品主要集中为鸡翅和鸡爪等，进口量先降后稳，出口目的地增加，出口禽肉产品类型丰富，出口继续小幅增长，预计 2032

年进口量和出口量分别达到58万吨和53万吨；肉禽饲养人工、环保等成本长期趋增，饲料成本波动加剧，禽肉价格将震荡上行。

3. 牛羊肉生产和消费保持增长，进口增速放缓

展望期内，随着牛羊产业高质量发展推进，产业素质和生产水平稳步提升，专业化、规模化程度提高，产业发展持续向好。预计2032年，牛肉和羊肉产量分别为772万吨、571万吨，年均增速分别为1.0%、1.1%；在居民消费升级的带动下，消费量保持增长，但受老龄化和人口总量拐点来临的影响，中后期消费增速将逐步减缓。预计2032年，牛肉和羊肉消费量分别为1 056万吨、617万吨，与基期相比分别增长19.6%、14.9%，年均增速分别为1.3%、1.1%；供给能力将逐步提升，加之消费增速趋缓，进口将保持稳定，展望前期牛肉和羊肉年供给量分别为242万吨、43万吨，展望中后期平稳小幅增长，分别为260万~280万吨、46万吨以内的水平；展望前期价格将保持高位小幅上涨，中长期看，受国内资源环境约束，供给偏紧的态势将长期存在，与此同时，随着价格持续攀升至历史高位水平，高价位会一定程度抑制消费，后期价格将保持高位趋稳态势。

4. 禽蛋生产和消费平稳增长，出口保持稳中有升

未来10~15年，随着蛋禽养殖技术的进步，养殖场（户）管理水平的提高，蛋禽养殖规模化、现代化、品牌化水平将进一步提升，禽蛋产业将加快转型升级，实现高质量发展，禽蛋产量平稳增长，2032年将达到3 639万吨，年均增长0.7%；在城乡居民收入增长促进消费结构优化升级、消费者需求升级推动预制菜发展等因素的拉动下，禽蛋消费量将保持小幅增长态势，2032年将达到3 620万吨，年均增长0.7%；禽蛋出口规模稳中有增，预计出口量保持在11万~12万吨；鸡蛋价格总体呈震荡上涨趋势，并保持周期性、季节性波动。

5. 乳制品生产和消费持续增长，进口增速趋缓

未来10~15年，从供给看，国内乳制品供给能力将稳步提高，规模养殖比重不断增长，生鲜乳产量有望明显增加，预计2032年将达5 392万吨，较基期增长52.5%，年均增速3.6%；从需求看，随着经济增长和收入增加，消费者对营养健康关注度不断提高，对乳制品有利于提升免疫力观点的认可度增强，将带动乳制品消费需求增长，预计2032年消费量将达8 957万吨，较基期增长65.3%，年均增速4.1%；从贸易看，国内产能虽逐步释放，但伴随消费量快速增长，生鲜乳供需缺口将长期存在，乳制品进口将继续增加，进口来源地趋于多元化，预计2032年进口量将达3 586万吨，较基期增长88.9%，年均增速5.0%；生鲜乳生产成本居高，供需缺口长期存在，预计生鲜乳价格高位运行。

基于上述畜禽食物未来生产供给现状分析表明，我国畜禽食物中肉类的国内产量已低于实际消费量，但总体能保持供需基本平衡，个别品种需要通过进口来调节；蛋类产品基本保持自给；奶类存在一定缺口，未来这一缺口还可能加大。长期来看，可以考虑主动进口一部分畜产品以减少国内畜禽对国外饲料特别是大豆的依赖，减少国内环境的污染。

未来中国的食物供需趋势将受到人口增长、饮食结构变化、农业生产模式转变、食品安全与可持续性以及进口食品需求增加等多个因素的影响。应按照"转导向、建体系、调结构"的总体思路，进一步调整畜禽食物生产供给结构，推动农业生产转向营养导向型，加快构建多元化畜禽食物供给体系，调整优化畜禽食物生产供给结构。政府、农业部门和食品行业要共同努力，以满足不断增长的食物需求，并确保食品的安全、优质和可持续性。

三、中国科技支撑畜禽食物的潜力和趋势

（一）中国科技支撑畜禽食物发展的情况

近年来，集约化规模化养殖、畜禽食物生产和加工、畜禽疫病防控和种业科技创新等几个方面都为大食物发展提供了支撑，为食物产量的增加、质量的提高和结构的改变提供基础（周应恒和李娜，2023）。

1. 规模化高效养殖技术带动畜牧业高质量发展

20世纪80年代后期，我国畜禽养殖业得到了迅速发展，养殖规模、养殖方式和分布区域发生了巨大的变化，畜禽养殖方式由最初的散养逐渐转变为集约化、规模化养殖（郑一颖和陈恒杰，2023）。通过建设大规模的养殖场或养殖基地，利用科学管理和现代化技术手段，实现养殖规模化、集约化和标准化的养殖方式。提高养殖效率和产品质量，带动相关产业的发展，促进就业和经济发展，同时也有利于环境保护和资源利用。2022年，我国畜禽养殖规模化率超过了70%（尹宝英等，2023）。根据农业农村部的数据显示，集约化、规模化养殖对生猪行业的提升最为显著，2022年中国猪肉产量提升至5 451万吨，占全球猪肉产量的45.5%，是欧盟的2.3倍，美国的4.7倍，并且养殖地也扩张到全国各地。预计到2025年，我国牛羊肉自给率将保持在85%左右，牛羊肉产量将分别稳定在680万吨、500万吨左右，牛羊规模养殖比例将分别达到30%、50%（李广东，2021）。集约化、规模化养殖技术缓解了我国人多地少的矛盾，提高了畜牧业养殖的发展水平，财政资金利用更加合理，给养殖户带来了更高的经济效益，也为国民提供了更安全、更高品质的畜禽食物，为国家科技创新支撑大食物发展提供了有力支撑（李晓晴，2023）。

2. 畜禽产品生产加工技术推动多元化食物供给体系建设

随着我国人民的生活越来越富足，动物性食品的市场需求量越来越大，带动了动物性食品加工业的规模化发展（梁海斌，2021）。我国加工禽肉制品的历史悠久，形成了腌制、腊制、酱卤、熏烤、风干等不同类型的特色产品，如南京板鸭、盐水鸭、广东盐焗鸡、德州扒鸡、北京烤鸭等，均受到国民的喜爱。禽肉香肠、罐头制品、预调理方便型产品及保健汤煲类产品成为禽肉制品必不可少的补充，满足了现代市场发展需求，而且畜禽肉制品加工技术研究和产品开发也成为禽肉产业技术提升的重点（梁海斌，2021；刘希凤和王敬，2015）。禽蛋的营养价值很高，含有丰富的蛋白质和人体所需的

微量元素，而且容易获取。我国蛋及蛋制品加工历史悠久，蛋制品的消费量最高，人均消费量已经超世界水平，它可以应用到食品工业、餐饮行业、医疗行业等多个方面。目前，已研发了提高鲜蛋质量的技术、消毒洁蛋的生产技术、监测蛋与蛋制品中特殊质量影响成分的检测技术、浓缩液蛋加工技术与设备、冰蛋加工技术与设备、全液蛋加工技术、湿蛋黄制品加工技术、干蛋白加工技术、蛋粉加工技术等，有利于对禽蛋的生产和保存，也为大食物发展提供了有力支撑（孙宝忠等，2008；张瑛和鲍文龙，2006）。乳品企业规模不断扩大，工艺不断改进，品种日益增多。通过将生物技术引入到乳制品加工，有效提高了我国的乳制品质量与产量，如增强乳免疫功能、加快乳蛋白生物活性肽开发、降低乳制品中苯丙氨酸含量、降低乳制品中脂肪含量等，随着微生物技术的发展，可以将很多奶中的有益菌长期保存，奶的品质得到提高（刘彦杰和姬兰玉，2023）。因此，畜禽食物生产和加工为我国大食物发展提供了有力的支撑，也提供了更多的食物形式。

3. 畜禽重大疫病防控保障了畜禽养殖安全

畜禽重大疫病不仅严重危害养殖业健康发展，而且还会威胁公共卫生安全与人民健康。我国是畜牧业大国，动物疫病病种多、病原复杂、流行范围广、防控难度大，特别是非洲猪瘟传入我国后，传统的防控手段和措施受到了前所未有的挑战（杨毅，2022；常帅等，2019）。根据《中华人民共和国动物防疫法》，我国动物防疫贯彻落实"预防为主，预防与控制、净化、消灭相结合"的方针。因此，应该树立现代化动物疫病防控核心理念，从宿主、病原和环境3个要素入手，改善动物生存环境，提高动物健康水平和抵抗能力，建立起基于风险评估和生物安全的全链条动物疫病防控体系，逐步实现动物疫病从"有效控制"向"净化消灭"转变（王臣等，2023；秦东，2023）。目前来说，我国畜禽疫病防控的策略是相对完善的，包括建立动物疫病风险评估制度、强化生物安全措施、采取科学预防措施、加强监测、建立早期预警系统、加强动物疫病的有效控制、推进动物疫病净化工作以及实施重大动物疫病的根除规划等。随着我国科技的发展，目前畜禽疫病防控已经达到了较高水平，完全可以保障我国畜牧业生产，这为我国大食物观的推进提供了有力的基础保障（李晓明，2022；肖梓凡等，2022）。

4. 畜禽种业科技创新保证了畜禽产品的稳定供给

畜禽种业科技创新保证了畜禽产品的稳定供给，农业供给侧结构性改革必须将种业科技创新放在首位，把种子作为先进农业科技的载体推广应用，育种创新是企业生存和发展的前提，也是国家战略发展的前提。畜禽良种对畜牧业发展的贡献率超过40%，是提升畜牧业竞争力的核心和关键，2008年以来，我国先后发布实施奶牛、生猪、肉牛、蛋鸡、肉鸡、羊和水禽等畜种的遗传改良计划，逐步建立起我国畜禽现代自主育种体系，一批有实力的种业企业蓬勃发展，种畜禽群体性能与品质得到持续改良提升，为建设现代畜禽种业打下了坚实的基础（韩伯枝，2017；于新茹和米静，2023）。近年来，我国畜禽育种技术水平大幅度快速提升，基本完成我国猪、牛、羊和家禽等主要动物品种的基因组测序和参考基因组构建，建立了中国荷斯坦牛和生猪的基因组选择育种技术体系，开发研制了抗蓝耳病猪等优异种质；我国首个具有完全自主知识产权的生猪父本新品种通过国家审定并获得新品种证书，打破了我国商品猪生产中以进口种猪作为父本的局面；培育出了具有自主知识产权的京红蛋鸡、京粉蛋鸡、京海黄鸡、京星黄鸡103、广明2号白羽肉鸡、中畜草原白羽肉鸭、中新白羽肉鸭、华西牛等系列商业品种，我国主要畜禽核心种源自给率达75%以上，打破了以往国外畜禽品种长期的垄断的格局，例如，由中国农业科学院北京畜牧兽医研究所主导培育的华西牛是我国具有完全自主知识产权的专门化肉牛新品种。上述品种都具备饲料利用率高、转化率高以及好饲养的特性。通过开发新的饲草料来源、发展优质饲草产业、减少牛羊养殖精饲料用量、推广高品质低蛋白日粮，推动了豆粕减量替代和饲料用量减量。畜牧种业科技创新是确保农业丰收和国家粮食安全的关键所在，种业科技创新关系全局、关乎长远，责任重于泰山，只有种业强，畜牧业才能发展得好，才能提供更优质的畜禽产品，有助于大食物观的迅速发展（王以中等，2022）。

（二）中国畜禽食物科技创新面临的问题和挑战

1. 畜禽品种单产水平低，种业自主创新能力不足

在农业育种领域，发达国家已进入以"生物技术+人工智能+大数据信息技术"为特征的育种4.0时代。转基因技术、基因编辑技术、全基因组选择育种、基因组学解析技术、诱发突变技术成为当前国际生物技术育种研究的核心与前沿（王以中等，2022）。除稻谷外，我国大豆、畜禽、林业、水产、食用菌、薯类及蔬菜产业都存在不同程度的良种资源不足，依赖进口等制约产业发展的技术问题。目前，我国畜禽种业科技创新还存在共性关键问题和短板，一是畜禽重要性状遗传调控机制解析不清，原始创新能力不足；二是畜禽育种和高效扩繁关键技术研究和应用不足，育种效率不高；三是现有品种与发达国家存在差距，遗传改良和重大新品种培育的速度缓慢；四是育种技术体系不完善，以企业为主导的商业化育种和联合育种模式不健全。对于猪产业，核心种源性能与发达国家存在差距，遗传资源共享机制不健全；对于奶牛产业，核心育种群和基因组选择参考群规模小，遗传评估性状少，智能表型测定技术研发不足，OPU-IVP等快繁技术应用不足；对于肉牛产业，育种数据库基础建设薄弱，智能表型测定技术研发不足，地方品种优异性状挖掘与利用不足；对于绵羊产业，种业科技创新人才队伍建设不足，优异地方品种资源利用不充分，种业科技创新基础工作薄弱；对于山羊产业，性状测定基础薄弱，缺乏遗传评估和测定平台，地方品种评估和发掘利用不足，育种技术不健全；对于蛋鸡产业，现代商业品种环境适应性降低，选育面临生物学瓶颈限制，育种企业人才队伍建设滞后；对于肉鸡产业，白羽肉鸡育种素材短缺，鸡种质资源特性的精准鉴定不足，肉鸡种业企业创新主体创新能力不足。对于水禽产业，品种类型单一，种质资源发掘与利用不足，前沿生物育种技术研究有待加强，大数据育种技术研究不足。所以，对于目前我国畜禽品种来说，单产水平仍然是较低的，并且种业自主创新能力不足（邸晋亮等，2022）。

2. 饲草料短缺威胁畜禽产品供给安全

我国部分畜禽品种资源消耗水平相对较高，在当前我国饲料粮缺口日益扩大、进口

依赖度不断提高，饲料粮安全长期困扰畜牧业发展的背景下，迫切需要在保证和稳步提升产能的前提下，加快培育生产性能优异、饲料利用率高的畜禽品种，这对缓解国内饲草料压力、草原生态恢复、推动畜牧业尽快实现碳达峰与碳中和具有重要意义。20世纪90年代，我国牧草产业在国家西部大开发、退耕还草、退牧还草等的政策支持下，取得了很大的进展，目前，我国牧草产业正处于逐步恢复发展阶段，但是饲草供给仍然不足，大豆等还要依靠进口，进口比例高达90%左右，这不利于我国畜牧业安全。今后需要加大力度发展草业，不仅能促进畜牧业发展，还能改善生态环境（李新媛等，2017；任晓明，2023）。

3. 畜禽产业中绿色化、智能化、数字化与信息化装备落后

随着人们生活水平的提高和对美好生活的追求，对肉蛋奶等畜产品的消费更注重质量安全，这也促使畜禽养殖结构发生改变，畜禽产品的生产方式进入转型升级阶段，自动化、集约化和规模化程度更高，环境控制技术更加先进，生物安全水平更高，发展机械化是大势所趋。目前，我国的畜牧业智能装备还相对落后，国产设备在自动化控制、数字化设计与制造、多维原位感知等装备关键技术方面仍存在差距，规模化、智能化的杀菌、提取分离、包装等关键装备，以及无损和在线快速检测等技术和装备进口依赖度高。大型无菌冷罐装、肉制品加工关键装备、大型乳品生产线、乳制品加工关键装备，食品品质在线检测等食品生产关键装备国产程度低。国产化高端科研仪器设备较少，少量国产设备无法满足需求，设备性能、获取数据质量以及运行稳定性方面都与进口设备存在较大差距。所以，要加大投入，积极推广畜牧业机械化，加大畜牧业机械推广力度（王国英，2024；李健旋，2022）。

4. 畜禽产品供给无法满足我国居民多元化的营养与健康需求

在我国经济发展过程中，国内消费需求规模的相应扩大和消费结构的相应升级都扮演着格外重要的角色，我国人群膳食特征与健康的基础理论和系统化基础数据库支撑十分匮乏，在营养膳食干预基础研究领域，存在食品营养与健康因子作用机制不明确、缺乏膳食营养健康大数据资源等薄弱环节。例如，缺乏不同个体遗传背景下膳食脂质对代谢途径和体内生理系统的影响研究，导致传统膳食、脂质与健康之间的相互关系不明确，影响健康油脂产业的发展。消费需求不断升级、细分、多元化，但针对特殊人群、特殊用途的食品产品发展还远远不够，仍然无法充分满足相应需求；高品质食品有效供给滞后市场需求；在创造食品消费新需求、引领食品消费新潮流、培育新消费文化等方面有待提升（包晓斌和朱小云，2023；郭惠武，2022）。

5. 资源环境受限与生物安全问题影响畜牧业发展

我国畜禽养殖在近年有较大发展，规模上有所扩大，产品总量有所增加，产品质量也不断提高，但是在畜牧业发展的过程中，动物粪便、寄生虫等会造成大气、水体和土壤污染，严重危害周边生态环境（和音，2023；杨霄等，2023）。针对这些问题，要采取有效的防治措施，从选址和技术两方面入手还是不够的，荷兰等国已经开始在碳排放领域开展相关研究，为创制优质、高效、抗病、节粮、较少碳排放等目标性状突出的新种质，提供育种平台和核心技术储备。我国与畜禽养殖发达国家之间的差距还较大，例

如，我国生猪种业在种群基础、设施化水平、数字化体系、生物安全条件等方面与发达国家仍存在较大差距，育种资源分散，体制机制不灵活，政府投入不足，制约了我国生猪新品种培育。所以，需要完善生物安全体系，完善国家畜禽核心育种场站环境控制和管理配套技术，建立更加严格、规范的生物安全体系，提高疫病净化能力。完善准入管理，创建无疫区、无疫小区或净化示范场，满足提升我国畜禽种业创新核心能力、适应我国碳达峰与碳中和的战略要求（李奕鹏，2022）。当前，我国肉鸭育种场种源疫病净化与防控水平参差不齐，危害肉鸭的疫病（禽流感、病毒性肝炎、传染性浆膜炎和大肠杆菌病）大多经水平途径传播，而水禽呼肠孤病毒病既可垂直传播，也可水平传播。我国种鸭养殖模式仍较落后，疫病防控技术力量与投入不足，影响了行业健康发展，未来，需要建立水禽抗病育种新品系，提高水禽对细菌性、病毒性疾病的抗性，减少药物使用，提高水禽存活率。在畜禽养殖中出现的生态环境、生物安全和疫病防控等问题，都要严格把控，使畜禽产品安全问题的发生率降到最低，从而实现畜牧业的可持续发展（李萌，2024；门洪华和丁迪，2023）。

（三）近年来中国科技支撑畜禽领域的布局

为了规范畜禽业生产经营行为，保障畜禽产品供给和质量安全，保护和合理利用畜禽遗传资源，培育和推广畜禽优良品种，振兴畜禽种业，维护畜禽业生产经营者的合法权益，防范公共卫生风险，促进畜禽业高质量发展，我国自2023年3月1日起施行《中华人民共和国畜牧法》。"十三五""十四五"期间，我国已在大食物众多领域实施实质性的科技支撑。近年来，我国科技支撑畜禽领域的布局主要是围绕以下几个方面展开的。

1. 科技创新引领：畜禽新品种培育与现代牧场科技创新

畜禽良种对畜牧业发展的贡献率超过40%，是提升畜牧业竞争力的核心和关键。我国培育的抗蓝耳病猪、京海黄鸡、京星黄鸡103、广明2号白羽肉鸡、中新白羽肉鸭、华西牛等品种，推动畜牧业生产效率进一步提升。

2. 产业转型升级：全链条节粮减损，从传统农业向现代农业转变

我国畜禽养殖规模化率逐步提升，未来将达到80%以上，生产效率、经济效益和资源利用率将提升10%。提高机械化作业水平，强化产后服务体系建设，完善标准引领适度加工，减少加工损耗和营养流失，切实减少生产、流通环节损失浪费。加快推进畜牧业标准化、规模化、专业化生产，培育新型农业经营主体，提高产业组织化程度和综合生产能力。

3. 安全绿色发展：畜禽重大疫病防控与高效安全养殖综合技术研发

围绕动物疫病防控的国家重大需求，以非洲猪瘟等畜禽重大疫病、重要人兽共患病为主攻方向，重点突破病原学与致病机制、新型诊断试剂、新型疫苗、新兽药与替代抗生素类新产品、产品应用与疫病防控等关键科技瓶颈。

聚焦畜禽重大疫病防控、养殖废弃物无害化处理与资源化利用、养殖设施设备研发三大领域，贯通基础研究、共性关键技术研究、集成示范科技创新链条，进行一体化设

计，突破畜禽重大疫病防控与高效安全养殖领域的重大基础理论，攻克关键核心技术，建立应用示范基地，辐射带动产业创新能力整体提升。实现核心场与示范场在原有基础上，畜禽病死率下降8%~10%，常规污染物排放消减60%，粪污及病死动物资源化利用率达80%以上，全封闭、自动化、智能化、信息化养殖。

4. 知名品牌建设：培育具有影响力的畜牧业品牌，提高畜禽产品知名度和市场竞争力

2022年在畜牧业领域，新希望集团有限公司、双胞胎（集团）股份有限公司、牧原实业集团有限公司在我国排名前三。2023年全球养猪公司排行榜前50名中，中国有24家公司上榜。诸多知名企业通过技术创新和科学管理，提高了畜牧业的效率和产出，推动了我国畜牧业的现代化进程，同时，在市场开拓、品牌建设、食品安全等方面发挥了积极作用，提高了我国畜牧业的国际竞争力。有影响力的畜牧企业还能引导和带动其他相关产业的发展，促进我国农业和农村经济的多元化发展。

5. 国际合作交流：积极参与国际畜牧业科技合作与交流，引进国外先进技术和管理经验，加快我国畜牧业现代化进程

气候变化、粮食安全等全球性问题日益严峻，农业服务外交大局作用凸显，东盟、中日韩合作、上海合作组织、中国—中东欧国家合作等多边框架下的农业合作将更为务实，成为区域和多边关系的黏合剂和稳定剂。面对国内外环境深刻复杂变化带来的机遇和挑战，我国将坚持实施更大范围、更宽领域、更深层次对外开放，建设更高水平开放型经济新体制，更加体现中国方案的国际秩序和规则，为农业国际合作提供了更广阔的发展空间。

6. 观念美德弘扬：培育绿色营养观念，传承勤俭节约传统美德

坚持绿色发展理念，大力倡导科学膳食，优化膳食结构。全面普及膳食营养和健康消费知识，推动食物供给由"保供"向"优供"转变，推动全社会生产生活方式向绿色低碳转型。

大力弘扬勤俭节约、理性消费、适度消费，引导居民厉行节约、反对浪费。切实增强全民节约意识，倡导餐饮消费"量力而行"，摒弃"讲排场"传统陋习，争做文明用餐"排头兵"。

7. 须加强科技攻关的主要方向

总的来说，"十三五""十四五"期间，我国已在大食物众多领域实施实质性的科技支撑，还亟须在大豆蛋白替代资源开发与高效利用、饲草和秸秆纤维素高效降解、饲料饲草资源替代和高效利用、生物防控技术和疫苗开发技术研发迭代与产品更新、畜禽专门型种质资源选育等方面加强科技攻关。目前，我国饲草饲料品种审定主要以高产为衡量指标，对品质、高效、抗性的考量不足，仍是普通品种多，优质、专用、绿色品种少，导致"新品种数不胜数、好品种屈指可数"。不同作物品种的自给水平不平衡，玉米等粮饲兼用作物强、饲草作物弱。在粮—饲协同方面，亟待开发农作物粮—饲分级利用技术模式，加大非粮饲料资源开发利用力度。目前粮食收获后剩余部分作为饲料粮收获、加工、利用的技术体系不完善，使秸秆及其他非粮农作物副产品无法高效供给畜禽养殖与利用，造成了极大的浪费。加强以上方面的科技攻关将畜禽产业和大食物观紧密结合起来，为大食物的布局发展观提供保障。

（四）畜禽产业科技支撑的潜力分析

科技支撑畜禽食品供给潜力主要包括以下几个方面。一是畜禽良种对畜牧业发展的贡献率超过40%，是提升畜牧业竞争力的核心和关键，培育高产抗病猪、白羽肉鸡、华西牛等品种，可推动畜禽产品生产效率提高15%。二是规模化智能化健康养殖和生产加工仍具有较大潜力，2022年我国畜禽养殖规模化率超过70%，未来我国畜禽养殖规模化率将逐步提升到80%以上，生产效率、经济效益和资源利用率能再提升10%。三是进一步开发利用新型木本饲料、农作物秸秆和新型蛋白饲料等，饲草产量可增产20%，饲料中豆粕占比可降低15%。四是新畜禽食物资源的开发，包括马、驴、骆驼、兔、火鸡腿等作为食物来源，可扩展动物食物来源5%左右。

1. 生物育种技术将大幅提升畜禽食物的供给潜力

新一代生物育种技术的应用潜力巨大，可以快速提升畜禽品种的生产性能、抗病抗逆性，显著提高畜禽食物生产效率。

全基因组选择、转基因和基因编辑等育种技术已成为新一代生物育种技术的标志。全基因组选择技术对大量的个体进行全基因组测序，然后通过基因组数据分析和预测模型，选出理想基因型的个体进行繁殖，以达到快速提高育种效率和选择效果的目的。这种方法可以较全面地了解个体的遗传信息，包括基因突变、变异和结构变化等。该技术在畜禽育种中广泛应用，大幅提升育种进程，尤其对产量的提升最为迅速。基因编辑技术可以精确地修改生物体的基因组，实现基因突变、基因缺失、基因插入等不同类型的基因编辑，其中最常用的基因编辑技术是CRISPR-Cas9系统。基因编辑技术可以定向培育高产、优质、抗病、抗逆等畜禽新品种。目前，利用基因编辑技术创制的畜禽育种新材料超过50种，其中4种已经通过安全性评价。2020年，美国食品药品监督管理局（FDA）批准全球首例转基因猪GalSafe在美国上市，GalSafe猪不表达过敏原α-半乳糖，可用于食品和生物医学领域。2021年，日本厚生劳动省批准基因编辑虎河豚和基因编辑红鲷鱼可安全食用。基因编辑虎河豚突变了控制食欲的瘦素受体基因，使其食欲旺盛，在同样养殖周期内平均体重可达到普通虎河豚的1.9倍。基因编辑红鲷鱼突变了肌肉生长抑制素基因，使其在相同食物量下体重可以增加1.2~1.6倍。2022年，FDA批准首个基因编辑肉牛产品进入市场，该肉牛 *SLICK* 基因突变，产出光皮性状，抗热应激性能显著提升，FDA认为该肉牛产品风险低、不会引发安全性问题。

要注意的是，这些潜力的实现需要在科学研究的基础上，结合实际应用和管理的需要，确保生物技术的安全性和可持续发展。此外，还需要充分考虑社会和环境的可持续性，综合各种因素进行决策和管理。

2. 规模化智能化健康养殖和生产加工技术将提高效率降低损耗

通过应用自动化技术，可以实现畜禽养殖过程的监测、控制和管理，提高生产效率和资源利用率，预计全国畜禽养殖规模化率将达到80%，生产效率、经济效益和资源利用率将提升10%。高效智能化养殖技术和装备大大提高了我国畜禽及农作物生产潜力，其中包括智能养殖设备、楼房养猪、无害化处理设备等。另外，目前肉品加工以小企业为主，规模化和智能化不足，规模以上肉品加工企业占25.9%。肉类、牛奶产后损失率分别为8%和3%，损失量分别为712万吨和110万吨，生产加工技术的进步将大幅降低食物损耗。

动物重大疫病对畜禽养殖安全、产品质量和人类健康造成巨大威胁。非洲猪瘟、禽流感和布鲁氏菌病等重大传染病给畜牧业带来了沉重打击。据统计，我国每年由于动物疫病导致的直接损失高达400亿元，而间接损失则在3 000亿元以上，占全国畜牧业总产值的13.5%左右（万进等，2023）。国际相关机构统计数据也表明，每年因动物疫病导致全球动物产品减产20%，给满足食物中蛋白质增长的需求带来了巨大挑战（万强，2013）。我国把全面提高动物疫病风险控制能力作为主攻方向，建立健全动物疫病防控长效机制，科学防范、有效控制动物疫病风险，保障畜禽生产安全和兽医公共卫生安全（农业农村部，2022）。落实全国强制免疫计划，做到应免尽免；继续开展非洲猪瘟包村包场排查和入场采样监测；强化重大动物疫病和重点人畜共患病定点流行病学调查、监测和专项调查；加强检疫监督制度建设，完善动物检疫、动物卫生监督证章标志管理制度，制修订检疫规程，制定检疫设施设备和保障条件标准（中国畜牧业杂志采编部和王旭，2022）。通过严格的动物疫病防控措施，将有效减少动物疫病造成的产品损失。

3. 饲草料开发潜力极大，但需要较强科技支撑

通过木本饲料、农作物秸秆等副产物开发及其梯级化高值利用，构建多元化饲料供应体系，补充饲料原料，降低饲养成本，增加牛羊牛奶等畜禽产品产出。预计开发后可实现饲草年增产3 278万吨，比目前饲草产量增约18.5%。在牛羊等反刍动物饲养中，充分保障青贮玉米、苜蓿等优质饲草供应，可以提高养殖效率，减少精饲料用量。实践表明，将玉米籽粒和秸秆一起全株青贮饲用，可使1亩地发挥出1.3亩的效应；在耕地上种植优质高产苜蓿，每亩地每年可提供饲料蛋白质90~100千克，相当于种植了2亩大豆。如能继续优化种植结构，扩种增加5 000万吨优质饲草，每年至少还可以减少100万吨豆粕的饲用需求（于文静，2022）。我国草原产肉量仅占全国牛羊肉总量的27.4%，由牧草直接转化的草食性畜产品占畜产品总量比例未达20%，远低于发达国家60%以上的水平。据初步估算，通过对草原食物资源的大力开发，可增加3 745万吨饲草供应，支撑饲养4 889万个羊单位、150万头奶牛的饲草需要，每年可增加牛羊肉产量147万吨、奶产量1 200万吨。

2021年，全国养殖业消耗的饲料中豆粕占比降到了15.3%，比2017年下降2.5个百分点，节约豆粕1 100万吨，折合大豆1 400万吨，相当于1亿亩以上耕地产出，为保障国家粮食安全大局作出了积极贡献（中国畜牧业杂志采编部和王旭，2022）。若按照全国动物营养指导委员会推荐的《猪鸡饲料玉米豆粕减量替代技术方案》，继续推广低蛋白质日粮技术，还有较大的豆粕减量空间。畜禽养殖低蛋白质日粮主要是添加工业合成氨基酸补足短板，降低豆粕等蛋白质原料用量。以育肥猪为例，在添加赖氨酸等5种必需氨基酸的基础上，可将全程饲料蛋白质水平下调至12%，在不降低饲养效率的前

提下，每出栏1头130千克的肥猪可节约豆粕25千克左右。该技术如在我国养殖业全面推广应用，可将豆粕用量占比降至12%，相当于每年节约1 500万吨豆粕。如果再增加使用其他必需氨基酸，豆粕饲用量还有进一步下调的空间。同时需要指出的是，在饲料全面禁用抗生素的大政策背景下，开发安全可替代的饲料抗菌添加剂，提升动物免疫能力，也是提升畜禽产品产量的重要策略。

4. 新畜禽食物资源开发

截至2021年12月3日，我国共有畜禽遗传资源984个，其中，地方品种565个，培育品种及配套系263个，引入品种及配套系156个（于福清，2022）。2020年5月29日，农业农村部发布公告，公布了经国务院批准的《国家畜禽遗传资源目录》（以下简称《目录》）。《目录》首次明确了家养畜禽种类33种，包括其地方品种、培育品种、引入品种及配套系。其中，传统畜禽17种，分别为猪、普通牛、瘤牛、水牛、牦牛、大额牛、绵羊、山羊、马、驴、骆驼、兔、鸡、鸭、鹅、鸽、鹌鹑；特种畜禽16种，分别为梅花鹿、马鹿、驯鹿、羊驼、火鸡、珍珠鸡、雉鸡、鹧鸪、番鸭、绿头鸭、鸵鸟、鸸鹋、水貂（非食用）、银狐（非食用）、北极狐（非食用）、貉（非食用）。《目录》属于畜禽养殖的正面清单，列入《目录》的，按照《中华人民共和国畜牧法》管理。

随着未来食物尤其蛋白质的需求增加，我国须考虑在科技支撑下未来食物可能的发展趋势。例如，可开发新型畜禽种类作为食物资源，可作为选择的动物包括马、驴、骆驼、兔子、鸽子、瘤牛、火鸡、梅花鹿、驯鹿、羊驼和鸵鸟等。

（1）马的养殖周期长，食物开发潜力有限

食用马肉最多的8个国家，每年大约消耗470万匹马。由于马的数目不多且养殖周期长，所以马肉价格较贵，市场普及率没有牛羊肉高。马肉含有丰富的蛋白质、维生素以及钙、磷、铁、镁、锌、硒等矿物质，是哈萨克族著名的传统美食之一。马肉的营养价值很高，蛋白质含量高于牛肉。因为马擅长奔跑运动，所以相对来说马肉的脂肪含量会比牛羊这类安静的动物少。马肉含有多种氨基酸，尤其是赖氨酸更为丰富。马肉含有1%左右的糖原，这是其他肉类所没有的（张志强等，2016）。马肉胆固醇含量低，铁、铜等微量元素含量高，富含人体所需的多种维生素，维生素A的含量可达102毫克/千克。同时，马肉中的不饱和脂肪酸可以促进新陈代谢，让人体机能更高效健康地运转，不仅可以预防动脉硬化，还可以延缓衰老。在那些人口增长快、寻求多样化蛋白质来源的地区，马肉可能具有较大的市场机会。

（2）驴养殖成本低，其肉奶需求量有所增加

驴肉属于高蛋白、低脂肪的肉类，并且驴肉中含有大量的动物胶质，可以为人体提供大量的营养物质，是补益身体的佳品（于洪光，2007）。与猪、牛、羊的肉相比，驴肉中亚油酸、亚麻酸、花生四烯酸等不饱和脂肪酸含量高，胆固醇含量较低（侯文通，2016）。近年来我国驴肉价格节节攀升，2012年的36元/千克提升至2020年的80元/千克。

目前，驴肉在中国和部分非洲国家的市场需求较大，并呈现出增长的趋势。近年来我国驴肉需求持续增加，并呈现小批量、高价值、品牌化、高端化趋势（王春洪，

2022）。应进一步开发提高驴繁殖力的技术，包括加快品种改良、强化养殖管理，并科学掌控繁殖母驴的发情期，提高科研技术支撑。

驴奶的营养成分和人乳最为接近，是人类母乳的最佳替代品。驴奶中硒含量是牛奶的 8 倍，维生素含量是牛奶的 5 倍，乳清蛋白含量比牛奶高 50%，有较好的抗氧化、延缓衰老作用，并能提高人体免疫力。全球驴奶市场的复合年增长率约为 9%（高云才，2016）。全球 56% 的驴奶相关技术专利来源于中国。一头可产奶的驴一年可产 250~350 千克奶，其中只有 100 千克的奶可用于加工销售，其余的奶用于喂养小驴。1 千克驴奶粉需要 13 千克鲜奶才能加工而成，因此驴奶粉稀少而珍贵。若按一头年产奶 300 千克计算，2018 年我国驴奶产量为 37.75 万吨。

（3）骆驼肉和奶成为高端消费品，被更多消费者认可

骆驼肉质细嫩、低脂肪、低胆固醇，富含蛋白质和维生素（曲百友，2014）。这使得骆驼肉成为一种高品质、营养丰富的肉类食品，能够满足人们对健康食品的需求。骆驼奶含有较少的脂肪和胆固醇，营养价值高于牛奶，具有巨大的发展潜力。骆驼奶作为一种新兴的健康饮品，富含蛋白质、维生素、矿物质和抗氧化成分，适合追求健康饮食的消费者。据测定，每 100 克可食骆驼肉含水分 72.2 克、蛋白质 25.6 克、脂肪 1.4 克，并含有丰富的维生素 A、维生素 B_1 以及微量元素铜、钙、磷、铁、硒、钠、钾、镁、锰等。

随着驼奶产业逐步兴起，全球骆驼期末存栏量不断上升，根据世界粮食及农业组织数据显示，2018 年全球骆驼期末存栏量为 35 525 270 头，到 2019 年增长至 36 399 214 头，同比上升 2.5%。早期由于骆驼奶没有得到重视，1980—2009 年的 30 年间，我国骆驼存栏总数从 61.4 万头急剧下降至 22.6 万头，63.2% 的骆驼奶市场被牛奶、羊奶等其他奶类所替代。随着我国乳制品消费进入多元化和市场细分化的新阶段，骆驼奶被越来越多的消费者认可（图 2-2-10）（胡定寰，2021）。

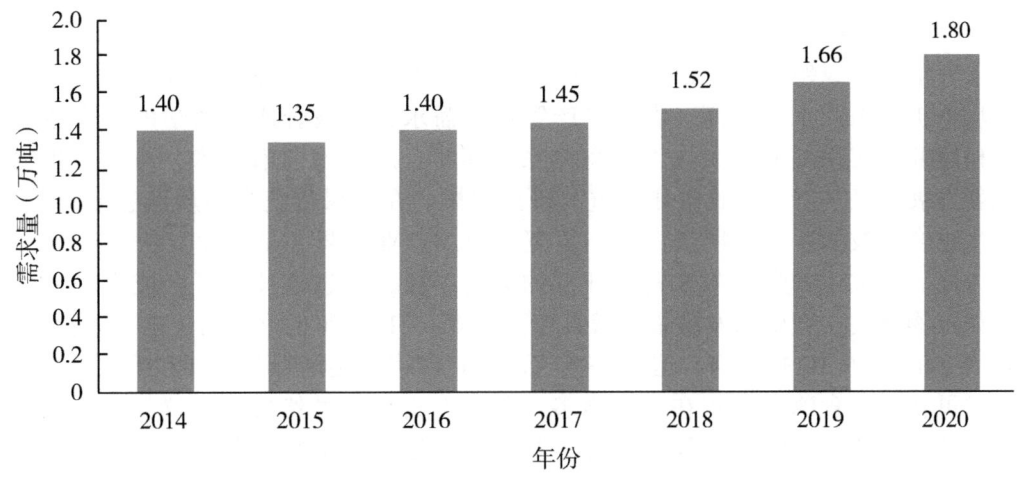

图 2-2-10　2014—2020 年中国骆驼奶需求量变化

（数据来源：根据公开资料整理）

（4）火鸡肉未被消费者广泛接受

火鸡腿肉和普通鸡腿肉中的蛋白质含量相差不多，分别是 20.0%、20.2%，而火鸡胸脯肉的蛋白质含量却没有普通鸡肉的高，分别是 22.4%、24.6%。不过在脂肪含量上，火鸡肉则比普通鸡肉低一些，每 100 克火鸡腿中含有 1.2 克脂肪，而每 100 克普通鸡腿中含有 7.2 克脂肪，是火鸡腿的 6 倍；每 100 克火鸡胸脯肉含有 0.2 克脂肪，而每 100 克普通鸡胸脯肉中含有 1.9 克脂肪，是火鸡胸脯肉的 9.5 倍。此外，二者相比火鸡肉中的饱和脂肪酸含量更低，对预防心血管疾病更有利。

火鸡肉的脂肪含量较低，营养丰富，相对健康，在北美洲和欧洲等健康意识较高的市场，火鸡肉的消费有望持续增长。火鸡肉具有较低的碳足迹和相对较高的可持续性，可作为一种可行的肉类来源替代品。随着畜禽业技术的进步，火鸡品种改良和生产效率提高是未来的发展趋势。通过选择育种和生产管理的改进，可以生产更高质量的火鸡肉，同时提高生产效率和经济效益。

（5）其他

特种畜禽（如梅花鹿、驯鹿、羊驼和鸵鸟等）在高端食品市场具有潜力。这些品种的肉质独特，具有低脂肪、高蛋白质和富含维生素等特点，能满足健康饮食的需求。随着人们对高品质肉类产品的需求增加，特种畜禽肉类有望在高端消费市场得到更多的关注，同时还可作为生态旅游和观赏养殖的对象，具有较高的发展潜力。这些品种具有独特的外形和行为特点，能满足人们的观赏和体验的需求。珍珠鸡、雉鸡、鹧鸪等特种畜禽可以用于乡村旅游和休闲农业的发展。番鸭和绿头鸭等特种畜禽的羽毛可以用于制作文化创意产品和手工艺品等。特种畜禽在生物医药和科研领域也有潜力。例如，梅花鹿的茸角被认为具有一定的药用价值，可用于提取茸角素等药物，驯鹿茸角、羊驼绒等也具有药用和科研价值。羊驼绒是一种高质量、高保暖性的纺织原料，羊驼绒制品在时尚行业和纺织品市场受到青睐，未来有望进一步发展。

5. 畜禽产业科技支撑的未来趋势分析

未来食物资源领域将针对人工合成生物创建的重大科学问题，围绕物质转化、生态环境保护、医疗水平提高、农业增产等重大需求，突破合成生物学的基本科学问题，构建几个实用性的重大人工生物体系，创新合成生物前沿技术，为促进生物产业创新发展与经济绿色增长等作出重大科技支撑。在确保传统蛋白质产能的前提下，利用生物合成技术生产食用蛋白质，拓宽蛋白质产业边界，是落实"大食物观"的重要方面。合成生物学是未来食物开发的关键手段，通过该技术可合成多种替代蛋白，如植物蛋白、微生物发酵蛋白及真菌蛋白等。3D 打印也可应用于未来食物开发，2013 年就出现了 3D 打印肉，但 2018 年后 3D 打印肉才逐渐得到发展和重视，且通过该技术可获得的食物种类正在逐渐增多。基因编辑食物虽然目前争议较大，但其不同于转基因食物，可针对品种本身特定基因进行修改且不转入其他物种基因，更有望成为未来食物资源之一。

（1）替代性蛋白资源开发潜力极大，所需科技支撑能力较强

2022 年 5 月，国家发展改革委印发《"十四五"生物经济发展规划》，明确提到"发展合成生物学技术，探索研发人造蛋白等新型食品，实现食品工业化迭代升级，降

低传统养殖业带来的环境资源压力"。根据联合国预测，2050年世界人口总数将达100亿人左右，需要蛋白质增量30%~50%，新型蛋白对动物蛋白的替代效应逐步加强，开发潜力巨大。因此，要大力发展替代蛋白，如植物蛋白、微生物蛋白、昆虫蛋白、细胞蛋白等（青平等，2023）。据调查，全球新型蛋白市场规模有望在2035年前达到2900亿美元，占总蛋白市场11%的份额，消费量将从2020年的1300万吨增长到2035年的9700万吨。

植物蛋白是饲料蛋白的供应主体，包括菜籽饼粕、棉籽饼粕、花生饼粕等杂饼粕，玉米加工副产物等粮食加工副产物，以及部分林业资料等。植物蛋白市场将迅速增长，到2030年，全球植物蛋白市场的规模将从现在的46亿美元飙升至850亿美元。消费者对于植物性产品关注度日渐加深，以植物为基础的蛋白质产品，成为未来更多消费者基于个人健康以及全球生态系统关注的一种潮流生活方式，目前植物蛋白已在多领域应用，如替代牛奶、鸡蛋和奶酪等。

微生物发酵生产蛋白质借助生物技术，对微生物进行编程，经过特定的代谢途径把原料转化为人类所需要的蛋白质，合成蛋白质的效率是传统养殖业的上千倍，还能在显著提升蛋白质生产效率的同时，降低二氧化碳排放。研究指出，如果到2050年用微生物蛋白替代全球20%的牛肉消费，预计全球每年二氧化碳排放将减少56%，森林砍伐量也将随之降低。此外，微生物蛋白在猪饲料和水产饲料里的可添加的比例大概3%，禽饲料里的可添加比例为1%，微生物蛋白产品的蛋白质含量在80%左右，如果用足用好现在的微生物资源，每年可提供700万吨的饲料蛋白增量潜力。

全球真菌蛋白市场复合年均增长率有望达到6.4%。各区域市场在2020年的总市场规模为5.105亿美元。根据预测，其全球市场规模有望在2027年达到7.871亿美元，亚太区市场规模将在2027年前达到3.361亿美元，且中国将继续成为众多区域市场中发展最快的国家。食用真菌含有10%~63%蛋白质，其中必需氨基酸含量充足，并且与豆类、蔬菜和乳制品形成互补，脂肪含量低，还含有B族维生素、维生素D、多种矿物质和活性多糖（Mingyi et al., 2019）。从风味和黏稠度方面而言，食用真菌蛋白适宜部分替代动物蛋白，应用于灌肠、仿肉糜、仿肉块制品等，具有广阔的产业前景。由于食用真菌蛋白的主要生产原料为工农业废弃物，且生产方式立体集约化，占地少、低碳环保，因此食用真菌蛋白生产是优化食品生产模式、改善生态系统氮循环的新途径（Kim et al., 2011；Monteyne et al., 2020；Chan et al., 2018）。

全球昆虫饲料市场到2024年将达到2.283亿美元，复合年增长率将到达11.9%。作为一种安全、成本低的蛋白质来源，昆虫蛋白正在受到越来越多人的关注。蟋蟀是最常见的可食用昆虫来源，也是蛋白质来源的不错选择。食品生产商也在探索利用蚱蜢作为可食用昆虫的来源，但还处于开发阶段。很多食用昆虫的蛋白含量都高于鸡肉、鱼肉、猪肉和牛肉等（朱芬和石志辉，2022），文献记载的236种食用昆虫蛋白质平均含量在35.34%~61.32%（同翅目含量最低，直翅目含量最高）（卓志航等，2014）。昆虫蛋白的氨基酸种类众多，含量丰富，必需氨基酸含量接近或超过世界卫生组织和世界粮食及农业组织制定的氨基酸模式（RAMOS-ELORDUY J等，1997）。紫络蛾蜡的粗蛋白含量为51.59%，有7种人体必需氨基酸，含量为14.72%；云管尾角蝉的粗蛋白含量为

57.14%，有8种人体必需氨基酸，含量为21.92%（胡木林等，2005）；负子蝽的粗蛋白含量为73.52%，有8种人体必需氨基酸，含量为20.75%；暗绿巨蝽的粗蛋白含量为49.62%，有8种人体必需氨基酸，含量为16.93%（冯颖等，1999）。我国昆虫食品蛋白的开发利用在不断发展，例如，利用蚕蛹和蚕蛾蛋白研制出多肽营养饮料、酱油等，将纯化的食用昆虫蛋白作为营养剂和食品添加剂（原国辉，1991）。广东研制出"蚕蛹公补酒"，湖南研制出保健品"三叶虫茶"，山东烟台建有"油炸金蝉罐头"生产线（Feng et al.，2020）。

（2）合成生物学在畜禽食品中的应用潜力

经预测，到2040年，生物合成的细胞培养肉市场将支撑起全球35%的肉类需求，成为人们餐桌上的常驻"嘉宾"。同时，麦肯锡的相关数据也表明，预计细胞培养肉市场在2030年前将会达到250亿美元。细胞培养肉的积极价值有很多，如高效节能、无菌清洁、可控性强等（汪超等，2021）。

合成生物学技术作为变革传统食品生产制造的关键技术，通过创建具有食品级工业应用能力的人工生物合成系统，可以实现更安全、更健康和可持续的食品获取方式（图2-2-11）。从食品原料的开发到细胞培养肉再到替代蛋白，合成生物学在食品营养领域的应用在逐年增加。例如，通过分析牛奶中对人体有益的重要成分，以合成生物学技术构建酵母细胞，通过发酵合成多种蛋白质与脂肪酸，从而合成人造牛奶；利用组织培养技术在体外培养动物细胞，实现动物肉组分体外合成的细胞培养肉等。

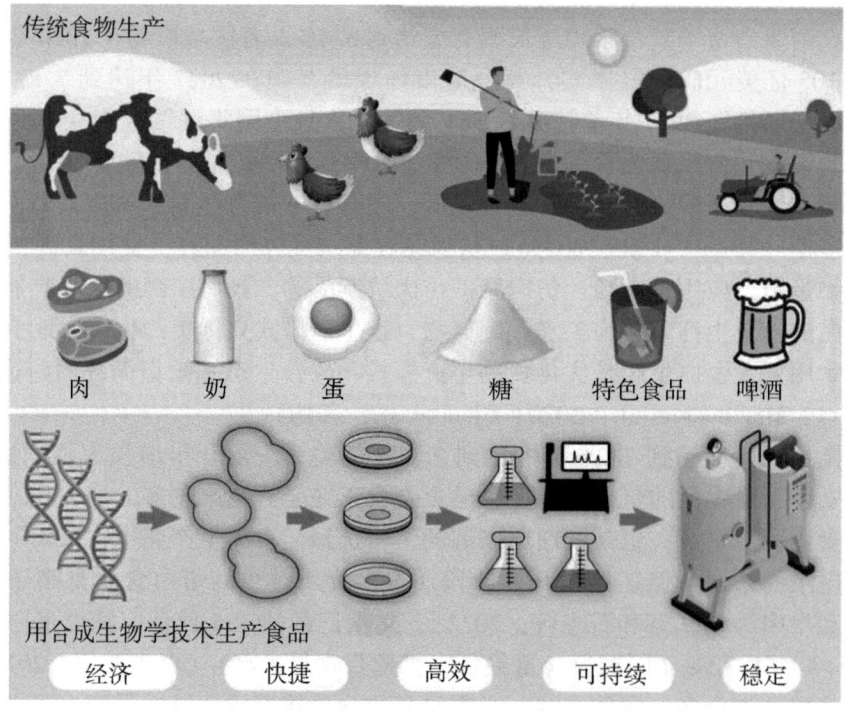

图2-2-11 利用合成生物学改进食品的生产

细胞培养肉生产技术旨在实现利用最少的动物资源来获得最大化的蛋白质资源，在这一过程中产生的人造肉组织与动物肌肉相似，具有相同的蛋白质结构。成分可控的细胞培养肉可以将饱和脂肪酸与不饱和脂肪酸的比例控制在一定范围内，如开发出"健康肉""低脂肉"等产品，更有利于人体健康（汪超等，2021）。我国抗生素每年总产量大约为21万吨，国内消费量约18万吨，其中用于畜禽及饲料行业的抗生素就高达9.7万吨，约占54%（许琳，2017）。细胞培养肉技术的应用，有助于有效减少抗生素的使用量，既能维持人类肉食需求和供给平衡，又有利于优化生态环境，实现人类食品安全的提升和饮食健康状况的改善。

（3）基因编辑食物

经过基因组改造之后的动物或植物，就被称作基因编辑动物和植物，那些专门针对人类食物进行基因改造过的，就被称作基因编辑食品（Genome edited foods）。基因编辑食品和转基因食品的一个根本区别就在于，前者只是通过基因编辑手段修饰该物种本身的基因，而不转入其他物种的基因，而后者则会将其他物种特定性状的基因转入到想要发生特定性状变异的物种上。

现在，全世界对于基因编辑动植物或基因编辑食品是否安全，存在着巨大争论。基因编辑技术在应对全球食品安全上有巨大潜力。整体上说，基因编辑技术可以使食品向着更高产、更不易腐败、营养更丰富和抗性更多等性状进行高效改良。

例如，基因编辑可以改变香蕉树的性状，增加它对一种巴拿马真菌的抗性，从而避免种植园被病害摧毁。只要减少稻米中直链淀粉的含量，就可以增加米饭的软糯感，我国的科研团队就利用基因编辑技术将籼稻品种中的 $Waxy$ 基因敲除，使稻米的直链淀粉含量可降至糯稻的水平，从而改善米饭的口感。美国一家小型初创公司 Calyxt 使用了一种名为 Talen 的基因编辑技术对大豆进行基因编辑，与普通豆油相比，这款 Calyno™ 高油酸大豆油含有高达80%的油酸，20%的饱和脂肪酸，且不含反式脂肪酸，该产品已经在美国上市销售。美国食品药品监督管理局也批准了一种基因编辑猪（被称作 GalSafe 猪）用于食品和医疗产品，其原理是经过基因编辑后，使得猪体内不产生 α-gal 糖分子，因为人体内不产生这种 α-gal 糖分子，猪体内的 α-gal 糖分子会引发人体的过敏反应，所以人们可以利用 GalSafe 猪的身体进行器官移植的培养或肝素的生产。日本筑波大学和一家企业共同研发了基因编辑番茄，比传统番茄含有更多的 γ-氨基丁酸，而 γ-氨基丁酸是一种天然存在的非蛋白质氨基酸，是哺乳动物中枢神经系统中重要的抑制性神经传递物质，具有稳定情绪等功效，也就是说，经过对番茄的基因编辑，只是增加了原本具有的这种氨基酸的含量，并没有增加任何新特性的基因。

（4）3D 打印食物

3D 食物打印机是在 3D 打印技术的基础上发展起来的一种快速成型的食品制造设备。设备包括食品 3D 打印系统、操作控制平台和食物胶囊三大部分。将可食用的打印材料放入食物胶囊里，再将食谱输入机器，按开启键，喷头就会通过熔聚成型技术，按照预先设计的造型将食材以层层叠加的方式"打印"出来。3D 食物打印机不仅可以个性化地改变食物的形状，改良食品品质，还可以自由搭配、均衡营养。

到目前为止，可以成功打印出 30 多种不同的食品，主要有六大类：糖果（巧克力、杏仁糖、口香糖、软糖、果冻），烘焙食品（饼干、蛋糕、甜点），零食（薯片、可口的小吃），水果和蔬菜制品（各种果泥、果汁、果冻或凝胶），肉制品（各种的肉酱和肉类食品），奶制品（奶酪或酸奶）。3D 巧克力打印机目前是所有 3D 食物打印机中发展最为迅速的。以色列初创公司 MeaTech 致力于在不需要屠宰动物的前提下，开发出打印真肉的技术。该公司收集动物的脂肪及肌肉细胞，将其分离成生物墨水，并装入 3D 生物打印机，这些 3D 打印单元中的细胞将被孵化，在较短的时间内有机生长和成熟为结构化的肉类组织。

在控制每餐营养和热量的多样性和数量方面，3D 打印食物可以做到精准地自由搭配、均衡营养。通过更改程序和原料，就可以打印出不同口感，质地和口味的食物，根据个人饮食需求量身定制食品的营养成分。3D 打印可以创建复杂的形状，这些形状要么无法手动复制，要么需要大量时间，所以通过 3D 打印的方式就可以省去开模具再进行翻制的时间。分享食谱就像通过互联网传输数字文件一样简单，所需要的只是相同的原材料、打印设置和兼容的打印设备，就可以批量制作出一模一样的食物，而且不需要花费额外的成本。

四、极端情况下中国科技支撑畜禽食物的潜力

基于我国现阶段和可预见的一段时期内的国情、外部国际环境等情况分析，我国面临的主要极端风险最可能源自外部国际环境恶劣，导致与国际主要贸易伙伴脱钩，出现畜禽食物（含原材料、辅助材料、生产和加工装备等）进口与保障链断裂等问题。除此之外，各种极端天气、自然灾害以及传染病等也具有一定的风险。要把握好"国内"和"国际"之间的关系，树立大格局和全球视野。我国食物供给安全离不开国际市场和资源，国际市场和资源也应纳入我国大食物保障的范畴。同时，必须清醒地认识到，保障中国食物安全不可能完全寄托于国际市场，尤其是在当前背景下，将更加考验我国统筹利用国际国内"两个市场、两种资源"的大眼界、大智慧。以下从进口阻断、突发畜禽重大疫病和气候变化加剧 3 个方面分析其对我国畜禽食物供应的影响以及目前能够挖掘的潜力。

（一）极端条件对畜禽食物供应的影响

当前我国畜禽食物面临的主要极端风险是进口和供应产业链受阻。近期国际争端加剧，俄乌冲突、巴以冲突给我国的食物安全敲响了警钟。我国周边国际环境复杂多变，国外分裂势力影响我国台湾地区稳定，国际形势存在不可控因素。国际争端对世界的影响远远超出了国际争端本身，中国的畜牧业也不可避免地受到了冲击。其中，有两方面的影响可能给我国畜禽产业和市场带来较大挑战，一方面是进口受阻，另一方面是畜禽产品供应产业链受阻。

1. 进口受阻导致肉蛋奶的供需矛盾突出，玉米、大豆等饲料粮的保障成为主要风险点

保障饲料粮供给安全是大食物观下保障肉蛋奶等畜产品供给安全的基础和条件，是树立大食物观的应有之义。《中国农业展望报告（2022—2031）》数据显示，目前，我国猪肉、禽肉、蛋类需求基本不依赖进口，牛羊肉进口比例较高，乳制品存在35.8%左右的缺口依赖进口补足，玉米、大豆等饲料粮进口依存度大且进口来源国集中度高。

（1）大豆、玉米和优质牧草进口依赖度高，短期内缺乏有效的扭转措施，成为最大风险点

经测算，2022年养殖业饲料消耗量4.54亿吨，其中国内来源的饲料原料约3.3亿吨，占比73.2%；进口来源的饲料原料1.2亿吨，占比26.8%（黄庆生，2023）。2022年，我国养殖业消耗的蛋白质总量为7 900万吨，国内来源为4 243万吨，占53.7%，进口来源为3 657万吨，占46.3%（章勇，2023）。可见，饲料粮食的供给，无论是从数量上，还是从营养成分的供给上，都严重依赖进口。

我国94%~97%的进口大豆集中来源于巴西、美国、阿根廷3个国家，其中从巴西和美国的进口量占总进口量的83%~94%以上，为最主要进口来源国（刘慧，2023）。我国进口大豆的高集中度还体现在进口量占主要出口国出口量的比重非常高。这种超高的进口集中度不可避免地带来输入性风险。除主要进口来源国的大豆产能波动风险外，一旦发生战争，大豆进口受阻，将对我国畜牧业造成毁灭性打击。

美国和乌克兰是我国玉米进口的主要来源国，两国合计向我国出口玉米占我国玉米总进口量的约95%，且两国具有很强的相互替代性。俄乌冲突导致的我国玉米进口缺口，短期内可由美国玉米替代。与大豆类似，中美关系也是我国玉米进口的最大不确定因素。同时，面对燃料需求上升预期，美国将使用大量的玉米生产燃料，导致可出口玉米量的下降，有可能冲击我国的玉米进口。

饲草产业作为支撑畜牧业发展的基础产业，对保障优质安全的肉、蛋、奶等畜产品供给起着不可替代的作用。2021年我国干草进口总量为199.25万吨，同比增加17.6%，并且我国草种很大程度上依赖于进口，对外依存度达到70%以上。目前我国饲草播种面积约140万亩，年均优质商品草产量约1 000万吨，但我国天然草原生产力偏低、优质饲草料供应技术短缺，使当前情况下国内饲草供应有200万吨以上的缺口。

（2）乳制品对国际市场依赖度高，尤其是乳清蛋白基本全部依赖进口，进口阻断直接影响我国婴幼儿配方乳粉的生产

2022年，全国牛奶产量3 932万吨，比2021年增长6.8%（裴文，2023）。奶业综合生产平稳但产量增速低于需求增速，存在35%左右的缺口需要依赖进口补足，国内奶业对国际市场依赖度较高，乳制品进口总量与进口额逐年提高，尤其是乳清粉、乳清蛋白、乳铁蛋白等乳基原料，是婴幼儿配方乳粉生产的重要原料。2021年，我国共进口乳清类产品72.32万吨，其中从美国进口28.64万吨，占39.6%，从欧盟进口27.58万吨，占38.1%，从白俄罗斯进口6.24万吨，占8.6%，从土耳其进口3.47万吨，占4.8%，从阿根廷进口2.33万吨，占3.2%，此类乳基原料国内暂无生产，完全依赖进

口，若进口受限会直接影响我国婴幼儿配方乳粉的生产。欧盟进口奶粉占我国年度婴幼儿配方奶粉进口总量的63%~65%。我国奶粉历年第一大进口来源国都是荷兰，占比约35%，2022年达47%，第二大进口来源国是新西兰（占比21%~23%）。从国别情况与国家间关系看，婴幼儿配方奶粉的进口受限风险基本可控。另外，根据2020年全球婴幼儿配方奶粉产量为482.8万吨，消费量为388.3万吨，剩余约95万吨余量的情况分析，一旦由于中国—欧盟关系或中国—新西兰关系受损发生个别国家对我国乳清蛋白出口限制，导致我国婴幼儿奶粉生产量的降低，可以通过直接加大成品婴幼儿奶粉进口量进行补充。

（3）畜禽顶级种源长期依赖进口，须针对性防范极端时期出口国对我国种质资源进口设限

我国进口种猪主要来自美国、法国、加拿大、丹麦和英国5个国家，其中美国和法国占比较高。我国育种体系与养猪强国间还有一定差距，不少企业依赖国外种业集团，所以种猪进口受阻碍将是生猪行业的风险点。类似情况也出现在奶牛产业上，2021年4月，新西兰初级产业部正式宣布，出于动物福利的考虑，2023年开始新西兰全面禁止活畜出口，在2021—2023年过渡期内，新西兰将对出口牲畜的月龄和船只安全水平进行严格监控。2020年澳大利亚种牛资源出现紧张，中国从澳大利亚进口种牛数量同比减少14.53%。为缓解上述影响，中国不得不恢复从南美洲的乌拉圭和智利进口种牛（崔力航，2021）。家禽产业方面，国产蛋鸡品种的祖代更新率达到约80%，供种能力充足，而我国鸭和鹅几乎全部为国产品种，因此，禽肉产业唯一的风险点是白羽肉鸡品种，据农业农村部发布的公告可知，2019年以前其对的国外依存度几乎为100%，自2021年我国自主培育的3个白羽肉鸡品种面世之后，局面正在好转。

（4）牛肉需求量不断增加，牛肉市场供求平衡格局趋紧，进口增长势头强劲，复杂的国际关系导致进口阻断风险较大

我国牛肉产量逐年增加，2022年中国牛肉产量为718万吨，较2021年增长了2.94%。从牛肉需求端看，2022年中国牛肉需求量达到986.93万吨，较2021年增长6.03%。2022年国内牛肉供需缺口达268.93万吨，我国牛肉的供应缺口巨大，目前全国牛肉供需关系情况为供不应求，受限于养殖技术和养殖环境等原因，我国牛肉产能增长速度远低于牛肉的需求量，因此牛肉的进口依赖度居高不下。《2023—2029年中国牛肉行业市场全景评估及投资前景规划报告》显示，2021年中国牛肉的进口量为233.25万吨，较2020年增长了10.11%，2022年中国牛肉的进口量为268.94万吨，较2021年增长了15.30%（张日，2023），我国牛肉进口量呈现快速增长态势，每年需要从国外进口大量牛肉。且我国进口牛肉以冻肉为主，占比达98%，冷鲜肉占比仅为2%。2022年，我国进口牛肉268.95万吨，同比增加15%，平均到岸价格为6 600美元/吨，同比上涨23%，进口的牛肉主要来自巴西、阿根廷、乌拉圭、新西兰和澳大利亚，从这5国合计进口235万吨，占比87%；其中，从巴西进口111万吨，占比41%，从阿根廷进口49万吨，占比18%，从乌拉进口35.6万吨，占比13%，从新西兰进口21.6万吨，占比8%，从澳大利亚进口16.9万吨，占比6.8%；另外，从美国进口18万吨，占比

6.6%，美国已成为我国进口牛肉的第六来源国。

（5）羊肉相关商品进口规模常年大于出口规模，但羊肉供给主要依靠国内自产，进口占比相对较低，风险较小

2020年，受新冠疫情等因素的影响，全球羊肉生产和贸易均呈现低迷态势，我国羊肉进口量开始下降。2021年，随着全球经济复苏，国际贸易市场逐渐活跃，我国羊肉进口量出现一定回升，但由于疫情在全球范围内持续多点散发及国际冲突不稳定的影响，2022年，我国羊肉进口量和进口额又呈现下降趋势。2022年，我国羊肉进口量为35.8万吨，同比下降14.8%，进口额为20.8亿美元，同比下降14.4%。我国羊肉进口来源国主要为新西兰和澳大利亚，2022年从新西兰进口羊肉19.5万吨，占进口总量的54.6%，从澳大利亚进口羊肉14.9万吨，较2021年增加了3.1%，占进口总量的41.8%，澳大利亚羊肉的贸易竞争力有所增加（李军和金海，2023）。

2. 畜禽产品供应产业链受阻导致市场运行失调，严重影响我国畜牧业发展

（1）生　产

由于俄罗斯和乌克兰都是重要的农产品出口国，俄乌冲突开始后，本就处于上涨中的原料价格更是大幅度上涨。战争可能导致国际供应链中断，影响饲料原料的进口，导致饲料供应不足，使畜禽养殖成本大幅增加。战争环境可能破坏生物安全设施，动物疫病传播风险增加。另外，市场不确定性可能导致养殖场（户）信心受挫，影响生产积极性和投入。

（2）流　通

目前国际形势严峻，如发生战争国际贸易秩序和物流系统将受到不同程度的影响，导致贸易受阻、物流中断等问题的发生。一方面，饲料供应中断或运输困难，畜禽养殖场无法获得足够的饲料，将直接影响畜禽的生产。另一方面，活畜禽无法正常运输，进而影响跨省或跨地区销售。畜禽养殖场（户）无法及时将产品出售给经销商或消费者，造成损失，导致价格上涨。另外，消费者信心下降，消费需求减少，导致市场波动较大。总之，中国畜牧业还将继续经受全球市场原料价格剧烈波动的考验，降低对外依存度才能真正解决这一问题。

一是加强供应链管理。加强供应商、生产商、运输商之间的合作，建立更加紧密的合作关系，确保供应链的稳定运行。同时，要加强对原材料供应、饲料采购等方面的管理和控制，避免因供应链中断而影响畜禽产品的生产和供应。

二是优化物流路径。如发生战争，应优化畜禽产品运输路径，选择安全的运输路线，避免因道路被封锁或中断而导致产品运输受阻。可以通过增加中转站、更换运输方式等来降低风险。

三是提高应急能力。制定应急预案和措施，应对可能出现的突发事件和意外情况。例如，建立备用生产线、储备原材料等，以确保畜禽产品的正常生产和供应。

四是加强信息沟通共享。政府和企业之间要加强信息沟通和共享，及时了解国内外市场动态和政策变化，以便进行相应的调整和做决策。

(二)极端条件下我国畜禽食物供应的潜力

1. 突破畜禽饲草优异种质创新与应用技术

如遇畜禽产业生产资料进口受阻,应选用国内各具优势的地方畜禽品种作为替代种源,加快优良品种选育,加快建立社会化、专门化的畜禽集中繁育、育成繁育技术体系,应提升我国畜禽产业效率,同时推动快繁技术和疫病防控技术的应用,保障畜禽存、出栏量。

2. 开发本土饲料饲草资源,全面提高加工饲料技术水平,增加优质饲草供应

如遇国际形势影响下饲料饲草等国际贸易受阻,应启动实施木本蛋白资源、薯类能量资源和农业副产物资源的开发、加工、补饲利用技术方案,重点推广非常规饲料饲草替代技术、多元化精准日粮替代技术、畜禽精准营养调控技术、玉米和豆粕提效减量技术、低蛋白日粮技术等,提高非常规饲料饲草转化率,提高豆粕利用效率,扩大氨基酸、微生物蛋白等蛋白替代类饲料添加剂的生产能力和应用程度,依靠替代应用技术应对饲料饲草资源缺口,保障蛋白饲料安全。

(1)精准营养调控,推广多元化日粮替代技术

若苜蓿干草、苜蓿粗粉及颗粒、燕麦草等进口量不足,影响国内畜牧业生产,在当前情况下国内饲草供应将出现200万吨以上缺口。在牛羊等反刍动物饲养中,充分保障青贮玉米、苜蓿等优质饲草供应,可以提高养殖效率,减少精饲料用量。可应急加大木本饲料、非常规蛋白饲料资源、农作物秸秆等副产物、林源加工剩余物、果渣、枝条的加工供应力度弥补饲草供应缺口。实践表明,将玉米籽粒和秸秆一起全株青贮饲用,可使1亩地发挥出1.3亩的效应;在耕地上种植优质高产苜蓿,每亩地可产出蛋白质90~100千克,相当于种植2亩大豆。如能继续优化种植结构,每年扩种增加5 000万吨优质饲草,至少还可以减少100万吨豆粕的饲用需求(于文静,2022)。

(2)重点推广玉米和豆粕提效减量替代技术

2021年,全国养殖业饲料消耗量约为4.5亿吨,其中豆粕占比降到15.3%,比2017年下降2.5个百分点,节约豆粕1 100万吨,折合大豆1 400万吨,相当于1亿亩以上耕地的产出,为保障国家粮食安全大局作出了积极贡献(雷少斐,2022)。若按照全国动物营养指导委员会推荐的《猪鸡饲料玉米豆粕减量替代技术方案》,继续推广低蛋白日粮技术,还有较大的豆粕减量空间。畜禽养殖低蛋白日粮主要是添加工业合成氨基酸补足短板,降低豆粕等蛋白原料用量。以育肥猪为例,在添加赖氨酸等5种必需氨基酸的基础上,可将全程饲料蛋白水平下调至12%,在不降低饲养效率的前提下,每出栏1头130千克的肥猪可节约豆粕25千克左右。如在养殖业全面推广应用该技术,可将豆粕用量占比降至12%,相当于每年节约1 500万吨豆粕。如果再增加使用其他必需氨基酸,豆粕饲用量还有进一步下调的空间(于文静,2022)。

菜籽饼粕、棉籽饼粕、花生饼粕等杂饼粕,玉米加工副产物等粮食加工副产物,食用动物副产品、微生物蛋白、昆虫蛋白等都是可利用的蛋白饲料资源,通过规范生产工

艺加工，辅以酶制剂等饲料添加剂，可作为豆粕的有效替代资源。总体测算，通过挖掘利用现有蛋白饲料资源，每年还有约 700 万吨豆粕的替代潜力（于文静，2022）。

同时，畜禽、肉、蛋、奶产品以及干草捆、裹包与发酵袋等形式的饲草料产品是保障食物供给的物质基础。极端条件下，应扩大通行费减免范围，将上述类别产品纳入我国收费公路运输"绿色通道"政策。

3. 加大草原食物资源的开发

目前我国草原产肉量仅占全国牛羊肉总产量的 27.4%（侯扶江等，2016），由牧草直接转化的草食性畜产品占畜产品总量的比例未达到 20%，远低于发达国家 60% 以上的水平。极端条件下要加大对草原食物资源的开发力度，并积极利用木本饲料等新型饲草饲料资源。对北方 2 亿亩退化天然草地进行免耕补播，在 6 亿亩重度沙化、盐碱化草地建立高产人工草地，在南方 4 亿亩未被开发利用的草山草坡建设人工草场，加紧开展饲草资源补充，预计每年可增加 3 745 万吨饲草供应，支撑饲养 4 889 万个羊单位、150 万头奶牛的饲草所需，增加肉产量 137 万吨、奶产量 1 200 万吨，相当于节约耕地面积 7 500 万亩。

4. 实施临时性白肉增量行动

我国奶类进口相对安全有保障，针对极端情况，须提前研判，在稳定现有肉品进口渠道与进口量前提下，根据动物饲养规律，提前扩大畜禽养殖与肉品储备，增加奶类进口，适当提升禽肉、禽蛋、水产等白肉的供应能力。据测算，提高 5% 的禽肉、禽蛋产量可满足约 2% 总蛋白质的消费量。

5. 临时性降低工业玉米使用强度

饲料是玉米消费的主力军，占玉米总消费量的 60% 以上，其次为工业消费，占比为 26.7%（朱勇生，2021）。按照 2025 年玉米消费 2.9 亿吨，即工业消费玉米约 7 700 万吨，在极端情况下，临时性压减工业玉米加工产能 1/4，可释放约 1 900 万吨玉米（大约相当于 2025 年美国预计出口至我国的玉米量）投入畜牧业，以保证肉品的产量。

6. 拓展畜禽食物来源

近年来，随着科技的迅猛发展，食品领域也开始探索非传统食物。除了传统的猪、牛、羊和鸡等，其他畜禽也具备巨大的发展潜力，尤其在极端条件下，拓展食物的界限不再只是满足人们追求高品质、高附加值产品的需求，更是补充蛋白质供应的必由之路。

兔肉高蛋白质、低脂肪、低胆固醇，肉兔节粮粗饲，投入产出比高，饲养周期短，可以作为极端条件下猪、牛、羊、禽肉等传统肉类食物产量下降的替代肉类。兔肉制品产量年均增速远高于肉类平均增速，肉兔是典型的节粮型草食家畜，耐粗饲能力好。与饲养其他动物相比，养殖肉兔投资较小，3~4 月龄能达到性成熟，一般 6 月龄初配，妊娠期一个月产仔 7~8 只，产后可发情配种，一年可产仔 6 胎以上，而且养殖占地小，既可以平地养殖，又可以多层立体笼舍饲养。我国肉兔品种较多，其中饲养量大的有 20 多种，国产品种有哈白兔、塞北兔、太行山兔、大耳黄兔等（郭钰等，2023）。2022 年我国兔肉产量 51.80 万吨（武拉平等，2023），不依赖进口，出口量 0.37 万吨，国内兔肉行业表观消费量约51.43万吨。因此，兔肉可以作为极端条件下猪肉、牛肉、羊肉、禽肉等传统肉类食物产量下降的替代肉类。

瘤牛肉营养均衡，瘤牛养殖环保和可持续，在满足未来食品需求、促进可持续发展和提高食品品质方面具有广阔的前景。相比传统畜牧业，瘤牛的饲料转化效率更高，减少了温室气体排放和对资源的需求。这使瘤牛成为可持续食物生产的一种重要选择。瘤牛肉质鲜嫩，富含高质量的蛋白质。在未来人口增长和食品需求增加的情况下，瘤牛肉可以提供丰富的蛋白质。瘤牛肉中的脂肪含量较低，且富含多种维生素和矿物质。这使得瘤牛肉具有营养均衡的特点，能够满足人们对健康饮食的需求。瘤牛具有较强的抗病能力，对常见的疾病具有较高的抵抗力。这减少了瘤牛养殖过程中的防疫投入，提高了生产效率。瘤牛肉的品质可控性较高，可以根据消费者需求进行养殖和加工。通过养殖技术和管理手段的不断提升，瘤牛的肉质可以得到进一步改善，更好地满足市场需求。瘤牛作为未来食物具可持续性、蛋白质丰富、营养均衡、抗病能力强和品质可控等特点，使得瘤牛在满足未来食品需求、促进可持续发展和提高食品品质方面具有广阔的前景。

鸽子肉富含营养易消化，鸽子养殖成本低，市场需求旺盛，规模化产业化发展脚步加快，能够弥补因为极端条件我国禽肉类食物供应的缺口。鸽子养殖的肉料比为2∶1，一对种鸽每天耗粮70克左右，每只乳鸽从出壳到出售仅需1.1千克饲料，饲料成本低。据不完全统计，目前全国种鸽存栏3 000多万对，年产乳鸽总量达到4.5亿只，总重量18万吨，而我国2007年禽肉产量为1 600多万吨，鸽肉的产量仅占禽类总量的1.1%。自从21世纪肉鸽业逐步规模化和产业化以来，乳鸽市场需求旺盛，市场需求量每年以10%~15%增长，与每年种鸽存栏量的增长同步。近年一些非农业类型的公司开始投资养鸽，这些公司投入的资金大多是几千万元甚至上亿元，首期办场存栏种鸽就达到10多万对，几年内种鸽存栏目标是发展到30万~50万对，这将有效地加快肉鸽业向规模化、产业化发展（陈益填，2013）。因此，鸽子能够在极端条件下用来填补我国禽类食物供应的缺口。

五、政策建议

《"十四五"全国畜牧兽医行业发展规划》提出科技创新和技术进步是突破目前发展瓶颈，不断提高畜禽良种化、资源利用效率，加快畜牧业发展方式转变，推进全行业全要素现代化的主要途径。

（一）落实"大食物观"思想，树立现代化畜禽食物供给和消费理念

1. 提升畜牧业在农业发展中的地位

畜牧业的产值在农业产值中的比例是衡量一个国家或地区经济发达程度的标志之一。打造现代化的畜牧强国是建设农业强国，进而实现社会主义现代化强国目标的必然选择。在长达数千年的历史中，我国农业一直在围绕"吃饱"做文章，种植业首先要

满足口粮需求，畜牧业处于从属地位，这一理念已经与我国当前社会发展水平和需求相矛盾。因此，要逐步树立畜牧业优先发展理念，提升畜牧业在的农业发展中的地位，推动畜牧业发展要朝着集约化、规模化、生态化、数字化方向转变，向着农民增收、环境友好、技术进步、经济发展的目标进一步迈进。

2. 优化畜禽食物消费结构

一方面我国畜禽食物供给存在不足，另一方面浪费严重、人口肥胖率增加。区域发展不平衡，发达地区营养过剩，边疆地区和农村地区畜禽食物消费不足。因此，要在《中国居民膳食指南（2022）》的指导下，大力宣传营养健康的畜禽食物消费理念，构建合理的国民膳食结构，杜绝食物资源的浪费。受多重因素影响，部分地方畜牧业生产不振、流通受阻，畜禽产品供给保障难度加大，建议充分发挥禽肉营养价值高、养殖空间选择余地大、生产周期短、饲料转化率高等特点和优势，大力发展禽类生产，引导优化肉类消费结构，促进我国居民食物消费结构的调整。

3. 拓展畜禽食物范围

《国家畜禽遗传资源目录》明确了家养畜禽种类33种，包括其地方品种、培育品种、引入品种及配套系。除了稳定猪、禽、牛和羊的产品供给，须考虑在科技支撑下未来食物可能的发展趋势。例如，可开发新型畜禽种类作为食物资源，备选动物包括马、驴、骆驼、兔子、鸽子、瘤牛、火鸡、梅花鹿、驯鹿、羊驼和鸵鸟等。此外，在确保传统蛋白质产能的前提下，要加快利用生物合成技术生产食用蛋白质，拓宽蛋白质产业边界，如植物蛋白、微生物发酵蛋白等。细胞培养肉生产技术可能实现利用最少的动物资源获得最大化的蛋白质资源，既能维持人类肉食需求和供给平衡，又有利于优化生态环境，实现人类食品安全的提升和饮食健康状况的改善。

4. 减少畜牧业对国际的依赖度

我国畜牧业对进口的依赖主要体现在饲料粮严重依赖进口，奶牛和牛肉进口依赖度较高两个方面。因此，要想解决我国畜牧业对进口的依赖问题，重点应解决上述关键问题。一是大力发展大豆产业，提升我国大豆供给量，扩展大豆供应渠道，防止大豆进口阻断对我国畜牧业造成冲击。二是提升牛奶和牛肉供给能力，提升奶牛和肉牛养殖效率，降低饲养成本。规划市场，防止垄断，提升我国大型乳制品企业社会责任感，优先保障我国居民的乳制品供给。

（二）把握"大食物观"的实践要求，提升畜牧业科技创新水平

1. 加快实施畜禽种业振兴行动

加快实施畜禽种业振兴对提高品种质量、促进科技创新、推动产业升级、改善养殖环境以及促进农村经济发展具有重要的意义。可以在优化品种培育方面推进。加强畜禽品种改良和遗传选育，培育出适应性强、生产性能优良的品种。

2. 提高饲草、饲料开发利用效率

对于饲草、饲料本身来说，可以通过多样化饲料来源、研发和应用饲料添加剂和酶

制剂的方法，提高它们的利用效率。多样化饲料来源，可以提供丰富的营养物质，并减少对单一资源的依赖，例如，研发应用昆虫蛋白、微生物蛋白、海藻蛋白、单细胞蛋白等，用于替代传统的动物源蛋白质，替代性饲料原料应具有较高的蛋白质含量和较低的环境影响，能够提供均衡的营养供给，减少对有限资源（如大豆）的依赖。研发和应用饲料添加剂和酶制剂可以提高饲料的消化吸收率和利用效率。例如，预处理饲料时添加提高纤维素利用率的酶制剂，可以改善家畜对纤维素的消化能力，提高饲料的能量转化效率。

对于畜禽来说，可以通过优化饲料配方和制订科学喂养计划的方法提高饲草、饲料利用效率。采用饲养管理软件和模型，根据动物的生长阶段、品种和环境条件等因素进行营养需求分析，精确调配饲料配方，在确保家畜得到适当的营养供给条件下提高饲料利用效率和动物生产性能。制定科学的喂养计划，合理控制饲料的投喂量和投喂频次，减少浪费和饲料负荷。

3. 加强动物疫病防控

动物疾病防控对维护动物健康、保障食品安全、维护畜牧业生产、防止疾病跨界传播和保护生物多样性具有重要意义。可以通过优化疫病检测方法、加强疫苗研发和应用、搭建畜禽疫病信息共享平台及开展智能化动物健康管理等进一步加强动物疫病防控。

4. 全面推行规模化高效养殖模式

促进规模化高效养殖模式的全面应用，进而提高养殖效率、降低生产成本、改善环境可持续性，并推动畜禽养殖业的现代化发展。首先，制定支持规模化养殖发展的政策，包括财政补贴、税收优惠、贷款支持等，鼓励农民和企业投资规模化养殖。加强对规模化养殖政策的宣传和培训，提高养殖者的知晓度和积极性。其次，为养殖者提供规模化养殖技术的培训，包括养殖管理、疾病防控、营养配方等方面的技术知识。建立示范基地和培训中心，开展现场指导和技术交流，提供实践学习机会。再次，建立养殖业企业与科研机构、高校之间的紧密合作机制。通过产学研合作，科研机构可以将前沿的研发成果转化为实际可行的技术和方法，养殖企业可以借助科研机构的支持和帮助，快速应用和推广研发成果。最后，建立相应的标准，推进研发成果规范化和标准化应用。制定操作指南、技术规范，并针对环境保护和动物福利提出具体要求等，确保高效养殖模式的正确实施和持续运行。

报告主要研究人员：刘军、张涌、高元鹏、王婵、王燕星、权富生、王勇胜、苏建民、刘旭、米晓钰、祝振亮、冯瑞、苏杰、王晓妍、刘雅怡、张峻瑜（西北农林科技大学）

参考文献

包晓斌，朱小云，2023. 农业生态产品价值实现：困境、路径与机制［J］. 当代经济管理, 45 (9): 47-53.

常帅, 刘嘉, 叶静, 等, 2019. 新发展理念视阈下的我国畜禽疫病防控 [J]. 中国科学院院刊, 34 (2): 145-151.

陈来华, 李娟, 王亚辉, 2022. 中国肉牛产业发展概况分析、存在问题及对策 [J]. 中国食物与营养, 28 (3): 5-9.

陈若晨, 杜曼拜克·努尔别克, 郑江霞, 2024. 新疆禽蛋与禽肉消费趋势调查分析 [J]. 中国畜牧杂志, 16 (5): 15-20.

陈曦, 2023. 未来我们吃的"肉"可能是微生物造的 [N]. 科技日报, 2023-02-23 (6).

陈益填, 2013. 我国肉鸽业养殖现状、投资效益及发展趋势分析 [J]. 中国家禽, 34 (4): 8-11.

崔海军, 2021.《中国农业展望报告（2021—2030）》解读 [J]. 今日养猪业, 2 (4): 7-9.

崔力航, 2021. 国际贸易视野下中国乳业生产要素"卡脖子"困局 [J]. 乳品与人类 (5): 26-33.

樊慧丽, 付文阁, 2020. 基于局部均衡模型的中国羊肉市场供需变动分析 [J]. 浙江农业学报, 32 (6): 1123-1132.

冯颖, 陈晓鸣, 叶寿德, 等, 1999. 同翅目几种食用昆虫记述及营养分析 [J]. 林业科学研究, 12 (5): 4.

高云才, 2016. 驴奶: 有待开发的乳业"新贵" [J]. 农村新技术 (2): 42.

郜晋亮, 刘一明, 雷少斐, 2022. 国家畜牧科技创新联盟成果喜人 [N]. 中国畜牧兽医报, 2022-09-04 (1).

郭惠武, 2022. 营养供给角度的中国粮食安全分析 [J]. 中国畜牧杂志, 58 (9): 314-320.

郭钰, 徐琳娜, 陈雅莉, 2023. 浅谈肉兔高效养殖技术 [J]. 甘肃畜牧兽医, 53 (2): 109-112.

韩伯枝, 2017. 浅谈动物饲料与畜产品安全关系 [J]. 中国畜牧兽医文摘, 33 (5): 20, 70.

和音, 2023. 为全球生物安全治理贡献中国力量 [N]. 人民日报, 2023-08-07 (3).

侯扶江, 王春梅, 娄珊宁, 等, 2016. 我国草原生产力 [J]. 中国工程科学, 18 (1): 80-93.

侯文通, 2016. 不同年龄肥育驴肉的营养成分分析 [J]. 草食家畜 (4): 1-9.

胡定寰, 杨伟民, 方成, 等, 2021. 全球及中国骆驼乳制品的经济与市场分析 [J]. 中国乳业 (8): 40-48.

胡木林, 黄永莲, 何宁, 等, 2005. 家蚕蛹营养成分分析 [J]. 湛江师范学院学报, 26 (3): 33-36.

黄庆生, 2023. 饲料原料供需新形势下我国氨基酸产业的新变局与应对 [R]. 广州：中国畜牧兽医学会．

雷少斐，2022．农业农村部部署全面推进豆粕减量替代行动［N］．农民日报，2022-09-20（2）．

李广东，2021．规模化猪场生态高效养殖技术应用与推广［R］．河北省畜牧总站，2021-12-25．

李国祥，2022．从消费端认识和把握我国初级农产品供给保障［J］．中国国情国力，5（2）：9-13．

李健旋，2022．中国制造业智能化程度评价及发展路径研究［D］．南京：东南大学．

李军，金海，2023．2022年我国肉羊产业发展概况、未来趋势及建议［J］．中国畜牧杂志，59（3）：294-299．

李萌，2023．权责与协同：基于整体性治理的中国生物安全治理体系构建［J/OL］．阅江学刊，DOI：10.13878/j.cnki.yjxk.20231219.004．

李晓明，2022．对畜禽重大疫病的防控措施［J］．畜牧兽医科技信息（7）：53-55．

李晓晴，2023．优质肉蛋奶丰富"菜篮子"［N］．人民日报，2023-08-11（18）．

李新媛，高占琪，任越，2017．牧区饲草料储备模式初探［J］．甘肃畜牧兽医，47（12）：27-28．

李奕鹏，2022．自然资源利用和生态环境保护问题分析［J］．皮革制作与环保科技，3（21）：189-190，193．

梁海斌，2021．贮藏和加工工艺对畜禽产品中氟喹诺酮类药物残留风险的影响［J］．食品安全质量检测学报，12（7）：2716-2721．

刘慧，2023．大豆进口为何大幅增长［N］．经济日报，2023-07-04（12）．

刘科，黄博琛，2023．大食物观：超越粮食安全战略的时代价值与实践方案［J］．中州学刊，5（5）：67-73．

刘希凤，王敬，2015．畜产品加工与检测［M］．重庆：重庆大学出版社．

刘彦杰，姬兰玉，2023．畜禽产品质量安全问题存在的现状及改良措施［J］．现代畜牧科技（6）：96-98．

刘源，2020．农业农村部公布《国家畜禽遗传资源目录》［J］．中国畜牧业（12）：16．

龙文进，樊胜根，2023．基于大食物观的多元化食物供给体系构建研究［J］．农业现代化研究，44（2）：233-243．

马晓科，2022．我国牛肉消费情况及主要牛肉进口市场——基于空间计量和社会网络分析［J］．科技经济市场，8（11）：158-160．

门洪华，丁迪，2023．全球新兴生物技术竞争态势与管控机制的探索［J］．学习与探索（12）：23-32，177．

农业农村部，2021．农业农村部关于印发《"十四五"全国畜牧兽医行业发展规划》的通知［EB/OL］．2021-12-14．https：//www.gov.cn/zhengce/zhengceku/

2021-12/22/content_5663947.htm.

裴文，2023. 高品质乳品消费潜力大［N］. 经济日报，2023-03-29（011）.

秦东，2023. 畜禽疫病的防治措施及注意事项［J］. 畜禽业，34（2）：47-49.

青平，邓秀新，闵师，等，2023. "双循环"背景下我国粮食安全韧性及风险管控战略研究［J］. 中国工程科学，25（4）：26-38.

曲百友，2014. 集约化养羊场疫病综合防控技术要点［J］. 山东畜牧兽医，35（6）：49.

任晓明，2023. 饲草料种植加工及高效利用［J］. 畜禽业，34（4）：39-41.

石守定，2021. 2020年中国生猪生产基本情况［J］. 中国畜牧业，8（2）：48-50.

石自忠，胡向东，2022. 中国生猪市场供需及政策效应分析［J］. 华中农业大学学报（社会科学版），7（4）：104-115.

孙宝忠，张守勇，李海鹏，等，2008. 国内外畜禽肉类产品质量档次化加工技术体系组成及差异［J］. 中国牧业通讯（7）：26-28.

孙田田，何忠伟，刘芳，等，2023. 中国乳制品供给安全形势分析［J］. 中国农业资源与区划，44（9）：14-25.

万进，李智，陈学友，等，2023. 浅谈重要疫病对生猪产业的经济影响［J］. 中国动物检疫，40（1）：55-60.

万强，2013. 当前动物疫病防治形势与对策——《国家中长期动物疫病防治规划（2012—2020年）》学习体会［J］. 中国动物检疫，30（8）：1-3，13.

汪超，刘元法，周景文，2021. 细胞培养肉的生物伦理学思考［J］. 生物工程学报，37（2）：378-383.

王臣，曹胜波，肖少波，等，2023. 畜禽重大疫病防控的关键科学问题［J］. 中国科学基金，37（1）：98-106.

王楚婷，刘爱军，王远浓，2020. 中国牛肉市场的供给与需求分析［J］. 福建茶叶，42（3）：57-59.

王春洪，2022. 2021年驴业生产形势分析及展望［J］. 畜牧产业（4）：25-31.

王国英，2024. 面向农业强国：畜牧产业绿色高质量发展的基础、价值与路径［J/OL］. 饲料研究，47（6）：190-184.

王以中，辛翔飞，林青宁，等，2022. 我国畜禽种业发展形势及对策［J］. 农业经济问题（7）：52-63.

武拉平，王建勋，秦应和，2023. 2022年兔产业生产概况、2023年发展趋势及政策建议［J］. 中国畜牧杂志，59（3）：348-352.

肖梓凡，王英春，于桂芳，等，2022. 畜禽疫病风险防控分析报告［J］. 中国畜牧业（7）：91-92.

辛翔飞，王潇，王济民，2024. 肉鸡产业高质量发展：问题挑战、趋势研判及政策建议［J］. 中国家禽，46（1）：1-10.

熊学振，杨春，马晓萍，2022. 我国畜牧业发展现状与高质量发展策略选择［J］. 中国农业科技导报，24（3）：1-10.

许琳, 2017. 正确看待养殖业中抗生素的使用 [J]. 养禽与禽病防治 (7): 40-43.

杨霄, 薛杨, 田德桥, 2023. 中国的生物安全观与治理体系研究（英文）[J]. Contemporary International Relations, 33 (3): 97-120.

杨毅, 陶旭, 孙康泰, 2022. "十三五"国家重点研发计划农业领域立项项目布局分析——以畜禽重大疫病防控与高效安全养殖重点专项为例 [J]. 华中农业大学学报（自然科学版）, 41 (3): 79-86.

尹宝英, 朱小甫, 郑红青, 等, 2023. 规模化养殖场粪污肥料化影响因素分析及对策研究 [J]. 当代畜禽养殖业, 43 (4): 49-50.

于福清, 2022. 加强畜禽遗传资源保护夯实畜禽种业振兴根基 [J]. 农村工作通讯 (16): 26-28.

于洪光, 2007. 保护毛驴良种资源加快发展商品驴产业 [J]. 农产品加工 (4): 10-11.

于文静, 2022. 减少进口大豆依赖 夯实养殖业发展基础 [N]. 新华每日电讯, 2022-02-17 (3).

于新茹, 米静, 2023. 乡村振兴视域下畜禽全产业链高质量发展策略研究 [J]. 饲料研究, 46 (24): 191-195.

原国辉, 郑祥义, 1991. 食用昆虫蛋白资源的开发利用概况 [J]. 昆虫知识 (2): 122-124.

张东君, 2020. 影响畜产品质量安全因素及提升对策 [J]. 畜牧兽医科学（电子版）(22): 110-111.

张红, 刘芳, 何忠伟, 2021. 基于 Nerlove 模型的中国猪肉供给影响因素分析 [J]. 科技和产业, 21 (6): 137-141.

张梅, 郑伊佳, 2023. 近20年我国粮食安全研究的进展与展望——基于CiteSpace的可视化分析 [J]. 开发研究, 5 (3): 30-35.

张日, 2023. 中国成为阿根廷牛肉出口稳定大市场 [N]. 国际商报, 2023-07-26 (4).

张瑛, 鲍文龙, 2006. 发展绿色畜禽产品生产关键环节 [J]. 吉林畜牧兽医 (3): 18-19.

张志强, 程伟, 谢亚力, 等, 2016. 冷藏条件对马肉不同部位营养品质的影响 [J]. 肉类工业 (6): 32-35.

章勇, 2023. 再降0.8%，我国饲用豆粕减量替代再进一程 [N]. 中国畜牧兽医报, 2023-04-09 (1).

郑一颖, 陈恒杰, 2023. 规模养殖对生态环境的影响及防控措施 [J]. 畜牧兽医科技信息 (11): 32-34.

中国畜牧业杂志采编部, 王旭, 2022. 构建饲料粮减量替代新格局 [J]. 中国畜牧业 (20): 19.

中国畜牧业杂志采编部, 王旭, 2022. 推动我国畜牧业发展迈上新台阶 [J]. 中国畜牧业（1）：16-25.

周勋章，刘振涛，李广东，等，2023. 大食物观下畜产品供给能力评价指标构建研究［J］. 猪业科学，40（11）：32-33.

周应恒，李娜，2023. "大食物观"与我国食物安全保障新思路［J］. 中国农业大学学报（社会科学版），40（4）：147-158.

朱芬，石志辉，2022. 食用昆虫蛋白的资源特性及开发前景［J］. 中国食品学报，22（6）：44-52.

朱勇生，2021.2021年中国玉米产业报告［N］. 粮油市场报，2021-11-16（T14）.

朱增勇，2022. 猪肉供给充裕需求逐步回暖［J］. 农家致富，12（7）：19.

卓志航，杨伟，徐丹萍，等，2014. 浅析食用昆虫的资源价值［J］. 食品工业科技，35（17）：390-394.

CHAN L G, COHEN J L, DE MOURA B J M., 2018. Conversion of agricultural streams and food-processing by-products to value-added compounds using filamentous fungi［J］. Annual Review of Food Science and Technology, 9（1）：503-523.

FENG Y B, ZHAO M N, DING W F, et al., 2020. Overview of edible insect resources and common species utilisation in China［J］. Journal of Insects as Food and Feed, 6（1）：1-14.

Heuer T, Krems C, Moon K, et al., 2015. Food consumption of adults in Germany: results of the German National Nutrition Survey II based on diet history interviews［J］. British Journal of Nutrition, 113（10）：1603-1614.

KIM K, CHOI B, LEE I, et al., 2011. Bioproduction of mushroom mycelium of Agaricus bisporus by commercial submerged fermentation for the production of meat analogue［J］. Journal of the Science of Food & Agriculture, 91（9）：1561-1568.

MINGYI Y, BELWAL T, DEVKOTA H P, et al., 2019. Trends of utilizing mushroom polysaccharides（MPs）as potent nutraceutical components in food and medicine: A comprehensive review［J］. Trends in Food Science & Technology, 92：94-110.

MONTEYNE A J, COELHO M O, PORTER C, et al., 2020. Mycoprotein ingestion stimulates protein synthesis rates to a greater extent than milk protein in rested and exercised skeletal muscle of healthy young men: a randomized controlled trial［J］. The American Journal of Clinical Nutrition, DOI：10.1093/ajcn/nqaao92.

RAMOS-ELORDUY J, MORENO J M P, PRADO E E, et al., 1997. Nutritional value of edible insects from the State of Oaxaca, Mexico［J］. Journal of Food Composition & Analysis, 10（2）：142-157.

专题报告三　大食物观背景下科技支撑森林领域潜力趋势

一、森林食物的内涵

（一）森林食物的定义

森林食物观是指从森林生态系统中获取各种食物资源的广泛认识和利用。森林是重要的食物供给资源库，可提供木本粮食、食用油料、特色林果、饮料、林药、调料、林菌、林菜等食用特色林产品，具有原生态、优质、无污染、健康、安全、营养等特性。森林蕴藏着丰富的食物，是天然的大粮库。建设森林粮库对保障国家粮食安全、促进乡村振兴具有特殊重要的意义。可食森林产品是我国继粮食、蔬菜之后的第三大农产品。

（二）森林食物涉及范围

我国是目前全球森林资源增长最快最多的国家，森林面积达 2.31 亿公顷，森林覆盖率达 24.02%，在承担生态功能的同时，还是巨大的"粮库"。从供给类型来看，森林可提供高品质的"森林碳水""森林蛋白"和"森林脂肪"，是主粮作物的重要补充。此外，森林植物含有丰富的次生代谢产物和营养功能成分，开发应用潜力巨大。树立大食物观，向森林要食物，具有很大潜力。

从食物结构看，森林食物主要可分六大类。①木本粮食：如枣、柿子、板栗、香榧、榛子等；②木本油料：如油茶、核桃、油橄榄等；③森林果品：如苹果、柑橘、梨等；④森林蔬菜和食用菌：如香椿、竹笋等蔬菜，以及香菇、木耳、松茸等菌类；⑤森林药材、饲料：如构树、桑树、刺槐、杜仲、枸杞等；⑥森林香料、饮料：如八角、花椒等香料，以及咖啡、茶等饮料产品。由此可见，森林"粮库"非常丰富，是大食物观中最有开发潜力的食物类型。

（三）森林食物的特色与优势

与传统主粮相比，森林粮库具有多重优势。

一是森林粮食是主粮的重要补充，提供优质淀粉、蛋白质、脂肪等物质，改善人体膳食结构。例如，山茶油、核桃油中的不饱和脂肪酸含量高达 90% 以上，对降低胆固醇有一定功效。枣、柿子、板栗等富含维生素、膳食纤维和多种矿物质，对膳食结构的改善和升级具有重要价值。

二是森林粮食具有重要的保健价值，富含萜类、黄酮、多酚等特色功能性天然产物，市场前景十分广阔。以香榧为例，研究发现香榧中含有金松酸等多种功效成分，具有抗氧化、抗衰老、提高免疫力等功效。在研究清楚这些功能成分合成代谢机制后，进行生物合成，开发功能保健产品，可以大幅提高经济效益。

三是发展和增值空间大。从经营模式看，考虑我国土地资源现状，以林地资源为依托，以科学技术为支撑，充分利用林下土地资源和林荫空间，在林下开展林药、林菌、林粮等复合经营模式。国家林业和草原局、国家发展改革委联合印发的《"十四五"林业草原保护发展规划纲要》，将林下经济列入林草产业新业态重点项目。"林+X"复合经营模式，可有效促进森林食品高效产出。例如，以浙江面积庞大的竹林为基础，充分利用林下土地资源和林荫优势，从事林下种植、养殖等立体复合生产经营，实现农林牧业资源共享、优势互补、循环相生、协调发展。以毛竹林下套种平菇促进冬笋早出技术为例：毛竹林下套种平菇仿野生栽培，菇味更加甘甜鲜美；菌丝生长时具有一定增温作用，能促进冬笋早出多出。二者互利互惠，每亩年收益可增加1万~2万元，实现竹林效益大幅提升。

二、中国森林食物供需结构、潜力和趋势

（一）近30年中国森林食物供需结构变化特征

一是供应量增加。随着森林资源的保护和合理利用，森林食物的供应量逐渐增加。政府加大对森林资源的投入，推动林业科技创新，提高森林食物的产量和产值。此外，农民对种植森林食物的认识不断加深，纷纷投身于森林食物的种植和经营，从而使得森林食物的供应量得到了有效提升。同时，消费量也日益提升，森林食物基本处于供略大于需的状态。据中国林业和草原统计年鉴数据，2020年，全国经济林种植面积6.3亿亩，森林食品产量增至1.94亿吨，需求量1.91亿吨。其中，核桃、板栗、油茶籽、竹笋干等主要森林食品产量呈爆发式增长。2008—2021年我国核桃和油茶籽产量如图2-3-1所示。1991—2020年，以核桃为代表的森林干果年产量由15.16万吨增至479.59万吨，增长30.6倍；以板栗为代表的木本粮食年产量由13.77万吨增至314.16万吨，增长21.8倍；以油茶籽为代表的木本油料年产量由62.07万吨增至225.25万吨，增长2.6倍；以竹笋干为代表的森林蔬菜年产量由8.72万吨增至96.73万吨，增长10.1倍。

二是品种多样化。森林食物品种逐渐丰富，满足了人们多样化的需求。在过去的30年里，我国森林食物品种不断创新，从相对单一的大宗林产品发展成为各类丰富的产品，森林食物产业逐渐壮大，市场规模不断扩大。1991—2000年，全国林业资源调查仅涉及核桃、板栗、油茶籽、竹笋干等主要林产品。经过近30年的发展，一些以往被认为是地方性、小众的林产品逐渐进入寻常百姓家。例如，森林水果由传统的苹果、

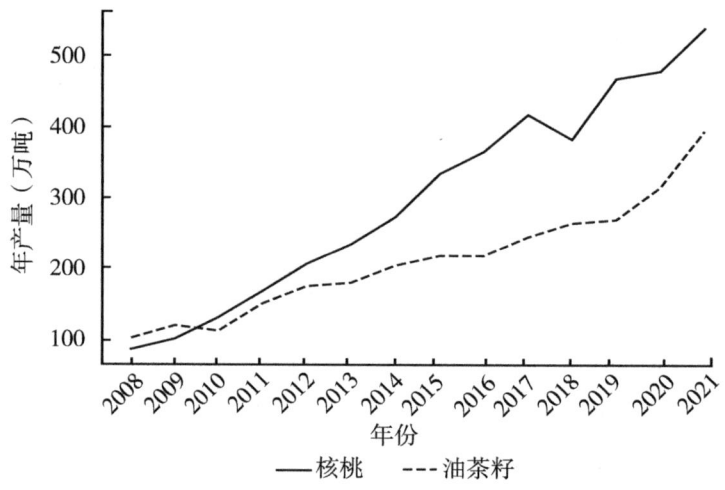

图 2-3-1　2008—2021 年中国核桃和油茶籽的产量
（数据来源：历年"中国林业和草原统计年鉴"）

柑橘、梨等大宗水果，发展到蓝莓、沙棘、刺梨等小浆果随处可见；木本粮食干果由传统的核桃、板栗，发展到枣、柿子、仁用杏、银杏、榛子、松子、香榧等丰富的品种；木本油料由油茶发展至油橄榄、文冠果、油用牡丹等多种特色树种；森林蔬菜除了笋用竹，食用菌、山野菜等新产业日益壮大；同时，林产饮料、辛香料和木本药材成为新的增长点，茶叶、咖啡、可可、花椒、八角、桂皮、杜仲、黄柏、厚朴、枸杞、山茱萸等产业发展迅猛。从需求结构上看，如图 2-3-2 所示，我国森林食品消费较大的品类主要是水果及干果，其中水果年消费量 1.59 亿吨，板栗、枣等木本粮食年消费量 1 300 万吨。其次为林产饮料、森林蔬菜等，其中，林产饮料年消费量 241 万吨，食用菌、山野菜等森林蔬菜年消费量 468 万吨，木本油料年产量 770 万吨，其生产的木本食用油年消费量 104 万吨。这些食物不仅满足了人们日常生活的需求，还为食品加工、医药、保健等产业提供了丰富的原料。

三是市场化程度提高。森林食物逐渐从自给自足向市场化发展，形成了一定规模的产业链。随着市场经济的发展，我国森林食物产业逐渐走向市场化。核桃、板栗、油茶、竹笋等传统林产业稳步扩大，从生产、加工、销售到消费，形成了完整的产业链条。同时，政府对森林食物产业给予了政策扶持，推动产业规模不断扩大，市场化程度不断提高。榛子、香榧、山核桃等地方特色林产品市场认可度也日益提升，成为各地发展"一亩山万元钱"、实现乡村振兴和共同富裕的主力军。在我国，森林食品经历了从"藏在深闺无人识"的质优价高到如今普通人也不再觉得遥不可及的发展过程。我国森林食品市场规模逐年稳步增长，2020 年产值达到 2.92 万亿元，同比上升 4.66%。

四是消费观念转变。人们对森林食物的认识逐渐加深，消费观念由单一转向多元化。同时，随着电商的兴起，森林食物的销售渠道也日益多样化，消费者可以更加便捷地购买到心仪的产品。随着生活水平的提高和健康意识的增强，人们对食物安全、营养价值和口感的要求越来越高，消费理念由"吃得饱"向"吃得好、吃得健康"转变。

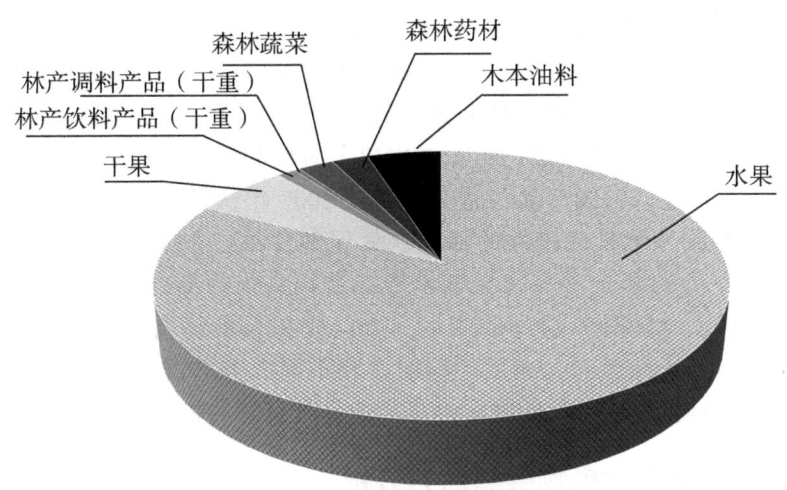

图 2-3-2 中国森林食品消费类型
（数据来源：历年"中国林业和草原统计年鉴"）

近年来，"每日坚果""六个核桃"饮料等林源健康产品深受消费者喜爱。与传统主粮相比，森林食物不仅天然、绿色、营养丰富，而且含有林源健康功能成分，是满足消费者"吃得健康"和践行健康中国战略的首选。

（二）森林食物领域国内外膳食模式对比分析

中国与国外发达国家相比，森林食物的膳食模式主要区别在于：中国更注重药食同源，强调食物的药用价值；而国外发达国家更注重食物的营养价值，强调食物的健康功能。尤其是欧美发达国家的膳食模式更多关注：健康饮食多样化，注重均衡摄入各种营养素；食用新鲜、自然的食材，尽量避免加工食品和含有大量添加剂的食品；适量控制热量和脂肪摄入，同时注重碳水化合物和蛋白质的摄入；注重饮食文化，享受美食的同时也注重健康。

除了一些果树和大宗干果，欧美发达国家对森林食物的挖掘较为有限，而对海洋食物的开发利用历史悠久，尤其关注优质蛋白、脂肪等营养成分和健康功能因子。例如，美国知名品牌 GNC 利用海洋食物开发了大量高价值的健康功能产品，不仅为人们提供种类繁多的海洋产品，还带来巨大的经济效益。其典型特征如下：一是高品质，利用海洋资源提供高品质的保健品和营养补充剂，以满足消费者的健康需要；二是多样性，提供各种类型的产品，包括维生素、矿物质、蛋白质粉、运动营养品等；三是专业性，产品由专业的医生、营养师和药剂师设计和推荐；四是可信度，相关海洋精深产品在严格的质量标准控制下生产，消费者可以信任其效果和安全性；五是个性化，GNC 提供个性化的营养方案和建议，以满足每个人的独特需求和目标。这些特征可为我国森林食品的开发利用提供良好借鉴。

在东亚和东南亚国家中，中国对森林食物资源开发利用走在前列，但其他国家形成大规模产业化的部分成功案例值得我国借鉴。例如，韩国开发的森林食品人参连续10年占据全球人参零售市场销量第一。韩国政府在20世纪90年代制定了《人参产业法》，将人参作为特产来保护和培育，人参的种植、加工、检验和进出口等均有明确的相关规定，有效促进了人参产业健康发展。韩国农林畜产食品部每5年制定一次《人参产业综合规划》，针对人参产品的生产、出口、质检和研发等领域，制定并实施所需政策，以振兴人参产业。韩国食品药品安全处在2007年认定红参是保健功能食品功能性原料，此后红参成为最具代表性的韩国森林保健食品。在推动人参"入食"方面，近年来"正官庄"等韩国人参品牌在继承传统滋补文化的基础上，抓住工作压力大、生活节奏快的现代人"随时养生"的痛点，重点放在人参"增强免疫力、消除疲劳"的功效上，推出新型产品形态，满足不同层次和不同人群的需求。韩国人参产业的成功，对于我国发展具有地域特色的林下经济产业具有良好的借鉴价值。

（三）当前中国森林食物供需潜力分析

我国地域辽阔，在19亿亩耕地之外，还有34.6亿亩森林、60亿亩草原。丰富的自然资源是一座巨大的食物宝库。我国森林分布空间大，遍布多个气候带，其中"三北"干旱地区、南方高寒地区和广大盐碱地等不适合耕作的区域也分布着丰富的森林食物资源，这些资源的充分挖掘和利用将为保障我国粮食安全尤其是粮油安全提供重要支撑。截至2020年，全国经济林面积保持在6亿亩以上，占全国林地面积的14%，各类森林食品年产出近2亿吨，尤其是水果和木本粮油产业发展迅速，规模不断扩大，单位面积产量、种植效益明显提高，如表2-3-1所示。可以说，森林食物是除了耕地主粮以外最具增长潜力的食物来源。整体而言，森林食物发展空间巨大，尤其在以下3个方面具有重要增长潜力。

表2-3-1 中国森林食物结构现状

种类	代表植物	种植面积与产量	进口量
木本油料	含油率15%以上的有200多种植物，代表性作物为油茶、核桃、油橄榄、油用牡丹等	油茶种植面积433.05万公顷，核桃种植面积800万公顷，油橄榄种植面积9万公顷，牡丹籽油种植面积12.93万公顷。油茶籽油年产量72万吨，核桃油年产量3万吨，油橄榄油年产量1.3万吨，牡丹籽油年产量5.3万吨。年产食用油共计约100万吨	年进口食用植物油合计1 213.7万吨
木本粮食	经济栽培的仅有20多种，主要包括板栗、柿子、枣大宗木本粮食树种以及香榧、榛子等区域特色木本粮食树种	三大木本粮食作物板栗、枣、柿子栽培面积分别为151.9万公顷、78.19万公顷和14.8万公顷。板栗年产量为225.26万吨，枣年产量为516.97万吨（干重）	年进口谷物量合计6 048万吨

(续表)

种类	代表植物	种植面积与产量	进口量
森林蔬菜	木本、草本、藤本、真菌等森林蔬菜	年产量约 200 万吨	
森林果品	果树资源 670 多种，已开发刺梨、沙棘及蓝莓等浆果	年产量共计 16 345 万吨	2020 年水果及坚果进口量为 652 万吨
森林药材	形成规模并产业化生产的主要林源药用植物有 30~40 种，如银杏、人参、刺五加、五味子、黄芪、枸杞等	木本药用植物面积约 58.41 万公顷，其中枸杞 23.44 万公顷，银杏 9.38 万公顷，杜仲 5.34 万公顷，黄檗 1.94 万公顷，其他药用植物 18.31 万公顷。年产量共计 395 万吨	
森林香料	天然香料植物共 400 余种，木本约 100 余种，如花椒、八角、肉桂等	花椒种植面积 39.82 万公顷，八角种植面积 37.94 万公顷，肉桂种植面积 14.88 万公顷。林产香料年产量 80 万吨（干重）	
森林饮料产品	可作为饮料原料的森林树种有 100 多种，如金银花、罗汉果、甘草、沙棘、枸杞等	年产量 248 万吨	

数据来源：历年"中国林业和草原统计年鉴"。

1. 重要增长潜力之一：木本油料

我国木本粮油料供给量仅占油料产量 2.38%，食用油年缺口 2 300 多万吨，木本油料开发潜力巨大。我国木本油料资源丰富，多达 500 多种，含油量在 50% 以上的有 50 多种。木本油脂富含不饱和脂肪酸，营养丰富，品质更优。其中，油茶和核桃是我国两大木本油料树种，是解决食用油供应问题的重要引擎。当前，全国油茶种植面积达 6 800 万亩，茶油产量约占木本食用油的 90%，且产量呈逐渐上升趋势。2020 年茶油产量 72 万吨，替代大豆种植面积 3 000 万亩，代替大豆 360 万吨。若油茶种植面积扩大到 9 500 万亩，茶油产量将达到 475 万吨，可占目前全国食用植物油产量的 38.8%，替代大豆种植面积 2 亿亩，替代大豆 2 400 万吨。我国现有核桃种植面积 1.2 亿亩，产量达 480 万吨，可年产核桃油 120 万吨，替代大豆种植面积 5 000 万亩，替代大豆 600 万吨。但目前仅 10.4 万吨的核桃用于榨油，核桃油产量仅为 3.12 万吨。因此，充分利用我国大面积的荒山荒地发展木本油料大有可为。

2. 重要增长潜力之二：木本粮食

我国现有 300 多种木本粮食树种，是森林粮库的重要组成部分。2021 年木本粮食总产量约为 3 450 万吨。按照热量计算，开发木本粮食相当于每年增产作物粮食约 14 000 万吨、增加耕地约 3 200 万公顷。但是，我国目前经济栽培的林粮食作物仅 20 多种，绝大部分未被充分利用。板栗、枣、柿子作为我国主要的三大木本粮食树种，是提供优质淀粉、蛋白质的主力。例如，我国板栗年产量 225 万吨，可替代小麦消费 220 万吨（图2-3-3）。干枣年产量516.97万吨，可替代大米消费1 180万吨。柿子产量330万吨，可用于生产柿饼等优质、耐储粮食。除了三大木本粮食外，我国还有大量地域特色木本粮食树种，是木本粮食增量的重要补充。南方以香榧为代表，在我国有数千年栽培历史；北方以榛子为代表，其富含维生素、膳食纤维和多种矿物质。这些区域特色的乡土木本粮食树种种植面积均超100万亩，具有环境适应性强、耐干旱贫瘠、一年种植多年收益等显著优势。我国榛子年产量15万吨，香榧年产量2万吨，每亩产值可达1万~2万元，不仅能提供区域特色木本粮食，更是带动山区农民致富的"摇钱树"。

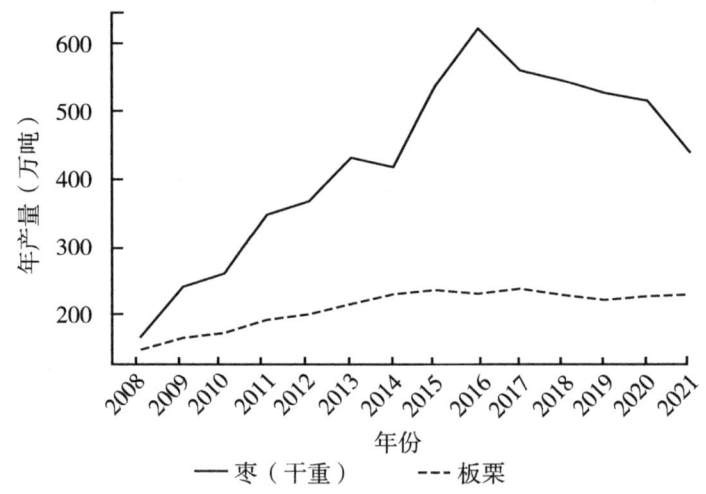

图2-3-3　2008—2021年中国枣和板栗的产量
（数据来源：历年"中国林业和草原统计年鉴"）

3. 重要增长潜力之三：森林饲料

我国森林药用植物部分具有药食两用的特点，可开发为林源饲料，成为森林食物新的增长点。可以用作饲料的森林植物有1 000多种，针叶乔木饲料资源200余种，每年可供利用的林源饲料资源达10亿吨。如果以其产量的1/5作饲料，就相当于2021年全国饲料用粮用量（4.23亿吨）的47%。发展林源蛋白饲料具有广阔的种植空间，后备林地资源潜力大，有4 998万公顷宜林地和242万公顷无立木林地可用于种植林源饲料植物，相当于目前经济林种植面积的1.27倍。针对这些发展空间巨大的林地，重点发展构树、沙棘和槐树等林源饲料树种，这些树种具有极强的抗干旱、抗风沙、耐盐碱等生态特性，在广袤的三北地区可以大规模发展。如果发展高蛋白（蛋白质含量20%以上）的构树、桑树、刺槐等饲料资源5 000万亩，可提供高品质植物蛋白1 000万吨，减少3 000万吨以上的大豆进口，相当于2亿亩耕地的大豆产量。

4. 其他增长潜力

森林食物除了以上3类具有重要增长潜力的用途以外，其他类型森林植物也具有很大的发展空间。

森林果品：我国是世界上第一大森林果品生产国，具有丰富的果品树种资源。如苹果、柑橘、猕猴桃、梨等,但是种类单一,区域特色水果有待开发。此外,用于精深加工的水果不足10%,国内人均果汁消费量仅及世界平均水平1/10,发达国家1/40,具有极大的消费增长空间。

森林蔬菜和菌类:我国森林蔬菜资源极其丰富,有213科1 822种,如香椿、辣木、栀子、竹笋等。此外,还有500余种真菌、地衣类蔬菜。这些木本蔬菜保健价值高,营养成分大多高于栽培蔬菜,很多木本蔬菜具有解毒、降脂、降糖等功效。森林蔬菜和菌类从食用部位看,大致可分六类:①茎菜类,如香毛竹笋、蕨菜等;②叶菜类,如香椿、黄连木等;③根菜类,如魔芋、土半夏等;④花菜类,如桂花、兰花等;⑤果菜类,如苦槠、刺榆等;⑥菌菜类,包括真菌(如香菇、银耳、竹荪等)、地衣等。我国森林蔬菜全年总产量达100万吨,年产值约30亿元;食用菌类总产量达380多万吨,产值达3 000亿元。产品远销加拿大、美国等20多个国家和地区,仅根菜类年创汇就达7 000多万美元。其中,竹笋是森林蔬菜的主力,2021年笋干产量达91万吨(图2-3-4)。食用菌以香菇、木耳、金针菇、松茸等为主要增长点。

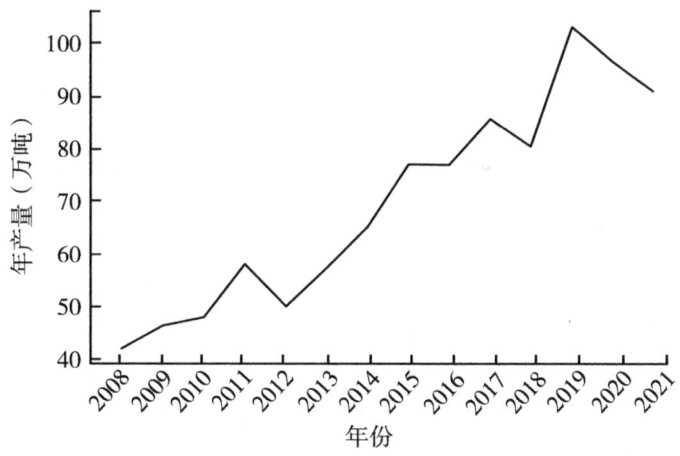

图 2-3-4　2008—2021年中国笋干的产量

(数据来源:历年"中国林业和草原统计年鉴")

森林药材:我国药用植物有3 000多种,木本药材常用的有190多种,如红豆杉、杜仲、枸杞等,是我国出口创汇的重要物资。森林药材是我国中医药的重要原料来源,部分药食同源的资源可作饲料。近年,我国木本药用植物发展迅猛,栽培面积约58.41万公顷,年产量约454万吨。目前,我国已形成规模并产业化生产的林源药材有30~40种,各地应因地制宜发展林源药材。近年来,铁皮石斛在全国发展迅猛,种植面积达50万亩,年产量约10万吨,年产值达100亿元,成为森林药材的重要增长点。

森林香料(调料)、饮料:我国是世界上芳香植物资源最丰富的国家之一,有200属70余科800余种,大致可分3类:一是森林调料,如八角、花椒、胡椒、肉桂等;二是森林香料,如山苍子、桉叶油、樟油等为基本原料制成的各种香精香料、食品添加剂等;三是森林饮料,如咖啡、茶、可可、刺梨等。

林下经济作物:我国33亿亩森林为发展林下森林食品产业发展提供了广阔的扩种

空间。林下经济规模逐步扩大，多元化发展基础扎实。到 2021 年年底，全国林下经济总产值超过 9 000 亿元，形成了涵盖林下种植、林下养殖、相关产品采集加工的立体复合经营模式。根据国家林业和草原局印发《全国林下经济发展指南（2021—2030年）》，预计到 2025 年全国林下经济经营和利用林地总面积将达到 6.5 亿亩，实现林下经济总产值 1 万亿元。林下经济生产的各种药材、蔬菜、菌类、畜禽、山野菜、香料等产品是品质优良的森林食品或原料，其多元化、多样式的发展模式为森林食品产业的发展奠定了扎实基础。森林蔬菜、食用菌、药材等是发展林下经济、提供更多森林食物的重要增长点。

近年来，我国森林食物产量逐年上升，但产量增速低于需求增速。除油橄榄、榛子和松子外，林业大食物产业整体上不依赖进口，随着国内种植面积不断增加和栽培技术的提升，油橄榄等也有望逐步实现自给自足。

（四）未来中国森林食物供需趋势分析

经济林和林下经济将成为森林大食物观的重要发力点。当前，全国经济林种植和林下经济经营和利用林地面积约 6 亿亩，森林食物年产量约 1.94 亿吨。预计到 2030 年，种植面积将达到 7 亿亩，产量增加到 2.5 亿吨。在发展森林食物产业时，应注意供需平衡、品质提升、绿色发展和国际化进程。

一是供需平衡。未来我国森林食物在供应和需求上均具有很大的增长潜力。在供应端，重点针对经济林低产低效林改造，具备 50% 以上的增长空间；重点拓展经济林栽培面积，增长空间可达数倍；重点发展林下经济、木本饲料等新兴产业，形成新的增长点。在政府的政策引导下，鼓励企业和农民积极投身于森林食物的生产和经营，使得供应端逐步扩大。在需求端，森林食物的市场方兴未艾，增长潜力巨大。通过宣传森林食物的优点，使消费者对森林食物的需求不断提高，推动市场繁荣。应把握好森林资源的合理利用和市场需求的开拓，努力实现供需平衡。在供需同步发力的背景下，积极推动我国森林食物供需结构实现平衡。

二是品质提升。重视森林食物品质，尤其是挖掘林源植物的特色营养和功能成分，提高产品附加值。随着消费者对食品安全和营养价值的关注度不断提升，企业将更加注重产品品质。通过科技创新和管理优化，充分发挥森林食物的特色，深入挖掘林源植物的特色营养和健康功能成分，开发精深加工产品，提高产品的附加值，是未来森林食物发展的重要趋势。此外，政府应加大对森林食物产业的监管力度，确保产品质量得到有效保障。

三是绿色发展。注重生态环境保护，落实"两山"理念，实现可持续发展。森林除了可以提供食物，更兼具生态功能。森林食物产业的发展离不开生态环境的保护，既要绿水青山，又要金山银山。政府应加大对生态环境的保护力度，推动产业绿色发展。同时，企业和农民也需要树立绿色发展理念，采取环保生产方式，确保生态环境得到有效保护，实现森林的生态效益、经济效益和社会效益协调发展。

四是国际化进程。加强与国际市场的互动，提升中国森林食物在全球市场的竞争力。目前我国是森林食品消费大国，全球占比约 29.18%，其次是欧盟和美国（图 2-

3-5）。我国森林食品的出口有着巨大的潜力。随着中国经济的崛起和国际地位的提高，我国森林食物产业将更加积极地参与国际竞争。通过加强与国际市场的互动，学习国外先进技术和管理经验，提升产品品质和品牌形象，强化森林食物的特色与优势，使我国森林食物在全球市场的竞争力得到不断提升。

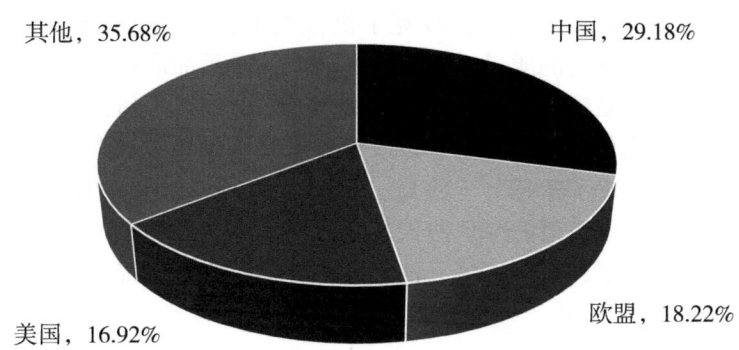

图 2-3-5　2020 年全球森林食品区域市场格局

三、中国科技支撑森林食物的潜力和趋势

（一）中国科技创新支撑森林食物发展的情况

21 世纪以来，我国科技创新在支撑森林食物发展方面发挥重要作用，关键核心技术对增加森林食物产量、提高质量和改变食物结构的影响显著，森林食物产业逐渐壮大，市场规模不断扩大。

1. 育种和种植技术的创新

通过改良品种、提高抗病虫害能力、优化生长环境等，提高了森林食物的产量和质量。首先，对森林食物资源进行了深入调查，梳理出了 300 多种木本粮食，200 多种木本油料，1 800 多种森林蔬菜，3 000 多种森林药材、饲料和香辛料，并针对其中的大宗森林食物资源进行了资源库建设，选育了一批丰产优质品种，部分森林食物由资源收集向产业利用转变。目前，我国建有国际最大的油茶、核桃、枣、柿子、板栗、香榧、榛子种质等资源库。例如，我国枣等树种研究处于世界领先地位，建立了世界最大的枣种质资源库，培育了鲜食和干食等枣新品种 100 余个，被美国、罗马尼亚等多个国家引种栽培。其次，高效扩繁和配套栽培技术取得突破。枣、板栗、核桃、油茶、香榧等特色经济林攻克了良种快繁、低产林改造等关键技术，建立了节水节肥、简化修剪等优质高产栽培技术体系，极大推动了栽培面积的扩大，促进了产量品质提升。据《中国林业和草原统计年鉴 2020》显示，2020 年我国油茶、核桃和油橄榄产量为 799.59 万吨，比 2019 年增长 7.9%，其中油茶增长 17.3%，核桃增长 2.3%。最后，在基础研究方面，核桃、油茶、枣、板栗、柿子和香榧等经济树种的基因组测序取得突破，为后续加快新品种选育奠定了基础。

2. 采收和加工技术的进步

采用现代化设备和技术，提高了森林食物的采收效率和加工质量，延长了保质期。首先，针对核桃、枣等大宗经济树种，研发了矮化品种、树型调控、机械采收等宜机化管理技术，提高了生产效率。其次，攻克了机械烘干、智能去杂和分拣等采后处理技术，提高了森林食品原材料的质量。最后，在林产品采后品质控制、病害防控、贮运保鲜、毒素快速检测、产品精深加工以及副产物多级联产加工等研究领域取得了进展。解析了采后贮藏中营养成分、功能组分、果胶组分以及细胞壁微观形态的变化，开拓了保鲜理论与技术研究。集成了依托分子检测、串联质谱、神经网络图像分析的病害识别体系，形成了多种新型高效广谱的绿色防控技术方案。产生了一批享誉国内外的经济林地理标志产品，如天津甘栗、漾濞核桃、沾化冬枣、枫桥香榧、都匀毛尖茶、宁国山核桃和宁夏枸杞等。

3. 森林食物研究与开发

通过对森林食物的营养成分、功能性成分及其对人体健康的作用进行研究，拓展了森林食物的应用范围。首先，在营养成分研究方面，对森林食物的营养成分进行研究，了解其所含各种维生素、矿物质和其他营养物质的含量和比例，揭示其营养价值和健康益处。例如，枣作为三大木本粮食之首，营养价值丰富，除了糖、蛋白质等营养物质，还富含维生素；板栗是干果之王，富含维生素、膳食纤维；柿子含有大量的糖类及多种维生素；山核桃含多肽等营养成分。其次，在木本油料开发方面，解析了油脂中营养成分构成和变化，建立了基于含油率、脂肪酸成分和微量脂肪伴随物等营养成分的不同物种、不同品种油料的综合评价体系，优化了油料提取工艺。最后，在功能性成分研究方面，很多森林食物含有具有抗氧化、抗菌和免疫调节等功能性成分（例如，柿子含有儿茶素等保护心血管的成分，香榧含有金松酸等有益健康的成分）。初步探究了这些成分的生物合成途径以及对心血管健康、免疫系统、消化系统等方面的影响，为后期开发多元化功能产品、改善膳食结构奠定了基础。

（二）中国森林食物科技创新面临的问题和挑战

围绕中国森林食物科技创新，建设森林粮库，当前还存在一些亟待解决的问题和挑战，主要体现：在资源挖掘、良种良法、技术装备等方面投入不足，不同地域技术水平差异大，后端产品推广滞后等问题。其根源可以归结为以下几点：森林食物作为大食物观的重要内容尚未得到应有的重视，森林食物科技创新的本底尚不清晰，森林食物的作用有待更好地开发。

1. 森林食物的巨大潜力尚未得到应有的重视

森林食物作为大食物观的重要内容，尚未得到应有的重视，导致科研投入不足，科技创新进程缓慢。相对于其他农业领域，森林食物研究的投入严重偏低，限制了技术创新速度。

一是品种选育滞后，良种率低，同质化现象普遍。种质资源尚待精准评价，很多木本粮油树种已建立种质资源库，但并未开展大规模、高通量的精准评价；新种质创制工作滞后，存在聚合育种、多重叠加诱变、易褐化外植体转化等共性技术难点；很多良种优良性状单一，综合高产、稳产、优质、高抗的广适性良种匮乏。

二是基础研究薄弱，跨界融合不够，国际交流少。利用基因组学、代谢组学、生物信息学等手段深入揭示产量、品质等重要性状形成机理的基础性研究薄弱；跨界融合不够，缺少与食品、医学、林学等领域科研团队跨界合作；国际交流少，存在信息差。

2. 森林食物的科技创新本底尚不清晰

一是缺乏发展规划，资源挖掘利用不足。森林粮库本底不清，对各种森林粮食资源能提供多少碳水、化合物、脂肪、蛋白质、功能成分以及其特色优势等缺乏系统调查研究；资源挖掘利用不足，我国森林粮食资源丰富，但产业化利用的不到10%。

二是各地森林经营技术水平参差不齐，低产低效现象普遍存在。部分地区和企业的科技水平较低，影响了整体产业的发展。全国经济林50%以上面积低产低效，高产优质经济林仅占18%。例如，板栗在我国平均产量仅为25千克/亩，仅为伊朗、美国等国亩产的1/8。同时，优质林产品仅占我国果品总量的10%，达到出口标准的高档森林果品、坚果仅占总产量的5%，远低于发达国家的优质果品率（50%~70%）。

三是林机与林艺水平低。林地装备智能化低，自主高端装备缺乏，产品加工设备进口依赖度高。在全国林业生产作业中，机械化程度不足10%，与世界发达国家相比差距很大。宜机化品种和轻简、高效、生态栽培技术体系亟待建立。

3. 森林食物的重要作用尚待更好地开发

森林食品在营养和健康功能因子方面有着传统作物无法比拟的优势，但挖掘其重要作用价值的科技支撑不足，导致精深产品开发不足，市场推广滞后。部分创新产品在市场推广过程中面临认知度低、价格较高等诸多困难。

一是特色功能成分不清，欠缺高值化产品。健康功能是森林粮食的特色，但林源植物有益健康的成分尚未充分挖掘；林源健康功能成分代谢合成机制研究薄弱，提取纯化手段落后，缺乏有竞争力的保健或生物制药产品。

二是全产业链技术装备落后，产品竞争力不足。规模化、智能化的杀菌、提取分离、包装等关键装备，无损和在线快速检测等技术和装备，国产化率低；产业链条短，精深加工技术薄弱，森林食物资源综合利用率不高，附加值低。

三是加工贮藏缺乏科技支撑。很多森林蔬菜停留在"干货"利用阶段，延长贮藏寿命、便于运输、增加产值的森林蔬菜深加工技术研究尚未起步，研发力量不足，难以提高经济价值。

（三）近年来我国科技支撑森林食物的布局

1. 产业布局，将经济林列为发展之首

政府出台了一系列政策支持森林食物产业的发展。中央部委层面出台了很多政策文件，明确了"大食物观"的科学内涵和建设要求。特别是2023年中央一号文件提出：

要加快构建粮经饲统筹、农林牧渔结合、植物动物微生物并举的多元化食物供给体系，分领域制定实施方案。这释放出一个明确信号，今后要将"树立大食物观"作为一项系统性工程，引导人们要"跳出食物看食物"。深入挖掘森林的粮库潜力，才能有效提升林区产品供给保障能力。我国耕地面积约19亿亩，增产空间有限；而森林面积34.6亿亩，其中经济林6.3亿亩。《林草产业发展规划》将经济林产业列为林草产业重点发展领域之首。从产量上来看，森林粮食、油料、饮料、蔬菜等在粮食总量中的占比较小，存在巨大发展空间。

2. 技术创新，开展全产业链技术攻关

重视森林种质资源开发，部分大宗森林食物资源在育种、扩繁、栽培、加工等方面取得技术突破。①核桃、板栗、枣、油茶、香榧等经济林建立了国家级种质资源库，选育了大批高产优质良种。②组培、扦插、嫁接等扩繁技术得到突破，推动了栽培面积快速增加。③开发了配套整形修剪、水肥管理等栽培技术，促进了产量品质提升。④研发了采后处理和加工技术，实现了林产品由单一的鲜货或干（炒）货向多元化产品转变。然而，由于研发投入有限，大部分森林食品资源尚未有效收集和开发利用，经济林整体基础研究比较薄弱，育种效率偏低，林源特色功能成分和高价值产品开发严重滞后。

3. 更加关注基础研究和绿色发展

进入"十四五"以来，国家重点研发计划中布局了"林业种质资源培育与质量提升"专项，聚焦解决林地生产力低、森林质量不高、生态服务功能不强、高值深加工林产品缺乏等突出问题，突破林业资源高效培育与精深加工重大科学问题和关键技术瓶颈，支撑林业高质量发展。①改良品种和提高产量：通过全基因组选择育种、基因编辑等生物技术手段，加快育种进程，改良森林植物的耐旱性、耐病性和营养价值等，促进产量品质提升。②绿色生产与可持续发展：研发绿色生产和病虫害防控技术，开发微生物肥等技术，提升养分利用效率，减少化肥和农药的使用，降低对环境的影响，实现可持续发展。③产品开发与市场推广：加强对森林食物产品的研发和市场推广，拓宽消费市场。例如，国家非常重视木本油料产业发展。《林草产业发展规划》指出，我国木本油料种植面积2.7亿亩左右，木本食用油年产量达250万吨。重点布局油茶、核桃、油橄榄等经济林树种，特别是要树立茶油"高端国油"形象。

（四）森林食物产业科技支撑的潜力分析

科技对大食物产业提供支撑的潜力巨大，现有的森林食物资源通过技术挖掘可以实现更大的潜力。

1. 技术布局

从科技手段来看，挖掘森林食物产业潜力的关键科技支撑方向如下。

（1）利用现代生物技术，加快高产优质新品种培育，提高森林食物产量

生物技术在森林食物产业中具有重要的应用价值，要加强具有潜力的可食林源优异种质的收集、创制和重大品种培育。通过基因编辑技术、基因组学等手段，深入了解森

林食物树种的基因特征，对森林食物作物的基因进行定向改造，提高其抗逆性、抗病性和营养价值等，加快培育高产、优质、高抗的森林食物新品种。例如，三倍体枣可使果实大小和产量增加30%以上（图2-3-6）。可以说，多倍体育种是有效促进森林食物产量与品质提升的"芯动力"。再如，杜仲作为一种优质的木本饲料，通过培育三倍体新品种，生长速率较二倍体快30%以上，叶面积和叶片厚度分别超出二倍体的45%和30%，桃叶珊瑚苷、绿原酸、京尼平苷、京尼平苷酸等有效成分含量可达二倍体的1.5~2.0倍。

图2-3-6 特大果三倍体枣品种与鸡蛋比较

（2）利用现代信息技术，提高森林食品产出效率

森林地形、气候复杂，信息技术在森林食物产业中的应用有助于提高生产效率和降低成本。利用大数据、物联网等技术优化生产过程、提高效率，研发轻简、精准、高效的智慧化现代林业经营技术，例如，通过大数据分析优化经济树种的种植时间和地点，通过物联网技术实现实时监控森林作物的生长状况，及时调整生产策略，形成经济林智慧化模式，水肥利用率可提高20%以上，人工可节省30%以上，产量可提升20%以上，显著降低森林食品生产的投产比，提升森林食品的市场竞争力。

（3）攻克高效栽培技术，实现对低产低效林的全面改造

我国低产低效林面积大，全国经济林50%以上面积低产低效，高产优质经济林仅占18%。重点针对核桃、板栗、油茶等木本粮油树种开展高效栽培技术攻关，研发和利用品种改接技术、充分授粉技术、高光能树型调控技术、高效水肥利用技术、微生物菌肥等，对现有的低产低效林全面改造，增产空间在50%以上。

（4）协同环境科学，促进森林食品绿色发展

研究森林生态系统，保护生态环境，实现可持续发展。环境科学在森林食物产业中起到关键作用。通过对森林生态系统的研究，了解其功能和稳定性，为保护生态环境提供科学依据，指导企业采用绿色生产方式，减少对环境的影响。采用有机农业和林业技术，降低化肥和农药的使用；推广循环经济理念，实现资源的有效利用。例如，基于经济树种的水肥动态需求规律，开发智慧化精准水肥管理平台，实现林业有机废弃物收

集、粉碎、生物发酵液化及其喷施一体化，可减少50%以上的化学肥料施用。

2. 产业布局

从产业链来看，应关注后端高值化产品以及木本饲料等新兴空白领域的科技开发利用。

(1) 完善前端育种和栽培技术，关注后端高值产品的开发利用

一是开展林源食物资源的纵深开发，挖掘林源特色健康物质，开发高附加值产品。按照林粮、林油、林饲、林果、林蔬等的林源食物资源分类，解决林源特色资源健康功能成分有效调控与高效利用的基础理论问题，突破特色资源集储高效增值转化的重大技术瓶颈。

二是突破林源食物适口性改良、工业化生产等精深加工和保鲜贮藏技术，促进森林食物市场供给。解决林源食物采后微生物致病与品质劣变规律的基础理论问题，突破特色经济林鲜果采后品质劣变/腐败的重大技术瓶颈，优化林源食品多级联产加工技术研发，开发可食林源特优的高附加值产品，创制战略性重大产品，加强新型包装材料与专用装备开发，保障优质高产特色林源资源的有效供给。

(2) 提质增效传统森林食物产业，关注林草饲料开发利用

一是实施木本饲料等新型能量饲料、蛋白饲料资源开发科技工程，创制木本饲料新品种。针对木本饲料各主要种植区专门饲用品种缺乏、木质纤维素高、加工利用技术不完善等瓶颈问题，研究木本饲料饲用品质形成机制与新品种选育基础、木本饲料预处理工艺、抗营养因子对不同种类畜禽转化效率影响特征、功能活性成分对畜禽生产性能与健康的作用机理、木质纤维素高效降解、木本饲料高效饲喂等。

二是实施天然草原（草地）生产力提升增草增畜科技工程，大幅提升林源饲料产量。针对天然草原生产力偏低、天然草地草畜产品生产能力低、优质饲草料供应技术短缺等瓶颈问题，重点开展草地免耕补播抗逆高产专用品种选育、免耕补播低扰动改良退化草地机制、新型智慧化免耕补播机研制、优质饲草替代豆粕与玉米等研究。重点推动我国草原上现有的1亿亩左右柠条等灌木资源的利用，每年可增产1 000万吨饲草；利用边际土地种植1亿亩饲料桑、构树等区域特色木本饲料资源，每年可增产5 000万吨饲草。通过以木本饲料替代苜蓿等优质饲草，缓解耕地种植饲草、苜蓿、大豆以及天然草场压力，相当于节约耕地6 000万亩。

（五）森林食物产业科技支撑的未来趋势预测

科技支撑森林大食物产业的未来趋势应表现为：突出营养价值和功能，开发出更加精准的营养配方和功能性食品，满足消费者不同的营养和健康需求。

1. 技术整合

多学科交叉融合，实现现代技术整合和创新，加速良种创制和高效栽培，为森林食物产业增产增效提供全面科技支撑。例如，基因编辑技术、全基因组育种等现代生物技术与森林食物产业的融合，可以加快新品种培育进程，提高森林食物的抗病性、抗逆性和营养价值，促进产量和品质提升。材料科学与森林食物产业的融合，开发生物降解材

料、智能包装材料等新型材料，提高森林食物的保鲜性和附加值，同时减少环境污染。信息技术与森林食物产业的融合，利用大数据、物联网、区块链等技术，实现对森林食物产业链的全程监控和管理，提高生产效率和产品质量。

2. 智能化生产

利用人工智能、机器人等技术实现智能化生产和管理，提高生产效率，降低成本，提高森林食品质量。将人工智能技术应用于种植、收获、加工、物流等森林食物产业的各个环节。例如，在种植过程中，通过人工智能分析大数据为农民提供精准的种植建议，提高产量和品质；在收获过程中，辅助农民进行智能化作业，提高收获效率。无人机、自动化装备等机器人技术也将在森林食物产业中发挥重要作用。无人机可以用于森林食物种植区的巡视和监测，实现对病虫害的快速发现和处理；自动化装备可以用于森林食物的收获、加工和包装等环节，提高生产效率。

3. 精准营养

研究生物活性成分高效富集与高值化利用技术，开发精准营养产品，将成为未来森林食物产业的重要发展方向。①林源生物活性成分的高效富集与高值化利用。通过研究和开发新型提取技术，可以实现对森林食物中色素、淀粉、蛋白质及多糖等生物活性成分的高效富集，开发功能性食品和保健品，提高产品附加值。②特色经济林产品的多级联产加工技术。通过集成特色经济林产品的多级联产加工技术，实现产品采后多级增值。例如，将果皮、果核等副产品进行深加工，可以开发出新型食品、饲料、肥料等产品，实现资源的全面利用。③研究森林食物的营养价值和功能。实现健康成分因子的精准数据挖掘，分离、表征和提取优化，并在分子和细胞水平进行林源天然产物的活性测试和毒理验证。开发出更加精准的营养配方和功能性食品，满足消费者不同的营养和健康需求。

四、极端情况下中国科技支撑森林食物的潜力

在战争等极端情况下，森林食物与传统作物相比，其种植地形和种类复杂，因而具有更强的抗风险能力。在战争年代和饥荒年代，来自森林的食物曾经挽救过不少人的生命。例如，抗日战争时期我国东北地区的橡子面曾经挽救过前线战士和百姓的生命；在饥荒年代，河南、陕西、山东等地的许多百姓曾经靠吃榆树皮、茅栗和大枣等熬过灾荒岁月。

若发生战争等紧急情况，从短期来看，重点采用以下策略，以快速获取并最大量提供食物，保证食物稳定供应。

一是亟须做好森林食物本底清查，建立因地制宜、就地取材、四季无缝衔接的森林食物生产模式，保障食物全季节供应。森林食物具有典型的地域特色，应结合实地情况，因地制宜地挖掘森林食物，研究并建立不同地域的特色森林食物网络，实现四季均可就地获取森林食物。例如，针对四季森林物资丰富的南方地带，春季供应森林蔬菜，夏季供应森林果品，秋季供应森林干果，冬季供应竹笋等；针对森林物资相对匮乏的北

方地区，应针对各地情况和森林食物匮乏的季节，研究制定森林食物引种或开发方案。

二是亟须突破森林食物批量长期储存技术。森林食物往往具有季节供应的特点，很多食物耐储性差，其长期储藏技术欠缺，一旦遭遇战争等极端事件，易出现损耗。因此，亟须针对各地大宗森林食物，开发快速长期储藏技术，并在不同战略地域建立冻干、烘干等大型工厂，进行森林食物紧急加工处理，并可长期贮藏干货备用。

三是亟须挖掘随时可用、"藏粮于山"的多年生根茎类等特种森林资源。例如，种植黄精等多年生块茎类森林植物，其块茎可以在地下常年生长，一旦发生极端情况，可以随时收获块茎来获取食物，以天然的方式将食物储藏于山地，实现"藏粮于山、藏粮于地"。

从长远来看，科技支撑森林大食物观的潜力和趋势表现如下。

1. 加快经济林良种良法推广，满足基本需求的同时，做好替代性木本粮食战略储备

一是加大主粮资源临时性替代。在极端情况下，森林木本粮食可直接食用或加工成面粉，且民间已有食用木本粮食的习惯，通过提质增量，具有较好的应急转化潜力。例如，我国核桃、枣、柿子、板栗、山杏等森林粮食栽培面积大约300万公顷，年总产量达170万吨；橡子年储量多达90万吨，相当于近100万亩玉米良田的淀粉产量。应重点布局枣、柿子、板栗等大宗木本粮食以及香榧、榛子等区域特色木本粮食的栽培，实现全国不同地域木本粮食产量同步提升。

二是加强对动物饲料的补充。要开发本土饲料饲草资源，全面提高加工饲用技术水平。如遇国际形势下饲料饲草等国际贸易受阻，启动实施木本蛋白质资源、林业副产物资源开发、加工、补饲利用技术方案。重点推广构树、桑树、刺槐、杜仲等森林饲料饲草替代技术，提高林源饲料饲草转化率，扩大林源蛋白质替代饲料的生产能力和应用程度，依靠替代应用技术应对饲料饲草资源缺口，保障蛋白质饲料安全，增强产业链韧性。在极端情况下，若玉米、大豆等饲料供应不足，可用林草饲料加以补充。例如，在牛羊等反刍动物饲养中，充分保障苜蓿等优质饲草供应，可以提高养殖效率，减少精饲料用量。可应急加大木本饲料、非常规蛋白质饲料资源、林源加工剩余物、果渣、枝条的加工供应力度（相关资源储量达15亿吨以上），弥补饲草供应缺口。实践表明，将玉米和林源剩余物一起全株青贮饲用，可使1亩地发挥出1.3亩的效应；大力发展林下饲料产业，在林地套种优质高产苜蓿，每亩地可提供蛋白质90~100千克。如能继续优化种植结构，扩种增加5 000万吨优质饲草，至少还可以减少100万吨豆粕的饲用需求。

三是加大草原食物资源的开发。目前我国草原产肉量仅占全国牛羊肉总量的27.4%，由牧草直接转化的草食性畜产品占畜产品总量比例未达到20%，远低于发达国家60%以上的水平。极端条件下，要大力开发草原食物资源、积极利用木本饲料等新型饲草饲料资源。对北方2亿亩退化天然草地进行免耕补播，在6亿亩重度沙化、盐碱化草地建设高产人工草地，在南方4亿亩未被开发利用的草山草坡建设人工草场，加紧开展饲草资源补充，预计每年可增加3 745万吨饲草供应，支撑饲养4 889万个羊单位、150万头奶牛的饲草所需，每年增加肉产量137万吨、奶产量1 200万吨，相当于节约耕地面积7 500万亩。

2. 研究新型紧急储存技术，延长保质期，确保食物安全

很多森林食品不耐储藏，限制了其运输与流通。首先，应研发新型储存技术，如真空包装、气调包装、冷链物流等，有效降低森林食物在储存过程中的损耗，延长保质期。同时，利用物联网、大数据等技术，实现储存信息的实时监控，确保食物安全。其次，应军民融合发展，通过军民共享资源，如仓储设施、运输工具等，提高紧急储备的效率。加强军民间的科技合作，共同研究和开发新型储存技术，提高食物储备的安全性。最后，应研发新型食品加工技术，如低温干燥、微波杀菌等，有效降低食物在加工过程中的损耗，延长保质期。开发功能性食品，满足人们在战争等极端情况下的特殊营养需求。

五、政策建议

1. 加大科研投入：政府和企业加大对森林食物研究的投入，推动技术创新

一方面，加快推进产业布局。科学布局"森林粮库"发展，制定产业发展规划，按照因地制宜、适地适树原则，综合考虑土地、品种、市场等因素，科学确定产业种类、发展定位；集聚国内相关领域优势科研团队开展科技攻关，解决产业发展"卡脖子"难题，实现森林粮库高效生态可持续发展。另一方面，提升科技创新能力。攻克特色森林食物精准育种、生态栽培、精深加工等基础科学问题和"卡脖子"技术，赋能相关产业高质量发展（图2-3-7）。

在森林食物种质资源挖掘与品种培育方面：利用高光谱相机等技术进行森林食物资源大规模、快速评价，基于高通量评价生长、抗逆性、品质等，系统分析遗传变异规律，发掘优异种质；基于新一代测序技术鉴定森林食物资源基因型，构建适用于复杂性状遗传基础解析的基因组选择模型，提高选育效率；研发基于基因编辑的定向遗传改良技术，精准培育优质专适良种；鼓励育种单位与加工企业密切合作，多渠道快速培育满足市场需求的良种。

在森林食物生态高效栽培技术研发方面：保护为主，不以破坏森林生态为代价，开发利用适宜、适度；针对不同类型森林食物资源，研发适宜的、绿色生态高效的"轻简化人工栽培模式"或"近野生栽培模式"，实现森林资源可持续利用。

在森林食物智慧化生产技术研发方面：针对不同地形、树种、采收和产后加工方式等情况，研制山地适用的小型化、智能化机械装备，优化装备的结构和性能，提高设备的可靠性和使用寿命；运用云计算、物联网、大数据等技术，研究开发森林食物资源管理信息系统、机械作业指挥系统等，实现对森林食物资源全面、动态管理和智能作业指挥。

在森林食物功效成分挖掘与高值化利用方面：系统研究不同森林食品原材料的理化性质、食用价值等，探究其生物合成机制及合成生物学路径；在高值化利用方面，

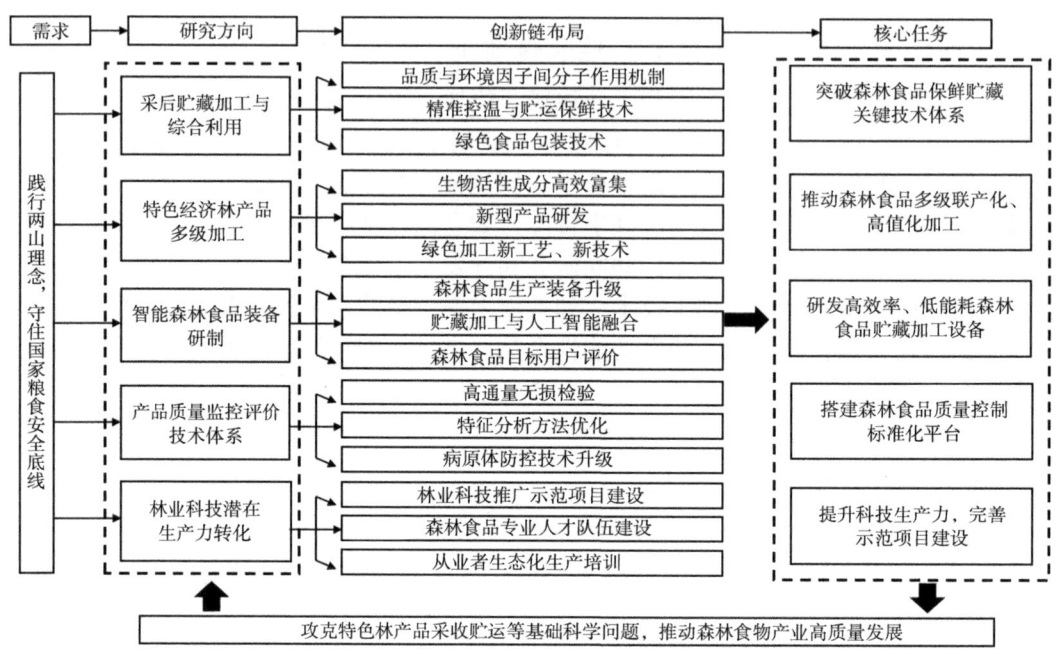

图 2-3-7　森林食物开发科技支撑布局

研发功能成分绿色高效提取技术，明确活性特征组分及其计量效应，构建高纯度产品生产技术体系；通过立体、区域定向选择反应等化学修饰，增强活性，开发高附加值产品。

在提高质量安全水平方面：制定严格的质量安全标准，建立完善的检测和监管体系，针对农药、重金属残留和生物污染，开展动态监测和预警；大力推进"三品一标"（绿色食品、有机农产品、农产品承诺达标合格证和农产品地理标志），形成森林食品的分级分类认证和管理体系。

2. 建立产学研合作体系：促进企业、高校和研究机构之间的合作，加速成果转化

首先，强化政策资金保障。出台相应政策，对森林粮食生产企业给予财政补贴、降低税负；设立森林粮食领域的重大专项科研课题，鼓励企业和科研机构投入相应的资源和资金。同时，加大资金支持力度，建立森林粮食产业联盟，组织多方力量参与产业发展；建立森林粮食产业发展基金，吸引社会资本持续投入相关产业。其次，推进产学合作共赢。围绕"森林粮库"，构建"政产学研命运共同体"；加强政府、企业、高校和科研机构之间的合作，建立政产学研合作机制；完善科研成果转化体系，打通成果转化"最后一公里"；以加工为核心，提高森林粮食产业的竞争力。最后，推进跨界合作和国际交流。深层次开展林学领域、医药领域、食品领域等多领域合作，推进国际交流，实现资源共享、知识交流和技术转化，推动森林粮食科学研究和产业发展。

3. 支持市场推广：通过政策扶持、宣传推广等手段，提高消费者对森林食物的认知度和接受度

一方面，加强品牌建设。鼓励企业打造具有影响力的森林食物品牌，提升产品附加值。通过品牌建设，扩大市场份额，增强国际竞争力。另一方面，培育消费市场。引导消费者转变消费观念，提高对森林食物的认知度和接受度。通过举办各类宣传活动、消费者教育等方式，培育健康、绿色、多元化的消费市场。开展科普研学、森林食物采摘、直播带货等活动，扩大森林粮食的影响力；通过各种渠道加大宣传和推广力度，提高公众对森林粮食的认知度和认可度。

报告主要研究人员：张瑞（浙江农林大学）

参考文献

常钦，李晓晴，2024. 森林也是大粮库［N］. 人民日报，2024-01-09（007）.

陈杰，罗贤宇，黄登良，2023. 习近平总书记关于森林"四库"的重要论述：生成机理、实践指向与重大意义［J］. 福建农林大学学报（哲学社会科学版），26（2）：8-14，64.

陈幸良，2022. 林下经济学的缘起、发展与展望［J］. 南京林业大学学报（自然科学版），46（6）：105-114.

陈幸良，窦亚权，2023. 发展竹林林下经济 做大做强竹业产业［J］. 世界竹藤通讯，21（5）：1-7.

何晋越，张革成，秦茂，等，2023. 向"林"要"粮"，"天府森林粮库"怎么建？［J］. 四川省情，3（6）：37-38.

李天满，2022. 以党的二十大精神为指引 高质量建设"天府森林粮库"［J］. 绿色中国（23）：28-31.

李芷萱，杨晨钰婧，王萌睿，2023. "森林是粮库"视角下中国森林食品产业发展问题探讨［J］. 世界林业研究，36（4）：132-136.

乔金亮，2023. 向森林要食物应讲科学重生态［N］. 经济日报，2023-11-14（005）.

人民日报客户端，2022. 水库、粮库、钱库、碳库，走进总书记讲述的绿水青山［J］. 浙江林业（5）：2，1.

沈国舫，2024. 森林可持续经营和生态文明建设［J］. 中国水土保持（1）：1-5，37，69.

姚亚奇. 打造森林"粮库" 让中国饭碗更"丰盛"［N］. 光明日报，2023-05-11（015）.

佚名，2022. 全球及中国森林食品行业特征、产业链、市场规模、区域结构与供需形势分析．［EB/OL］.（2022-09-12）［2023-09-08］. https：//www.

huaon.com/channel/trend/835494.html.

佚名，2023. 我国森林食品市场规模逐年稳步增长［N］. 中国食品安全报，2023-05-20（A01）.

尹伟伦，2022. 尹伟伦院士：森林多功能利用与森林经理的变革［J］. 高科技与产业化，28（10）：12-15.

专题报告四　大食物观背景下科技支撑水产领域潜力趋势

一、水产食物的内涵

1. 水产食物的定义

所谓"水产食物"即水产品，是海洋和淡水渔业生产的水产动植物产品及其加工产品的总称。水产品是大食物结构的重要组成，可为全球约31亿人口提供近20%的动物蛋白质摄入量。在当今陆地资源利用较为充分的情况下，深耕江河湖海、加大鱼虾贝藻的生产，是拓展农业生产空间格局、促进食物多元供应的重要战略措施，是实现大食物观的重要保证。习近平总书记2023年4月在广东考察时指出：中国是一个有着14亿多人口的大国，解决好吃饭问题、保障粮食安全，要树立大食物观，既向陆地要食物，也向海洋要食物，耕海牧渔、建设海上牧场、"蓝色粮仓"。

2. 水产品涉及的食物范围

简单地讲，水产品主要包括鱼虾贝藻。实际上，水产品种类繁多，可达数百种，来自养殖或捕捞。目前，主要的养殖水产品包括鱼类、贝类（牡蛎、蛤蜊、鲍鱼等）、虾蟹类、藻类（海带、江蓠、紫菜等）和其他类（海参、海胆、海蜇、龟、鳖、蛙等）。海洋捕捞的水产品除了鱼类、贝类、虾蟹类和藻类之外，还包括一些头足类动物，如乌贼、鱿鱼和章鱼等。

从生物学分类上讲，食物范畴的水产品包括鱼类、甲壳类、贝类、爬行类、两栖类和棘皮动物类等，还有各种藻类等。物种的多样性是水产食物的典型特征，种类多样的水产品也是大食物观"多元"的一个缩影，是满足百姓对食物个性化需求的物质基础。

二、中国水产品供需结构、潜力和趋势

（一）近30年中国水产品供需结构变化特征

1. 水产品供应从缺乏到充足

我国是水产品超级消费大国，也是水产品生产大国，1989—2022年，我国水产品

产量已经连续33年保持世界第一。水产品已经成为我国居民摄入动物蛋白质的重要来源，也是改善营养膳食结构的关键食物之一。1992—2022年，我国水产品年产量由1 557万吨增长至6 865.9万吨，居民人均水产品年占有量从13.3千克增长至48.6千克，彻底解决了我国居民"吃鱼难、吃鱼贵"的问题。目前，我国水产品市场供应充足，种类繁多，价格稳定，水产品蛋白质消费占我国动物蛋白质消费的30%以上，人均占有量达到世界人均水平的2倍多。

2. 高端水产品需求呈上升趋势

按品类结构分析，我国的水产品主要由鱼类、虾蟹类、贝类和藻类组成。1992—2022年，按照各类所占比例依次为鱼类、贝类、虾蟹类、藻类。鱼类占水产品总量的比例，由1992年的72%下降为2022年的53%；贝类占水产品的比例，由1992年的13.8%上升至2022年的24%；虾蟹类占水产品的比例，由1992年的9%上升至2022年的13%；藻类所占比例则维持在3%~4%。这种变化反映了随着中国经济的发展，人民对于虾蟹类和贝类等海鲜食物的消费意愿逐渐增加。

3. 水产品供给方式具有中国特色

国内水产品总产量呈现以下两大特点。

一是养殖是水产品的主要来源。1989—2022年，我国水产养殖产量从693万吨增加到5 492万吨，年均增长率为6.73%，而同期捕捞产量年均增长率仅为1.80%，养捕比已由1989年的52：48发展为2022年的80：20。水产养殖业成为我国水产品的主要来源，其中，鱼、虾主要是淡水养殖，贝、藻主要是海水养殖。

二是养殖产品以淡水养殖为主。水产品产量占比由高到低依次是淡水养殖（45%）、海水养殖（31%）、海洋捕捞（21%）和淡水捕捞（3%），淡水养殖产量占绝对优势。原因在于，淡水养殖鱼类多为低营养级的滤食性、草食性和杂食性鱼类，其人工繁殖难度低，对低溶解氧和富营养化水体适应能力强，仅需要简单的技术和设备便可开展养殖生产。

4. 水产品供需仍存在结构性矛盾

1992—2022年，尽管我国水产品产量增长了4倍（1992年水产品总量1 557万吨，2022年则为6 865.9万吨），但根据国家统计局数据，我国人均水产品年消费量仅从1992年的7.69千克增长至2021年的14.2千克。由此可见，水产品供应与消费存在巨大的结构性矛盾。原因在于：一方面养殖业对水产品消耗占比高，即"用鱼养鱼"的消耗，养殖业用掉的鱼粉和鲜杂鱼可达19.8%；另一方面，水产品食用加工环节的损耗严重，我国居民喜食鲜活水产品，鱼类等以完整、鲜活的形式直接进入消费端，鱼头、内脏等蛋白质资源以厨余垃圾的形式大量废弃，产业链损耗达15.5%，这造成了一定程度的资源浪费。

（二）水产领域国内外膳食模式对比分析

与欧美发达国家、东亚发达国家对比，我国居民膳食结构的特点以及与国外典型做法的区别如下。

1. 中国与欧美发达国家的水产品膳食比较

据联合国粮食及农业组织数据，2020年全球人均食用水产食品20.2千克，约占全球人口动物蛋白质摄入量的17.3%。预计到2030年水产食品消费总量将增长到人均21.4千克。在高收入、中高收入国家，水产品的年人均供应量均超过了25千克。欧美国家的水产品人均年消费量普遍较高，如渔业资源丰富的冰岛、挪威分别可达92.5千克和51.4千克，美国、加拿大、英国、法国、德国、意大利、西班牙和葡萄牙等欧美发达国家的人均年消费量分别为22.4千克、22.2千克、18.7千克、34.4千克、12.8千克、29.8千克、42.5千克、56.8千克。特别是被现代营养学推崇的地中海饮食，更加强调丰富的鱼虾摄入，典型的地中海饮食国家如西班牙、法国和意大利都保持着较高的水产品摄入量，人均年消费量分别为42.5千克、34.4千克、29.8千克。1981—2021年，我国居民家庭人均水产品年消费量从2.49千克增至14.2千克。总之，欧美发达国家的人均水产品年消费量一般高于25千克，而我国的人均水产品年消费量尚不足欧美发达国家的60%。

我国的水产品大多以鲜活形式进入消费端，流通总损耗率（包括降级损耗和废弃物损耗）高达15%，欧美发达国家仅为5%；我国水产品全程冷藏流通率仅为23%，欧美发达国家则高达90%。因此，我国水产品从生产端到消费端的损耗大、保鲜程度不佳限制了我国居民的水产品消费。

2. 中国与东亚发达国家的水产品膳食比较

中国营养学会绘制的"中国居民平衡膳食宝塔"显示，我国水产品人均年消费量达到27~50.5千克（均值38.8千克），才能满足合理平衡膳食结构和人体健康营养需求。对比中国、日本和韩国居民水产品膳食消费以及《中国居民膳食指南（2022）》推荐的平衡膳食消费模式可发现，日本和韩国的人均水产品年消费量分别为45.8千克、57.2千克，更接近平衡膳食模式，可作为未来我国经济发展到富裕水平时居民水产品消费需求的参考。日本的水产品加工非常发达，加工率可达60%~90%，各种预制烹饪、便捷食用的水产品种类多，较常见的是寿司、海鲜卷、鲑鱼便当、烤鱼、炸鱼、煮鱼等也有袋装预制餐。相比之下，我国的水产品加工率仅有30%左右，缺乏便捷、个性化的加工产品限制了居民的水产品消费。

（三）当前中国水产品供需潜力分析

根据联合国粮食及农业组织的数据，2018年全球水产养殖产量为8 210万吨，捕捞产量为9 700万吨。到2030年，水产养殖产量预计将增加1/3，达到1.09亿吨。水产养殖是当今最有效的蛋白质生产行业，比畜禽动物养殖具有更高的转化优势。因为水产动物是变温动物，不需要能量来调节体温，所以能比畜禽动物更有效地将食物转化为体重。因此，生产1千克鱼所需的饲料比生产1千克牛肉或猪肉所需的饲料要少得多。

2022年，《经济时报》发布的一项研究，表达了对全球粮食供应的担忧，并且指出人类必然会选择更高效的食物供给方式。2022年《自然》杂志发表文章指出，淡水养殖的作用被严重低估，必须再深度挖掘其潜力。虽然我国水产品总体供应量充足，但人均水产品消费量低于世界平均水平。随着人们营养观念与消费习惯的改变，水产品的需求必然会增加。

然而，我国水产养殖发展受到空间的制约。随工业化的快速推进，沿海、沿江、沿湖以及城郊优良的养殖水域、滩涂大量被占用，养殖空间压力巨大。未来，挖掘我国水产品的供给潜力，主要靠"三增、一减、一护"实现。

1. 增空间，拓展养殖空间潜力

2022年，全国水产养殖面积710.75万公顷，其中海水养殖面积207.44万公顷、淡水养殖面积503.31万公顷。未来，我国内陆和近海的水、土地资源不仅没有发展水产养殖的增量空间，且由于环保要求需要压缩。要增加养殖产量，就必须拓展新的养殖空间，潜力最大的是深远海、内陆盐碱水养殖。

深远海水质极佳、远离污染，具有洋流性水温，是优良的养殖空间。据分析，全球拥有适合水产养殖的大片海域，如果充分利用其中1%，每年可出产高达1.50亿吨的鱼类，这超过了当前全球海鲜年消耗量。截至2023年，我国深远海养殖水体近4 400万米^3，年产量约40万吨，与每年养殖200万吨大西洋鲑的挪威相差甚远。中国大陆海岸线长约1.8万千米，−20米等深线内海域面积约16万千米^2。如果在我国适宜开展深远海鱼类养殖的海域开展鱼类养殖生产，只要利用其中1/5的海域年产量就将达到3 914万吨，超过目前我国水产养殖年产量的一半。据预测，通过扩展深远海养殖空间，到2035年我国海水养殖鱼类产量将达到1 000万吨，将是目前产量的5倍多。此外，深远海养殖可有效解决我国水产品的结构性矛盾。目前，水产品结构性矛盾在于鲤科鱼与罗非鱼等大宗、低价鱼类产量占据了绝对的优势，但高品质水产品供给量偏低。由于深远海的养殖成本高，必然选择高端优质养殖种类，且深远海水质极佳，会产出更多高端产品，能极大缓解我国优质高端水产品供给不足的现状。

内陆盐碱水域是重要的养殖后备空间。盐碱水，人类不能饮用，农业不能利用。我国盐碱水土资源丰富，据不完全统计，拥有盐碱地约14.87亿亩、盐碱水域约6.9亿亩，遍及19个省（区、市）。盐碱地是我国极为重要的后备耕地资源，挖掘盐碱地潜力，开展盐碱水渔业，对于粮食安全有着特殊意义。若通过水产养殖开发5%的低洼盐碱水域，将新增3 450万亩水产养殖面积，按目前全国淡水池塘养殖平均亩产613千克的50%计算，将新增1 000多万吨水产品的产量。在盐碱水域发展水产养殖，建设沙漠上的"渔业绿洲"，让内陆盐碱水长出海鲜，对有效利用国土资源、保障我国粮食安全具有重要意义。

2. 增效率，深挖养殖效率潜力

2022年，全国淡水养殖平均亩产435千克，其中占淡水养殖总产量七成以上的池塘养殖平均亩产为613千克，水产单位空间的生产效率还比较低。如果通过科技创新将水产养殖单位产量提高20%，即可每年增产高品质水产品1 000多万吨。当前，我国水产饲料转化效率整体不高，饲料报酬与发达国家相比还有差距。挪威三文鱼的饲料系数可达1.2（即生产1千克鱼需要1.2千克饲料），我国水产饲料系数多在1.2~1.8，部分种类更高。我国水产饲料年产量已达2 344万吨，饲料系数每降低5%，相当于可多生产水产品100万吨。

3. 增物种，开发更多养殖对象

物种是发展水产养殖的根本，全球约有600种水产养殖物种，其中40%为野生物种，60%为选育品种。目前，大部分具有食用潜力的水产物种实现了人工养殖或捕捞而开发成为食物。在水产养殖或捕捞的众多种类中，微藻是非常有前景的、可能成为未来超级食品的物种。微藻资源产业化的时间相对较短，尚处于起步阶段。目前，全世界已经形成规模化生产的微藻种类仅有10种左右。作为"超级食物""未来食品"，伴随着技术的进步，未来开发更多可规模化养殖的藻类种质必然会发挥更大的作用。

4. 减损耗，提升水产品利用潜力

食物损耗贯穿于生产、加工、存储、销售和消费的各环节，水产品尤为严重，减损即是增产，节流就是开源。我国水产品多以完整、鲜活的形式直接进入消费端，鱼头、内脏等蛋白质资源以厨余垃圾的形式大量废弃。2019年我国淡水鱼类养殖产量2 548万吨，而加工率仅17.5%，80%以上的鲜活淡水鱼流向生鲜市场，造成了800万~900万吨副产物的分散浪费，产业链的损耗问题突出。如果将水产品加工率提高到60%，每年利用加工下脚料可生产120万吨以上的鱼粉（油），可有效缓解我国鱼粉的对外依赖。

相比之下，一些发达国家水产品加工增值率超过90%，日本早在1988年就实施了"全鱼利用"计划，现在已基本实现预期目标，全鱼利用率已达97%~98%。所谓全鱼利用是指除肉以外的鱼鳞、鱼皮、鱼骨、鱼内脏、鱼头、鱼子等加工副产物均进行合理加工利用，一方面通过精深加工获得高附加值产品，另一方面利用现代生物技术进行胶原蛋白肽、磷钙、鱼油、复合微量元素等功能活性成分提取，这些提取物可在营养功能食品、保健食品等方面应用。我国每年产生大量的水产品加工副产物，如果做到合理高效利用，对提高经济效益和社会效益具有重要意义。

5. 护生境，培育渔业资源潜力

我国湖泊、水库、江河面积近400万公顷，海洋面积更是高达近300万千米^2，渔业生产空间巨大。近几十年来，人类活动导致内陆及近海水体受到污染，严重影响了水质与生态，是渔业资源枯竭的重要原因之一。加强资源养护，大力发展生态渔业和海洋牧场，建立资源评估、精准捕捞等相应技术与模式，实现"藏鱼于湖、藏鱼于海"。

（四）未来中国水产品供需趋势预测

1. 水产品供给小于潜在需求

由中国营养学会绘制的"中国居民平衡膳食宝塔"，提出了居民膳食平衡条件下各类食物的推荐摄入量。其中，水产品的每日推荐摄入量为40~75克（指食物的可食部分）。如果以水产品平均可食比例54.30%折算（海水产品平均可食率51.86%，淡水产品平均可食率56.67%），每人每日生鲜水产品消费量需要达到74.0~138.5克，即人均年消费量达到27~50.5千克（均值38.8千克），才能满足合理平衡膳食结构和人体健

康营养需求。显然，按居民平均水产消费量测算，我国居民的水产品摄入量远未达到平衡膳食的标准。再者，随着健康膳食观念的深入人心，必然会进一步增加我国居民水产品的摄入量，水产品的需求量将继续增加。

2. 高端优质水产品供不应求

我国水产养殖年产量超过50万吨的，都是价格较便宜的大宗鱼类，如草鱼、鲢鱼、鳙鱼、鲤鱼、鲫鱼、罗非鱼、青鱼等。根据《2022中国渔业统计年鉴》，2021年我国大宗淡水鱼类的养殖产量总计为2 026万吨，占当年水产品总量的30%，相比之下优质特色品种的产量占比偏低，水产品供给存在结构性矛盾。高端优质的水产品将供不应求，像野生大黄鱼的价格可达4 000~6 000元/千克，而普通养殖的大黄鱼价格仅40~60元/千克，这种结构性矛盾导致了巨大的价格差异。

3. 工厂化摆脱传统养殖对环境的依赖

未来，我国水产品将呈现供给小于需求，特别是高端水平的需求。在深度挖掘现有潜力的基础上，还需要把握好未来发展趋势，进一步通过科技支撑，增加水产品的供给能力。其中，工厂化养殖是一种较有潜力的生产方式。工厂化养殖指在室内养殖池中采用先进的机械和电子设备调控水体温度、光照、溶解氧等环境因子，进行高密度、高产量养殖的方式，从养殖设施、水环境调控等层面突破传统养殖对自然环境的依赖，延迟养殖周期，真正实现全年养殖。

在传统水产养殖中，多数养殖都是靠天吃饭，如遇到气温与水温变化、恶劣天气、病害、环境污染等问题将会直接影响到水产品的产量和质量，稍微不注意就可能造成难以挽回的损失。在工厂化循环水养殖基地没有传统池塘和泥土，只有现代化的养殖设备。室内工厂化循环水养殖基地各养殖池都是分隔的，且常年保持适合水产品生长的最佳温度，可实现一年分批养殖、反季节养殖、高端水产品养殖，能更好地满足市场需求，基本不受自然条件的限制，可以根据需要在任何地点建立海水或淡水的养殖生产系统，达到生产过程程序化、机械化的要求。在生产效率方面，日换水量由流水养殖的600%降低到10%以下，养殖承载量可提高到30千克/米^{3}以上，是传统养殖的3~5倍。由于换水量少，减少了外源病原的进入，提高了养殖成活率，能够有效减少养殖生产风险，提高养殖产品质量。

4. 工厂化养殖让"海鲜陆养"成为现实

近年来，随着工厂化养殖的发展，海鲜养殖的区域也正在向距离大海更远的内陆挺进。在新疆、内蒙古等地区，建立养殖工厂，利用循环水模拟海水养殖环境，控制水温和含盐量，进行工厂化养殖，完全可以实现南美白对虾的内陆养殖。特别是，为了让盐碱地变废为宝，可根据当地情况搭建大棚，调节虾苗用水，克服高盐碱和高寒对养殖的不利影响。工厂化养殖让"海鲜陆养"成为现实，颠覆了传统养殖的区域限制。

5. 工厂化养殖缩短了海鲜"游"上餐桌的时间

工厂化养殖场可以像工厂一样建在城郊，极大地减少了从养殖场到餐桌的时间，增加了产品的保鲜度，还能减少运输成本。在国外，新加坡正应用八层垂直式工厂化养鱼技术扩大产量，减少了食物的进口依赖。据报道，与传统渔业养殖场相比，该方式日换水量只有5%，大幅减少了水的浪费，比传统养殖方式提高了10~15倍的产量。未来拟在此基础上，衍生出鱼菜共生工厂，即把水产养殖与蔬菜生产这两种原本完全不同的技术，通过巧妙的生态设计达到科学的协同共生的目标，从而实现养鱼不换水、种菜不施肥，鱼菜均正常生长的生态共生效应，实现鱼菜都市供给的新模式。

6. 工厂化养殖的未来发展方向与趋势

目前，我国工厂化养殖处于起步时期，其科研技术和配套设施等尚不完善，水质净化技术还比较落后，养殖密度小，饵料系数高，频频发生病害。因此，工厂化养殖的系统化建设成本高、生产运行成本高，与传统养殖相比没有竞争优势。在未来，通过科技的发展提升技术与装备水平，必将降低工厂化养殖的成本，放大其潜力。一方面，要优化提升养殖设施设备的性能。提升装备供给能力，缩小其技术性能与国外主流产品的差距，进一步减少水产养殖操作中的人力成本、能源成本、运行和维护成本，实现精准操作和管理，提高生产效率。另一方面，要突破工厂化养殖水净化关键技术。目前水产养殖水处理原理和技术工艺基础均来源于生活污水及工业污水处理，养殖水体的寡营养盐、低有机物含量、高盐度等因素都给水体净化带来了挑战，使得适用于工业或生活废水处理的技术工艺无法直接用于养殖水体处理。只有解决好养殖水环境中的氮磷积累、生物安保、养殖尾水排放导致的富营养化等产业问题，才能让绿色高效的工厂化养殖得以顺利发展。

三、中国科技支撑水产品的潜力和趋势

（一）中国科技创新支撑水产领域发展的情况

科技创新是落实"大食物观"的根本出路，要发挥科技的"奇兵"作用，把好育种关、产业关、质量关，提升"大食物"供给能力。一直以来，我国围绕水产品有效供给，加快关键核心技术攻关，突出解决了产业的基础性、关键性、前瞻性问题，先后获得国家科技进步奖和技术发明奖17项，渔业科技进步贡献率已达63%。优良新品种不断涌现，使消费者有了更多选择。

1. 水产种业驱动产业发展

一粒种子可以改变一个世界，种业从源头上影响着产业。我国水产养殖经历了"天然采苗—人工育苗—人工育种—现代化种业"的过程，每一次水产种业的突破都引领了养殖的革命性浪潮。1958年，以钟麟为代表的科学家攻克了四大家鱼人工繁殖技术，结束了养殖鱼苗依赖天然捕捞的历史，是我国渔业从"狩猎型"向"农耕型"过渡的关键标志。1999年，雷霁霖院士突破大菱鲆大规模育苗技术难关，完成了繁殖和养殖系列工艺研究，并迅速形成新兴产业。我国水产养殖已经形成了"研究开发一个品种、集成一套技术、发展一个产业"的主要发展模式，水产种业是产业的源头，驱动着产业的发展。

从全球看，我国在种质资源保存、常规方法选育、良种规模化繁育等应用研究和技术推广方面有优势，整体上处于领先地位。截至2022年，通过全国水产原种和良种审定委员会审定并经农业农村部公告的水产养殖新品种266个，其中，自主培育品种236个，包括152个选育品种、73个杂交品种和11个其他品种，涵盖鱼、虾蟹、贝、藻、龟鳖、棘皮动物等主要养殖种类。市场上的水产品品种越来越丰富，曾经名贵的水产品，在人工养殖之后，不但价格越来越亲民，营养价值和口感也更有保障。目前，我国水产核心种源自给率超过70%，水产养殖遗传改良率超过50%，种质对水产养殖的贡献率超过40%。我国现有水产种业企业1.9万余家，年提供苗种6万亿尾（粒）以上，种苗自给率达95%，支撑了我国以养为主、绿色发展的水产生产模式。

2. 模式创新促进绿色高效养殖

长期以来，我国水产养殖模式大多是以淡水大水面养殖、传统池塘养殖、浅海养殖和海洋滩涂养殖为主，生产模式落后，单产极低。科技创新推进了我国水产养殖从粗放养殖到集约化养殖再到生态集约化养殖的发展，集成了创新池塘工程化循环水养殖、稻渔综合种养等一批生态、绿色、高效的养殖技术与生产模式。近年，又创新了多营养层次综合养殖，利用养殖水域的物质和能量、生物间的生态互利性及养殖水域对养殖生物的容纳量，合理搭配不同营养级生物，如鱼类、虾蟹类、滤食性贝类、大型藻类等的比例，实现养殖系统内物质循环利用、水质调控、生态防病及质量安全控制等目的。多营养层次综合养殖技术与模式获得国际广泛认可，在一个水体中能养殖更多的种类并有更高的经济产出，是一种生态系统水平的适应性管理策略。

模式创新破解了渔业发展的空间和资源约束，在杭州千岛湖，通过采取"一湖一策"增殖技术与一二三产业融合模式构建，使传统的大水面养殖正转型为保护水域生态的"保水渔业"。在云南元阳哈尼梯田，稻渔连作技术改变了千百年来当地只种一季水稻的耕作模式，实现了"一水三用、一田多收"，千年梯田焕发了新机。在甘肃景泰盐碱地农业区，"挖塘降水、抬土造田、以渔治碱"渔农一体化综合利用方案，让昔日贫瘠的盐碱地成为鱼虾欢跃的生态绿洲。

3. 装备突破提升养殖空间格局

随着经济社会发展，我国居民对海产品的需求刚性增加，在陆域与近海养殖空间趋紧的情况下，水产养殖发展的潜力主要在深远海。与传统养殖方式相比，深远海养殖设施装备更为先进、养殖技术更为领先、产业链更为完备。近年来，随着我国深远海养殖设施装备全面升级，为远洋渔业高质量发展以及渔业产业从近岸向海上、从近海向远海延伸，提供了技术保障。

经过科技工作者的不断努力，我国自主设计制造了首座智能化网箱"经海003号"，它的运行成功标志着经海系列网箱从设计、建造、养殖到收获实现标准化。网箱还搭载5G通信、海洋数据监测及水下监控等多种系统，每个平台只需要4名工作人员就可以实现数十万尾海鱼的养殖。

2021年6月，我国自主研制的大型全潜式深海智能渔业养殖装备"深蓝1号"养殖的首批三文鱼喜获丰收，这是在黄海利用冷水团实现了温暖海域冷水鱼规模化养殖的世界性突破。2022年7月，我国建造的第一艘专业磷虾捕捞加工船"深蓝号"交付使用，能适应南极冰区-25℃的超低温环境，年捕捞能力可达10万吨，可为我国水产养殖业带来更多的饲料蛋白质。2022年9月，由我国完全自主研发、设计、建造的世界首艘深远海养殖工船"国信1号"养殖的大黄鱼起鱼上市。该船每年生产大黄鱼3 700吨，"船载仓养"技术和装备实现了领跑世界的全新突破。

"十三五"以来，我国成功设计研发了多款深远海大型智能网箱、工程化大型养殖围栏。远洋精准捕捞技术研发加快，研制出远洋深水拖网绞机、南极磷虾专用拖网、过洋性深水拖网等高效网具，深水拖网绞机、自动鱿鱼钓机、节能集鱼灯等大部分船载设备实现国产化。我国渔船渔具创新能力稳步提升，遥感信息助力渔场探寻，预报准确率不断提高，生态高效渔具和精准捕捞技术不断完善，渔业装备中国制造水平显著提升，为深耕海洋资源创造了完备的条件。装备的升级推动了海水养殖从近海走向深蓝，实现了渔业产业从近岸向海上、从近海向远海的战略延伸。

科技对"蓝色食物"的稳定产出贡献巨大、功不可没。新阶段，渔业生产将继续依靠科技新动能，开辟发展新领域，培育竞争新赛道，展现产业新优势，切实增强渔业高质量发展。

（二）中国水产科技创新面临的问题和挑战

当前，极端气候和百年未有之大变局交织，我国渔业科技创新面临着诸多问题和挑战。

1. 养殖种类和模式多、杂、乱

养殖种类和模式繁多，削弱了单一品种的研发投入。据统计，我国开展养殖的水产生物种类超过550种（土著种约280个、引进种约80个、人工培育品种约200个）。科学研究需要人力、物力、财力的持续投入，品种太多、盘面太大削弱了单一品种的科研投入。相比中国的众多养殖品种，挪威主要养殖三文鱼，依靠专注、持久的科研投入，从苗种选育、饲料改善和疫苗防控等多方面长期专注研究，造就了挪威三文鱼养殖强国的地位。

此外，我国水产养殖的模式众多，不同养殖模式下的苗种选育、营养饲料、疫病防控与设施设备等均有不同的要求，这也提高了研发的难度，导致传统的粗放型养殖方式在生产中占绝对优势。以对虾养殖为例，养殖模式多种多样，在实践中养殖户的创新模式层出不穷，包括高位池养殖、陆基圆桶养殖、工业化养殖、立体循环养殖、篷布养殖模式等，不同的地方、不同的养殖户都根据自身条件选择不同的养殖模式，而不同养殖模式对疫病防控、营养饲料等都有不同的技术要求，这就导致了养殖的标准化水平低。

2. 优质苗种培育待进一步突破

（1）部分水产苗种良种仍依赖进口

自20世纪七八十年代，中国开启大规模引种，据不完全统计，从国外引进水产养殖种类超过80种，大部分都形成了比较成熟的产业。目前，水产养殖用种的种源自给率相对较高，罗氏沼虾、罗非鱼等种源实现完全自给，加州鲈、斑点叉尾鮰大部分自给，基本实现"中国鱼主要用中国种"。然而，南美白对虾种虾、优质鲑鳟发眼卵（三倍体)、虾夷扇贝等仍依靠进口，种源面临国外限制风险。"引种—维持—退化—再引种"的不良循环仍然存在，尤其是南美白对虾优质种源"卡脖子"现象日益凸显。南美白对虾原产于中南美洲太平洋沿岸等热带海域，是我国最重要的经济虾类。相比国外已积累了几十年的经验，我国每年均从国外高价大量进口种虾，平均每年进口亲虾40余万对。与此同时，国外对出口我国的种虾把控很严，难以获得品种较纯的优质种虾，我国掌握的遗传资源不够成为良种难育的重要原因。

(2) 部分苗种人工繁育尚未突破

部分物种因为基础研究的薄弱，苗种尚未实现人工繁育，如鳗鲡。现在的鳗鲡虽名义上是养殖的，但是实际上是在鱼卵成长为玻璃鳗、线鳗苗的阶段，从海里游回河口时将它们截获捕捞，然后再养大，也就是说养殖的每一条鳗鱼其实都来自深海，鳗鱼的繁殖只能靠其自身。虽然2010年日本科学家宣布成功实现了鳗鲡的全人工繁育，攻克了幼苗成功变态至玻璃鳗（俗称鳗苗）的技术难关，然而这仅是在实验室阶段，且从卵孵化至鳗苗的成活率非常低。我国的鳗鲡人工繁育研究落后于日本，要实现全程人工繁殖还有很长的路要走。

(3) 部分鱼类的育种工作动力不足

育种是一项需要长期坚守的事业，像青鱼、草鱼、鲢鱼和鳙鱼四大家鱼存在育种周期长、经济效益低的问题，四大家鱼育种工作难以推进。此外，水产种业商业化育种体系不健全，培育主体间缺乏合力。品种的研发单位众多，多边合作明显欠缺，科技资源没有良好整合，无法形成合力，造成资源浪费。从企业角度看，育种具有投资大、收效慢、风险高的特点，因为新品种的制种或制苗成本往往较普通苗种高，且质量优势往往不易表现，一般生产者只认价格的局限性造成良种质优价难优的问题，研发成果的初期推广步履艰难。

3. 水产饲料利用潜能亟待提高

我国以养为主的水产生产方式，决定了对饲料及其原料的巨大需求量。然而，中国是原料短缺大国，鱼粉、豆粕等主要蛋白质源严重依赖进口，新形势下水产养殖饲料的开发面临着更多的挑战。饲料原料短缺、新型饲料添加剂少、精准需求量数据库缺乏、动物健康和品质的营养调控机制不明、亲体和幼体营养饲料研究不足、水产饲料加工与投喂技术落后等均是亟待解决的问题。

当前，我国水产饲料利用效率整体不高，饲料蛋白质利用效率、饲料转化率与发达国家相比还有差距。挪威三文鱼的饲料系数可达1.2，我国水产饲料系数为1.2~1.8，部分品种更高。此外，非常规饲料原料在水产饲料中的利用还存在利用率不高、消化率低、抗营养因子多等问题，需要通过科技研发进一步解决，以替代鱼粉或豆粕等进口原料。一些潜在的可饲粮化的资源，如林业资源、海洋藻类、水产加工副产物等，目前还缺乏高效利用的科学方案。

目前，我国的水产育种工作并未将提高饲料效率纳入到经济性状的育种规划。尽管有关水产动物高饲料效率的遗传改良已有报道，但仅限于对饲料效率性状的遗传评估，尚未见有培育出水产动物高饲料效率新品种（品系）的报道。鉴于高饲料效率的重要性，应针对饲料转化效率的性状特征，结合传统和现代育种技术制定高饲料转化率育种规划，选育出新品种。然而，目前因为经济鱼类通常在水中大群体饲养，存在准确测量个体采食量难题，通常很少将高饲料效率纳入育种规划。

4. 疫病预警预防水平比较落后

随着水产养殖集约化程度的不断提升，由于鱼虾贝传统和新型疫病的暴发，每年直接经济损失超过400亿元，而且严重威胁水环境安全、水产品质量以及人类健康。据统计，目前我国危害比较严重的水产养殖动物病害高达100多种。相比之下，疫病防控关键技术的研究滞后，缺乏精准监测预警体系，渔用疫苗严重不足，缺乏自动接种装备，环境友好药物与需求相差甚远，生态防控缺乏核心技术。国外发达国家多采用自动化的在线监控，通过实时动态的检测及预报系统达到水产病害的预测效果，并通过开发疫苗来预防养殖动物疾病的发生。与国外相比，我国水产疫苗研发技术偏薄弱。国外已经商业化开发140多种渔用疫苗，自动化注射装备先进，我国仅批准了几种渔用疫苗生产，多数停留在实验室水平，商业化程度非常低，自动化注射装备也处于研发阶段。

（三）近年来中国科技支撑渔业的布局

在"十三五"期间，科技部在渔业领域实施了国家重点研发计划"蓝色粮仓科技创新"专项。该专项聚焦种质创制、健康养殖、生境修复、友好捕捞、绿色加工等重大科学问题和技术瓶颈，共部署了50个项目，总预算25.29亿元，其中，中央财政投入14.27亿元，占比56.41%。经过"十三五"相关项目的实施，全面提升了重要水产养殖生物种质创制、营养调控和病害防控、养殖装备工程化、海水养殖新模式及新装备、远洋渔业科技、水域生境与渔业资源养护、流通加工和质量安全保障等方面的技术水平，有效支撑了我国渔业产业的健康稳定发展。

在"蓝色粮仓科技创新"专项的基础上，科技部在"十四五"期间继续启动实施了国家重点研发计划"海洋农业与淡水渔业科技创新"专项，以加强精准育种、智慧养殖、智能捕捞技术和装备研发，进一步优化科技布局，夯实科技的支撑力量。2022年，已立项常规项目9项、部省联动项目4项、青年科学家项目7项，涉及主要养殖鱼类、虾蟹、贝类等生物的育种、海洋牧场与深远海养殖等方向。

除了国家重点研发计划专项之外，农业农村部还设立国家现代农业产业技术体系来支撑渔业科技的发展。国家现代农业产业技术体系是破解科研、生产"两张皮"难题的成功探索，体系按照农业生产全过程配置科研力量，体现了农业科研组织模式的产业性。在水产领域，分别设置了大宗淡水鱼、特色淡水鱼、海水鱼、虾蟹、贝类和藻类六大体系，共172个岗位科学家、115个综合试验站，年投入科研经费约1.8亿元。大宗淡水鱼体系涉及青、草、鲢、鳙、鲤、鲫和鲂7个淡水鱼品种，设有遗传改良、营养与饲料、疾病防控、养殖与环境控制、加工、产业经济6个功能研究室，重点解决大宗淡水鱼类供给侧优质高产、模式升级、竞争力提升、延长产业链等技术问题。特色淡水鱼产业技术体系涉及罗非鱼、鮰、鳜、鲈、鳢、鳗、黄颡、泥鳅、鳝、鲟和鲑鳟11种特色淡水鱼，围绕特色淡水鱼产业链各环节需求，进行共性技术和关键技术研究、集成和示范，为产业发展提供全面系统的技术支撑。海水鱼产业技术体系涉及大菱鲆、牙鲆、半滑舌鳎、大黄鱼、石斑鱼、海鲈、卵形鲳鲹、军曹鱼和河豚9个主养品种，设有遗传改良、营养与饲料、疾病防控、养殖与环境控制、加工和产业经济6个功能研究室以及19个综合试验站，为我国海水鱼类养殖产业健康稳步发展提供持续技术支撑。虾蟹产业技术体系涉及中国对虾、日本囊对虾、罗氏沼虾、凡纳滨对虾、三疣梭子蟹、克氏原螯虾、斑节对虾、日本沼虾、中华绒螯蟹和拟穴青蟹10个品种，设有遗传改良、营养与饲料、疾病防控、养殖与环境控制、加工和产业经济6个功能研究室以及22个综合试验站。贝类产业技术体系涉及扇贝、蛤蚶蛏、淡水珍珠贝、鲍和牡蛎5个品种。藻类产业技术体系涉及海带、裙带菜、条斑紫菜、坛紫菜、江蓠和淡水微藻等品种。

（四）水产科技支撑的潜力分析

践行大食物观，突破在科技。随着新一轮科技革命深入发展，新模式、新技术、新材料广泛应用，物联网、大数据等信息技术在渔业领域转化应用加快，现代生物技术为渔业种质资源保护、新品种培育提供了有力支撑。

1. 科技支撑养殖空间拓展的潜力

拓展养殖新空间，如深远海养殖和盐碱水养殖，是进一步挖掘水产潜力的关键，但尚有关键技术亟待突破，科技创新支撑潜力巨大。

（1）技术创新支撑"深蓝养殖"的潜力

截至2022年，我国深远海网箱养殖体积为4 398万米^3，年产量39.3万吨，研发了"耕海1号""深蓝1号""海峡1号"等网箱。但由于我国深远海养殖发展较晚，对深远海养殖技术（如品种选择和装备生产等方面）的研究较少，深远海养殖产量仅占海水鱼类养殖产量的两成。深远海养殖尚有很大的潜力，需要在科技的支撑下进一步挖掘。一方面，挖掘种质资源开发的潜力。深远海养殖物种的选择必须同时考虑其生物学特性和经济学特性。与近海养殖相比，深远海养殖在水文条件、水中生物和气候等方面具有特殊性，要求养殖动物具有相应的适应性。同时，深远海是一种高投入的养殖，要求养殖物种具有较高的经济价值和加工后的高附加值，以保证养殖效益。世界上深远海养殖最成功的产业是挪威的大西洋鲑养殖。我国深远海养殖处于起步阶段，适养品种少。目前，沿海各地培育出大黄鱼甬岱1号、富发1号以及金鲳晨海1号等适合深远海养殖的新品种，大西洋鲑、许氏平鲉、军曹鱼等新品种选育加快推进，章红鱼和黄唇鱼的人工繁殖也即将突破，还将启动蓝鳍金枪鱼、黄鳍金枪鱼人工养殖和繁育，以及波纹唇鱼（苏眉）、青衣鱼等人工繁育的技术攻关，形成深远海养殖"高中低"搭配的市场格局。未来五年，随着种质资源的不断开发，深远海养殖将新增1 600万米^3，养殖年产量预计增加50%，达60万吨。另一方面，挖掘养殖装备创新的潜力。目前，全国已建成重力式网箱2万余个、桁架类网箱40个、养殖工船4艘。深远海养殖由于其远离陆地，需要在人员有限的情况下自动化运行。我国已经研发出自动投喂、水下监测、水下洗网等设备，初步实现了养殖的自动化、智能化，但是还没有比较完善的养殖管理软件。未来，在装备技术的创新下，实现全方位信息化、大数据智能化，提高深远海养殖模式的生产效率和设施安全，将进一步释放深远海养殖的潜力。

（2）技术创新支撑盐碱渔业的潜力

2019年，农业农村部联合生态环境部、自然资源部等十部委联合发布的《关于加快推进水产养殖业绿色发展的若干意见》，把盐碱地渔农综合利用作为拓展水产养殖发展空间的重要举措。2020年，农业农村部"水产绿色养殖五大行动方案"将盐碱水绿色养殖列为九大模式之一。当前，我国没有耐盐碱的水产品种，仅筛选了少数几种养殖对象，如凡纳滨对虾、罗非鱼等，亟须针对现有主养品种开展耐盐碱新品系选育，提高盐碱水养殖效率，挖掘盐碱渔业的潜力。据预测，通过改良耐盐碱养殖品种、优化池塘养殖模式，盐碱水养殖的综合效益可提升35%。

2. 科技支撑养殖效率提升的潜力

我国水产养殖育种面临着两个挑战：一是提高良种率。2022年，我国水产养殖遗传改良率为52.8%，大量水产养殖品种尚有待进行系统遗传改良。良种对我国水产品增产的贡献率为25%~30%，低于水产养殖发达的国家。二是降低病害发生率。我国水产养殖每年因病害损失达400多亿元，药物使用不当带来了产品质量安全和水域生态环境污染隐患。

（1）良种提高养殖产量的潜力

育种的目标是为了促进养殖业的发展，在鱼类和对虾养殖产业中，传统选育的每代遗传增益达到8%~12%，这对养殖产量的提升是非常显著的。对我国1995—2021年淡水养殖产量分析，20多年间，淡水养殖面积从1995年的466.9万公顷增加到2021年的498.4万公顷，增幅仅为6.75%。同期，中国淡水养殖产量却保持快速增长态势，2021年淡水养殖产量为3 183万吨，相比1995年淡水养殖产量940.8万吨增幅达338%。由此可见，遗传改良对水产养殖业发展起到了重要的推动作用。研究表明，如果育种计划培育的改良种质能够推广，世界水产养殖产量将在13年内增长100%。

（2）疫苗维持高产养殖的潜力

由于我国水产养殖业以高密度、多品种、集约化的生产方式高速发展，直接导致近20年来水产养殖病害频生。暴发、并发、多发的养殖病害造成了严重的经济损失，已成为我国水产养殖业发展的重要制约因素。在各种水产养殖品种中，几乎已找不出不受疫病威胁的品种。在水生动物疫病防控领域，以疫苗免疫技术为基础的综合防控技术体系是目前被国际上认可、接受并积极推广的渔业病害防治技术系统。水产用疫苗在世界水产养殖业的发展中已显示出良好的前景，使用疫苗是非常有效的疫病防治手段。近年来，在"973"计划、"863"计划、国家科技支撑计划等重大项目支持下，我国储备了一批疫苗产品，加上现代生物技术的应用，一些重要水产养殖病害疫苗的研究有了突破性进展。可以预见，未来将有系列疫苗产品逐步实现商品化，疫苗技术也必将成为解决我国水产养殖病害问题的关键技术，有助于维持养殖高产量。

3. 科技支撑南极磷虾捕捞的潜力

2021年，我国远洋捕捞产量达224.65万吨。随着居民消费水平提升，许多深海水产品市场需求持续增加，且大部分无法人工繁育、养殖，仍须人工出海捕捞，最具有潜力的是南极磷虾的捕捞。磷虾是一种营养十分丰富的生物，广泛分布于南极水域，资源储量非常丰富,估计有 6.5 亿~10 亿吨,是全球海洋中最大的单种可捕生物资源,是人类重要的蛋白质储库。目前,全球南极磷虾捕捞量最大的国家挪威年捕捞量约为 16 万吨,我国的捕捞量约 3 万吨。与传统渔业相比,南极磷虾产业链条长,是一个高技术、高投入的海洋生物精深利用新兴产业。南极海域路途遥远、气候恶劣,对捕捞船和捕捞人员的要求更高。更为关键的是,南极磷虾这种无脊椎浮游生物,与普通的虾不同,具有低温自溶的特性,很容易分解,一旦捕获后不能及时有效进行加工处理,其营养物质活性就会大打折扣。这又对捕捞、保藏、运输等技术提出了更高的要求。另外,南极磷虾经深加工才能食用,刚捕捞回来的南极磷虾不能直接食用。一方面,磷虾直接吃腥味很重、口味不佳;另一方面,因其氟化物水平很高,须加工后才可食用。由于下游的磷虾深加工能力有限,传导至上游,最终影响了磷虾捕捞量。

我国的南极磷虾开发利用起步晚,在南极磷虾资源研究、船载捕捞加工技术装备、陆基产品研发等方面,与挪威相比仍有很大差距。我国的磷虾渔船主要由鱼类拖网加工船略加改造而成,船载加工能力与捕捞能力不匹配的问题非常突出。应加强研发南极磷虾深加工生产技术和设备,磷虾高质量冷冻和脱壳技术装备、产品保鲜储运技术也亟待研发。早在 2011 年,我国启动了"863"计划项目"南极磷虾快速分离与深加工关键技术",完成了船上整形虾肉加工示范线和虾油小试生产线的建设,在虾糜和功能肽制备、自溶酶分离纯化、冷冻保鲜技术等方面取得了一定进展,科技进步将继续支撑发掘南极磷虾利用的潜力。

(五) 水产科技支撑的未来趋势预测

1. 渔业发展的未来趋势

(1) 生产方式将向自动化、智能化转变

未来的食物生产需要提高生产效率、增加食物产出、保障食物安全,实现可持续的食物供应。未来的渔业生产,依靠人力和传统经验的模式将越来越难,机械化、自动化、智能化的智慧渔业将是必由之路。

(2) 生产空间将向面积广阔的深远海拓展

当今世界,人类面临"人口、资源、环境"三大危机,重返海洋已是人类生存发展的必然趋势。海洋农牧化将改变传统渔业的生产方式,海洋牧场、深远海养殖是未来发展的趋势。

(3) 消费形式将由传统烹饪向现代便捷转变

生活方式的变化推动着新需求的诞生,年轻消费群体的崛起、生活节奏的加快、精致生活的追求都对水产品的类型提出了新的要求,未来对膳食消费的便捷性要求会不断提高。卫生、标准化、方便快捷的半成品预制菜产业将在我国膳食消费向全面小康阶段转变的过程中快速发展。

2. 未来渔业的科技支撑趋势

(1) 科技支撑智慧渔业技术革新

智慧渔业是利用现代科技手段,包括人工智能、物联网和大数据等,实现渔业生产自动化、智能化、精准化和高效化的新型模式。随着社会的发展，渔业生产劳动力的减少，智慧渔业将成为渔业发展的必由之路。智慧渔业通过物联网技术联动智能投饵机，实现远程智能投饵，在养殖流程上实现了自动化或半自动化，从而大幅节约人工成本。智慧渔业通过物联网技术，可以实时监测水温、水质、氧气含量和 pH 值等环境参数，及时发现异常，避免养殖损失。通过大数据精准掌握鱼类的生长规律、食性和疾病情况等，实现精准投喂，提高饲料效率，极大提高了生产效率。通过人工智能识别设备识别生病鱼体，并及时隔离、消毒，避免鱼病的大规模发生，可降低养殖风险。智慧渔业以人工智能、物联网、大数据和云计算等高新技术为依托，精准监测装备与管控平台是关键技术。

（2）科技支撑海洋牧场高质量发展

海洋牧场是指基于海洋生态系统原理，在特定海域通过建设人工鱼礁、增殖放流等措施，构建或修复海洋生物繁殖、生长、索饵或避敌所需的场所，增殖养护渔业资源，改善海域生态环境，实现资源可持续利用的渔业模式。据联合国粮食及农业组织统计，目前已有 64 个沿海国家发展海洋牧场，资源增殖品种超过 180 个。其中，日本和韩国起步较早，20 世纪 70 年代已开始大规模建设海洋牧场。发展海洋牧场，是贯彻落实大食物观的重要路径和生动实践。现代化海洋牧场在近岸和岛礁海域的建设基点上，不断向全海域扩展，科技化程度越来越高。尽管经过多年的研究探索，我国海洋牧场相关技术及装备的研发取得了一些成绩，但仍有一些关键技术尚未突破，海洋牧场愈发依赖科技，如海藻场及海草床营造与维护技术、鱼贝类资源高效生态恢复技术、鱼贝类群体行为远程监控技术、智能化生产管控技术等。目前，现代化海洋牧场构建原理与技术研究滞后已经成为我国海洋牧场发展和升级的瓶颈。因此，现代化海洋牧场的发展必须依靠科技，克服一系列技术瓶颈，实现"蓝色食物"持续产出。

（3）科技支撑提升水产品精深加工

当前我国居民收入提高，中产阶层壮大，消费主力转为"80 后"和"90 后"，消费需求转向安全、营养、便捷、绿色的水产品，因此亟须扩大精深加工产品的生产规模，调整产品结构，以满足消费结构升级的需求。随着消费需求的变化，水产品加工技术也在不断创新，发达国家的水产加工已经从基础的改变风味、模仿外观向基于品质和营养保持分子机制研发加工技术发展，深入研究营养成分的形成规律和调控机制，相关科技的发展重点向高新技术、多学科融合转变。我国的水产加工科技仍然存在一些瓶颈，如基础理论研究能力滞后、高新技术研发薄弱和加工装备研制能力不足等。未来支撑水产加工的科技需求体现在以下两方面：一方面是水产加工基础理论的完善。理论的深入研究可为技术的更新提供保障，水产加工业已经开始从水产品营养成分、化学组成、功效发挥、加工过程中的变化等多角度解析基础理论。另一方面是水产品精深加工技术的攻关。要通过水产品精深加工技术研发开发新产品，推动精深加工的发展。可研制水产加工专用酶，利用酶催化加工新产品；研发水产品加工过程控制关键技术和功能因子生物合成与转化技术，突破加工关键生物技术，构建水产品高质化加工技术。

四、极端情况下中国科技支撑水产品的潜力

（一）极端情况的场景描述及对我国渔业生产的影响

基于我国现阶段和可预见的一段时期内的国情、外部国际环境等情况分析，我国面临的主要极端风险最可能源自外部国际环境恶劣，导致与国际主要贸易伙伴脱钩，食物（含原材料、辅助材料、生产和加工装备等）进口与保障链断裂等问题。应对极端条件下的食物供应，首先要保障口粮，其次是保障蛋白质供应。我国渔业生产对国外的依存度很低，水产品是重要的蛋白质来源，相比畜禽动物的生产过程，水产品的产出过程短。因此，在极端情况下，保持水产品稳定产出对我国的蛋白质供应具有重要的意义。

极端条件下，主要风险点是饲料资源的保障，特别是鱼粉（油）、豆粕等饲料原料。此外，极端情况可能会导致海上路线封锁，从而对我国远洋渔业甚至沿海渔业生产有较大的影响。我国鱼粉产业发展较晚，国内鱼粉产量不能满足本国需求，因此鱼粉进口成为必然选择。我国鱼粉的主要进口来源国包括秘鲁、越南、智利、美国和俄罗斯等，进口依存度约为72%，其中从秘鲁进口的鱼粉占我国鱼粉进口总量的50%以上。因此，极端情况下的我国渔业生产需要克服饲料短缺、远洋渔业切断的问题。

（二）极端情况下我国水产品供给的潜力

当极端条件来临，水产品具有稳定供应的潜力，甚至可以提升水产品的产量保障国民的蛋白质摄入。极端情况下，可通过增加渔业捕捞量、提高草食性鱼类养殖量、启用耐粗饲养殖品种、开发新型饲料原料、提高藻类生产量等途径，维持水产品的保供稳供。

1. 渔业资源可用以保障极端时期的蛋白质供应

不同于其他动物，鱼类极少存在人畜共患病，野生鱼类被称为"餐桌上最后的合法可食野生动物"。极端情况下，可适当增加渔业捕捞产量以保障蛋白质供应。中国拥有2 590万公顷的广阔内陆水域，有1 443种内陆鱼类，是宝贵的生物资源。为了保护自然渔业资源，我国自2003年起相继实施了季节性休渔制度、长江流域无限期禁捕和10年全面禁渔制度。《长江流域水生生物资源及生境状况公报（2022年）》显示，2022年，长江流域水生生物资源量呈恢复态势，单位捕捞量比2021年增加20%。保护好内陆和近海渔业资源，对极端时期的蛋白质供应有重要作用。此外，远洋捕捞仍有很大潜力，最具代表性的是南极磷虾。南极磷虾是地球上最大的单种生物资源，据评估，南极磷虾资源蕴藏量有10亿吨，每年可捕捞量近1亿吨。目前，全球南极磷虾年捕捞量仅20万吨左右，我国年捕捞量仅3万吨左右，挪威的捕捞量最高，每年可达16万吨。总而言之，极端情况下适当提高渔业捕捞量是稳定水产品供应的有效途径之一。

2. 大宗淡水鱼是稳产保供的"压舱石"

在我国，以四大家鱼为代表的大宗淡水鱼类中，草食性鱼类和杂食性鱼类对饲料蛋

白的需求很低，对杂粮等植物蛋白原料具有很强的适应性，完全可以使用无鱼粉低蛋白饲料，鲢鱼和鳙鱼甚至可以不用饲料。极端情况下，其饲料原料可靠国内资源满足，并在池塘、湖泊、水库、稻田等各类水体内开展养殖。2022年，草鱼、鲤鱼、鲫鱼、鲢鱼和鳙鱼等大宗淡水鱼产量达2 048万吨，占淡水养殖总量的62%，其中，草鱼590万吨，鲢鱼388万吨，鳙鱼327万吨，鲫鱼285万吨，鲤鱼284万吨，罗非鱼174万吨。极端情况下，将大宗淡水鱼的养殖规模提高10%，每年可多生产水产品200万吨。四大家鱼（草、鲫、鲢和鳙）的人工繁殖技术，就是在1958年国内陷入困难时期、粮食严重短缺的背景下被紧急攻克的。新时期的极端情况下，以四大家鱼为代表的大宗淡水鱼在稳产保供方面仍然可以发挥"稳定器"和"压舱石"的作用。

3. 选育耐粗饲品系体现稳产保供的科技力量

极端情况下，鱼粉、鱼油等高品质饲料原料必然短缺，可通过养殖耐粗饲水产新品种进行克服。近几年，为了减少饲料产业对野生鱼类（用于生产饲料用鱼粉）造成的资源损害，挪威三文鱼育种已经开展了耐粗饲、高饲料利用率品种的选育。目前，我国已经成功选育了可适应无鱼粉与鱼油饲料的大黄鱼，可应对鱼粉与鱼油的短缺。我国主要的养殖鱼类，应加强科技储备，选育耐粗饲养殖水产新品种，减少对鱼粉与鱼油的依赖，不仅有助于应对极端情况，也兼顾了常态生产需要。

4. 向新型饲料原料要饲料蛋白

利用现有蛋白饲料资源，开发利用新型饲料原料。菜籽饼粕、棉籽饼粕、花生饼粕等杂饼粕，粮食加工副产物，食用动物副产品，微生物蛋白，昆虫蛋白等都是可利用的蛋白饲料资源，通过规范生产工艺，辅以酶制剂等饲料添加剂，可作为豆粕的有效替代资源。总体测算，通过挖掘利用现有蛋白饲料资源，还有约700万吨豆粕替代潜力。如果将水产品加工率适当提高，利用其下脚料每年可生产120万吨以上的鱼粉（鱼油）。乙醇梭菌蛋白已获得国内第一张新饲料原料证书，其蛋白质含量高达83%。中国每年至少产生1.2万亿米^{3}富含一氧化碳的工业尾气，如果将这些工业尾气采用生物发酵技术进行高效清洁利用，可年产乙醇梭菌蛋白1 000万吨。极端情况下，可启用乙醇梭菌蛋白产能，替代对鱼粉与豆粕的需求，能极大缓解饲料原料的短缺。

5. 未来食物——藻类具有无穷的生产潜力

藻类作为食品由来已久，其营养均衡、全面、易被人体吸收，有"微型营养库"之称，如海带、紫菜等蛋白质含量比一般蔬菜高，甚至比籼米还高。藻类可以在其他作物无法生存的地区种植，不需要土壤或淡水，需要的仅仅是二氧化碳和阳光。随着气候变化和人口增长，科学界意识到，必须提高蛋白质生产的效率。海藻在使用相同面积土地的情况下，每年可以生产比玉米多167倍的有用生物质。一些藻类品种可以在咸水或海水中生长，通过营造"海底森林"产出食物。

（三）极端情况下水产供给的科技支撑

针对极端时期食物保供策略的科技支撑有两方面：一方面是主动的科技储备。针对已有准确预判的极端时期，提前进行的科技力量储备。对极端时期的提前预判越准，极端时期预估来得越晚，则给相关方面扎牢基础的窗口期越长，通过常态期针对性实施相关措施以及提前积累成效，"以常应异"的能力越强。另一方面是被动的科技应急。针对不可预见的，具有突发性的极端条件而临时性采取科技应急措施。此方面具有不可预计性和不确定性，所采取的科技策略是临时性的、急迫的、快速的，是对科技队伍综合能力、全局能力和应急能力的综合考验。

1. 主动的科技储备

针对我国渔业生产的现状，立足常态兼顾极端，做好预判，提前谋划，扎实做好科研工作，支撑渔业保供促稳，具体措施如下。

一是保障重要品种的育种。"发展养殖，种业先行"是亘古不变的法则。为了极端情况下的保供应，稳产保供重要品种的种源必须绝对安全。然而，青、草、鲢、鳙四大家鱼的育种，存在周期长、经济效益低等问题，导致育种工作的动力严重不足。四大家鱼中仅鲢鱼有新品种，鲤鱼和鲫鱼品种数量较多，但苗种价格低，市场销售份额很小，育种企业总体规模偏小。为此，构建更加高效、功能完善的"保育繁推"一体化体系，完善原良种高效扩繁技术，强化育种创新基础，实现高产、优质、多抗的遗传转化，培育不同类型的新良种，保证稳产保供品种的繁育体系绝对安全。

二是净水生态渔业的技术创新。大水面生态渔业是我国淡水渔业的重要组成部分，不仅为人们提供优质动物蛋白，还可以维持生态环境平衡。2022年，农业农村部印发《"十四五"全国渔业发展规划》，鼓励在湖泊水库发展不投饵滤食性、草食性鱼类等增殖渔业，实现以渔控草、以渔抑藻。净水生态渔业，平时以鱼净水护生态，战时以水养鱼保供应，一水多用，绿色高效。净水生态渔业的科技任务在于，建立完善的湖泊渔业资源与环境智能化监测体系，实现资源与环境监测的常态化、高效化、智能化；深入解析湖泊资源的调控原理、机制与途径，构建科学的湖泊渔业资源调控技术体系；创新生态净水渔业的增养殖模式，探索出保护生态、适度开发、永续利用的好方法。

三是渔业水域生境与资源养护。人类活动导致内陆及近海水体污染，严重影响了水质与生态，是渔业资源枯竭的重要原因之一。研究渔业水域生境与资源退化机制，对于恢复渔业生物资源有重要意义。以"平时养护环境，战时捕捞资源"为指导，养护生境，藏粮于水。针对我国典型渔业水域食物可持续产出的关键问题，开展多尺度、多维度、多时空综合调查，解析渔业水域生境的关键要素及生态功能，探索渔业水域生境与生物保护策略，科技支撑"藏粮于水、藏粮于海"战略。

四是远洋渔情探测及捕捞技术。资源监测已成为远洋渔业必不可少的依据，要以精准捕捞为抓手，推动渔情预报科技的发展。要突破远洋渔业资源探测与渔场渔情预报关键技术瓶颈，研究鱼群探测信息精准解析与评估技术，建立远洋生物资源立体与渔场解析应用技术体系，为远洋渔业新资源的开发提供可靠的信息支撑。研制高技术远洋捕捞加工一体化工作船，提高捕捞工作效率。做到平时摸清资源，随时高效捕捞，大量提供食物。

五是新型饲料蛋白原料的开发。我国水产品供给稳定，而饲料原料对外依存度高为唯一的风险点。新型饲料蛋白原料的开发，无论是立足常态还是应对极端，都是亟须开展的工作。目前，已经初步开发了乙醇梭菌蛋白作为饲料蛋白原料，但仍需要进一步完善优化工艺。我国森林资源丰富，进一步加大科技投入，开发木本饲料的潜力极大，目前还存在抗营养因子多、纤维素含量高等瓶颈。此外,还可在海洋大规模种植大型海藻,营造"海底森林",并进一步进行饲粮化加工,可以极大缓解饲料蛋白的缺乏。

2. 被动的科技应急

针对不可预见性的局面,采取临时性、紧迫性的渔业生产,以稳定水产品供应。可利用闲置荒废水域养殖,提高生产面积,提高藻类等未来食物的产量;对非传统原料(如厨余垃圾、昆虫、木本饲料等)进行饲粮化利用,稳定饲料原料的供应。简而言之,根据形势,通过科技力量,利用闲置水域、广开食物来源,稳生产、保供应。

五、政策建议

(一)创新未来水产食品概念,坚持向科学技术要食物

随着陆地与海洋资源的逐渐衰减,传统的水产品获得方式潜力终将挖掘殆尽。按照中国营养学会绘制的"中国居民平衡膳食宝塔",生鲜水产品人均年消费量达到27~50.5千克(均值38.8千克),才能满足合理平衡膳食结构和人体健康营养的需求。显然,我国居民的水产品摄入远未达到平衡膳食的标准,水产品供给小于潜在需求。依靠传统的生产方式,难以达到我国水产品的潜在需求量。未来,需要进一步解放思想、开拓创新,突破常规思维,开发未来水产食品。建议对微藻、细胞培养的"人造鱼肉"等未来水产食物进一步加大资金投入加强科技攻关,设立"未来水产食物产出"专项,进一步释放科技支撑下的水产品供给潜力。

(二)夯实渔业资源保护体系,统筹协调水产食物产出

习近平总书记在党的二十大报告中指出:推行草原森林河流湖泊湿地休养生息,实施好长江十年禁渔。保护好渔业资源,不仅是人与自然和谐关系的需要,也是"藏粮于水、藏粮于海"的重要战略措施。在实施内陆与近海水域渔业资源保护的同时,也要坚持人民共享,在保护生态资源的同时也为人民提供高质量的"蓝色食物"。建议进一步实施全方面、多尺度的渔业资源保护措施,监测渔业资源生物量并合理输出食物,实现"绿水青山""藏粮于水""食物产出"的平衡。

(三)丰富水产食品种类类型,引导居民水产消费习惯

从耕地面积看,地球面积的29%是陆地,其中耕地仅占10.7%,也就是说耕地仅占地球总面积的3.1%,仅靠耕地供养80亿人口是远远不够的。从环保需求看,畜禽养殖每生产100克蛋白质需要的土地面积是鱼虾养殖的27.8倍,家畜养殖产生的温室气体占全球的18%,是水产养殖的12倍。从"健康中国"角度看,中国居民植物脂肪、肉产品等摄入量增加,是心脑血管疾病高发的诱因之一,而水产品富含二十二碳六烯酸(DHA)等有益健康的成分,可以降低心脑血管疾病风险。相比之下,我国的人均水产品年消费量不

足欧美发达国家的60%，引导居民的水产消费习惯很有必要。建议产业界进一步丰富水产食品的种类类型，开发出更多水产食品，引导更多的水产品消费与摄入。

报告主要研究人员：鲁康乐（集美大学）

参考文献

胡红浪，韩枫，桂建芳，2023. 中国水产种业技术创新现状与展望［J］. 水产学报，47（1）：3-12.

刘翀，刘晃，刘兴国，等，2021. 挪威大西洋鲑养殖业可持续发展对中国水产养殖产业的借鉴［J］. 渔业信息与战略，36（3）：208-216.

刘永新，邵长伟，侯吉伦，等，2023. 中国水产育种研究现状与发展建议［J］. 水产学报，47（1）：56-69.

陆亚男，刘翀，王茜，等，2021. 挪威大西洋鲑良种选育的发展历程及其对我国水产种业工作的借鉴［J］. 渔业信息与战略，36（4）：289-296.

王启要，2022. 中国鱼类疫苗技术研发及应用研究进展［J］. 大连海洋大学学报，37（1）：1-9.

王施龙，胡红浪，熊雪梅，等，2023. 遗传改良对世界水产养殖业发展的推动作用［J］. 水产学报，47（1）：27-38.

王宇光，赵明军，赵蕾，2021. 居民膳食平衡目标下我国水产品消费研究［J］. 中国水产（10）：48-50.

王玉堂，2013. 疫苗在水产养殖病害防治中的作用及应用前景［J］. 中国水产（3）：51-52.

王振忠，卢兵友，刘磊，2023. "十三五"时期中国水产种业科技创新进展和展望［J］. 大连海洋大学学报，38（1）：1-11.

杨红生，2022. 现代渔业科技创新发展现状与展望［M］. 北京：科学出版社.

岳冬冬，吴反修，李欣童，等，2021. 我国水产养殖业生产效率评估及其对渔业统计的启示［J］. 渔业信息与战略，36（2）：79-87.

赵明军，孙慧武，王宇光，等，2021. 基于居民营养需求的中长期水产品供给与消费研究［J］. 中国渔业经济，37（6）：1-14.

朱建新，刘慧，程海华，等，2022. 工厂化循环水养殖技术研究与产业化发展［J］. 中国水产（10）：41-49.

朱雪梅，赵明军，王宇光，2021. 水产品可食率与蛋白质贡献比较研究［J］. 中国渔业质量与标准，11（3）：32-39.

专题报告五　大食物观背景下科技支撑设施农业领域潜力趋势

一、设施农业的内涵

设施农业是在设施内进行的农业生产，其综合应用工程装备和环境控制等技术，按照动植物生育最佳环境开展种植养殖。设施农业生产范围包括设施种植业和设施养殖业两方面，其中设施种植业目前主要是设施园艺产业，包括设施蔬菜、设施果树、设施西甜瓜、设施花卉、设施食用菌等；设施养殖业主要包括设施畜牧业、设施水产业等。设施农业生产依托大棚、温室、智能农牧场、植物工厂等现代工厂技术和设施装备，推进肉蛋奶、果蔬、畜牧产品和水产品的有效供给，更好满足人民群众日益多元化的食物需求（Dsouza et al.，2023）。

设施农业能够突破自然环境禀赋的约束，进行全季节的农业生产，满足人们对多种不耐贮运新鲜动植物农产品的周年需求。设施种植生产的蔬菜成为我国蔬菜供给的主要来源。20世纪80年代以前，我国蔬菜市场的供应种类较少，蔬菜周年供应的难题长期存在。随着设施种植技术的不断进步，蔬菜供应得到显著改善，20世纪90年代实现了"吃啥有啥"。21世纪以来，不仅满足了蔬菜周年供应的需求，也丰富了瓜果、花卉的供应，同时在脱贫攻坚中发挥了积极作用。

相较于大田农业，设施农业克服了传统农业靠天吃饭、抗灾能力差等不足。设施农业依靠现代设备设施和环境控制为农业生产提供适宜的环境，再通过人工智能、物联网、作物模型等信息化手段，有效实现农业生产的机械化、精准化和标准化。在不易受自然灾害和恶劣气候影响的室内环境下，农作物的生长更加稳定可靠，农民可以更好地应对自然灾害和气候变化带来的风险。此外，设施农业能够有效提高劳动生产率、土地生产率和资源利用率。通过优化生长环境，设施农业可以提高农作物的生长速度，增加产量，并且可以改善农作物品质。设施农业通过水肥一体化技术和循环利用体系最大限度地利用水、肥料和能源资源，减少浪费和污染。

发展设施农业是转变农业发展方式、建设现代农业的重要内容。设施农业是调整农业结构、实现农民持续增收的有效途径，是建设资源节约型、环境友好型农业的重要手段，也是增加农产品有效供给、保障食物安全、赋能乡村振兴的有力措施。

二、中国设施农业食物供需结构、潜力和趋势

(一) 近30年中国食物供需结构变化特征

我国蔬菜和水果基本保证自给自足,进口量小于产量的5%。蔬菜包括新鲜蔬菜、冷藏冷冻蔬菜、干制蔬菜、腌制加工蔬菜及蔬菜制品等,居民蔬菜消费统计量主要为新鲜蔬菜品类,鲜菜没有经过腌制、干制和霉制加工,包括经过简单洗切的净菜。水果包括园林水果和瓜果类,园林水果以香蕉、苹果、柑橘和梨为主,瓜果类水果包括西瓜、甜瓜和草莓。2019年,中国蔬菜产量达到7.21亿吨,占世界蔬菜产量的50%以上,是世界蔬菜生产的主要国家;水果产量达到2.74亿吨,其中瓜果类产量占30.5%(国家统计局,2019)。进出口方面,2019年中国蔬菜出口量达到979万吨,仅占总产量的1.4%;中国蔬菜进口量小于出口量,仅有50.17万吨;水果进出口总量为2 267.9万吨,其中进口量达到1 344.6万吨,占总产的4.9%(国家统计局,2019)。

蔬菜和水果生产依靠大田和设施种植,设施种植蔬菜以22%的蔬菜播种面积提供了36%的蔬菜供应,设施西甜瓜播种面积和产量与大田种植相当。2019年大田蔬菜的露地播种面积约为2.45亿亩,设施蔬菜播种面积约为0.68亿亩;设施蔬菜年产量约2.6亿吨,单位面积产量达到3.82吨/亩,大田蔬菜年产量约4.6亿吨,单位面积产量为1.88吨/亩(李天来,2023)。设施蔬菜单产水平约为大田种植的2倍。从每年收获次数层面,设施中占比最高的塑料大棚多为3茬(路凤琴,2016)。以番茄为例,塑料大棚单产水平达到大田生产的2.8倍,日光温室单产甚至能达到大田的5倍(杨舒,2022)。设施水果以设施栽培的西甜瓜为主,2016年全国设施西甜瓜播种面积达到1 849.5万亩,占全国西甜瓜总播种面积的52.3%。设施西甜瓜的产量为5 396万吨,占全国西甜瓜总产量的57.6%。

我国设施农业面积居世界第一,设施种植的蔬菜和瓜果品类超过百种,80%以上的设施用于种植蔬菜。截至2021年年底,我国设施农业面积已达286万公顷,总产值超过1.4万亿元,已经形成了日光温室81万公顷、塑料拱棚与大棚203万公顷、大型连栋温室1.8万公顷和植物工厂250座,设施蔬菜人均占有量从1981年的2.5千克增长到2021年的190千克以上,成功解决了我国蔬菜瓜果的周年均衡供给难题(杨其长,2023)。2016年统计数据显示,我国设施蔬菜主要种类包括茄果类、瓜类、豆类、甘蓝类、白菜类、葱蒜类和叶菜类等10余大类上百种。番茄的种植面积为1 215万亩占据首位,其次是黄瓜1 051万亩,二者与辣椒、茄子、芹菜的种植面积合计占设施蔬菜总面积的53%(李天来,2016)。设施水果主要包括设施果树类和设施瓜果类。2021年统计数据显示,我国设施果树栽培总面积超过750万亩,其中设施葡萄约345万亩,设施草莓达到195万亩(刘凤之等,2021)。设施瓜果以西瓜和甜瓜为主,两者在2016年的设施栽培面积分别达到1 347万亩和502.5万亩(陈浩天,2020)。

1. 设施蔬菜供给方面

2023年中央一号文件明确要求"发展现代设施农业""实施设施农业现代化提升行

动"。发展现代设施农业是维护粮食安全、构建多元食物供应体系的重要举措。

经过多年发展,我国设施农业建设取得明显成效,设施蔬菜种植规模持续扩大,设施蔬菜产能稳步提升。如图2-5-1所示,1980—2021年,设施蔬菜种植面积从10万亩增长到约3 200万亩,位居世界首位(姜雪城和张钦,2009;农业农村部等,2023)。在产能方面,设施产量从1980年的27万吨增长到2021年的2.3亿吨,2021年设施蔬菜产量占蔬菜总产量的30%(姜雪城和张钦,2006;农业农村部,2023)。设施农业已成为城乡居民蔬菜类农产品供应的重要来源。

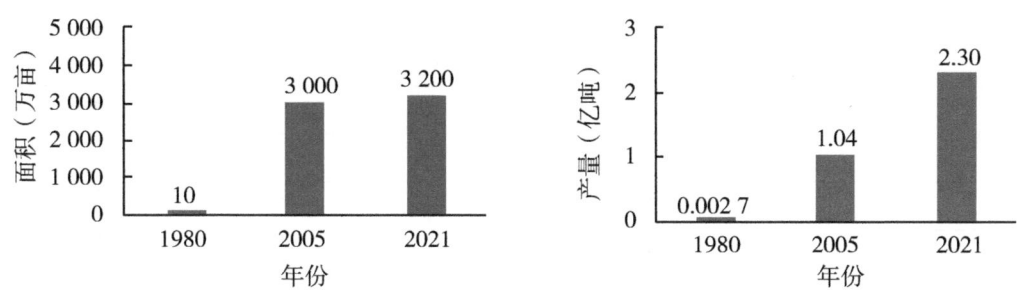

图2-5-1　1980—2021年中国设施蔬菜种植面积和产量

我国设施农业虽然具备一定规模,但高标准设施占比不高、装备较为落后(图2-5-2)。截至2021年年底,设施农业占地面积4 290万亩,高标准设施农业占地面积仅1 245万亩(杨其长,2023)。机械化水平方面,目前我国设施农业主要为家庭单元为主的小农户经营,机械化率为35%,远低于我国农业机械化72%的整体水平(李天来,

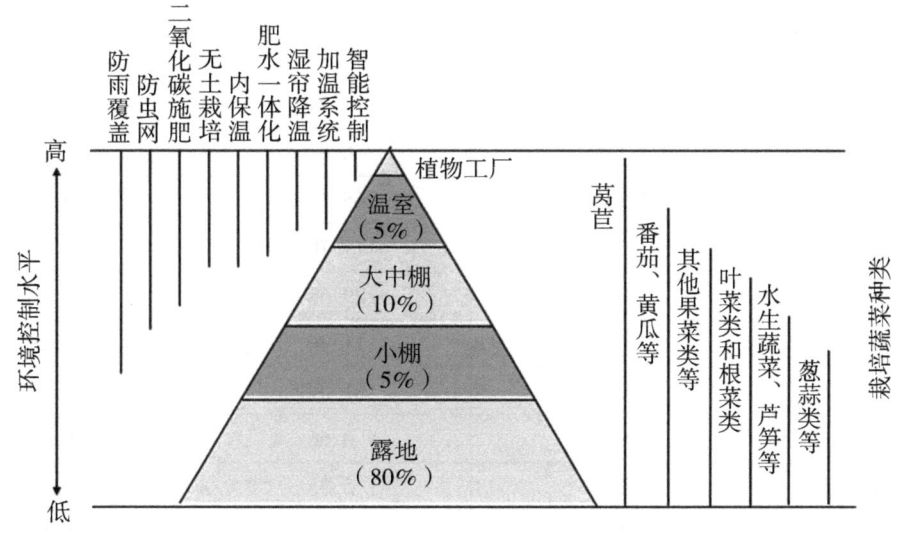

图2-5-2　主要设施栽培方式、环境控制水平及栽培蔬菜种类
(资料来源:周杰等,2022)

2023；农业农村部农业机械化管理司，2022）。

2019年，我国日光温室、连栋温室和部分塑料大棚生产面积达到2 846万亩，集中分布于我国中北部，三种设施的总面积在2000—2019年增加了2 189万亩（表2-5-1）。增量分布整体呈现"南部稀疏，中北部密集，东高西低"的分布特征。增量集中于环淮海及环渤海暖温区，西北温带干旱区和长江中下游部分省份作为新兴设施农业发展地区，在20年间增长超过117万亩。

表2-5-1 2000—2019年中国各省份日光温室、连栋温室和部分塑料大棚生产面积及20年间的变化

（单位：万亩）

省份	2000年总面积	2019年总面积	2000—2019年变化量
北京市	6.26	20.09	13.83
天津市	1.62	36.15	34.53
河北省	104.12	222.80	118.67
山西省	6.12	75.10	68.97
内蒙古自治区	6.68	105.21	98.53
辽宁省	74.37	279.47	205.10
吉林省	0.31	35.36	35.05
黑龙江省	2.11	35.30	33.19
上海市	2.36	7.61	5.25
江苏省	39.90	499.87	459.97
浙江省	10.26	65.89	55.63
安徽省	17.28	90.45	73.18
福建省	0.12	18.94	18.82
江西省	1.45	6.87	5.42
山东省	259.98	465.06	205.08
河南省	43.74	117.70	73.96
湖北省	0.01	129.67	129.66
湖南省	0.47	11.76	11.29
广东省	0.00	21.37	21.37
广西壮族自治区	0.08	0.66	0.58
海南省	0.00	5.35	5.35
重庆市	2.85	49.46	46.61
四川省	1.42	112.18	110.75
贵州省	0.05	1.33	1.28

(续表)

省份	2000年总面积	2019年总面积	2000—2019年变化量
云南省	0.98	49.56	48.58
西藏自治区	0.00	4.79	4.79
陕西省	11.61	146.55	134.95
甘肃省	56.38	129.83	73.45
青海省	0.42	10.37	9.96
宁夏回族自治区	0.00	44.81	44.81
新疆维吾尔自治区	6.18	46.43	40.25

注：中国台湾、香港特别行政区、澳门特别行政区数据缺失。

2. 蔬菜消费方面

我国蔬菜消耗总量超过蔬菜总产量的70%，居民鲜食消费是蔬菜消耗总量的主要去向之一，产后商品损耗处于较高水平（图2-5-3）。2019年，我国蔬菜消耗量达5.32亿吨，占蔬菜总产量的73%，蔬菜消耗中的消费去向主要为居民鲜食消费、加工消费和其他消费，消费量分别为2.26亿吨、1.24亿吨和0.60亿吨，分别占蔬菜总产量的31%、17%和8%。受采收处理不及时、专门化贮藏设施不完善、冷链物流存在短板、销售环节损耗等因素影响，从田头到购买阶段的自损量和购买阶段后的商品损耗共计高达2.92亿吨，约占蔬菜总产的41%，在总产量中分别占比24%和17%（张晶，2020）。

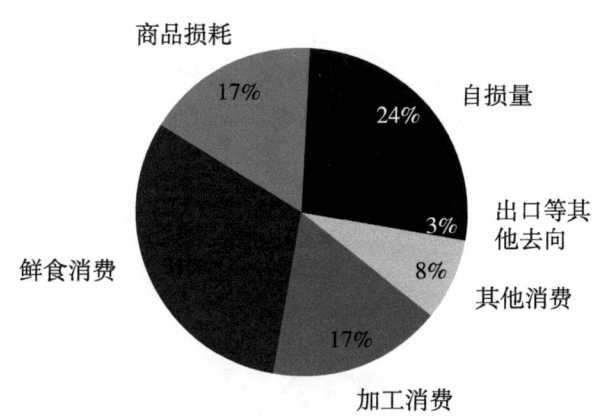

图2-5-3 2019年中国蔬菜总产量去向

居民蔬菜消费总量的增长受人口驱动，城市居民消费总量增加，但农村消费总量降低。以2000—2019年为例，居民人均鲜菜消费量从109.6千克降低到98.6千克，但是我国人口增长了约1.45亿人，推动总消费增加了0.75亿吨（国家统计局，2019）。在2000年，城镇居民消费量0.53亿吨，农村居民消费量0.86亿吨，农村是城市的1.62倍。随着农民工大量涌进城市，农村常住人口持续减少，到2012年，城镇居民蔬菜消费量达 0.80 亿吨，农村消费量减少到 0.54 亿吨，城市消费量是农村的 1.48 倍（国家统计局，2019）。除了人口流动因素，城乡收入差异和饮食结构改善也是城乡消费总量存在差异的潜在原因之一。

（二）设施农业领域国内外膳食模式对比分析

中国居民膳食结构在主食、肉类消费和蔬菜多样性方面与欧美发达国家和东亚发达国家存在显著差异。欧美发达国家倾向于以肉类、蔬菜和面包为主，膳食中通常包括大量的肉类，如牛肉、猪肉和家禽。东亚发达国家的膳食结构以米饭、面食和粥为主，膳食中重视蔬菜，其多样性较高，虽然肉类摄入量有所增加，但仍然以植物性蛋白质（如豆腐和大豆制品）和海鲜为主。中国居民膳食结构与东亚发达国家相似，普遍更注重食物的均衡，倾向于少量吃肉，多吃蔬菜和豆类。

中国居民人均蔬菜占有量高于欧美和东亚发达国家。据联合国粮食及农业组织发布的统计数据，2020 年中国每日人均蔬菜占有量达到 1.05 千克，高于欧美和东亚发达国家。美国每日人均蔬菜占有量为 320.5 克，欧盟成员国每日人均蔬菜占有量仅为 279.5 克，韩国每日人均蔬菜占有量为 520.4 克，日本每日人均蔬菜占有量为 260.9 克。

（三）当前中国设施农业领域食物供需潜力分析

自 20 世纪 80 年代发展至今，我国已成为设施农业大国，设施农业面积位居全球第一，部分省份已成为设施产业集聚区和优势区。如图 2-5-4 所示，我国设施农业的发展历程经历了从具备初步保温透光功能的简易大棚，到结构化设计且具备良好保温透光能力的设施温室，再到光照和温度等环境可控以及具备一定机械化作业能力的植物工厂（丁亚会等，2023；Wan et al.，2023）。以西北地区和都市数智化植物工厂为代表的新一代设施农业，进一步扩展了立体空间的利用率，提升了数字化与智能化管理水平，是实现"向非耕地要面积、向立体要空间"的重要发展方向。

图 2-5-4　设施农业发展趋势

目前我国已逐步形成了黄淮海及环渤海地区、长江中下游地区、西北地区、东北地区、华南地区五大设施蔬菜优势产区，江苏、山东、辽宁、河北是中国4个设施农业大省。设施蔬菜生产提供了4 000万个直接工作岗位，并带动农业生产资料、建材、温室制造和商业物流等相关产业发展，间接创造了逾1 500万个就业岗位，在农民持续增收、乡村产业振兴中的贡献显著。同时，通过轻简无土栽培、生态环境调控等技术的应用，设施蔬菜在戈壁荒漠、滩涂海岛等非耕地区域实现了大面积生产，提高了土地资源利用率，保障了耕地主粮化生产（周杰等，2021）。

"十三五"以来，设施蔬菜种苗工厂化生产、栽培机械化作业、设施环境智能化控制水平不断提升，生产环境明显改善，设施棚型结构得到优化，设施蔬菜质量安全日益强化，生产水平逐年提高。集中连片的现代农业产业园、设施蔬菜示范区在各地带动产业提升中发挥重要作用，设施种植农机合作社、生产联合体、农业合作联社等专业组织不断完善，设施建造维护、种苗供应、机具租赁、作业托管和农产品加工销售等全产业链社会化服务体系的建立支撑设施蔬菜生产水平快速提升（周杰等，2021）。但与发达国家相比，在技术与产业方面仍有不小差距。

我国已成为设施种植业第一大国，为我国经济社会发展和人民生活水平提高作出了重要贡献。设施种植产业供给体系已经初步形成，但在供给质量和效率方面仍与发达国家存在较大差距，具有较大的提升潜力。从产业规模上看，保守估计未来我国发展种植业尚有节省5 000万亩以上优质耕地的潜力；通过设施产业结构升级实现周年生产可以提升土地产出率30%以上；从生产效率上看，目前设施黄瓜、番茄单产与发达国家差距明显，结合机械化和自动化，提高装备和科学管理水平可有效提升单位面积产量；从资源利用上看，推动绿色可持续农业发展，可节水节肥15%以上。

1. 设施种植尚有节省5 000万亩以上耕地潜力，土地生产率可提升30%

我国设施种植总体规模占农业总面积仍然较低，与发达国家水平存在较大差距，设施种植产业规模仍有扩大空间。从产业规模潜力上看，我国设施蔬菜产业实现了用3%的耕地生产出1/4的蔬菜产品，若设施蔬菜面积再增1倍，可减少露地蔬菜播种面积1亿亩，保守估计中国蔬菜生产用地尚有5 000万亩以上节省潜力（李天来，2023）。

在结构潜力方面，现代化设施农业产业形态占比仍处于较低水平。在设施类型上，我国设施种植仍以造价较低、抗风险能力较弱的中小拱棚和塑料大棚为主，占设施面积的70%以上。在作业方式上以小农户分散经营为主，生产专业化不足，导致设施的现代化水平以及生产调控能力偏低。荷兰设施农业拥有玻璃温室超过15万亩，占全世界玻璃温室面积的1/4，占该国农业总产值的35%。相比之下，我国连栋温室仅占设施农业的0.6%左右，需要加快传统设施大棚到连栋温室、植物工厂等现代化农业设施转型。与传统的设施大棚相比，连栋温室可以为作物提供更加稳定的温度、水分等生长环境，具备一定的抵抗自然灾害能力，使得作物在全年保持高产状态（Zhao et al.，2023）。立体种植模式可以实现垂直多层结构化种植，可充分利用空间，单位面积产量和资源利用率高（Graamans et al.，2018）。通过设施产业结构提质升级可以减少空闲率，实现周年生产，土地产出率有30%以上的提升潜力。

不同地区的设施蔬菜产业发展情况差异巨大，必须坚持因地制宜的发展策略，根据各地的环境、气候、经济、技术等多方面实际情况制定针对性的老旧设施改造或升级方案，科学制定产业规划，发挥各地优势，突出主导品种、产业特色和发展目标，推进设施蔬菜规范、有序、健康发展。

以黄淮海和环渤海地区、长江流域和西北地区等设施种植传统优势产区为主，充分发挥区域潜力，整县推进实施老旧低效设施改造，加快推广现代信息技术和设施装备，有序推进产业提档升级。改造棚型结构，推广新型复合保温墙体，优化屋面结构，提高保温蓄热性能。推广热浸镀锌钢架结构，通过增高、增宽、去立柱扩大生产作业空间，增强设施安全性，提高宜机化水平。

以地方政府部门为主导，鼓励农户转变生产模式，建立生产合作社，提高规模化生产能力，同时从种子处理、幼苗培养、育苗等多个环节入手，建立生产技术标准，从而尽快实现设施蔬菜的集约化生产，使生产效率、产品竞争力得到进一步提升，并为整个设施蔬菜产业的转型创造良好的基础条件。

2. 推进生产机械化和智能化，缩小与发达国家设施单产水平差距

我国设施技术水平整体偏低，机械化和自动化水平较差，设施单产仍有极大的提升潜力。设施种植主体规模小、组织化程度低，生产水平低，人均温室管理面积不到发达国家的1/5，尚未形成大规模、集约化的生产模式。我国黄瓜亩产量仅为发达国家的1/4，番茄为发达国家的1/3。在品种研发方面，番茄、辣椒等高端蔬菜品种严重依赖进口。以荷兰为例，其设施农业是典型的高投入高产出模式，通过自动化、智能化控制技术与配套装备在设施园艺产业广泛应用，实现了生产全程机械化、生产管理智能化，生产力为世界领先水平。

我国设施种植仍为劳动密集型产业，生产仍以人力为主，劳动强度大，经营规模小，导致劳动生产率低，与发达国家仍存在较大差距，人均温室管理面积不到发达国家的1/5。数据显示，我国设施番茄和黄瓜的劳动投入工时约为60天/亩，约为露地蔬菜用工的1.5倍，劳动生产率分别为88.87千克/天和97.16千克/天，低于露地的113.80千克/日和107.45千克/日（王牧野，2020）。以番茄生产为例，我国人均管理面积大致为600~1 800米^2，而荷兰人均管理面积超过3 300米^2（李亚灵和温祥珍，2018）。荷兰的玻璃温室内的温度、湿度、光照、二氧化碳、水肥供给、排液等日常管理几乎全部靠计算机系统控制完成，15亩的玻璃温室除特殊季节外平时只需要3~4个管理人员即可，真正做到了全自动、智能化。

我国整体机械化水平仍旧低下，设施蔬菜机械化水平不足35%，与国际先进水平还有较大差距，还处于初始的生产机械化阶段。南北地区机械化作业也因自然条件、社会经济条件等因素存在明显差异，虽然部分作业环节的机械化水平较高，但整体作业水平较低。以荷兰为例，在黄瓜和番茄生产中，广泛采用生产率较高的自动化生产线，如精量播种自动化生产线、蔬菜嫁接作业生产线以及蔬菜岩棉块种苗生产线等。应加快推广自动化播种机，应急补光、水肥一体化等自动化调控设备，以及打药机、物流运输机械等省力化作业装备，增配作物长势视频监控等环境和作物生长信息监测设备，提升机械化、自动化、智能化水平。

推动智能化管理，提高装备水平，加速农机农艺融合。加快设施结构与栽培方式相配套的国产化智慧温室生产管控系统建设，结合作物生长模型对光照、温湿度等环境因子、综合能耗等进行精准自动调控。加快集成自动化、智能化成套装备和先进技术，加大高效嫁接机器人、温室巡检机器人、自动植保机器人、采摘机器人等智能装备的推广力度。

在新技术开发应用方面，加大对设施生产技术研发的投入，通过资金和政策支持，鼓励科研机构和企业进行设施农业技术研发和创新，提高设施农业的技术水平和生产效率。同时，全面完善科研技术成果转化机制以及生产技术推广机制，使先进的生产技术能够更好地推广与应用。

提高设施农业的技术水平和配套全产业链开发能力。强化设施农业的设计建造、配套设备研发制造和运行维护等社会化服务的发展。解决商品化育苗、仓储保鲜与冷链物流等短板问题。进一步完善的农产品交易系统，提高品牌营销服务水平，优化市场供需信息对接，降低生产流通中的损耗。

加强农民技能培训，提高农民的农业生产技能和现代化农业管理理念，使农民能够更好地适应现代化农业发展的需求。推广农业社会化服务，提供全方位的农业生产服务，包括种子种苗、农资供应、技术指导、病虫害防治、销售渠道等服务，让农民能够更加便捷地获取各种服务资源，提高劳动生产效率。

3. 加强可持续农业发展，提升资源利用率15%以上

设施农业的高投入高产出也体现在化肥、农药和水资源的投入上。我国各地区设施农业存在不同程度的化肥使用超标问题。调研数据显示，2014年寿光市设施单季肥料养分 N、P_2O_5、K_2O 的平均投入量分别达到了 1 483 千克/公顷、1 049 千克/公顷、1 453 千克/公顷，氮、磷、钾肥的利用率仅为 21.5%、8.74%、30.8%，肥料利用率与发达国家差距明显（彭澎等，2019）。过量施肥所带来的土壤酸化和盐渍化、地下水硝酸盐污染、重金属累积、土壤生物学障碍等问题严重制约了设施农业的可持续发展。荷兰政府在20世纪80年代开始意识到农业高速发展带来的环境污染问题，调整农业政策的目标导向，改变了最初以单纯增产为目标的农业发展思路，实现了农业的绿色可持续发展。此外，我国设施农业生产过程中不当使用农药的情况比较普遍，导致部分地区部分产品质量受到影响。需要建立更加完善的产品质量监督体系，保证蔬菜的品质。

注重生态环保与可持续发展，推广资源节约型种植方式，例如采取节水灌溉、精准施肥等技术，减少水肥资源的浪费，提高资源利用率。同时，采用新型技术，如土壤连作障碍综合治理等绿色生产技术，以促进设施农业的可持续发展。配套薄膜太阳能、高透光光伏等新能源装备，探索设施农业热电联产等节能模式。提高环境调控信息化水平，实现精准环境控制，包括自动补光、调控温度和湿度、通风、补充二氧化碳等。以有效调控太阳光能为中心，合理调控水分，与二氧化碳浓度，控制植物保持最佳的叶面积指数，使植物的光合作用达到最佳，提高作物的光能利用率与资源利用率，实现蔬菜的优质、高产。

推广无土栽培模式，提升水肥利用效率。无土栽培是解决设施蔬菜连作障碍的治本

之策，可以实现水肥高效利用，降低病虫害发生，减少农药用量，是设施蔬菜标准化生产的有效途径。通过回收、过滤、消毒营养液等技术手段，实现节水30%~40%、节肥35%~40%，大大提高营养液的利用效率，也减少了营养液过剩外排造成的面源污染。利用农作物秸秆、畜禽粪便等废弃物资源，通过发酵、腐熟等处理，制成有机肥料返还农田，提高土壤肥力，减少化肥的使用量。提高物理、生物病害防治方法的应用，形成从土壤到植株的立体绿色防控体系。加强水资源管理，合理配置水资源，提高水资源的利用效率，采用雨水收集、微咸水灌溉等方式，利用雨水资源，缓解水资源短缺的问题。

4. 提升设施农业产品商品化水平，加强质量保障

目前我国设施农业产品在商品率、消费潜力和品质等方面都存在一定的提升空间。据相关调查和测算，我国每年产后损耗蔬菜约1亿吨，仍有很大的提升潜力。农产品采收、分级、包装等商品化处理方式落后，商品一致性较差，同时加工工业基础相对薄弱，导致精深加工少，农产品综合利用率，附加值低。我国设施作物产品的商品率仅为80%~90%，尚有8~10个百分点的提升空间。

冷链物流、保鲜、贮运技术等技术的开发仍然滞后，尚未形成完整的供应链体系，与居民消费升级的需求存在较大差距。不少优质设施农业产品不能远销，商品价格低，经常出现"丰产不丰收""果贱伤农"现象。发达国家蔬菜运输采用现代冷链物流，损耗率在5%以下，而我国蔬菜流通损耗率高达25%左右，未来可降到10%以内。

在产品品质方面，在农产品大小、形状、色泽、外伤和病斑等外观品质方面，提升潜力在30%以上，同时，产品的内在品质（如口感、营养价值等方面）也存在一定提升潜力。此外，目前产品采后分级包装不到位，商品价值体现不充分，可见分级包装也有较大提升潜力。通过采取相应的措施和技术手段，可以进一步提高设施农业产品的质量和价值，增加产业的附加值和市场竞争力。围绕设施农业主营产品，推行标准化生产、规模化经营，实现农产品从田间地头到消费者餐桌的全程标准化，以优质的产品和服务，创建更多安全营养的特色品牌产品，以满足市场需求，提升居民消费潜力。

（四）未来中国设施农业领域食物供需趋势预测

土地资源是农业生产的核心资源，也是保障粮食安全的战略资源。在中国耕地数量刚性减少，粮食需求不断增加的前提下，规划和补充后备农业用地资源已成为增加农业土地面积的一个重要途径，是实现农业用地动态平衡的现实手段。《全国现代设施农业建设规划（2023—2030年）》明确指出引导潜力区实施非耕地设施农业开发的战略地位："在保护生态和不增加用水总量前提下，合理利用各种非耕地资源，科学利用戈壁、沙漠等发展设施农业，向非耕地要面积、向立体要空间。"研发和利用轻简高效节本的无土栽培模式，合理开发沙漠戈壁、海岸河口滩涂、盐碱荒地等非耕地，缓解"菜粮争地"矛盾，促进蔬菜产业从耕地资源向整个国土资源拓展。开展与设施结构、栽培方式相配套的数字化生产管理系统开发建设，推动数字化、智能化植物工厂等先进

设施农业的建设与发展，提高生产效益，实现"空间"与"效益"的同步持续发展。

1. 西北地区设施农业开发潜力巨大

《全国现代设施农业建设规划（2023—2030年）》将引导潜力区实施非耕地设施农业开发作为重点任务：以生态保护和资源合理利用为前提，以戈壁和盐碱地等土地后备资源潜力区为重点，有序推进西北戈壁、黄淮海和环渤海盐碱地等非耕地现代设施农业园区化开发，带动全国新增非耕地现代设施农业100万亩左右。推进西北地区后备资源开发，发展蓄热保温、无土节水设施农业，需要重点考虑当地的农业用地、水资源、光伏能源，以及设施农业的资源利用率等核心要素。

（1）西北地区潜在农业用地资源丰富

我国西北地区空间资源丰富，土地面积101.93亿亩，有33.95亿亩未利用地，其中适宜开发为农业用地的未利用地有5.9亿亩（田凤山，2001）。开发西北地区未利用的潜在农业用地发展设施农业，尤其是向不适宜传统农业生产的荒漠、戈壁等地域拓展，是推动我国设施农业可持续发展的重要途径。

（2）水资源是西北农业发展的重要制约因素

西北"水三线"区域土地资源、光热资源丰富，但干旱缺水。邓铭江院士于2018年提出西北"水三线"空间格局与水资源配置方略，根据3条差异较大的等量降水线（"胡焕庸线""阳关线""奇策线"），从降水、水文和水资源的视角分割，构成了西北"水三线"空间格局。西北"水三线"地区多年平均水资源总量只有1 592.5亿米^3，水资源量仅占全国的5.7%，农业用水量占此区域全部用水量的87.3%。考虑水资源限制、土地利用结构、土壤侵蚀、生态适宜性等综合因素，西北"水三线"地区潜在耕地资源总面积约为1.43亿亩（毕玮等，2021），其中水热条件良好，可直接开发的综合潜力最高的耕地资源面积约2 100万亩，包括水热条件良好的河套平原前套地区的300万亩以及天山北麓及塔里木河沿岸分布的1 800万亩，这些潜在农业用地可直接开发为设施农业。综合潜力相对较弱的潜在耕地资源面积为1.22亿亩，占"水三线"地区面积的2.4%。这些土地的开发利用必须考虑引水灌溉才能实现作物生产，主要分布在新疆地区环准噶尔盆地边缘和环塔里木盆地边缘的河流两侧绿洲、甘肃疏勒河流域和民勤的农业绿洲区、河套平原的前套地区以及阴山以北的半干旱草原。

（3）西北地区风力、光能等新能源资源丰富

西北地区风力、光能等新能源资源丰富，但长期存在利用效率不足的问题（图2-5-5）。截至2019年12月，西北地区新能源装机达10 063.6万千瓦，其中风电装机5 277万千瓦，光伏装机4 786.6万千瓦，新能源装机容量占比38%，新能源利用率94.04%。西北地区存在明显的弃光弃风现象，其中以甘肃和新疆最为突出，2019年甘肃与新疆的弃光率分别为4.11%和7.15%，弃风率分别为7.62%和13.9%（周强等，2020）。发展光伏农业，实现农光一体，将农业生产与光伏发电结合，不仅可以提升当地的新能源消纳水平，还可以提高土地利用效率，使得光伏与光合作用从竞争关系转变为合作关系。

（4）西北地区植物工厂发展潜力巨大

近年来，我国西北地区设施农业快速发展，规模迅速扩大。截至2016年，西北非耕

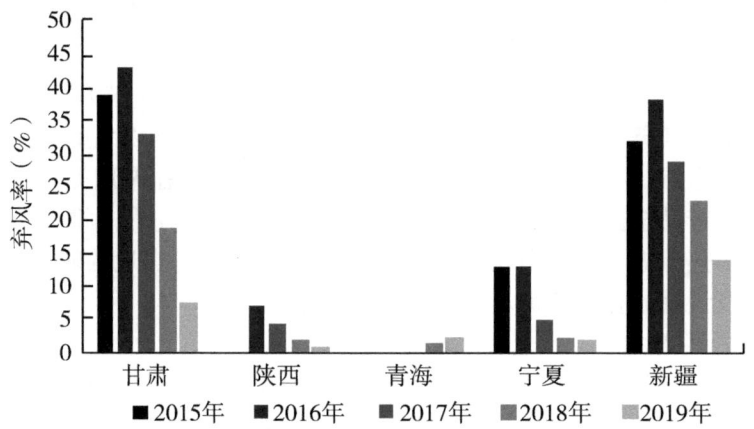

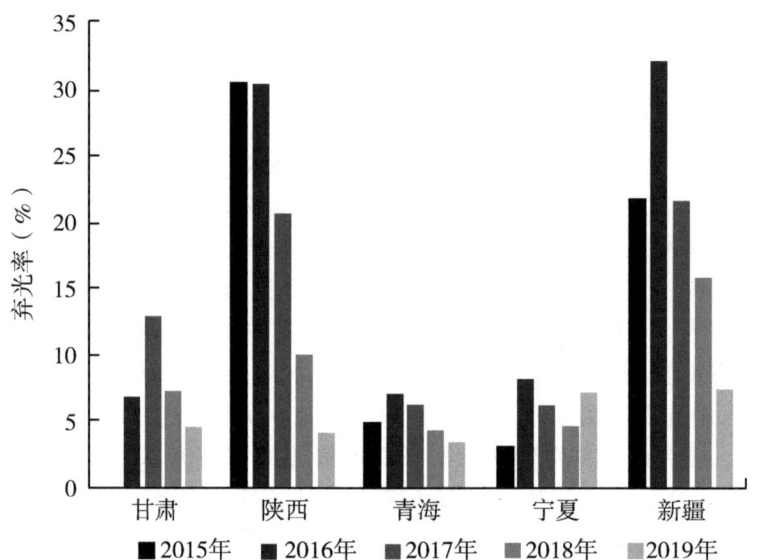

图 2-5-5　2015—2019 年西北各省弃风率和弃光率

地设施农业面积达到 10 万公顷，以日光温室为主体。但是现阶段的日光温室在温度波动剧烈的西北地区存在光热过剩、空气温度与地面温度波动幅度大等问题，导致室内环境条件不能持续稳定地满足作物生产需求，制约了温室高效生产能力的发挥（王蕊等，2016；Tong et al.，2013；Wu et al.，2023）。同时，西北地区的水资源短缺，农业用水的主导地位突出，占全部用水量的 87.3%（毕玮等，2021），是制约当地农业发展的重要因素，水资源的循环利用十分关键。植物工厂为封闭式环境水资源可循环利用，同时采取智能管控，可以有效保障作物生长过程中各环境参数的稳定，并且相较于传统日光温室能大大提高水资源和能源利用率，将是西北地区未来设施农业可持续发展的趋势。

2. 都市立体农业开发潜力巨大

《全国现代设施农业建设规划（2023—2030 年）》强调了强化大中城市现代化都

市设施农业建设的战略地位：以全国超大、特大和大中城市郊区及其周边区域为重点，突出发展现代都市型智慧设施农业，建设一批全年生产、立体种植、智能调控的连栋温室和植物工厂等高端生产设施，形成一批布局合理、高产高效的现代设施农业标准化园区。发展立体化种植，根据作物特点，发展多层立体等栽培模式，建设一批垂直农场，促进空间高效利用，提升不同区域、不同品种植物工厂的光效和能效。据统计，全国36个大中城市耕地面积接近全国的1/9，蔬菜产量占全国的1/6。都市农业与其他农业产业形态的显著区别，在于直接承担着"保城市供应、稳市场菜价"的责任。特别是新冠疫情暴发以来，食物生产、加工与物流补给在世界各地承受着不同程度的压力，都市农业在城市食物保障方面发挥了重要作用。

（1）大幅拓展耕地资源，增加食物产能

都市农业很重要的一个特征就是可以利用城市空间进行农业生产，大幅拓展耕地资源。可以充分利用城市可用耕种空间，如家庭阳台、城市屋顶、防空洞、地下室、社区空地等生产食物。据初步估计，全国现有城市可用农业空间若被利用，则可以拓展5 000万亩以上的耕地。由于所处地域的特殊性，地域属性的都市农业要求在有限的城市空间内以尽量少的资源（如水、肥、劳动力等）投入，产出尽可能多的农产品，其技术特征主要突出立体化、无土化、工厂化等，这也是区别于传统农业的关键所在（杨其长，2022）。都市立体农业可以采用植物工厂和垂直农业等高效技术手段进行食物生产。通过垂直空间利用及周年连续生产，单位面积产能可达大田生产的数十倍甚至上千倍。以莴苣（生菜）为例，植物工厂年产能达3 000棵/米^2，是温室（200棵/米^2）的15倍、大田（32棵/米^2）的90多倍，若采用垂直农业方式生产，其产能更可达大田的1 000倍以上。因此，都市农业将在拓展耕地资源、大幅提升食物产能等方面发挥重要作用。

（2）增强城市食物供应弹性，提高抗风险能力

新冠疫情期间物质与经济障碍的加剧限制了食物获取。向大城市运送食物的传统物流系统平均距离为800~1 500千米，需要大量的物流能耗，并且容易受到疫情、自然灾害等危机的影响，因此迫切需要构建有弹性的城市食物系统，而发展都市农业恰好能解决这一问题。都市农业充分利用城市闲置空间资源，通过先进的技术与装备种植各种蔬菜瓜果等，在提供新鲜、安全健康食品的同时，能够实现就近产销，极大缩短了运输距离，降低运输成本，从而避免了疫情等危机造成的运输风险和长途运输造成的食物耗损浪费，提高了城市食物供应系统的弹性。

（3）增进居民身心健康，扩展绿色健康生活方式

由于城市化进程的加快，我国城市"三密三高"问题突出，即建筑、人口和产业密集，能耗、污染和排放高；钢筋水泥的城市建设改变了周边的自然环境，使城市居民被迫与自然脱离。生活方式的改变，加之快节奏的生活与工作，给人们的心理造成了很大的压力，兼具康养、休闲、生态、生活和生产于一体的都市农业便成了城市居民的迫切需求。目前我国居住在城市且具有一定劳动能力的退休人员为1.2亿人左右，都市农业为城市退休人员提供了施展的空间。退休人员参与都市农事活动，不仅可以发挥余热，还能够在农业种植活动中获得贴近自然的享受，并且在收获的累累果蔬中获得自我

价值体现的愉悦感受。

3. 数智化植物工厂生产效率提升潜力巨大

《全国现代设施农业建设规划（2023—2030年）》强调了数字化、智能化植物工厂的战略地位：主要依靠市场力量，发挥政府引导作用，持续提升设施农业集约化、标准化、机械化、绿色化、数字化水平，加快发展农业工厂等设施农业新业态。建设植物工厂等先进设施，推动全封闭精准环境控制、不同区域不同品种植物工厂光效与能效提升、智能化与无人化成套装备等先进技术的集成熟化。优化设施结构性能，开展与设施结构、栽培方式相配套的数字化生产管理系统开发建设。

（1）数智化植物工厂生产规模潜力巨大

植物工厂作为数字化和智能化设施农业的代表，通过垂直空间利用及其周年连续生产，结合数字化与智能化环境控制系统，单位面积产能可达到大田生产的数十倍甚至上千倍。以莴苣（生菜）为例，植物工厂的种植层数一般为5~10层，因其精准的环境管控和水肥一体化等技术，有效减少了莴苣（生菜）生长周期，达到30~40天，为传统大田农业的1/3。以我国杭州四维生态植物工厂为例，其2023年在浙江杭州所建设的全人工光源植物工厂总占地面积11 500米^2，其中水培叶菜生产空间占地面积1 180米^2，育苗植物工厂占地面积3 200米^2，草莓和茄果种植面积超过5 000米^2。叶菜种植系统具备5层立体栽培架，主要生产莴苣（生菜）、油麦菜、芹菜等叶菜，日均产量约为280千克，优质种苗年培育量可达1亿株，生产规模潜力巨大。

（2）数字化环境管控提升农产品品质

植物工厂的数字化环境控制系统可以精确调控温度、湿度、光照和二氧化碳浓度等因素，并且因其全封闭无土栽培的生产模式避免了大部分微生物、重金属等污染，创造出最适合作物生长的条件（Chowdhury et al.，2021）。结合大数据与人工智能算法，研发植物工厂作物模型，解析作物与环境因素的复杂交互机制，为优化作物生长环境、提高作物产量与品质提供智能决策支撑（Chen et al.，2019；El-Bendary et al.，2015；Fan et al.，2022；Wang et al.，2022）。植物工厂的数字化监测系统可以实时收集作物的生长数据，包括作物形态、叶片颜色、生长速度和光合作用等，以便管理人员进行精细化管理，及时调整培育方案，以达到最佳的产量和品质（Harel et al.，2020；Kim et al.，2023；Sharpe et al.，2020；Tang et al.，2023）。

（3）智能化管控优化水、肥、电等资源利用效率

数字化与智能化环境调控的另一大核心优势在于水、肥、电等资源的高效利用率。智能化调控不仅可以调节环境满足作物生长发育的需要，还能有效提升水肥利用率。例如，我国研发的基于"作物生长信息—多时间尺度"的设施环境智慧管控系统，使得瓜果产量提高到传统温室的3倍，同时能耗降低20%以上，节水节肥25%以上。人工光源是植物工厂的重要组成部分，为植物的生长发育提供能量和信号，是系统运行过程中的主要耗电设备。光环境的智能调控优化可以有效提高植物工厂的光能利用效率，针对不同的作物，设计作物生长的最优光谱组合、光照周期和光照强度等，不仅可以优化作物的生长和品质，还可以有效降低植物工厂的能耗。

三、中国科技支撑设施农业的潜力和趋势

(一) 中国科技创新支撑设施农业领域发展的情况

党的二十大报告提出，树立大食物观，发展设施农业，构建多元化食物供给体系。大食物观的突破在科技，高新技术已成为决定我国设施农业发展的关键力量。"七大农作物科技创新""主要经济作物优质高产与产业提质增效科技创新""化学肥料农药减施增效综合技术研发"等重点研发计划专项中开设了多个设施蔬菜研究项目，支持了包括重大项目"优质番茄的分子基础和基因组设计"在内的一大批基础科研项目（周杰等，2021）。目前，全国已有100多所高校开设了园艺学本科专业，42所高校开设了设施农业科学与工程专业，在校本科生超过3万人，为我国设施蔬菜产业的发展提供了大量专业人才（周杰等，2021），在设施农业快速发展、保障粮食和"菜篮子"产品稳定供给、深化农业供给侧结构性改革和促进农民持续增收等方面发挥了重要作用。

1. 新技术引领设施农业高效生产

核心技术创新成为决定设施农业发展质量和水平的主导性力量。自2008年农业部①发布了《关于促进设施农业发展的意见》以来，在科技工作者的不断努力下，设施农业利用现代农业工程技术、信息技术、生物技术与智能装备等技术集成，通过调节环境因素以充分利用土壤、气候和生物潜能，一定程度地摆脱了自然环境的束缚，在有限的生长环境中获得更高产、更优质的农产品，通过提高农业生产效率、打破季节时令限制、全年均衡供应农产品等方式，保障了我国农产品质量安全与粮食安全。通过40多年的持续科技创新，我国在基础理论与方法、节能设施结构、环境调控、数字化、物联网以及植物工厂等方面取得了重要进展。

因地制宜研发了适用于不同规模设施种植的特色生产工艺。通过理论模拟、结构优化与材料创新，日光温室、塑料大棚、智能温室和植物工厂等设施的结构、材料和栽培方法以及配套装备等关键技术不断取得新进展，实现在北纬34°~42°区域冬季不加温条件下也能生产果菜类作物，年节约标准煤7.8亿吨以上（杨其长，2023）；针对不同气候特征和作物需求，研制成功保温、遮阳、通风、降温和主动蓄能调温等环境调控技术装备，研发出播种、育苗和水肥一体化等作业机具，保障温室周年高效生产，番茄、黄瓜亩产可达2万千克以上（杨其长，2023）。

大力发展设施农业数字化提升。农业部启动农业物联网第四期应用示范工程项目，与设施农业相关的物联网应用占全部农业物联网的50%（邓俐和简承渊，2015）；数字化农业已贯穿整个设施农业产业链，用现代信息技术对设施农业对象、环境和全过程进

---

① 中华人民共和国农业部，简称农业部。2018年国务院机构改革，将农业部职责整合成立中华人民共和国农业农村部，简称农业农村部。

行数字化设计、可视化表达和信息化管理,为设施农业生产提供全方位、全链条、全过程的信息服务,2020 年我国设施栽培数字化水平为 41.0%,远高于大田生产数字化水平(17.4%),预计到 2035 年,我国设施栽培数字化水平将超过 70%(农业农村部,2019)。

2. 新装备保障设施农业合理布局

因劳动力成本较高和机械化作业需求等原因,发达国家发展设施农业技术与装备较早,已形成自动化水平较高的技术装备体系。我国设施农业技术与装备起步较晚,但发展迅速,在节水灌溉、施肥管理、环境调控、供热降温、育苗育种、智能监测和远程控制等方面不断创新,明显改善了传统落后的农业生产方式,显著提高了农作物产出率和生产者劳动价值,并逐步向智能化、专业化和绿色化方向发展。

针对温室、大棚等空间相对狭小的耕作环境,研制并应用了一批专用小型农业机械,减轻了劳动强度,提高了生产效率。开发出系列化环境控制系统,实现了对温室环境因子的精准、高效和智能控制。实现了植物工厂多层立体栽培光照、温度、湿度和二氧化碳浓度的合理调控,研发出在超过 20 层的植物工厂中进行定植、移栽、间苗、采收、包装等操作的无人化作业机械手和机器人成套技术(杨其长,2022)。在设施农业环境监测与控制方面,基于云技术、无线传感器的物联网技术,近年来在设施农业生产中也得到了应用。

3. 智慧育苗提升作物高效生产

培育优质秧苗是作物高效生产的重要保障。随着秧苗繁育产业的快速发展,工厂化育苗已经成为商品苗生产的重要手段,并为蔬菜的规模化、标准化生产提供了有效支撑。"十三五"期间,中国蔬菜育苗技术取得了较快进展,育苗设施与装备制造能力显著提升。其中,中科三安于 2019 年在山西长治建成并投产的育苗工厂,占地 3 500 米^2,在 30 天的周期内可繁育辣椒苗 80 万株或番茄苗 55 万株。中国农业科学院都市农业研究所自主开发的嫁接苗移动愈合工厂,可为嫁接苗培育提供流水线式愈合及驯化平台,单个作业空间每次可处理嫁接苗 1 万株以上(许亚良等,2022)。植物工厂秧苗繁育的产业化,可以为秧苗提供从种子到出苗全程高效的工业化产线,促进了我国现代设施农业快速发展。

4. 新品种促进蔬菜高质量发展

设施育种通过开发并保护优质种质资源,完善了育种产学研体系,促进了我国蔬菜高质量发展与粮食供给安全。目前,我国育种呈现多样化、传统育种方式与现代育种方式结合的特点。我国优势育种工作始于 20 世纪 70 年代,至今已建立较完整的蔬菜杂种优势育种技术体系,杂种优势育种技术成效显著;目前中国已掌握重要蔬菜品种主要病害生理小种及病毒病原的种群分布,实现抗病育种技术的广泛应用。近年来,随着生物技术的发展,蔬菜育种方式深入到分子层面。CRISPR/Cas9 技术的出现与成熟,推进了国内蔬菜作物基因编辑育种的基础研究。目前,中国已在甘蓝、萝卜、辣椒等方面培育了多个优质品种,如中甘 11 号、博辣红牛等(辛竹琳等,2022)。

（二）我国设施农业科技创新面临的问题和挑战

我国设施农业在宜机化、自动化和智能化管理方面尚存在不足。国内玻璃温室和植物工厂技术的推广仍面临诸如成本高、能源效率低、自动化不足等挑战。虽然我国在节能、低成本等方面具有优势，但为了实现设施农业产业潜力的充分释放，需要加强自主创新，进一步提高设施技术装备能力，提升单位面积产出率和能源利用效率，加强自动化与智能化管理。在设施农业创新中具体存在的问题与挑战如下。

1. 设施落后，环境智能管控能力较弱

我国设施农业装备研发制造与技术集成能力仍较薄弱，智能化、机械化水平总体较低，中小拱棚和塑料大棚等设施种植面积占比在70%以上，具有环境控制能力的连栋温室占比不到1%（李天来，2023）。我国设施农业90%以上的栽培面积为简易保护设施，结构性能差，保温、抗风雪和抗暴雨等能力弱（孙锦等，2019），同时，设施空间小、生产劳动强度大、环境恶劣、生产率低等情况普遍存在。国产温室结构性能差，设施建造简陋，劳动环境恶劣，更加制约了机械化装备水平的提升。设施装备落后必然造成环境调控能力低下，迫切需要加快改造升级，强化科技装备支撑，提升设施农业整体发展质量。

目前国内相关研究机构在设施农业环境智能管控方面开展了大量有价值的探索和尝试，虽然已有一些技术在国内的设施农业中得到应用，但现有的建筑式和集装箱式环境智能管控系统，大部分采用的都是较为简单的闭环控制系统（如PID控制），而这种系统较难满足控制的动态变化，容易造成系统故障。与发达国家相比，仍缺乏整体智能化的解决方案，难以实现精准的生产调控。

2. 设施装备水平不高，机械化率低

设施农业生产的机械化普及率低，适用于温室设施的专用小型机械缺乏，农事操作大部分依靠人力，导致劳动生产效率低下。蔬菜产业是典型的劳动密集型产业。目前中国蔬菜生产中耕作、播种、移栽、整枝、施肥和收获，以及采后清洗、分级和包装等过程的机械化率低，小型机械缺乏；设施生产机械化率仅为35%左右，基本以人工为主，劳动强度大，生产效率较低，人均管理面积仅为荷兰的1/4（杨其长，2023）。

农业机器人的应用能够提高生产效率和质量，但目前在国内的推广应用还相对有限。例如，国外有的农业设施将自主巡检机器人作为信息采集的载体，但国内自主巡检机器人的研究尚属于空白。采摘是果蔬生产过程中较为烦琐的环节，设施农业的结构化程度高，采摘频率高，但由于采摘效率低、成本高等缺点，现阶段我国自动采摘机器人的研究与实际应用还有较大差距。

3. 数字化水平不足

我国设施农业数字化正处于快速发展时期，但在设施环境监测、数据整合挖掘和管控系统应用等方面与发达国家相比仍有很大差距，设施栽培数字化水平仅为41%（赵春江等，2021）。我国农业设施条件参差不齐，以简易设施为主，基本上没有环境控制能力；设施农业数字产业化滞后，数据资源分散，生产支撑数据主要是水分土壤、空气

等必要的环境参数,以及与生产密切相关的植保预警指标等,目前生产支撑数据参差不齐,及时性和精准性均无法满足高效生产的要求,无法彰显设施农业生产装备的优势;数据整合共享不充分、开发利用不足,用数据支撑生产经营和管理决策的作用不够;目前已有的管控系统仍然尚未形成完整的体系,未实现现有技术的整合与集成,技术与服务模式单一,应用成本较高。另外,现有系统尚未建立起全面的设施农业数据仓库以及数据共享机制,针对作物本体感知、生长过程建模、作物病虫害自动识别的应用技术也相对较少。

4. 基础科学问题和先进技术突破不够

目前,我国设施农业的基础和应用基础研究仍很薄弱,设施农业领域原始创新和突破能力不足。栽培技术和模式创新的科技储备不足,在轻简化生产技术集成创新方面存在短板;环境优化控制、分子生物技术、物联网技术等与荷兰、日本、美国等设施园艺发达国家的差距较大;先进技术利用率不高,导致水肥资源浪费大,例如,我国无土栽培面积约1 000公顷,只占设施栽培总面积的0.1%,远低于发达国家50%的水平(蒋卫杰等,2015);设施农业植保技术尚未满足蔬菜产业绿色发展的需求,蔬菜生产和病虫害防控中长期存在品种选择和耕作制度不合理、有机肥替代率低、化学药剂滥用、病虫害物理防治手段单一、生物防治使用率低等问题;在设施专用品种选育、栽培技术和模式创新、成果转化等方面难以适应设施农业快速发展的需要,特别是在高品质、复合抗性等方面的育种水平与国外差距较大,导致国产种子市场占有率低。

总之,我国的设施农业总体上具有较强的优势,主要表现为劳动力资源和价格优势、区位优势、种质资源优势、国内市场优势等;但也有很多瓶颈制约着我国设施农业的发展,最突出的是管理机制方面的问题,其次是生产技术和产品质量问题。

(三)近年来中国科技支撑设施农业的布局

我国已闯出了一条特色设施农业科技创新之路,因地制宜突破了一系列关键技术,显著提升了技术成果产出力和影响力,促进了产业跨越式发展。"十三五"期间,科技部设立了设施园艺减肥减药、设施果实类蔬菜高产生理基础、设施生产关键技术、蔬菜优质轻简高效生产技术等科研项目。此外,这一时期设施园艺领域的国家自然科学基金项目也不断增加。据不完全统计,近20年,科技部立项资助相关科技项目(包括"863"计划、"973"计划、国家科技攻关计划、国家科技支撑计划、农业科技成果转化资金支持项目、国家星火计划、科技基础工作专项、国家科技推广项目、国家重点研发计划等)总经费近4亿元;国家自然科学基金委员会立项资助相关科技项目总经费约2.3亿元;农业农村部立项资助相关科技项目(包括公益性行业科研专项、转基因重大专项、现代农业产业技术体系岗位科学家专项、现代农业产业技术体系试验站站长专项、"948"计划、科技跨越计划等)总经费约2.8亿元;各省(区、市)立项资助相关科技项目总经费超3.7亿元。

一是实施科学规划,带动设施产业有序发展。根据当前全国各地设施蔬菜发展现状,科学制定产业规划,发挥各地优势,突出主导品种、产业特色和发展目标,推进设施蔬菜规范、有序、健康发展。在蔬菜优势产区基本形成、总体供应问题基本解决的基础上，蔬菜生产逐步朝着设施化、标准化、专业化和省力化的方向发展，注重生产效益和发展质量，同时通过品牌化建设，推动产业兴旺和乡村振兴。

二是推进设施农业的智能化管理，构建智能化作物生产技术体系、应用体系和服务体系。"十三五"期间，我国在设施蔬菜基因组学、温室设施工程、设施环境调控和栽培新技术推广应用上取得了重要进展。番茄、西甜瓜等作物在基因组测序基础上，完成了代谢组、全基因组变异图谱等测序工作，揭示了重要农艺性状形成的遗传分子机制，为设施作物改良奠定了基础；创新了设施"植物—环境—装备"互作机理，空间环境重构与新型工艺设计方法，农业设施结构设计理论与方法，农业设施纵向通风理论，以及亚适宜/健康环境适应及其精准调控方法，突破了系列自主产权技术装备；创建了"除障因、增抗性、减盐渍"三位一体连作障碍防控系统解决方案，在山东、河南、河北、浙江等地进行了大面积应用推广（喻景权和周杰，2016）；传统日光温室和塑料大棚的标准化水平进一步提升，结构形式与作业空间进一步优化，环境调控能力显著增强（齐明芳等，2006）；农机农艺融合、机械化信息化融合、蔬菜集约化育苗、机械化耕种、水肥精准智能管理、轻简化无土栽培、高效LED补光等技术已成为设施蔬菜生产中重点推广的技术，显著提高了蔬菜产量和品质，推动了设施蔬菜产业的提质增效。

三是构建我国特色设施农业模式，布局设施农业装备和数字化，解决基础性问题。"十三五"以来，加速了与信息化技术的深入融合。2020年新冠疫情以来，加速了智能玻璃温室、智能植物工厂等新业态的发展，缩小了与国际先进水平的差距。针对设施农业相对狭小的耕作环境，研制整地起垄覆膜一体机、移栽机等小型农业机械；开发出针对我国不同区域及设施类型的新材料、新装备和新设施，如保温材料、新型复合骨架材料、加温设施、肥水一体化装备、机械卷帘设备等；开发出自动化精量播种生产线、产品采收运输机、果品蔬菜清洗分级机等装备，显著提高了设施农业生产的机化水平；开发出系列化环境控制系统，如温室环境数据采集与智能控制系统、肥水一体化自动灌溉施肥系统、管理专家系统以及基于信息融合的环境优化调控决策支持系统；突破植物工厂LED光源创制、光—温耦合环境调控、营养液循环与控制以及智慧化管控等关键技术，这一系列成套技术的国产化意味着我国在植物工厂装备领域拥有了全面领先的技术实力（汤雄等，2023；汪锐等，2023）。

（四）设施农业领域产业科技支撑的潜力分析

践行大食物观，要进一步发挥科技支撑的潜力。农业科技创新不仅可以抢占设施农业发展先机，同时也是生产主体专业化的前提和关键步骤。设施农业科技创新须根据本国国情以及气候与资源特点，进行必要的、非重复性核心技术研究，重点提高农业资源的产出率和农业生产效率。未来我国设施农业蔬菜产量占总产量的比例将提升至40%，通过设施蔬菜现代化发展，力争为粮食作物增加5 000万亩以上的耕地。我国设施农业在设施结构升级、环境管控技术应用、作业过程技术提升和品种选育等方面有较大的发展潜力。

1. 设施装备结构升级改进

设施装备结构是影响设施性能的主要因素，设施装备结构的合理性对设施农业生产具有极大的影响。通过温室结构升级实现周年生产，减少空闲率，土地产出率有30%的提升潜力（李天来等，2022）。

一是因地制宜不断优化创新设施结构，建立温室设计标准。实现设施的标准化、装配化，采光、保温、降温、蓄放热和肥水管理等的自动化，栽培模式的宜机化，栽培管理环节的轻简化和机械化。例如，采用新型的屋面设计和采光方式提高温室的采光率和保温性能；现代南北双连栋温室的土地利用率可提升至80%以上。应以设施种植传统优势产区为主，推进实施老旧低效设施改造，加快推广现代信息技术和设施装备，有序推进产业升级。

二是研发新型的温室结构材料。注重温室光照条件的改善与管理，推广新型棚膜材料，聚烯烃多层共挤防老化、防流滴、防雾涂覆棚膜（0.1毫米厚）的使用寿命可达3~4年，蔬菜专用转光棚膜可实现蔬菜增产16%~34%。推广高强度轻质材料，以增加温室大棚的稳定性和耐久性。推广新型复合保温墙体，优化屋面结构，提高保温蓄热性能。推广热浸镀锌钢架结构，增高、增宽和去立柱，扩大生产作业空间，增强设施安全性，提高宜机化水平。

三是研制配套智能控制装备。研发新型的环境控制设备，如智能通风、遮阳和加温系统，以更好地调节温室内的环境参数。配置室外气象站、室内环境传感器、种苗长势视频监控系统等数据采集设备，以及补光、电动开窗、电动卷帘和二氧化碳施肥等环境控制系统，实现温室大棚光温水等环境自动调控。

2. 设施蔬菜生产管理技术研发

一是加强设施农业环境精准调控，推动环境调控设备向智能化转型。利用传感器、控制器和物联网等技术，实现环境参数的实时监测和调控，如温度、湿度、光照和二氧化碳浓度等。通过设施环境智能调控技术，实现绿色节能生产，资源利用率有望提升15%，太阳能利用率有望提高10%以上，土地利用率有望提高20%以上，水资源利用率有望提高30%以上。

二是构建稳定且普适的设施农业作物生长管控模型。作物生长模型算法是利用数学和计算机技术建立的模拟作物生长过程的数学模型。它基于作物生长的生理和生态规律，结合环境因素和管理措施，通过数学公式和计算方法来预测和模拟作物的生长和发育过程。作物生长模型算法作为设施农业的重要支撑技术，可以帮助农业生产者了解作物生长规律，优化种植生产管理，为农业生产提供科学依据和决策支持（Li et al.，2012；Wang et al.，2023）。

三是加快与设施结构、栽培方式相配套的国产化智慧温室生产管控系统建设，结合作物生长模型对光照、温湿度等环境因子以及综合能耗等进行精准自动调控。引入智能化的决策支持系统，例如，基于大数据和人工智能的种植决策支持系统，可根据环境和作物生长情况自动调整管理方案。通过与作物生长模型相结合，农业生产者可以根据作物的生长需求来调整环境参数，从而最大程度地促进作物的生长和发育。这样的精准管理不仅可以提高农产品产量和质量，还可以减少资源的浪费，降低生产成本。应建立全面的生产管理系统，包括生产计划、资源管理和质量控制等，实现生产过程的全面数字化和智能化。

3. 作业管理装备技术提升

研究适宜的设施机械，重点解决设施蔬菜栽培、收获、运输及采后加工等环节机械化程度低的问题，增加自主创新能力。未来我国设施农业机械化率将提升到60%，生产效率将提升20%，劳动生产率将提高30%以上。

一是研发智能化的作业机械和自动化设备，如自动播种机、施肥机和植保机器人等，以提高生产效率和劳动生产率。在设施温室实际生产中，基质搅拌、装钵、定植、栽培、施肥、灌溉、采摘、运输和包装等环节均实现机械化运作。

二是研发智能化水肥灌溉系统，如智能滴灌、喷灌系统等，实现精准灌溉，节约水资源。高效的灌溉体系是以色列设施农业最显著的特征，通过应用滴灌技术，灌溉用水利用率高达95%，同时，约25%的以色列温室使用无土栽培；通过运用水肥一体化、循环用水等设施园艺技术措施，以色列设施农业比普通设施种植平均可以节省30%~40%的水和化肥，同时，微滴灌精准施肥也让农产品单产显著提升。引入自动化的收获和加工设备，如水果采摘机器人、蔬菜加工自动化流水线等，以提高收获和加工的效率和准确性。

三是加强政产学研融合，提高研产率，提升科技支撑能力，推进标准化生产。各科研院所、高校及公司研发部门等应加强新技术与信息的交流与合作，加大科研力度，提高机械化水平。提高设施蔬菜机械作业要求与农艺要求的匹配度，提高机械竞争力水平，提高作业质量，加大设施蔬菜生产机械化作业、智能化控制、产品预处理和产后加工处理等关键技术的研发与投入，加快科技成果的转化与推广。

4. 设施专用品种选育

品种培育作为设施农业的核心支撑技术之一，可以推动设施农业产业的转型升级。围绕高端蔬菜种质资源挖掘与创新、重要农艺性状遗传机理、品种选育3个方面开展攻关，品种自主率提升至90%，自育高端蔬菜品种市场占有率提升至30%~50%。

通过培育新的适应性强、高产优质的作物品种，筛选耐低温和弱光的设施蔬菜专用品种，可以提高设施农业产业的竞争力和创新能力。加强基因工程和遗传育种研究，选育出抗病、抗逆、适应性强的新品种，以适应不同的环境条件和市场需求。设施农业的生产环境具有一定的特殊性，温室、大棚等设施可以为作物提供稳定的温度、湿度和光照条件，因此可以选择和培育对这些环境适应较好的优质高产新品种。通过品种培育，可以筛选出生长迅速、抗病虫害、产量高的新品种，从而提高设施农业的生产效率和经济效益。通过田间试验和室内试验，评估不同品种在不同环境条件下的生长表现和产量潜力。

设施农业的灵活性较大，可以种植各种蔬菜、水果、花卉等作物。品种培育可以丰富设施农业的种植品种，满足不同消费者对农产品的需求。同时，丰富的种植品种还可以增加农产品的供应种类，促进农产品的多样化发展。提供有关品种选择的信息和建议，帮助农民选择适宜的品种，以提高作物的生长速度和产量。

（五）未来设施农业领域科技支撑趋势预测

我国设施农业正处于蓬勃发展的关键时期，科技创新和应用正在成为这一领域的重要驱动力。创新无土立体栽培模式、绿色安全品质生产和智能化生产管理技术体系将是未来支撑设施农业的重要核心科技。

生产空间方面，将向土地、光伏等新能源资源丰富的西北地区拓展。我国目前设施农业近80%分布在黄淮海、环渤海以及长江中下游等粮食主产区。为应对未来人口、环境、资源的可持续发展目标，将设施农业向土地和光伏资源丰富的西北地区扩展是必然趋势。

生产方式方面，将向立体化、高效化、数字化和智能化转变。未来食物生产需要规模化、高效率和高产出，保障食物的安全和可持续供给。未来的设施农业，将以资源利用率高、智能环境控制、高层立体栽培、自动化作业、周年稳定生产为核心发展趋势。植物工厂的发展，仍需要持续进行科技创新，涉及农光一体系统模块化设计、数字化与智能化融合环境控制系统、植物工厂"机器换人"自动化技术等方面。

1. 光伏植物工厂模块化设计技术

光伏植物工厂是将植物工厂与光伏发电结合，既扩大了光伏发电的规模，又保障了农业生产，提高了土地利用效率，使得光伏与光合作用从竞争关系转变为合作关系。农光一体支持了能源系统的转型，实现了农业用地的双重利用。我国西北地区光伏能源丰富，但光伏产业与设施农业的系统结合技术体系尚需协同攻关。例如，建立与设施农业融合的光伏设施结构配置优化技术理论，解决农业用电效率与光伏发电效率两者兼容等问题，研发适应光伏发电的植物工厂模块化单元，为西北光伏植物工厂产业发展提供切实可行、可复制推广的配套技术。

一方面，开发植物工厂模块化单元技术，推动西北地区植物工厂因地制宜地发展。植物工厂以环境控制、立体栽培、营养液供给、光源调控、实时监控和生产管控等多个子系统单元构成，其模块化设计使得植物工厂的规模可动态调节，以适应当地的环境和食品需求。相较于传统的日光温室，模块化装配式的植物工厂易于安装和运输，可以有效缓解西北地区气候条件和交通运输条件等因素的约束，提高建筑效率。

另一方面，开发植物工厂智能分布式系统技术，优化能源利用效率。植物工厂的电能消耗庞大，需要结合西北地区独特的气候特征和植物工厂供能需求，协同利用太阳能光热和薄膜发电技术为植物工厂系统供能，建立高效的植物工厂智能分布式供能系统，综合考虑新能源与植物工厂的多种组合方式，如离网型、挂网型和太阳能—风能互补型，保障植物工厂能源供给的稳定性。结合智能管控技术，优化植物工厂的光、热、水、风等的动态负荷与维护，提升植物工厂能源利用效率。从供给端和消耗端综合优化能源开发利用效率，对于保障西北地区数字设施农业的可持续发展具有重要的意义。

2. 数字化与智能化融合的生产环境管控技术

随着数字化、传感器以及人工智能技术的飞速发展，未来植物工厂将更加注重自动化与智能化的融合。作物生长与环境感知是植物工厂数字化与智能化的基础，通过对作物生长与环境参数的实时监测、准确测量和及时传输，可以为生产数字化提供有效的信息反馈。传感器可以实时监测植物的生长环境和状态，人工智能算法可以根据这些数据自动调整光照、温度、湿度和二氧化碳浓度等参数，以创造出最适宜植物生长的环境（孙博等，2020；Du et al.，2021）。采用多传感器融合技术是未来植物工厂信息感知的发展方向，对多传感器或多源的信息和数据进行综合解析与数据挖掘，获取更丰富的有效信息，提高传感器系统的有效性和鲁棒性。

基于设施内传感器采集的环境数据和作物生长的实时数据，构建机理与数据驱动融合的作物生长模型，结合农业大数据与人工智能技术，可以实现作物生长的实时监测和未来长势预测，并结合不同的管理控制策略，预测未来的作物产量规模和生产效益，极大提升设施农业的智能化生产管理水平，实现高效益生产和可持续发展；在环境调控优化方面，设施农业将从单一环境因子的控制研究转向相互作用耦合的多元变量调节，通过定向调控植物生长的光照、养分和温度等环境因子，调控作物营养生长和生殖生长平衡，并减少能耗成本，实现蔬菜的高质量、安全和稳定生产。

智能、节能和可持续的环境综合环境控制体系是未来植物工厂保持市场竞争力的关键。研发面向植物工厂的智能、节能和可持续的环境综合管理控制体系，包括专家决策、生长模型库，实现作物生长、环境变化与设施设备的智能化协同管理，以及作物长势、病虫害等趋势预判，提供数据和模型驱动的综合动态管理决策方案，包括营养液精准管理、LED光调制、环境因子调控等。通过农业大数据和人工智能技术，实现蔬菜的精细管理，优化作物生长过程，提高生产效率。

3. 植物工厂"机器换人"自动化技术

随着社会的发展，农业生产劳动力的短缺，植物工厂机器人作业将是设施农业发展的必然趋势。机器人技术在应对劳动力短缺、重复性工作的挑战，降低农业活动中的人身安全和健康风险，降低生产成本等方面都具有十分重要的作用。种苗生产、作物管理和物流等环节是应用智能化机器人装备的重要场景，对提高植物工厂生产效率、降低成本意义重大。同时，为了保障生产的绿色安全，减少人员带来的微生物污染，基于机器人技术的种植管理智能化和无人化是植物工厂生产发展的重要方向。

植物工厂垂直立体的生产模式，空间相对狭窄，大型的智能化装备不能在其中灵活作业，加之我国植物工厂类型杂、规模不一、层次多，也导致人工作业强度和难度较大，"机器换人"将是必然的发展趋势。未来开发符合我国国情的小型专用智能化装备，特别是电动智能化装备，实现一机多用，实现农机—农艺融合，可以更加充分地发挥机械潜能。通过植物工厂自动化工艺流程的标准化与规范化，研发播种、育苗、移栽、上下架、收获和包装等环节的自动化成套装备，甚至替代人力操作的机器人，提升植物工厂的生产全流程自动化水平。

开发智能化机器人集成系统，以物联网技术为核心，集传感器技术、计算机技术和移动网络技术于一体，将植物工厂各个子系统有机连接起来，实现资源共享和任务全局统一化的综合管理，实时监测并反馈各子系统的运行状态，包括机具调度、作业信息、作物生长状况、设备运行状况等信息，并通过专家系统实现最优决策，实现多机协同作业，是实现无人化工厂的基础。以农机农艺结合为基础简化作业环节、提高作业效率，以人工智能技术作为加速剂增强装备性能表现，正在成为全球植物工厂机器人发展的必然趋势。

四、极端情况下中国科技支撑设施农业的潜力

基于我国现阶段和可预见的一段时期内的国情、外部国际环境等情况分析，我国面临的主要极端风险最可能源自外部国际环境恶劣，导致与国际主要贸易伙伴脱钩，食物进口与保障链断裂等问题。我国蔬菜生产对国外的依存度很低，主要的风险点是高端设施蔬菜种子依靠进口和设施蔬菜生产空间布局。相对而言，设施蔬菜品种的进口依存度与集中度虽高，但是受政治因素影响相对较小，风险在可控范围内，未来实现进口替代的空间很大。

我国是世界畜牧第一大国，也是饲料需求第一大国，饲料原料进口依存度较高。以大豆为例，我国大豆进口量常年居于高位，自2012年以来进口占比维持在80%以上。2022年我国启动了大豆和油料产能提升工程，大豆年产量首次突破2 000万吨，但进口大豆仍有9 108万吨，进口量是国内产量的近5倍，产需缺口较大。若是国际环境恶劣，将可能产生近9 000万吨的大豆原料供应量短缺风险，进而威胁我国蛋白质的供给。保障饲料粮供给安全是大食物观下保障肉蛋奶等畜产品供给安全的基础和条件，西北地区设施农业及城市立体植物工厂的战略布局和技术创新，不仅可以满足西北地区畜牧业饲料的需求，还可以进一步"西粮东运"，为我国东北地区和东部地区提供稳定的饲料来源，可确保我国饲料原料自我供给能力，提升我国粮食安全对国外不确定性因素的抵御能力。

西北地区建设日光温室：西北地区水热条件良好，可直接开发的最高综合潜力面积约为2 100万亩，包括水热条件良好的河套平原前套地区300万亩，以及天山北麓及塔里木河沿岸分布的1 800万亩，这些潜在农业用地可直接开发为日光温室农业。2012年西北六省份率先启动了非耕地资源有效利用，实施了西北非耕地园艺作物栽培温室结构、栽培技术及产业化示范工程。该项目从非耕地温室结构、建造技术、园艺作物品种选择、基质营养与水分管理、优质高产栽培技术等方面开展研究与示范。截至2016年，西北地区非耕地设施农业面积达到10万公顷。其中宁夏、新疆、甘肃等省（区）发展较快，效果明显，例如，甘肃酒泉市肃州区非耕地日光温室无土栽培蔬菜每亩平均产量达到9.9吨，效益达到2.48万元。若将上述地区的一半区域开发为日光温室无土栽培模式种植蔬菜，每年可新增蔬菜产量约1亿吨。

西北地区建设植物工厂：西北地区综合潜力相对较弱的潜在耕地资源面积约为1.2亿亩。植物工厂蔬菜每年平均产量为90吨/亩。若将120万亩潜在耕地（1%的潜在耕地资源）开发为全人工光源植物工厂模式种植蔬菜，每年可新增蔬菜产量1亿吨。创新实施"新能源+植物工厂+农牧业"的生态循环模式，可大大减轻土地、用水压力，推进农业碳中和，实现生态环境的良性循环，提升农业核心竞争力。

西北地区建设饲料工厂：目前国内饲料对进口的依赖性很大。经测算，2022年养

殖业饲料消耗量4.54亿吨，其中，国内来源的饲料原料约3.3亿吨，占比73.2%；进口来源的饲料原料1.2亿吨，占比26.8%，在极端场景下存在供应短缺风险。2022年我国进口大豆9 108万吨，饲用8 024万吨，占比88.1%；进口谷物5 579万吨，饲用4 547万吨，占比81.5%。谷物供给以国内为主，进口大豆、大麦、高粱等主要满足饲用需求，但进口比例仍占1/3。最新研究表明植物工厂可以高效种植大麦草，使用2千克大麦草能代替1千克奶牛传统口粮，从而在一定程度上实现饲料的进口替代。大麦草的完整生产周期为3周左右，一个占地100米^{2}的7层植物工厂，每年可产出近200吨大麦草饲料，相当于种植57亩传统牧草的产量。大麦草含水量较高，加之生产周期短，对于植物工厂的需水量要求较高，因而牧草植物工厂的布局和规划要重点考虑水资源和牧区生产布局的相关因素。水热条件良好的河套平原前套地区约300万亩，假设利用其中10%的土地资源30万亩作为饲料替代产区，按照多层植物工厂亩均年产100吨麦草的效率，年均可提供3 000万吨的牧草产量；若是利用其中40%的土地资源，可保障1.2亿吨的饲料供给，足以规避我国养殖业对进口饲料原料的数量风险。

城市可用空间建设植物工厂：可以利用城市可用耕种空间，如家庭阳台、城市屋顶、防空洞、地下室、社区空地等生产食物。据初步估计，全国现有城市可用农业空间若被利用，则可以拓展5 000万亩以上的耕地。结合植物工厂垂直立体的空间利用和周年连续生产的特点，以莴苣（生菜）为例，其单位面积的年产能可达3 000株/米^2。以上海市为例，2022年上海总人口为2 475万人，每天的蔬菜消耗量约为7 034吨，而一栋20层种植架的垂直植物工厂每日蔬菜生产量约为4万吨，于上海布局1 732栋植物工厂即可完全满足上海市的蔬菜自给自足。除了通过大型植物工厂来保障周边城市群的蔬菜供给，也可结合家庭园艺、社区农场和绿化公园农业等小中型城市农业模式，为城市稳定提供一定的农产品，从多源角度保障食物供给的稳定性。

五、政策建议

设施农业研究涉及学科门类多，广大科研人员要加强学科交叉融合，进一步以系统思维和工程集成为导向。《全国现代设施农业建设规划（2023—2030年）》已发布，未来一个时期现代设施种植业发展的"时间表"和"路线图"已经明确。坚持区域特色明显、资源集约节约、科技创新引领、生产绿色循环、市场主体多元，既要努力发挥出各自的优势，也要充分考虑到技术、市场、社会和环境等风险，协同推进以实现设施农业总产值、产品占比、机械化率、科技进步贡献率等规划目标。

建议面向设施农业系统共性技术和核心技术的应用基础专项开展研究。针对种苗、栽培、物流、管理等全产业链智能化技术装备，以"降劳、降水、降肥、降药、降能和降碳"这"六降"为主要特征的绿色轻简化栽培生产技术，以及以人工智能、环境智能控制、机器人等为主要操作管理方式的机电一体化"数智植物工厂"技术，进一步推进设施蔬菜生产向机械化、自动化和智能化方向发展，强化设施装备工程化协同攻关，加快解决制约设施农业发展的重大关键和共性技术问题。

建议面向区域设施农业发展特色，推进特色模式系统产学研融合专项研究。例如，以蔬菜全产业链协同发展为特征的"寿光模式"，以保粮增菜拓展空间为特征的"戈壁农业模式"，以智能植物工厂自主运行为特征的"高端引领模式"，以不同地区老旧温室改造升级为特征的"改—换—替"模式等，为产业向现代化高端演化进行了技术、管理、人才的储备。各地应加强同高校和科研院所的产学研合作，围绕设施蔬菜产业布局、园区规划、技术创新等开展深度合作，加速新旧动能转换步伐，加快推进设施蔬菜产业相关新技术、新产品和新模式的应用，让研究成果更好地服务于产业发展，推动产业提质增效。

报告主要研究人员：林涛、周艳虹、钟仁海、林智贤、熊兴国、夏福霖、傅荣美、潘建东（浙江大学）

参考文献

毕玮，党小虎，马慧，等，2021. "藏粮于地"视角下西北地区耕地适宜性及开发潜力评价［J］. 农业工程学报，37（7）：235-243.

陈浩天，2020. 我国西瓜和甜瓜栽培模式发展现状、问题及对策［D］. 沈阳：沈阳农业大学.

邓俐，简承渊，2015. 农业部发布116项节本增效农业物联网应用模式［N］. 农民日报，2015-09-12（2）.

丁亚会，张云鹤，孙宁，等，2023. 我国设施农业发展的国际经验与启示［J］. 江苏农业科学，51（16）：1-8.

国家统计局，2019. 中国统计年鉴2019［M］. 北京：中国统计出版社.

姜雪城，张钦，2006. 设施园艺在我国发展迅速，总面积已达到世界的80%［EB/OL］. 2006-05-21. https：//www. gov. cn/jrzg/2006-05/21/content_ 286974. htm.

姜雪城，张钦，2009. 截至2008年底我国设施蔬菜总产值已达4100亿元［EB/OL］. 2009-10-12. https：//www. gov. cn/jrzg/2009/10/12/content_1436654. htm.

蒋卫杰，邓杰，余宏军，2015. 设施园艺发展概况、存在问题与产业发展建议［J］. 中国农业科学，48（17）：3515-3523.

李天来，2016. 我国设施蔬菜科技与产业发展现状及趋势［J］. 中国农村科技，（5）：75-77.

李天来，2023. 我国设施蔬菜产业发展现状及展望［J］. 中国蔬菜（9）：1-6.

李天来，齐明芳，孟思达，2022. 中国设施园艺发展60年成就与展望［J］. 园艺学报，49（10）：2119-2130.

李亚灵，温祥珍，2018. 中国与荷兰温室番茄生产的差异分析［J］. 农业工程技术，38（10）：10-14.

刘凤之，王海波，李莉，等，2021. 我国设施果树产业现状、存在问题与发展对策［J］. 中国果树（11）：1-4.

路凤琴，2016. 设施蔬菜种植模式调查及生态高效茬口示范应用［D］. 上海：上海交通大学.

农业农村部，国家发展改革委，财政部，自然资源部，2023. 农业农村部　国家发展改革委　财政部　自然资源部关于印发《全国现代设施农业建设规划（2023—2030年）》的通知（农计财发〔2023〕6号）[EB/OL]. 2023-06-09. https：//www. gov. cn/zhengce/zhengceku/202306/content_ 6887551. htm.

农业农村部，中央网络安全和信息化委员会办公室，2019. 农业农村部　中央网络安全和信息化委员会办公室关于印发《数字农业农村发展规划（2019—2025年）》的通知（农规发〔2019〕33号）[EB/OL]. 2019-12-25. https：//www. cac. gov. cn/2020-01/21/c_ 1581145429704893. htm.

农业农村部农业机械化管理司，2022. 2021年全国农业机械化发展统计公报 [EB/OL]. 2022-08-17. http：//www. njhs. moa. gov. cn/nyjxhqk/202208/t20220817_ 6407161. htm.

彭澎，梁龙，李海龙，等，2019. 我国设施农业现状、问题与发展建议 [J]. 北方园艺（5）：161-168.

齐明芳，刘兴安，孟思达，等，2006. 我国节能日光温室发展历程 [J]. 新农业（19）：4-7.

孙博，李靖，王静，2020. 机器学习在植物工厂中的研究现状与挑战 [J]. 中国农学通报，39（18）：142-150.

孙锦，高洪波，田婧，等，2019. 我国设施园艺发展现状与趋势 [J]. 南京农业大学学报，42（4）：594-604.

汤雄，王鹏，吕玲玲，2023. LED植物照明灯具技术发展及应用现状 [J]. 应用技术学报，23（2）：120-124.

田凤山，2001. 国土资源与西部大开发 [J]. 中国地质（10）：1-9.

汪锐，杨豫森，王琮，等，2023. 植物工厂产业发展现状 [J]. 照明工程学报，34（4）：64-68.

王牧野，2020. 中国设施蔬菜生产效率研究 [D]. 北京：中国农业科学院.

王蕊，杨小龙，马健，等，2016. 日光温室保温技术应用现状 [J]. 农业工程技术，36（19）：9-11.

辛竹琳，崔彦娟，杨小薇，等，2022. 全球蔬菜产业现状及中国蔬菜育种发展路径研究进展 [J]. 分子植物育种，20（9）：3122-3132.

许亚良，刘新颖，杨其长，2022. 植物工厂秧苗繁育关键技术装备与产业化 [J]. 农业工程技术，42（4）：12-15.

杨其长，2022. 以都市农业为载体，推动城乡融合发展 [J]. 中国科学院院刊，37（2）：246-255.

杨其长，2023. 设施农业现状与发展评说 [J]. 中国农村科技（2）：15-16.

杨舒，2022. 科技赋能"菜篮子"，设施农业大有可为 [N]. 光明日报，2022-05-26（8）.

喻景权，周杰，2016. "十二五"我国设施蔬菜生产和科技进展及其展望 [J]. 中国蔬菜（9）：18-30.

张晶，2020. 中国蔬菜展望报告［R］. 2020-04-20. 北京：中国农业展望大会2020.

赵春江，李瑾，冯献，2021. 面向2035年智慧农业发展战略研究［J］. 中国工程科学，23（4）：1-9.

中国农业机械工业年鉴编辑委员会，中国农业机械工业协会，2019. 中国农业机械工业年鉴2019［M］. 北京：机械工业出版社.

周杰，师恺，夏晓剑，等，2022. 中国蔬菜栽培科技60年回顾与展望［J］. 园艺学报，49（10）：2131-2142.

周杰，夏晓剑，胡璋健，等，2021. "十三五"我国设施蔬菜生产和科技进展及其展望［J］. 中国蔬菜（10）：20-34.

周强，马彦宏，沈琛云，等，2020. 新时期中国西北地区新能源可持续发展反思与建议［J］. 电网与清洁能源，36（6）：78-84.

CHEN Z, ZHAO C, WU H, et al., 2019. A water-saving irrigation decision-making model for greenhouse tomatoes based on genetic optimization TS fuzzy neural network［J］. KSII Transactions on Internet and Information Systems（13）：2925-2948.

CHOWDHURY M, KIRAGA S, ISLAM M N, et al., 2021. Effects of temperature, relative humidity, and carbon dioxide concentration on growth and glucosinolate content of kale grown in a plant factory［J］. Foods（10）：1524.

DSOUZA A, NEWMAN L, GRAHAM T, et al., 2023. Exploring the landscape of controlled environment agriculture research: A systematic scoping review of trends and topics［J］. Agricultural Systems, 209：103673.

DU J, FAN J, WANG C, et al., 2021. Greenhouse-based vegetable high-throughput phenotyping platform and trait evaluation for large-scale lettuces［J］. Computers and Electronics in Agriculture, 186：106193.

EL-BENDARY N, EL HARIRI E, HASSANIEN A E, et al., 2015. Using machine learning techniques for evaluating tomato ripeness［J］. Expert Systems with Applications, 42：1892-1905.

FAN Y, ZHANG S, FENG K, et al., 2022. Strawberry maturity recognitionalgorithm combining dark channel enhancement and YOLOv5［J］. Sensors（22）：419.

GRAAMANS L, BAEZA E, VAN DEN DOBBELSTEEN A, et al., 2018. Plant factories versus greenhouses: Comparison of resource use efficiency［J］. Agricultural Systems（160）：31-43.

HAREL B, PARMET Y, EDAN Y, 2020. Maturity classification of sweet peppers using image datasets acquired in different times［J］. Computers in Industry（121）：103274.

KIM H, OH D, JANG H, et al., 2023. Development of a multi-node monitoring system for analyzing plant growth and indoor environment interactions: An empirical study on a plant factory [J]. Computers and Electronics in Agriculture (214): 108311.

LI G, LIN L, DONG Y, et al., 2012. Testing two models for the estimation of leaf stomatal conductance in four greenhouse crops cucumber, chrysanthemum, tulip and lilium [J]. Agricultural and Forest Meteorology (165): 92-103.

SHARPE S M, SCHUMANN A W, BOYD N S, 2020. Goosegrass detection in strawberry and tomato using a convolutional neural network [J]. Scientific Reports (10): 9548.

TANG C, CHEN D, WANG X, et al., 2023. A fine recognition method of strawberry ripeness combining Mask R-CNN and region segmentation [J]. Frontiers in Plant Science (14): 1211830.

TONG G, CHRISTOPHER D M, LI T, et al., 2013. Passive solar energy utilization: A review of cross-section building parameter selection for Chinese solar greenhouses [J]. Renewable and Sustainable Energy Reviews (26): 540-548.

WAN X, XIA T, LI Y, et al., 2023. Study on a novel water heat accumulator below the north roof in Chinese solar greenhouse: System design [J]. Applied Thermal Engineering (234): 121316.

WANG D, WANG X, CHEN Y, et al., 2023. Strawberry ripeness classification method in facility environment based on red color ratio of fruit rind [J]. Computers andElectronics in Agriculture (214): 108313.

WANG Y, YAN G, MENG Q, et al., 2022. DSE-YOLO: Detail semantics enhancement YOLO for multi-stage strawberry detection [J]. Computers and Electronics in Agriculture (198): 107057.

WU X, LI Y, JIANG L, et al., 2023. A systematic analysis of multiple structural parameters of Chinese solar greenhouse based on the thermal performance [J]. Energy (273): 127193.

ZHAO L, LU L, LIU H, et al., 2023. A one-dimensional transient temperature prediction model for Chinese assembled solar greenhouses [J]. Computers and Electronics in Agriculture (215): 108450.

专题报告六 大食物观背景下科技支撑食品加工领域潜力趋势

一、食品加工的内涵

1. 食品加工的定义

习近平总书记在党的二十大报告中要求"树立大食物观""构建多元化食物供给体系",从更好满足人民美好生活需要出发,把握人民群众食物结构变化趋势。为了进一步深入践行大食物观,食品行业要对食品消费有一个更加全面和清晰的认知。站在生产端,食品的现代加工应当关注行业新技术的方向,关注绿色、可持续、高质量的生产模式,将生产融入"大食物观"的思考之中。站在营销端,关注如何进一步加强与消费者的连接,将更加安全、更加营养均衡、更加符合人民群众膳食结构和营养需要的食品推介给消费者,营销平台要打造更强的公信力,传递价值,满足人民日益增长的美好生活需要。而作为需求端的消费者,也同样需要培养更加节约、绿色的消费理念,保证营养搭配的同时杜绝食物的浪费,将自身消费行为融入大食物循环之中。食品加工技术正处于迭代创新期,围绕未来食品为主题的技术创新,正成为行业的风向标。总结归纳近期的食品消费的技术趋势可以看到,从原料端出发的食品技术迭代正在成为行业的核心主流,正如习近平总书记所说的"向耕地草原森林海洋、向植物动物微生物要热量、要蛋白,全方位多途径开发食物资源"正在成为食品技术更新迭代的核心方向。如何更加高效、精准、安全地将自然的馈赠传递给更多的人,是当下食品加工技术革新不变的主题和方向。中粮营养健康研究院的"十四五"战略规划也明确提出,未来中国食品领域的科技创新应始终围绕"安全是底线、美味是前提、健康是追求、成本是关键、绿色是未来、文化是灵魂"。食品行业的发展需要创新成果来推动。2022年6月,中国工程院院士陈坚在关于未来食品的任务与挑战的报告中明确提出:"未来食品的主要任务是解决食物供给和质量、食品安全和营养、饮食方式和精神享受等三方面问题。世界范围内,现代信息技术提升食品产业效率、前沿变革技术重塑食品制造、技术深度融合驱动产业链发展这三大领域正在成为食品技术的重点突破方向。"中国工程院院士孙宝国接受采访时也提到:"从国际食品产业科技创新发展趋势看,食物供给和营养健康保障成为全球食品未来发展的主要任务。学科交叉创新成为核心推动力,也已成为各国抢占未来食品科技高地、争夺未来食品工业发展话语权的重点。我国是全球最大的食品贸易国,食品进口位居世界第一。但是,我国食品科技还存在不少短板。我们迫切需要依靠食品科技创新,突破'卡脖子'关键核心技术,破解食品加工制造系统化不足、集成度不高、智能化程度较低等问题。"因此中国食品加工技术的发展仍然任重道远。

在大食物观的背景下,食品加工领域未来的发展趋势以"开源节流"为首要发展目标,通过与人工智能、物理、化学、生物和地理等大学科进行技术交叉,利用其他领域的先进手段发展加工技术。从"多样化"食品加工创制角度出发,食品加工对象将不只局限于传统初级农产品,而应转向更丰富的生物资源,发展生物科技、生物产业,向植物、动物和微生物等一切可利用资源要蛋白、要油脂、要碳水化合物等宏量营养素,实现品种多样化、营养多样化、功能多样化的食品创制。从"精准营养"食品加工创制角度出发,基于中国人群特征营养代谢模式的充分研究,结合分子修饰、稳态递送等精准营养技术提高现有食品中营养素的生物利用度,并通过适度加工、物理保鲜等手段调控原材料中的功能因子,降低贮运、加工等流程中的损耗。

2. 食物加工涉及的食物范围

现阶段大食物观下食品加工领域涉及的食物范围是除粮食、果蔬、禽、肉、蛋、奶、油等可直接获取资源以外的加工副食,同时也涵盖能满足人正常生活且有益于健康的可食用物,如微生物、合成物等新型可食物以及传统的加工副产物(陈坚,2022)。以农副产品加工为例,其加工技术直接关系到产品质量的高低。农副产品加工按对象可分为植物类加工(如小麦磨成面粉)、动物类加工(如动物油料加工)和微生物加工(如酿造发酵)。目前,我国农产品产后产值与采收时自然产值之比仅为0.38∶1;产品加工多为粗加工、初级加工,且存在加工产业集中度低、起步晚、技术装备水平低、加工规模小等特点,距离国际较高水平的加工技术仍有一段距离。此外,以合成生物学为主的生物技术在食品行业的应用得到广泛的关注。发酵技术将有益菌群引入人体,促进食物消化吸收;酶工程将天然食品中的营养成分进行富集,同时去除有害物质,提高膳食品质;通过细胞工程生产的人造肉发展势头迅猛,不仅能满足人类营养需求,还能降低能耗。

未来食品加工的目标对象将不局限于现有的食品资源。面对环境恶化及地缘政治等不利因素,大食物观倡导的食品加工技术将从"开源""节流"两个角度对食品加工领域重新定义。其"开源""节流"的食品资源获取方式主要包括以下两个方面。

一方面,"开源"是要扩大基础的食物面,将以往不吃但是存在食用潜力的部分(边角料、不要的果皮根茎等)加工成为可以吃的食物,将曾经食用价值不高的食物原料加工成为更为美味的食物,大力挖掘林本、草本和木本等非传统食用资源;通过改变食物的微观或宏观形态,实现以较少的量实现原先同样的功能;此外,基于生物科技产业拓展食物资源,不再只从动植物等传统来源要热量、要蛋白质,而是将食物面扩大到微生物发酵以及细胞工厂等营养来源。其发展趋势是食品技术、生物技术和信息技术的高度融合,从一切可利用资源中充分挖掘蛋白质、脂肪以及碳水化合物等宏量营养成分。利用相应科学技术手段达到食品资源"开源"的目的。

另一方面,"节流"是化学、生物学以及制造业等学科的深度交叉,例如,利用化学、生物改性技术提高生物的利用率,采取制造业手段适度加工降低原材料贮运及加工过程中的损耗率等，对传统的加工副产物进行二次利用，等等。除了物流减损以外，通过靶向递送、生物修饰等手段提高营养素体内生物利用度，在机理研究中挖掘传统中医药理论中饮食结构的科学内涵，研究生物钟等时空因素对营养吸收代谢的影响，摸索中国人群特征营养代谢模式，这些领域的探索都有利于指导食物加工在营养支持高利用率方面的突破。本质目的是利用相应手段达到食品资源"提质"的目的。

立足我国人多地少的基本国情，从耕地资源向整个国土资源拓展，全方位、多途径开发食物资源（程国强，2022），宜粮则粮，宜经则经，宜牧则牧，宜渔则渔，宜林则林，开发丰富多样的食物品种。这些都是大食物观的具体体现，而食品加工领域在其中更多的是从传统农作物和畜禽资源向更丰富的生物资源拓展，发展生物科技、生物产业，向植物、动物和微生物要蛋白质、要油脂、要碳水化合物等宏量营养素。从食品加工角度来说，扩大食品获取来源，提高食品营养利用度，尤其是以合成生物学为基础的食品加工方式，扩大了食品营养素的来源范围。应高效利用微生物进行食品基料的可持续生产，大力发展食品加工装备设施，探索智慧食品加工、植物工厂的建设，设法缓解我国食品资源的瓶颈约束，摆脱完全依赖种植养殖的传统食物供给模式，全方位、多途径开发食物资源，实现食物来源多元化，从而掌控食物结构变化趋势、满足人民需求，在数量上保障食物供给，在质量上提升食品的功能与营养。从科学发展的角度来看，以合成生物学、物联网、人工智能、增材制造和纳米技术等为技术基础，多学科深度交叉开发新型食品加工技术，未来食品将会更安全、更营养、更美味、更可持续。

二、中国加工食品供需结构、潜力和趋势

（一）近30年我国食物供需结构变化特征

与经济发展和收入增长趋势相适应，过去30年我国居民食物消费已基本完成从"吃饱"向"吃好"的跃迁，逐步迈向追求营养健康的消费升级新阶段（程国强，2023）。尤其在新冠疫情之后，我国食品行业正在经历变革，消费市场进入了一个新阶段。新冠疫情不仅在宏观层面上给经济和消费带来了影响，也在一定程度上改变了居民消费心理和社会消费行为，在食品加工领域的变化特征如下。

1. "温饱—安全—营养"结构性变化促使食品消费保持刚性增长

随着人口规模的扩大以及城镇化的推进，未来10年我国粮食消费依然将保持刚性增长趋势。

一是粮食产需余额下降，形势不容乐观。以粮食为例，预计到2030年，消费总量将接近7.6亿吨，较2019年增长4%，产需缺口由2019年的6 900万吨，最高将扩大至8 200万吨，其中，谷物消费量约为6亿吨，较2019年增加2 700万吨，产需余额至少下降45%，最多将减少至1 400万吨。我国粮食中长期产需形势不容乐观，确保国家粮食安全的意识一刻也不能放松。

二是动物性食物消费处于高速持续增长阶段。对蛋白质、油脂等宏量营养素的需求

日渐扩大。肉类产量和消费量将保持增长，预计 2032 年我国肉类产量达到 9 994 万吨，年均增长 1.4%。我国肉类市场需求进一步释放，肉类产品种类日益丰富，加之线上线下融合发展，消费渠道的多样化，能更好地满足消费者需求，肉类消费量将平稳增长，2032 年将达到 10 485 万吨，年均增长 1.1%。肉类产品国内外价差依然存在，加之国内需求增长，预计肉类进口量呈增长态势，2023 年肉类进口 739 万吨，比 2022 年增长 5.2%。随着我国城镇人口占比增加、食品加工和居民消费需求增长，追求高蛋白质、低脂肪的健康饮食方式将继续拉动禽肉产品消费增长，预计未来几年禽肉消费量年均增长 1.6%，2032 年将达到 2 943 万吨。奶制品消费稳定增长，人均消费量大幅提高。预计奶制品消费量年均增长 3.3%，2032 年将达到 7 902 万吨，奶制品人均消费量 55.9 千克，比 2022 年增长 37.7%。国内奶制品供给缺口依然存在，进口量保持增长，预计 2032 年奶制品进口量将增至 2 320 万吨（折合生鲜乳），年均增长 1.6%。随着居民收入持续增长、食物消费结构逐步升级和流通渠道更加多元，水产品消费量不断增长，年均增长 1.0%，2032 年将达 7 621 万吨。加工食品消费增速较快，年均增长 1.8%，2032 年消费量将达 3 290 万吨，占总消费比例将提高到 43.2%。居民对海捕鱼类和虾蟹等水产品消费偏好增强，自贸区建设的深化以及电商渠道的发展，将带动水产品进口量较快增长，2032 年将增至 824 万吨。

三是饲料用粮需求强劲。伴随肉蛋奶的消费总量不断增长，粮食品种供求失衡格局或将进一步加剧。从中长期看，我国城乡居民对于肉蛋奶消费需求仍将不断上涨，特别是农村居民消费潜力巨大，畜牧养殖业将持续发展，饲料消费也将继续保持增长，并带动玉米和大豆需求增加。预计 2030 年，我国玉米需求将超过 3 亿吨，国内产需缺口将达到 2 500 万吨以上，需要引起高度关注。另外，大豆消费量也将继续增加，届时总需求量接近 1.2 亿吨，进口量约为 1 亿吨（詹琳和杜志雄，2021），我国仍然是全球最大的大豆进口国。

2. 方便营养型加工产品是当前食物供需结构转变的方向

近 30 年，消费者需求从满足温饱到追求食品安全，再转变为对营养、健康且便携的加工食品的需求，加工食品所占比例越来越大，食品的消费结构经历了从温饱型到安全型，最终向营养型的转变。

一是方便型食品增长率攀升。速冻食品、方便速食在新冠疫情期间成为消费者的主要选择类型之一。据 2020 年天猫平台统计数据显示，新冠疫情期间方便面、即食火锅、水饺馄饨增长率攀升。速冻食品中，海鲜丸类总销量同比增长 1 675%，水饺馄饨类总销量同比增长 78%，即食火锅类总销量同比增长 144%，汤圆类总销量同比增长 60%。同时，在消费者对方便速食"便捷、营养、美味"的多重需求下，方便食品行业"食材化"倾向越来越明显，由打开包装—泡即食，转向更多样化的自助食用方式，同时加速朝着"美味、营养、健康"的正餐定位发展。

二是营养消费理念逐渐成为主流。随着消费者对于免疫力提升意识增强，"低脂、无糖、低钠、营养"类健康食品备受关注。64% 以上消费者在新冠疫情后更关注健康食品。对公开数据进行统计分析显示，2020 年健康低脂消费诉求尤为显著，减脂相关商品消费金额环比提升 2 倍以上。同时，在电商助力、物流便利等因素的综合作用下，零食也不再只是一种简单的佐餐食物，而是和网络娱乐、社交活动等紧密地联系起来。根据调研结果发现，消费者对于食品的关注度位列前三的因素为营养健康、口味、功能性，分别为74%、64%、47%。"好吃"已不再是消费者关注的首要因素，食品本身的营养健康和特殊功能越来越被重视。同时，消费者更愿意为具有特殊属性的产品买单，如产品是否能够带来更多元的使用体验。

3. 产品多元化、精细化趋势明显，针对特定人群开发产品以满足不同健康需求

儿童、老人等特殊群体因为种种因素易产生营养不良或营养过剩的健康效应，针对不同生理状态人群的健康需求开发相应产品，有益于提高整体国民健康水平。儿童食品健康化、女性"她食品"类零食化等趋势显示，特殊群体消费者在选购食品时，以往追求的是性价比、刚性需求，如今更关注产品的功效成分、品质、体验感、外观精致度和产品便捷性。全球人口结构正在悄然改变，不同时代的人由于成长环境的差异会呈现出不同的价值观和消费观。随着"80后""90后""00后"逐渐成为新生代消费的主力军，时代的发展和观念的改变让他们对品质和个性化的追求不同前人，成就了当下的消费升级。天猫发布的《2019—2020国民味道》数据显示，速食品已经呈现美食趋势，在追求品质生活的当下，普通方便食品已经不能满足"Z世代"的需求。方便速食想要成为正餐的最佳替代品，不仅要方便，更要兼具美味、营养和健康。食品品牌只有以更多元的方式进入大众视野，满足新一代消费者对健康饮食"低糖、低能量、高蛋白质"的健康化要求，才能吸引更多年轻消费群体。随着营养健康问题逐渐受到消费者的重视，消费者对加工食品有了更多元、更高品质的需求。食物的作用不再只是满足生存需要，更是一种生活方式和生活态度的体现。食品加工行业也从单纯的"食品饮料制造商"转型成为提供"健康、可持续生活方式"。消费者需求从"少油少盐少添加"向"零糖零脂零卡"发展，抗衰老、增强免疫力、助消化等功能性食品受到消费者的追捧。此外，还有消费者已从"对自己健康负责"投身到"对社会健康负责"，产品的加工与包装在调控产品功能因子的同时，还要符合环保、可持续发展的时代背景，这样才能获得更多消费者的关注。

4. 区域性余缺食品供给体系造成不良经济及健康效应

地域性差异导致很多食品出现供过于求的局面，同时，也存在食品需求得不到有效满足的情况，生产过剩和有效供应不足并存（陈启杰，2000）。区域不平衡的现象也进一步造成儿童、老人等特殊群体产生营养不良或营养过剩的健康效应，这使得食品物流链在供需过程中的重要性逐步增加。随着我国网络覆盖率和农产品附加值的提升，食品生产逐渐从种植养殖向食品加工流通等二三产业延伸，食品物流市场规模日益扩大。由于食品种类繁多且易损易腐、物流基础设施不完善、冷链保鲜技术滞后，鲜食产品异地供应之路依然艰难。与传统模式相比，现代食品物流呈现链条化、规模化、集成化特征，流通风险多样多发、传导性强，产生的经济损失较大。食品物流保鲜可以有效分散和转嫁流通风险，降低物流主体的损失，为鲜食产品异地供给和流通保驾护航（冯文丽和刘泽表，2022）。

（二）食品加工领域国内外膳食模式对比分析

与欧美发达国家、东亚发达国家对比，我国居民膳食结构的特点以及与国外典型做法的区别如下。

1. 欧美发达国家膳食结构主要以肉蛋奶等动物性食物为主

西方膳食模式中禽畜肉类、蛋类和奶类等食物消费比较多，而粮谷类食物消费较少，能量的供应主要来自肉类中的脂肪和蛋白质。西方膳食模式下每人每天摄入的能量高达3 300~3 500千卡，蛋白质摄入量为100克以上，脂肪摄入量为130~150克。食糖的摄入量也非常高，每人每天可高达100克，远远超过成人和儿童游离糖摄入量每天约25克的推荐量。西方膳食模式的特点是高能量、高蛋白质、高脂肪、低膳食纤维。其优点是蛋白质、矿物质和维生素等营养素比较丰富，不容易发生营养素的缺乏；不足是容易导致营养过剩，诱发肥胖、高血压、冠心病、糖尿病和脂肪肝等慢性疾病。因此，许多发达国家的营养学家都提出了一些针对当地膳食模式的建议，推荐当地的居民采用更加平衡、健康的膳食模式。

2. 东亚发达国家的膳食结构较为均衡

日本和韩国等东亚发达国家粮谷类食物和动物性食物摄入量的比例均衡，每天粮谷类食物的摄入量为300~400克，动物性食物的摄入量为100~150克，其中，海产品比较丰富，大约占动物性食物的一半。海产品与禽畜肉类相比脂肪含量低、不饱和脂肪酸比较丰富，有益于心脑血管健康。日本和韩国的膳食烹饪方法比较清淡，大多数菜品都具有少油、少盐的特点，有助于降低慢性疾病的发生风险。可以说日韩膳食模式同时结合了东方膳食模式和西方膳食模式的优点，以植物性食物提供的能量为主，同时还能够满足人体对各类营养素的需求，而且烹饪方法比较清淡，既有利于避免营养不良，又有利于预防营养过剩导致的心血管疾病、糖尿病等疾病。

3. 中国膳食结构以碳水化合物等植物性食物为主

中国膳食模式以谷类为主，由于谷类食品中碳水化合物含量高，而碳水化合物是热能最经济、最主要的来源；品种丰富的蔬菜及粗粮提供了大量的膳食纤维，使得消化系统疾病及肠癌的发病率极低；豆类及豆制品的摄入，补充了一部分优质蛋白质和钙；丰富的调料，如葱、姜、蒜、辣椒和醋等，具有杀菌、降脂、增加食欲、帮助消化等诸多功能。但是，中国膳食模式也存在诸多不足，与西方膳食模式相比，牛奶及奶制品、牛肉、羊肉和鱼等动物性食品摄入不足，导致易缺乏优质蛋白质、钙等营养素（南开，2006）。同时，与东亚发达国家相比，存在过量饮食等诱发现代文明病的饮食习惯，同时，水产品摄入不足导致的心脑血管疾病高发。另外，我国居民每人每天食盐摄入量平均为13.5克，这与世界卫生组织在关于防治高血压、冠心病的建议中提出的每人每天食盐摄入量在6克以下的标准差距较大（杨培，2009）。但是，膳食模式的改进需要充分考虑到种族人群体质差异带来的营养代谢模式的不同，可以借鉴但不能照搬欧美、日本和韩国等发达国家及地区的饮食模式。只有充分研究中国人群体质特征下的营养代谢模式，才能发展属于我国人群特征的健康膳食结构。

（三）当前我国加工食物供需潜力分析

近年来，我国食品加工学研究取得了很大发展，产生了一系列重要的概念、理论和方法，为食品工业提供了大量具有自主知识产权的高新技术和产业化关键核心技术，推动了我国食品工业的进步和发展。食品加工制造产业是关系国计民生的生命产业，是农业与人民生活衔接以及农业资源实现市场化的关键环节，与工业、流通等领域有着密切的联系。据统计，2020年，我国农产品加工业营业收入超过23.2万亿元，农产品加工转化率达到67.5%，科技对农产品加工产业发展的贡献率达到63%（杨新泉等，2016；郜海燕等，2022）。目前，我国食品加工制造科技经历了以满足量的需要为主要特征的食物安全、食品安全保障阶段后，已进入以满足质的需要为主要特征的营养健康食品制造阶段，科技投入高、产出高、收益高（姚惠源，2019；中国农村科技编辑部，2021）。根据海关总署统计数据，2009—2019年，我国进口食品规模年复合增长率高达17.6%，2019年进口食品规模已经超过700亿美元，达到724.7亿美元，中国已成为全球进口食品消费大国之一（杨平，2021b），由于国内自给食品加工体系无法满足蛋白质及油脂等宏量营养素的巨大需求，因此仍然一定程度依赖进口。通过发展食品加工促进我国需求量较大的食品种类建立自给体系具有较大的潜力，而加工食物供需潜力具体体现在以下4个方面。

1. 新型食品资源的拓展

粮食需求整体保持刚性上涨，产需平衡压力进一步加大。以蛋白质为例，2022年上半年我国粮食进口额已超2 700亿元，其中进口量最大的农产品就是玉米、大豆，主要作为饲料粮，用于满足于国人对于肉蛋奶的消费。2022年9月19日，农业农村部召开豆粕减量替代行动工作推进视频会，提出中国粮食安全的最突出矛盾就是饲料粮的需求（李士萌，2023）。与全球其他国家纷纷开始鼓励扶持替代蛋白产业一样，我国也已开始展现出对替代蛋白的积极态度，以应对粮食进口带来的风险。除替代蛋白技术本身的战略意义，从食物过敏的角度来看，蛋白原料的创新也是大势所趋。《国民营养计划（2017—2030年）》明确提出："强化营养主食、双蛋白工程等重大项目实施力度……以优质动物、植物蛋白为主要营养基料，加大力度创新基础研究与加工技术工艺，开展双蛋白工程重点产品的转化推广。"从天猫消费端的数据也可以看到，除中国传统的豆奶和椰奶外，燕麦奶和植物基底的各类创新食物也开始出现在消费者的购物清单中。国内消费者对植物蛋白的认知开始悄然升级。从天猫的数据看，相关植物基的产品搜索指数不断上升，具有植物蛋白概念的产品受到消费者关注，市场正在推进蛋白替代技术的革新。

发展以合成生物学为主的食品加工科技对于实现我国食物资源"增量"具有重大的意义。人造食品的总体技术路线是在传统食品生产的基础上，构建细胞工厂底盘生物，以替代奶、肉、糖、油和蛋等传统食品，缓解农业压力，满足日益增长的食物需求。现阶段人造食品的研究重点主要集中在植物蛋白肉的肉质和营养素方面。以替代蛋白（如植物蛋白、藻类蛋白和微生物蛋白）等为代表的新型食品原料以及植物基食品与细胞培养食品的开发在国际范围内受到普遍关注，同样，合成生物学在油脂的供给方面也起到巨大的作用。

此外，扩充宏量营养素的可利用资源能弥补我国油脂自给体系的巨大缺口，如林下资源的可持续利用等。同时，开发区域因地制宜地向整个国土资源拓展，例如，开发沙漠等食物资源区域，充分利用时空特点开发丰富多样的食物品种，最大化拓展新型食品资源。

2. 食品可利用率的提高

目前我国稻谷出米率仅为65%左右，而日本稻谷出米率为68%~70%。据统计，稻米每增加一次抛光就增加1%的损失，而且整精米率损失增大，能耗成本增加。整个稻米加工行业每增加一道抛光工序，将增加用电20亿度以上，这相当于一个三线城市半年的用电量。加强粮食加工环节节能减损，能直接提高食品的可利用率。

适度加工和柔性制造能有效保留农产品营养并提高能源利用率。大豆不仅是我国蛋白食品和食用油脂的主要原料，更是保障国计民生不可或缺的重要战略物资。我国现有的大豆提取工艺极大地降低了油脂的产率，同时由于过度加工造成大豆中有益营养因子的丢失。通过系统解析其分子结构与其功能特性间的构效关系，破解大豆蛋白质结构特征及其油脂稳定机制，研发柔性加工工艺，可实现大豆产品的高效开发。营养素靶向精准递送技术以及生物修饰等手段也能够提高食物营养素的生物利用度，间接提高食物利用率。食品功能因子多存在溶解性不好、稳定性差和生物利用度低等缺点，是食品产业化应用中的瓶颈问题。例如，活性肽和蛋白质在胃肠中易水解，低pH值条件会对它们的结构和活性造成严重破坏。保持食品功能因子在加工、贮藏及摄入体内后的稳定性，保护其在靶向位点发挥作用（谭明乾等，2022），是提高食品利用率的可行方案。此外，食品加工副产物的综合利用技术可行且多重效益可期。针对粮食加工副产物，可以利用米糠制油，并从米糠毛油中提取谷维素、米糠甾醇等，从而实现米糠的综合利用；针对油料加工副产物，可利用油粕提取脂肪酸，脂肪酸则是生产天然维生素E、植物甾醇、脂肪酸甲酯和食品级磷脂的可用原料；畜禽加工副产物则是蛋白质、多肽的优势来源；果品加工副产物可用于提取精油、果胶等物质。我国农产品加工综合利用率只有40%，而发达国家则已超过90%，例如，日本米糠的综合利用率达到100%。资源的浪费不但造成了食物安全隐患，还有环境污染等不良后果，因此，食品加工副产物综合利用的意义巨大。此外，对食品加工副产物的充分利用，能够有效促进我国饲料转化率的提升。随着养殖品种的改善和养殖技术的进步，我国饲料消费量稳定增长，预计2032年将达35 369万吨，比2022年增长26.1%。生猪饲料、肉禽饲料和蛋禽饲料的消费量保持缓慢增长，水产饲料和反刍动物饲料成为新的消费增长点。

3. 食品营养程度的提高

目前食品加工制造科技经历了以满足量的需要为主要特征的食物安全、食品安全保障阶段后，进入以满足质的需要为主要特征的营养健康食品制造新时代。健康饮食成为居民就餐新风尚，"功能性粮食"需求大幅上涨。据世界卫生组织统计，目前我国亚健康人口比例已经达到70%，其中"三高"（高血糖、高血脂、高血压）营养代谢病人数接近3亿人，并呈现年轻化的趋势。《中国居民营养与慢性病状况报告（2020年）》显示，我国已有超过50%的成年人和近20%的学龄儿童超重或肥胖。随着公众健康上升为社会问题，城乡居民对于"吃得健康"有了更加迫切的需求，具备富硒、富锌、降血糖、降血压、降血脂等作用的功能性粮食新品种出现较大幅度需求上涨。根据中粮营养健康大数据平台跟踪抖音内容平台取得的数据，在标有营养、健康标签的头部账号当中，几乎大部分核心关键词都围绕着瘦身减重和精准营养两方面，越来越多的营养知识和关于减重的知识正在向中国消费者推广。越来越多的消费者开始对于如何更合理地从食物中获得能量有了更加深刻的认知。如何利用更短的时间，获得更高的饱腹感，同时还不导致身体肥胖，成为现代人类普遍的追求。

在国家政策引导和国民健康意识提升的驱动下，食品饮料行业掀起低糖/无糖消费热潮，而这一风潮推动了代糖原料的革新。根据科信食品与营养信息交流中心发布的《健康中国饮料食品减糖行动白皮书（2021）》，我国无糖饮料市场规模在2027年将达到276.6亿元，增速高、空间大。预计未来数年我国无糖饮料行业仍然能保持两位数的增长，使得代糖类原料持续走俏。中粮营养健康研究院对于代糖原料成分认知的调研显示，消费者对于代糖原料有较深刻的认知和理解，但是对于新型代糖原料，由于缺乏市场教育，仍然处在观望状态。从产品研发角度，在成本和营养方面，代糖不断突破形成新的优势，在风味和安全性方面，代糖也在不断改良。相信未来糖原料在生产端将迎来一轮新的认知升级，"0糖"概念不是终局，真正的"健康糖"才是生产企业更加关注的方向，因此，开发"降糖不降甜"食品是我国食物供需潜力"提质"的具体体现。

英敏特发布的《2022年全球食品饮料趋势》显示，食品饮料产品的营养成分、功能性成分越来越受消费者关注，除低糖、低脂、低热量等成分创新产品外，具有特定功能的产品品类也在增加。彭博数据显示，预计2025年我国健康食品市场规模为11 408亿元，同比增长5.6%。人们的健康诉求将推动食品产业进一步升级，健康化将成为主流趋势，低糖、低脂肪、低热量是人们对健康食品提出的全新要求。在食品供给端，针对儿童、老年人、孕妇等特定人群开发的功能食品将会越来越多，而在需求端，越来越多的消费者将追求个性化、多元化的细分需求，健身、素食、纤体和美容等不同消费人群具有不同的消费需求，消费市场更趋细分。国内市场已经开始从"吃得饱"向"吃得好""吃得健康"转变，这一方面反映了我国人民生活水平的不断提高，另一方面也对食品生产企业提出了挑战。伴随着营养知识的进一步普及，乃至数据化的精准营养场景出现，相信中国消费者的食品需求将会更加多样。正如大食物观中"主食越来越不主，副食越来越不副"的观点，伴随着馒头、米饭等高能量密度食物需求的减少，企业如何生产出更优质的食品来填补这一能量缺口，必将是未来食品创新的一大课题。

基于上述需求分析，健身、素食、纤体和美容等多样化功能食品的开发将有助于生活水平的提高，开发代糖类产品能在维持消费者健康的同时，满足人们的精神需求。综上所述，应开展不同生理状态下特定人群代谢模式的研究，开发健康化、个性化、多食用场景的食品具有极大的市场潜力。

4. 食品异地供应品质调控

生产空间集中度提高，供需的空间不平衡矛盾进一步显现。当前，我国食品生产重心北移使得产地和销地距离进一步拉大，交通和物流体系压力增大，运输成本增加。我国是农业大国，国家统计局公布的数据显示，2020年我国粮食总产量达13 390亿斤，比2019年增加113亿斤，增长0.9%，产量已连续6年保持在1.3万亿斤以上。但在粮食储藏、运输和加工等产后环节，每年损失量达700亿斤以上，几乎与吉林省一年的粮食产量相当（杨平，2021a；杨平，2021b）。

开发新型物流保鲜技术有益于食物货架期的延长以及销售地食用品质的提升，同时降低运输过程中的损耗，挖掘食品异地销售"提质"潜力。应基于加工食品本身营养因子的物理化学性质及其抵御病菌侵染的独特机制，开发有效的保鲜技术，防止腐烂变质，减少经济损失。由于人民生活水平的提高以及异地交易量增加，同时，部分食品受产地和气候限制，加工区域集中，因此，食品地区和季节差价大，异地反季节的食品交易可获得明显经济效益。加大保鲜技术的开发力度，能有效维持及调控异地交易食品的品质，有益于人民健康。现阶段我国自主研发的保鲜纸转运箱平均能延长果蔬保鲜期3~5天，不仅可以实现九成熟果蔬上餐桌，还能通过纸材内部的加固设计，提升运输途中的防震抗撞性能，使运输损耗降低三成，销售半径扩大3倍，确保农产品到达消费端时仍然色、香、味、营养俱佳，大大提升了我国果蔬产品的竞争力。

（四）未来我国加工食物供需趋势预测

1. 新型可持续性食品原料需求逐渐增多

一是以人造食品为主的未来食品资源包括人造蛋白质、人造脂肪、人造肉和人造奶等，生产过程不需要动物参与，能极大程度地解决未来人们面临的食物短缺问题。以蛋白质为例，目前食物蛋白质来源主要分为微生物蛋白、细胞蛋白、昆虫蛋白和植物蛋白。2021年以来，植物基概念迅速兴起，伴随着对植物蛋白认知升级，在全球范围内以酶解技术和合成生物技术为代表开发的植物蛋白产品开始凸显其全球影响力。谷孚数据的报告显示，2021年全球替代蛋白领域投资事件近250件，总金额高达50亿美元。酶解等新技术带来了燕麦奶等新的蛋白质形式。酶解技术将燕麦中大量的淀粉和蛋白质通过酶分解为水溶性小分子，在将燕麦从固体转化为液体的同时，最大限度保留了燕麦的植物蛋白营养。根据燕麦奶产品开创者Oatly公布的预测数据显示，2020年全球植物基奶市场规模达169亿美元，预计2024年全球植物基市场价值将达到355亿美元。随着成本急剧下降，常见的豆类、坚果、谷物等成为替代蛋白产品配方中比较活跃的原料，例如，大豆经精密发酵可生产出大豆血红蛋白。在世界范围内，肉、蛋、奶正在经历全方位的"重塑"，替代蛋白正在成为整个食品行业的深刻命题，同时，通过生物改性技术等提高蛋白等功能因子的利用率，能在保障营养摄入的同时，降低资源消耗量。此外，加工副产物可用于开发饲料，通过提高饲料利用率，降低料肉比，有益于饲料用粮的高效利用。

二是高附加值、高生物利用度的营养活性物质，包括功能食品原料（如人参皂苷、胶原蛋白、黄酮类化合物）、无传统食用习惯的新食品原料（如透明质酸、拟微球藻）以及食品添加剂（如营养强化剂母乳低聚糖HMOs、天然色素花青素）等摆脱了植物生长的时间限制以及化工合成与提取等高能耗生产过程（赵越，2023），同时，还能够实现营养成分的精确调配，满足特定消费群体的健康需求，在一定程度上匹配消费者对饮食科学性和营养性的诉求。同时，合成生物技术的优势在于生产高附加值原料，如功能性原料、营养强化剂、天然色素等，适合较小批量生产，市场规模也在快速上升。这些可持续性的新型食品资源是我国加工食物的发展目标之一。

三是多角度利用我国不同土地资源（山林、沙漠等）的时空因素，全方位挖掘草本与木本粮油、沙漠高锁水纤维等加工食品，积极推动"因地制宜，因时制宜、因材加工的加工技术体系"研发，能够有效拓宽食品资源。

2. 绿色精准适度加工将成为食品加工的主要手段

随着我国科学技术水平的不断创新和发展，人们对绿色食品的需求日趋强烈，绿色加工技术呈现快速多元化、智能化发展，是未来食品加工的发展方向。传统食物存在着推崇"精而纯"的误区，导致食品加工企业为了迎合市场，过度加工现象较为突出。这种状况不但加剧了资源和能源消耗，加大了环境压力，而且造成了食品原料中天然有益伴随物损失严重，并伴生新的食品风险因子，不利于消费者身体健康。以食用油为例，油脂的过度加工，主要表现在精炼过程，如脱胶、脱酸、脱色及脱臭，其中，脱臭是造成营养素流失量和危害物形成量最多的工序。长时间的高温脱臭会将油脂中的营养素脱除，还会形成一些有害的物质。高度精制食用油的用量过多，已经成为中国城市居民饮食结构失衡的主要因素，也是导致慢性病高发的主要原因之一。"绿色精准适度加工食品"是在科学认识食品原料中各种物质的组成、变化规律和量效关系的基础上，在满足食品安全要求前提下，兼顾成品营养、口感、外观、出品率和成本，实施先进合理的加工所得的加工食品。该类食品可以最大限度地保留食物原材料中的有益伴随物，控制并减少危害物形成，提高食用品质和使用稳定性，同时，降低对原料资源和能源的消耗，降低对生态环境的压力。这类加工食品正逐步取代传统精纯过度加工产品，成为当代消费者健康可持续发展的首选。

3. 健康饮食功能性产品需求将大幅上涨

一方面，健康饮食成为居民就餐新风尚，"功能性粮食"需求大幅上涨。生活水平提升和节奏加快，导致居民饮食引发的健康和环境隐患加剧。随着生活水平提升，近年来我国居民对于禽畜肉类等动物制品的摄入量逼近甚至超过了"中国居民平衡膳食宝塔"的推荐水平，会增加引发高血压、心脏病和糖尿病等疾病的风险。随着、"三高"人群的逐渐增多以及糖尿病癌症、心脑血管病和阿尔茨海默病等发病率的上升，食品与健康的关系备受关注，特别是新冠疫情发生以后，"健康新平衡""减糖""零脂零糖"等概念逐渐成为食品消费的新趋势。截至2020年2月，获得我国国产保健食品滋补品批文的产品共有15 752件，主要集中在调节免疫、辅助降血糖、抗疲劳和补充维生素等方面；产品形态也从粉剂、胶囊类向液体饮料、棒类、糖果等更多形态过渡（如功能性软糖、功能饮料等）。

另一方面，低热量高饱腹感的食品产品开始在全球范围内加速创新。从天猫数据中可以看到，具备这一特点的品类在各个细分品类中均获得了更高速度的消费增长。低热量且富含功效成分正在成为零食产品的关键创新路径。在全球范围内，可以看到对于食品能量密度的优化成为众多食品企业的发展方向。亿滋国际连续3年的数据统计发现，很多消费者会用零食果腹而放弃正餐。报告中显示，2019—2021年，全球80%左右的受访者不再单独定义零食，其中64%的消费者会用零食替代正餐。从研发创新角度，零食正在向更注重营养的阶段迈进。层出不穷的食品原料成分（膳食纤维、茶氨酸、白芸豆提取物、γ-氨基丁酸、胶原蛋白和玻尿酸等）为食品企业提供更多的选择和可能，在更合理的热量摄入范围内，提供更多的营养，同时搭配合理的能量构成。基于这样的诉求，低热量食品、健康食品、功能食品层出不穷，在能量密度和美味体验之间不断平衡，孕育了大量新产品。代糖也在持续地发展演进当中，D-阿洛酮糖（简称阿洛酮糖）是一种颇受关注的下一代代糖原料，2014年被美国食品药品监督管理局（FDA）列为一般安全品，允许其在食品、膳食补充剂以及医药制剂中添加。阿洛酮糖被人体摄入后，产生的热量较低，仅为同等质量蔗糖的0.3%，而甜度与蔗糖相近，为蔗糖的70%，因而被美国食品导航网评为最具潜力的蔗糖替代品。在美国使用阿洛酮糖不必缴纳"糖税"，2019年美国FDA许可使用阿洛酮糖的食品标注为"不含糖"，这也进一步促进了阿洛酮糖的推广。2021年8月，国家卫生健康委受理了D-阿洛酮糖作为新食品原料的申请。各类代糖与蔗糖在功能、食用场景方面高度重合，形成了激烈的原料竞争，由于阿洛酮糖具备很好的口味与口感，因而受到食品饮料企业的关注。2022年4月，三元生物公告将投资建设年产2万吨阿洛酮糖的项目。

4. 开发新型物流保鲜减损方法保证食品异地销售

道地食品通过电商外销带动消费量迅速增长，食物流通和消费格局将受到重大影响。生产空间集中度提高，供需的空间不平衡的矛盾进一步显现。当前，我国食品生产重心北移使得产地和销地距离进一步拉大。不同保鲜装备的开发保证了外销产品的品质，以物理场保鲜技术为例，物理场保鲜能耗基本为零增长，但能延长货架期15%以上，目前相关产品已在长江三角洲地区进行产业化示范应用。超高压食品加工技术在确保小分子结构物质不受破坏的情况下，采取物理加压的原理，在更低的温度下能达到更佳的灭菌效果。该技术能够杀菌并抑制酶的活力，从而延长食品保藏期，这些优点使超高压技术成为一种理想的食品杀菌方法。通过采取新型物流保鲜减损策略，能够有效减少道地食材外销过程中的损耗，带动区域经济增长，消除产地与销售地供需不平衡的问题，同时也满足了消费区域人群的饮食健康需求。

三、中国科技支撑食品加工的潜力和趋势

（一）中国科技创新支撑食品加工的情况

1. 合成生物学的应用

利用合成生物学技术，创造性地构建适合食品工业应用的细胞工厂，将可再生原料转化为重要的食品原料以及功能性食品添加剂等是解决大食物观中新型可持续食品原料供应的重要途径。目前合成生物学技术主要用于生产人造食品，我国的相关研究已接近

国际先进水平，并在国际竞争中处于"并跑"地位，在某些方面甚至处于"领跑"地位。人造食品的总体技术路线是在传统食品生产技术的基础上，构建细胞工厂底盘生物，以替代奶、肉、糖、油、蛋等传统食品，缓解农业压力，满足日益增长的食品需求。现阶段人造食品主要集中在植物蛋白肉和植物天然营养素方面。以替代蛋白（如植物蛋白、藻类蛋白、微生物蛋白）等为代表的新型食品原料，以及植物基食品、细胞培养食品等在国际范围内受到追捧。植物蛋白肉生产的关键技术路线主要集中在以下方面：获得应用性能理想的酶；构建安全易用的生产底盘生物；提高目标酶的基因与底盘细胞的适配性，从而提高目标酶的表达水平；开发高效的生物过程控制技术，在系统分析酶分子合成与代谢通路的基础上，结合诱导条件和流加策略，实现菌体生产与目标酶合成的平衡。植物天然营养素的生物制造包括基因挖掘、细胞改造和发酵提取3个方面，具体内容：通过基因组学、转录组学和代谢组学等组学技术分析原生植物，挖掘植物天然营养素的关键基因和代谢途径；通过关键基因异源表达、前体供给强化和辅因子再生强化等细胞改造技术，建立目标产物合成途径并且实现目标产物高效合成；通过发酵过程优化为植物天然提取物生产菌株提供合适的营养和环境条件，提升目标产物合成效率，并且进一步对产物进行分离提取，获得大量目标产物。

细胞工厂高密度发酵是我国生物产业的支柱之一，近年来发展迅速，将合成生物学技术用于食品生产菌株的改造，挖掘功能性的抗逆性元件，在保障菌株性能的基础上，将设计构建后的抗逆性可调控智能元件装配到底盘微生物中，从而可编程调控工业菌株的抗胁迫性能。通过底盘生物结构元件的构建，一方面增加菌株的耐酸碱胁迫性能，显著降低中和剂的用量，同时提高最终产量，对提高食品发酵工程的绿色指数、促进食品发酵工业健康发展具有非常重要的意义。高细胞密度发酵技术可用于活细胞（即所需产物）的培养，如通过改善培养环境和调控方式进行乳酸菌的高密度发酵，应用于乳品行业。另外，高细胞密度发酵还可应用于酵母菌生产酒精（乙醇）以及螺旋藻细胞生产螺旋藻等（黄莉娟，2012）。

2. 绿色精准适度加工技术的应用

机械加工、生物改性、材料科学、电磁调控和智能包装等核心技术和装备的创新成为食品制造业的热点。我国食品工业品质和安全标准的不断提升，对食品装备在自动化、智能化、安全性等方面提出了更高的要求。以大数据、物联网、云计算和智能控制等为主要核心的智能装备与制造系统在食品产业中的渗透与应用不断颠覆传统食品产业模式，引导健康食品制造、食品贮运等迈向绿色智能化（杨平，2021b）。"绿色精准适度加工技术"是一种在传统加工工艺基础上，结合机械控制、生物加工和材料科学等高新技术进行生产加工的一系列现代化技术，可以提高生产效率，节能降耗。该技术以合理利用资源、降低生产成本、减少加工对环境造成的污染为目的，逐渐被应用于食品加工的各个领域。绿色加工技术通常指机械加工中低能耗、低水耗的加工技术。目前，绿色加工技术已被应用到包括食品加工的各个领域。

在粮食初加工方面，传统稻米加工行业长期存在高增碎、高能耗和高米温的"三高"痼疾。柔性智能碾米装备的研发一举颠覆了传统的碾米工艺，降碎幅度为70%左右，可节省能耗70%左右，可降低碾米升温70%左右。通过减碎增产，增加8%以上的成品大米，可提高企业经济效益50%以上，同时也提高了大米的品质，对节粮减损、保障粮食安全起到有力的科技支撑作用。目前，柔性智能碾米装备已规模化推广应用（杨平，2021b）。在食用油精深加工方面，基于我国突出的食用油过度加工现象，绿色精准适度加工工艺能够在探明加工过程营养成分和危害物迁移变化规律的基础上，坚持精选原料、精准识别、精细制油、精炼适度"四精原则"加工方式，可保证原料原有的维生素E、植物甾醇等有益营养成分保留率达80%以上，同时还能控制反式脂肪酸生成，进而达到"零反式脂肪酸"的标准。这项工艺的先进性还不止如此。由于对工艺全程进行严格管控，在加工过程中可降低69%的蒸汽消耗、78%的废水排放以及30%的碳排放，有效节能减排，是食用油产业转方式、调结构、促发展的重要手段。在果蔬加工领域，膜分离技术已逐渐在果蔬汁澄清处理过程中应用。膜分离技术是一种利用渗透原理对食品处理的新型加工技术，现阶段，电渗析、微滤等都属于较为普遍的膜分离技术。该技术可用于除去果蔬汁中的果胶、可溶性纤维素等高分子化合物，保留矿物质、维生素等小分子化合物（杨博，2023）。

3. 功能性产品精深加工关键技术的应用

当前我国营养健康食品休闲化、精准化和个性化，普通食品功能化、营养化和高端化的趋势逐渐显现。随着我国食品产业科技研究发展计划项目的支持力度不断增强，校企产学研联合大力开展营养与健康科学研究及关键技术研发，开发了一批绿色、安全、营养、美味的新产品，为健康中国战略实施提供了重要科技支撑（杨平，2021b）。在以农副产品为主要原料的食品制造业中，现代营养、生物、卫生、电子、机械、程控和材料等科学领域中的高新技术将被广泛应用，从而提升产品质量、改善产品风味、保证营养与卫生安全（曹小红，2011）。

膳食补充和功能性食品中，蛋白质、功能性脂质、功能性碳水化合物类、天然产物、营养强化剂、益生菌及酵素等种类的产品占比较高。营养与健康食品的开发更加注重市场细分，如体重管理和运动营养类的保健品占比约为6%，其中运动营养类保健品增长速度较快，从2017年0.1%增长到2019年1%；另外，结合产品策略，精准干预慢性病、精准对接术后患者的营养、提升患者生命品质成为食品精准营养发展的重要方向。在当前国内科学技术发展日趋成熟的大背景下，新型功能食品加工技术将更加专业，更具有针对性，这不但保证了食品安全，而且有效保证了食品营养。食品3D打印是一种将三维模型、机电控制、食品科学等诸多跨学科知识融于一体而形成的新型高科技应用技术（杨博，2023；童强等，2023）。针对不同的个体或人群，食品3D打印技术不仅可以实现对营养的精准控制，还可以实现个性化定制。目前常用于食品3D打印的食品材料主要有蛋白质、淀粉、水凝胶和脂肪等（童强等，2023）。

4. 物流保鲜减损关键技术的应用

食品易腐败变质从而带来损耗问题，贮藏保鲜技术的应用可有效延长其货架期，提高贮藏品质。我国加工食品总产量逐年递增，已成为全球第一大国，为实现由农业大国向农业强国的转变，供应链绿色保鲜技术的发展与应用是其关键点之一。食品供应链范围从生产、采购，到加工、仓储和物流，再到对终端消费者的零售等，"从田间到餐桌"，由上下游企业构成的一整条产业链。食品贮运过程中先进的包装、贮藏保鲜技术和装备的创新成为食品物流保鲜减损行业的热点（郜海燕等，2022）。

通常保鲜技术可分为物理、化学和生物保鲜三大类，其中，化学保鲜剂因效果明显、成本较低而被广泛应用，但存在易残留的缺点，要求在允许使用剂量范围内使用。物理保鲜和生物保鲜技术具有相对绿色、环保的优点，其在农产品中的应用正在迅速增加。多物理场保鲜装备的开发保证了产品外销过程中品质的维持，与目前的物流贮运技术及装备相比，能耗基本零增长，但能延长农产品货架期25%以上。多物理场保鲜装备生产企业已与相关物流公司合作，在冷库构建、冷链物流车改造等方面进行了产业化示范应用。活性包装是指包装材料中含有抑菌剂、抗氧化剂和水分吸附剂等活性物质，在保护食材的基础上，还具有抑制微生物生长或酶促反应等功能，从而有效延长包装食品货架期。智能包装是目前兴起的一种新型包装技术，带动了食品包装技术的革新，有助于满足消费者对高品质产品的需求。智能包装能够自动监测、传感、记录和溯源食品供应链物流过程中所经历的内外环境的变化或包装物特性的变化（郜海燕等，2022）。

（二）中国食品加工科技创新面临的问题与挑战

随着科学技术的发展，食品加工学所涉及的加工对象越来越复杂，所探讨的科学问题也越来越深入，出现了一系列的新问题和新领域，形成了新的学科生长点和科学前沿。这些变化既为食品加工学提供了发展的机遇，也使其面临巨大的挑战（高瑞昌等，2013）。

1. 合成生物学核心技术的发展仍然滞后

我国从顶层设计上明确了合成生物学的重要战略地位，并逐步加强了该领域的国家宏观战略谋划，但合成生物学领域的长期或短期技术发展路线整体规划、技术发展实施路径、生物伦理监管体系构建等仍处于空白地带。目前，合成生物学领域的专项政策规划并未出台，如何实现从基础研究到技术创新，从工程平台建设到产品开发与产业转化等多层次、分阶段的发展方式和发展路径仍不明确。2015年以来，我国在合成生物学领域研究发文量跃居全球第二，但论文篇均影响力低于世界平均水平，在发表论文数量最多的15个国家中，中国论文的篇均引用数居第十一位。其主要原因在于我国合成生物学领域论文的整体质量还不够高，且研究发文多集中在应用领域，在基础研究、技术方法原始创新、基因编辑技术、生物信息大数据、分子设计育种等前沿和核心技术领域的创新能力与欧美发达国家相比仍有较大差距；同时，虽然国内研究机构的应用研究成果凸显，但创新成果的产业化应用实践较少，科企融合度较低，对产业的推动力量较弱，产业主体规模和自主创新能力均较弱，在食品加工领域产品开发较少。

2. 大食物资源的综合利用率不高，食品精准适度加工技术薄弱

我国食品工业绿色制造综合利用亟待加强，食品加工增值和资源利用不足。全产业的绿色生产规模化、精细化和集约化尚未形成，生产能耗高，绿色制造技术普遍缺乏。干制食品平均每吨产量耗电量是发达国家的2~3倍，速冻食品平均吨产量耗能比国际水平高30%以上，每吨糖的耗水量是发达国家的2~3倍；适度加工和柔性制造程度不

高，导致初级农产品营养和能源的双重损耗；生鲜食品贮运冷链流通率仅8%，造成约20%的果蔬、8%的肉类、11%的水产品和8%的粮食损耗。种植养殖方式粗放、品种退化和质量偏低限制了食品原料的有效供给，残次果与加工副产物综合利用不足。粮油、水果、豆类、肉蛋、水产品等深加工率仅有30%左右，低于发达国家70%以上的水平；玉米淀粉行业原料利用率仅为95%，低于国际先进水平约4个百分点。实现对食品原料的"吃干榨尽"，是我国食品工业提质增量的重要方向。

3. 面向多元需求的营养与健康食品开发不足

随着中国特色社会主义进入新时代，城乡居民对膳食美味、营养与健康的需求成为我国食品加工业的主题，食品加工日益呈现营养化、功能化、风味化、休闲化、高档化、多样化和个性化的发展趋势。随着精准营养与个性化调控逐渐融入产品开发，未来食品也将更安全、更营养、更方便、更美味、更可持续。然而，我国在食品营养与健康核心技术领域的前沿研究深度依然不够，特别是在用现代生物学、医学、营养学的基本理论阐述、界定及干预亚健康状态，从分子营养学水平上研究功能食品作用机理等方面存在不足（杨平，2021b）。同时，传统中医药理论是我国历经数千年历史遗留下来的瑰宝，但食药两用物质的使用经验并没有被大众很好地接受与利用。精准医学彻底改变了制药行业，由个体差异和遗传学特征决定的疗法能带来更好的疗效，此原则同样适用于饮食，也许在未来的某一天，人人都能享受到与其独特生物学特征相匹配的定制膳食，但目前针对中国人群营养代谢特征的研究较少，种族、地域性人群营养需求分析缺乏理论支持。

4. 绿色化、智能化、数字化和信息化食品的加工制造工艺与装备仍有巨大提升空间

具有自主知识产权的数字化、智能化和成套化核心装备与集成技术较少，在食品装备智能控制系统及相关工业应用软件、故障诊断软件和工具、传感和通信系统方面研发较少，无法实现食品的柔性化、智能化和集成化制造（李亚先等，2016）。协同创新能力薄弱，食品加工产业整体协同发展的创新机制和体系尚未建成。目前我国全球食品加工领域领跑技术比例仅占5%，缺乏交叉学科和成果应用平台，学科融合能力薄弱，在推进互联网/大数据/人工智能等信息技术、生物技术、绿色低碳技术与食品装备开发等研究领域融合方面有较大的不足。目前，我国相关科技成果46%处于实验室研究阶段，40%处于中试阶段，产业化阶段的成果仅为14%，成果转化应用比例低，与发达国家80%的水平差距较大；食品制造规模以上企业数量占比不足10%，为数众多的中小企业生产集中度低，产品低值化、同质化倾向较严重；食品工业与农业产值比仅为1.2∶1，相比发达国家（如日本的产值比为11.7∶1）存在较大差距。

（三）近年来中国科技支撑食品加工科技的布局

1. 新型食品原料领域

2022年全国两会期间，习近平总书记在看望参加政协会议的农业界、社会福利和社会保障界委员时指出："要在保护好生态环境的前提下，从耕地资源向整个国土资源拓展，宜粮则粮、宜经则经、宜牧则牧、宜渔则渔、宜林则林，形成同市场需求相适

应、同资源环境承载力相匹配的现代农业生产结构和区域布局。要向森林要食物，向江河湖海要食物，向设施农业要食物，同时要从传统农作物和畜禽资源向更丰富的生物资源拓展，发展生物科技、生物产业，向植物动物微生物要热量、要蛋白。"这为扩大食物来源指明了方向（王帅和杜睿珂，2023）。

2. 绿色生物制造领域

"十三五"期间，科技部按照《国家中长期科学和技术发展规划纲要（2006—2020年）》总体要求，以创新驱动发展战略为核心，紧紧围绕食品产业新型加工与绿色制造，粮食收储运技术装备，现代食品物流的信息化、智能化与低碳化研发，全产业链品质质量过程控制开发，中华传统与民族特色食品工业化与成品化，以及工程化食品加工技术装备创制等关键问题与重大科技需求，按照全链条布局、一体化实施的总体思路，凝练和明确了食品产业发展重大科技问题，分解成为应用基础研究、核心技术与装备创制、典型应用示范三大板块，实现了食品加工领域的全覆盖（杨平，2021b）。依靠科技创新，实现新知识支撑、新工艺创建、新技术突破、新装备保障、新产品创制和新格局形成，显著提高了科技创新与自主研发能力，为食品产业可持续发展提供了有力的科技支撑。

中国轻工业联合会在《食品工业技术进步"十四五"发展指导意见》中提出，"十四五"期间，食品工业要围绕农产品深加工技术、食品加工工艺品质调控技术、特殊膳食营养创制关键技术、食品柔性智能制造技术、新食品制造3D打印技术、全产业链质量安全控制技术等，推动行业向营养、健康、味美、安全和便捷的方向发展。到2025年，我国食品科技自主创新能力和产业支撑能力显著提高，创新体系更加完善，取得一批国际公认的创新成果，原始创新能力进入国际先进水平。食品绿色制造、安全主动保障领域科技水平进入世界前列，食品工业与农业产值比提高到2∶1以上，供给水平进一步提高，创新驱动我国由食品制造大国向食品制造强国的转变。

3. 合成生物学领域

合成生物学应用的广泛前景和巨大潜力，触及了全球各国政府机构战略投资的敏感神经，各国都在加大在该领域支持投入力度，抢先占据合成生物学研究和发展的先机。2020年两会，孙宝国院士提出了"关于加快细胞培养肉发展战略部署"的提案，建议加快建立和完善细胞培养肉产业监管体系和法律法规。2021年12月《农业农村部关于印发〈"十四五"全国农业农村科技发展规划〉的通知》中，也明确提到了细胞培养肉、合成蛋奶油等，并将该类别列为国家下一个五年积极参与的领域。2022年国家发展改革委印发《"十四五"生物经济发展规划》，将生物经济作为今后一段时期中国科技经济战略的重要内容，并明确提出"发展合成生物学技术、探索研发人造蛋白等新兴食品，实现食品工业化迭代升级，降低传统养殖业带来的环境资源压力"（赵彤，2023）；同年，国家卫生健康委开放"其他转基因食品添加剂的申报和审批工作"通道，受理其行政许可申请。合成生物学技术的迅猛发展使得诸多领域得以快速发展，其在传统食品行业有重要的应用价值。随着全球环境污染加剧、气候持续变化、人口不断增长、人均耕地面积日益减少和水资源逐渐短缺等问题的出现，传统的食品生产模式和供给模式已经不能满足对食品安全性和利用率的需求。合成生物学这一新兴学科的兴起为食品行业的发展注入了新的推动力，提供了新的解决思路。

（四）食品加工产业科技支撑的潜力分析

当前，全球食品产业正发生深刻变化，技术不断突破，装备更新换代频度加快。面对贸易保护主义抬头、国际产业链加速重构等严峻复杂的国际形势，食品工业迫切需要统筹规划整体布局，提升原创驱动力，发挥"产学研用"科技创新体系的作用，协同技术攻关，有效支撑食品工业迈向更高台阶。

1. 开发新型可持续性食品原料的科技支撑潜力分析

开发新型可持续性食品原料的主要目的是解决食物供给和质量、食品安全和营养、饮食方式和精神享受等问题（程国强，2022）。作为一项高技术产业，其发展趋势是食品技术、生物技术和信息技术的高度融合。从科学发展的角度来看，以合成生物学、物联网、人工智能、增材制造、纳米技术等为技术基础，新型食品原料将会更安全、更营养、更美味、更可持续。

（1）低能耗、可持续性

不同于养殖业，新型食品原料可以通过食品和生物技术的结合，以工业化车间生产模式制造肉、蛋、奶、油等食品，使食品生产模式更为高效、绿色、可持续。与传统畜禽养殖获取动物蛋白方式不同，未来食品利用植物、微生物等获取蛋白质，产生温室气体少，占用耕地面积小，在资源消耗和环境影响等方面更加高效环保。

（2）营养均衡

合理的饮食结构对人的健康至关重要，不良膳食可能导致健康问题。医学研究表明，食物结构中加入一定的植物蛋白替代动物蛋白，有益身体健康。以植物基未来食品为例，其在降低饱和脂肪酸和胆固醇摄入、提供优质蛋白等营养功能方面，与传统素食食品相比存在显著区别，其形态、风味、口感都更接近传统肉制品。市场上的燕麦奶、巴旦木奶等产品，则是典型的植物基乳制品，具有低热量、低脂肪和高膳食纤维的特点。

2. 绿色精准适度加工技术的科技支撑潜力分析

当前，全球食品产业正发生深刻变化，技术不断突破、装备更新换代频度加快。我国在绿色精准适度加工技术开发方面需要提升原创驱动力，发挥"产学研用"科技创新体系作用，协同技术攻关，有效支撑食品工业迈向更高的台阶。

（1）加快学科交叉，智能制造升级

推进具有自主知识产权的数字化、智能化和成套化核心装备与集成技术开发，提升我国现代食品装备制造业的原创能力。重点开发食品装备智能控制系统及相关工业应用软件、故障诊断软件和工具、传感和通信系统，实现食品的柔性化、智能化和集成化制造。推进互联网/大数据/人工智能等信息技术、生物技术、绿色低碳技术与食品装备开发的深度融合，推动行业技术改造和流程再造，建设食品加工智慧工厂。

（2）发展绿色产业，实现持续升级

推进绿色制造、低碳循环、集约生产方式，解决资源高效利用、提质减损、节能减排深层次问题，构建高效、清洁、低碳、循环的绿色制造体系。通过采用高效分离、超微粉碎、非热加工、组合干燥等现代食品加工低碳制造技术，促进传统企业生产流程再造，形成少废、无废的生态工艺，实现原料充分利用。逐步提升高效低碳制冷新技术、绿色防腐保鲜新方法、环境友好包装新材料、智能化信息处理技术与实时监控技术装备对食品物流保质减损的贡献率。

3. 营养化、个性化、高值化功能食品创制的科技支撑潜力分析

重点研究我国不同地域人群的结构性膳食模式，建立膳食营养素需要量数据库、食物基础营养素及功能活性物质数据库、食物消费信息数据库、公众营养健康数据库及科学证据数据库。阐明食物营养成分、功能因子对人体肠道微生态和靶基因表达的影响，阐明食品成分、功能因子之间的协同作用及其健康效应；研究传统膳食、营养与健康之间的相互关系；利用膳食因子对肠道微生态及肠道代谢环节的干预及重塑，寻找通过调节膳食以改善机体健康状态的途径；基于大数据及循证依据，建立一套科学系统的食物营养品质评价方法与标准体系。

现代生活使不同年龄段人群面临身体抵抗力下降、身体各项机能提前衰老等种种健康问题，中国人越来越关心自己身体健康状况越来越警惕。《Z世代营养消费趋势报告2022》显示，18~35岁的年轻人是养生消费的主力军，在养生消费人群中占比高达83.7%。与中老年人相比，年轻人更偏爱轻松的养生方式，喜欢没有"吃药"体感的养生产品。与此同时，传统的保健食品由于药态（以胶囊、片剂等药态剂型为主，吃药体感明显，难以坚持）及功能（偏向满足中老年人的需求，存在功能同质化问题）等局限难以满足年轻消费者的养生需求，在这种供需矛盾的催化下，"细分化""零食化"的功能性食品迎来发展机遇。

（1）针对特色人群，攻克核心技术

探索中国人群特征营养代谢模式，重点开展食品营养健康基础研究，针对中国人膳食需求和健康调控机理，研究食品与代谢综合征预防及干预基础、食品与肠道微生态关系；研究食品物性科学基础以及解析组分相互作用机制，采用信息技术建立数字化信息资源库，为食品加工制造提供基础支撑；系统研究食品加工和储藏过程中营养组分和小分子功能成分的结构变化对最终食品质构、安全、营养、风味等品质的影响过程及规律。突破高效分离、靶向萃取、分子修饰、质构重组、超微粉碎、组合干燥、快速钝酶、膜分离、冷杀菌及超低温速冻、生物工程、绿色制造和综合利用等现代食品制造共性关键技术，加速代谢调控的细胞工厂技术、新微生物资源、食品生物制造过程优化控制技术等在食品生产中的示范引领作用。

（2）立足传统文化，挖掘科学内涵

挖掘传统中医药理论下饮食结构的科学内涵，研究生物钟等时空因素对营养吸收代谢的影响，大力推进产品结构调整。研究食品营养品质靶向设计技术、特殊膳食设计与制造技术、功能食品设计与制造技术等前沿技术，系统化保障国民均衡营养，实现营养膳食的"量身定制"；发展老年食品、特殊食品、功能性食品，实现精准营养供给及智

能健康管理;加快发展天然提取的食品添加剂、益生元、益生菌系列产品,加快开发低脂、低钠、高膳食纤维的焙烤食品和肉制品,推动方便食品向减盐与风味平衡方向发展的营养转型,深度开发中国传统民族特色食品;深入开展食品领域多活性物质构成方面的研究,通过发酵过程的工艺创新,实现相关产品健康因子的丰富化、可控化。

4. 食物全链条减损科技支撑潜力分析

据不完全统计,我国食物全产业链损耗约为20%,主粮、蔬菜和水果的全产业链损耗率分别为7.9%、27.7%和13.2%。食物的自然损耗主要发生在产后阶段,贯穿加工、贮藏、运输、销售等各环节,诱因是失去修复功能后食品发生的复杂生理代谢过程。基于学科交叉的前沿技术可针对产后损耗实施全过程干预,有效降低代谢致损,实现减损增量已成为科技支撑我国在极端情况下坚持大食物观的重要研究方向。

(1)"治未病"式减损策略

抑制食物腐烂变质,延长食物保鲜期是降低食物产后损耗率的主要策略之一。通过调控蛋白质稳态,加强蛋白质质量控制系统,纠正或降解目标蛋白(相关致病、致腐蛋白)是一种"治未病"式精准减损策略。在真核细胞中,目标蛋白主要通过泛素—蛋白酶体系统或溶酶体系统清除。例如,基于药物化学合成蛋白水解靶向嵌合体(Proteolysis-Targeting Chimeras,PROTACs)、分子胶(Molecular Glue)降解剂可诱导E3泛素连接酶底物受体与目标靶蛋白之间相互作用,从而将泛素分子标记在目标蛋白上,之后,蛋白酶体靶向精准降解被标记的目标蛋白,据此抑制相关致腐现象,延长保鲜期。

(2)"类疫苗"式减损策略

细胞自噬是基于溶酶体系统的蛋白质降解途径,通常在应对应激和病原菌侵染等环境压力时,会帮助维持细胞内环境的稳定。因此,激活细胞自噬有望诱导食品抗性相关基因的表达,是一种"类疫苗"式防控技术。以果蔬等农产品为例,利用外源性小分子活性物质(如NO、ROS等)可调控细胞自噬,从而诱导植物自身获得系统性抗病能力。鉴于食品在产后贮藏、运输、销售等环节,自然可见光照为低能耗、绿色的环境功能因子,则基于材料科学合成光敏剂,诱导其在可见光照环境下释放NO、ROS等活性成分,从而引发细胞自噬降解受损蛋白,增强食品的抗胁迫能力,这是一种环境自适应的低碳、简易、高效减损策略。

(3)"辐射制冷"式减损策略

低温是最高效便捷的食品保鲜方式之一,传统的冷链系统会消耗大量能量,加剧温室效应,另外,在特殊环境下,可能会面临冷链系统崩溃,因此,实现自发降温冷却具有重要意义。被动辐射冷却(Passive Daytime Radiative Cooling,PDRC)技术可以反射大部分太阳光(波长0.3~2.5微米),还可以通过大气的长波红外透射窗(8~13微米)将热量辐射到外部空间并造成表面自发冷却,是一种"辐射制冷"式保鲜策略。其独特之处在于物体的热量通过大气透明窗口散发到外层空间,而不消耗能量。基于仿生材料学,利用分子键合设计和可扩展的偶联剂辅助浸渍镀膜方法进行丝绸纳米加工,制备聚合物纳米纤维薄膜,实现选择性的中红外辐射发射和有效的阳光反射(超过90%)功能,具有出色的全天辐射冷却性能,有望提供环境自适应冷却保鲜减损。

(4) "适者生存"式减损策略

病原菌侵染宿主导致的腐烂是造成食品损耗的主要因素之一，通过内生菌群生态竞争性抑制有害病原菌的繁殖，可提高食品的抗病性，是一种"适者生存"式减损策略。内生菌群是食品组织内部的腐生、寄生和共生真菌及细菌等微生物，是食品微生态系统的重要组成部分。通过合成生物学技术，改变内生菌代谢通路，增强内生菌群胞外多糖的分泌特性，增加宿主代谢消耗的能量来源，从而抵抗病原菌的侵袭；或利用基因编辑技术培育富含拮抗内生菌群的食品品种，增强内生菌群对宿主营养物质的摄取能力，从而阻止病原菌利用宿主能量和养分进行生长，据此抑制病原菌生长，实现保鲜减损。

(5) "量子休眠"式保鲜策略

在食品产后贮藏、运输、销售等环节联合矢量物理场技术，利用量子能量波的高频共振及电子自旋极化等功能，修复食品紊乱的磁场，改善微循环和呼吸系统电子传递，调控食品的呼吸生理代谢活性，从而抑制食品老化激素的分泌，是一种"量子休眠"式保鲜策略。结合物理场效应深层调节细胞内外分子感应取向程度，以及物理场微弱离子电流对食品微观细胞结构的改变，使食品功能因子充分溶出，有效富集营养成分，从而实现食品产后的增效保鲜。

(6) 宏观施策减少人为致损

食物全链条减损必须坚持政策与科学双轨并行的总体思路，充分发掘减损潜力。充分发挥全国一盘棋的制度优势，因地制宜优化主要食物的生产布局，缩短食物的产销链条；推动低温冷藏贮运产业发展，降低食品流通损耗；严格落实食物消费双方的主体责任，杜绝食物浪费。通过全链条政策的实施减少人为食物致损。

(五) 食品加工产业科技支撑的未来趋势预测

1. 开发新型可持续性食品原料的未来趋势分析

过去食物的生产来源主要是耕地，由于经济发展和城镇化对土地的需求增加，保证现有的耕地面积不减少的困难很大。为了满足人们对营养健康和多样化食物的需求，食物生产不能只盯着有限的耕地，要大力发展设施农业，突破耕地资源的限制；要从利用耕地资源生产食物向全方位、多途径的食物生产方式拓展，要从传统农作物和畜禽资源向更丰富的生物资源拓展，要注重利用以合成生物学为主的前沿技术来生产加工更营养健康、更安全美味、更高效可持续的新型食品原料。未来食品原料也将逐步从"供给导向型"向"需求导向型"转变，以食物消费需求来调整食物生产供给，这就要求食物生产和消费更加多样化，并注重以膳食多元化指导生产多元化。

加快食品新资源的发掘和产业化应用。从地方传统食品、少数民族食品、药膳、药食同源资源、南药及藏药等资源中发掘具有传统性和传承性内涵的新食品原料，挖掘对丰富食物链营养资源贡献较大的结构脂、谷物胚芽、糊粉层、薯类蛋白、油料饼粕、功能性低聚糖、新型多酚及黄酮类物质等新食品原料，从国外长期食用和批准使用的原料中挖掘适用于我国居民健康的新食品原料。推进利用合成生物学技术，制备具有特定结构和功能的结构脂、低聚糖、蛋白肽等食源性原料或配料，丰富原料品种、功能或功效。创建可食品工业化的人工细胞，将可再生原料转化为重要食品组分、功能性食品添加剂和营养化学品，解决食品原料和生产方式过程中存在的不可持续的问题。在解决全球食物供给及其质量、食品安全和营养等问题的基础上，开发以植物基食物为代表的"更安全、更营养、更方便、更美味、更持续"的未来食品，实现人民对美好生活的向往。基于食物营养、人体健康、食品制造方面的大数据，开发功能特性明确、消费者接受程度更高的营养与健康食品，靶向生产精准营养与个性化食品。开发营养素靶向精准递送技术，提高生物利用度。通过使用3D打印等新型技术，改变结构设计，找到低糖且增加甜度感知的方式，如蔗糖的不均匀分布等添加剂结构的改变增加甜味感觉。

2. 绿色精准适度加工技术科技支撑的未来趋势分析

加强科技创新平台建设，创新行业协（学）会组织、科研院所参与、企业团体协助的产学研协的合作新模式。建设综合集成学科交叉融合的食品领域研究中心，形成有梯度、多目标、跨学科的科技创新体系。加速实施食品制造体系绿色升级改造。推动绿色工厂、绿色园区建设，突破分离萃取、新型杀菌、节能干燥、适度加工和低碳制造等关键技术。打破国外技术垄断，有效提升重大装备自主化水平。推进柔性加工生产线建设，提升关键工序数控化率，促进装备升级换代。加快研发解决农产品加工关键环节和瓶颈的先进加工技术，提升农产品加工层次水平。充分发挥电商平台的优势，挖掘平台上积累的各类数据，以进一步应用到农业生产领域，催生新的农业生产模式，进一步增强农业产业链韧性，提升产业链价值。应用现代食品加工新技术，实现高价值食品原料和加工副产物资源的梯度增值利用和开发，系统开展粮油、果蔬食品、乳、肉、蛋等食品的高值化和营养化加工关键技术及特色资源高效开发利用研究。研究开发产品质量可控、环境友好的清洁生产工艺。分析环境因素在加工过程中对营养素及生物有效性的影响。

3. 营养化、个性化、高值化功能食品创制科技支撑的未来趋势分析

围绕食品营养健康、绿色制造、高效利用的战略需求，根据不同年龄与健康状况人群的生理状态、代谢特征和营养需求等差异，重点突破全生命周期营养健康食品的精准化功能及配方设计；系统地解析脂肪、蛋白质、多糖等食品组分对营养和健康的影响，包括与慢性病发生发展的关系和机理；挖掘大宗食品资源的新型营养与功能；掌握食品成分对功能因子活性的影响及其在食品加工中的动态稳定监控技术；构建食品功能因子的高效载运体系；结合食物营养成分与个体健康等大数据，运用适当的机器学习算法，建立适用不同人群和个体的食品精准营养设计智能化模型，实现更加精准、有效、安全的营养支持。利用人工智能、大数据、云计算、区块链等新一代信息技术，结合生命科学研究，发展营养健康大数据产业，为个体提供个性化营养检验检测、合理膳食建议、营养食品组件及定制化配方食品等，并结合健康营养心理学评测提供综合健康管理服务。

通过研究食品营养健康、食品物性科学基础、组分相互作用机理，提升食品加工制造的原始创新能力。围绕食品加工制造单元高新技术系统开发、颠覆性技术和产业化集成技术，加快共性关键技术产业化。推进互联网/大数据/人工智能等信息技术、生物技

术、绿色低碳技术与食品制造深度融合，形成有利国人营养健康和膳食模式的食品基础理论和未来食品加工制造体系。通过营养膳食理念科学培训及相关政策，提升人民健康理念，促进膳食模式的健康转变，提高常态条件下人民生活的健康维持能力，促进生活质量的提高。

4. 食物全链条减损科技支撑的未来趋势分析

伴随农产品品牌建设，产地区域集中化以及电商平台精细消费的优势使得生产端更加专业化和特色化同时，消费端更加社区化和便捷化。道地食品外销最关键一环就是把物流加工做强，实现农业产业链提质增效。开发全链条减损技术、工艺，降低采后贮运、加工过程中营养因子的损耗，推进农产品物流业优化升级。基因组、转录组、蛋白组和代谢组等食品组学将成为引领供应链绿色保鲜研究的必要工具。基于合成生物学、基因编辑、细胞工程和生物反应工程等学科的新兴食品生物技术将成为重要技术手段。利用基因编辑、大数据、物联网、区块链、工业机器人、智能传感器和虚拟现实等技术与食品科学的交叉融合，使未来农产品产业呈现绿色、高效、智慧、精准和多元的新业态。加强技术、知识、健康需求和物流等信息共享，精准对接供给和需求。推进食品加工智能工厂、食品绿色智能供应链等智能生产系统技术集成应用示范，建立电子商务、物流与车辆联网的物流模式，建设互联网物流园区。推动现代食品与营养健康、社区康养服务、生鲜电商与冷链宅配等新产业与新业态的协调发展。

四、极端情况下中国科技支撑食品加工的潜力

我国现阶段面临的极端情况主要是战争状况，战争状况带来的食品安全问题也是当今世界面临的主要挑战之一。面临战争状况，影响我国粮食安全的主要风险：①国内食品供应区域过度集中，一旦发生战争状况会造成粮食来源受影响，供应链从源头被破坏；②国内食品加工体系被破坏，大量原材料无法被加工成可食用产品；③内部物流阻断，农副产品跨地区运输受到影响，现有粮食供给体系相对集中导致区域食品供应难题，影响食品正常供应；④国外食品进口供应链中断阻滞，降低了多样化食物流通的效率，也给全球供应链带来一定冲击，物流供应延迟。

当前，中国粮食已实现口粮高度自给安全，但仍需要大量进口大豆和玉米作为饲料用粮，以满足肉蛋奶的供给需求。中国农作物种植主要以稻谷、小麦、玉米和豆类为主，其中玉米种植面积自改革开放后出现持续上涨趋势，其他作物耕种面积增长缓慢。受目前国际粮食危机影响，中国粮食进口面临国际市场价格上涨和供应量受限风险双重挑战。在此背景下，迫切需要充分利用中国不同区域的自然资源禀赋，加快建设国内"大食物"粮食安全自给体系。

战争极端条件的发生时，应利用食品加工技术保障食品资源的及时供应。整体来看，食物来源的多样性、可选品种的多样性与食物供应的充足性是密切相关的。当食物供应匮乏时，一切可以充饥的食物来源（如木本、草本、微生物来源的食品原料）均应充分利用。结合现代食品加工技术开发多样性的食物来源，用更低的成本高效提供食

物产出，实现极端情况下的食品供给体系构建。具体来说，主要包含"开源""节流""提质""长效"4个主要方面。

1. "开源"：针对食品资源匮乏的情况，充分利用一切可利用的食品原料开展高效加工

中国自然资源的多样性为应对极端情况下食品资源供给奠定了客观基础。依据地区生物多样性来构建食物系统有助于增强粮食安全韧性、实现高质量粮食安全。中国自然资源的多样性提供了丰富的食物来源，是不同地区居民实现饮食结构多元化的基础，为极端情况筑牢粮食安全屏障提供了天然的基础条件。充分挖掘一切战时可食用的资源，并结合现代高效加工提取技术，将其迅速转化为可食用原料。农业生产在地理上越来越集中，各地区根据各自的比较优势进行生产。通常来说，一个地区的供应冲击可能不会影响到其他地区，而且地理上多样化的粮食系统可能比集中的系统更能灵活地适应极端冲击，但值得注意的是，这可能会以降低生产效率为代价。

一是大力挖掘林本、草本、木本等非传统食用资源，打造沙漠有机循环生态链等，将传统非食用原料或加工副产物迅速转化为可食用原料，保障人民的基本营养摄入，能在战时有效提高国民健康水平。抗日战争时期发生的"吃树皮，啃草根"等现象将被先进的食品加工技术取代，利用现代食品膨化技术将高纤维的植物原材料加工成可食用的食品，在补充营养、增加饱腹感的同时，适口性更强。蒸汽爆破技术是一种处理木质纤维素材料（如麦秸、玉米秸秆）的方法，通过蒸汽爆破过程中的热反应和物理撕裂作用，破坏纤维素晶体结构，使半纤维素被降解。在战时可以利用小型化装置对农副产品纤维化物质进行快速加工，提高食品原料中营养成分的生物利用度，同时改变纤维口感，满足战时营养补充的需要。

二是通过动物细胞培养、微生物发酵和植物培育获得的蛋白质，不仅在生产效率方面具有显著优势，而且更容易满足不同食品蛋白质功能和性质的需求。同时，开发家庭化、简易化、小规模的生产加工体系，用以应对极端条件下的食品加工供给。将各种富含纤维素包裹蛋白质的植物，经过粉碎、碾磨后，用天然酵母发酵成可食用的富含蛋白质的食物。此外，在极端条件下还可以用枯枝烂叶培养高蛋白蠕虫，用于战时蛋白质的补充。土壤中的蚯蚓富含蛋白质，可以将其加工成粉末，碾磨后添加入食物以补充蛋白质。

三是极端情况下饲料用粮的及时补充有益于小范围畜牧业的发展。利用加工副产物进行改性饲料创制，弥补战时肉蛋奶高需求下的饲料用粮不足，也可通过提高饲料利用率，降低料肉比，有益于极端条件资源紧缺情况下粮食物资的高效利用。总而言之，利用合成生物学技术摆脱传统畜牧业与种植业对环境的依赖，快速补充蛋白质等宏量营养素的供给缺失，从而摆脱土地限制，应对非常态挑战。

2. "节流"：针对粮油等原料短缺的情况，适度加工，减少食品资源损耗

在极端情况下，如仍然过度追求精米白面，不仅增加了能耗，极大浪费了水电资源，降低了成品粮出品率，而且损失了大量的膳食纤维、维生素等营养物质。将过度加

工逐步转向为适度加工,在食品资源不浪费的同时,满足膳食纤维、维生素和矿物质等营养素的摄入,保障居民身体健康。

3. "提质":针对其他食物原料进口限制的情况,提升食品资源生物利用度

食品资源紧缺的状况下,通过生物改性技术等,提高蛋白质等营养素的利用率,在保障营养摄入的同时,降低资源消耗量。例如著名的天然酸面包,因为其碳水化合物已被酵母菌预消化,所以更容易被人体吸收,能降低战时人体的活动能耗,同时,酵母本身富含蛋白质、矿物质、B族维生素等营养素。经过酵母发酵的面包同时能释放出更多的矿物质等营养素被人体吸收,实现在极端条件下,保障人员正常食品摄入。

4. "长效":针对即食产品开发延长保质期的方法,加强抗辐射等污染的食物以及易加热速食产品的开发,实现战备食物囤积

在战争爆发的情况下,确保足够的粮食储备对于维持人民的基本生活和战时需求至关重要。开发高效抗菌保鲜包装有益于实现战备食物的囤积,尤其是针对主食、高蛋白质食品及油脂的有效储存有益于防止宏量营养素的降解,能为战时居民提供必要的营养补充。同时,抗辐射等污染的食物以及易加热速食产品的开发,也有利于战时非常态食品的储存与食用。

五、政策建议

(一)发展绿色可持续未来食品加工技术

以解决人民吃好饭问题为初心,潜心开发绿色可持续未来食品加工技术。

一方面,细胞培养肉研究已在中国起步并初获成果,例如,提取动物成肌干细胞,扩增培养成肌肉细胞,再分化成肌肉纤维而成为"肉"。再如,植物蛋白肉是采用大豆等植物蛋白为原料,经过高湿低湿挤压和组织化而得到的产品。据估算,随着人口的增长,到2050年蛋白质需求增量为30%~50%。因此,要大力发展替代蛋白,如微生物蛋白、微藻蛋白、昆虫蛋白等。以合成生物学、物联网、人工智能、增材制造及纳米技术等为技术基础的未来食品,不只是有效解决食物供给的数量、质量以及食品安全的问题,更要在营养、健康和精神享受等方面进一步满足国民的需求。

另一方面,我国目前已经在淀粉领域实现突破,在实验室中首次实现从二氧化碳到淀粉分子的全合成。植物从光合作用到最终合成淀粉的能量利用率不足1%,而随着人类对粮食需求的增加,农业承受的压力也越来越大。不依赖植物光合作用合成淀粉是科学家多年来的梦想。定向合成淀粉分子存在诸多挑战,从二氧化碳到淀粉分子的合成路径长,生化反应多,体内合成代谢网络错综复杂,很多调控机制尚不清楚。合成生物学的发展,为复杂有机分子的生物合成提供了新思路。不依赖植物,在车间利用二氧化碳合成淀粉,是颠覆传统农业种植模式的重大变革,将使人类摆脱对土地的过度依赖。

此外,全球气候变化、粮食安全危机、能源资源短缺、生态环境污染等一系列重大

挑战，使得人们对食物供给安全与营养健康更加担忧。面对极端紧急情况下，可以通过合成生物学等手段将传统非食品原料或加工副产物转化为蛋白质、碳水化合物、油脂等宏量营养素。但伴随人口增长、环境污染等问题，人类赖以生存的蔬菜、水果、牛奶等食物在未来如何摆脱对土地资源的过度依赖，还需要科研工作者全力探索。

（二）持续推进绿色制造装备自主创新

以学科交叉打破壁垒，用跨界思维实现食品绿色制造创新发展。作为应用学科，食品加工不是单一的科学研究，既需要在食品这一学科纵向深耕，又要同时在多个学科间横向迁移，更需要科技界与产业界的有效对接。

一方面，积极开发适度加工和柔性制造装备，提倡适度加工、精准加工，推动农产品加工减损增效，推进营养导向型食品加工体系建设。针对过度追求风味口感导致营养损失过多的突出问题，迫切需要革新理念，坚持"营养健康优先、兼顾美味口感"的指导思想，推动适度加工、精准加工与柔性制造。一是系统研究农产品全产业链营养品质变化规律，为适度、精准加工技术创新提供理论支撑。二是提升产地初加工和商品化处理水平，避免过度处理。引导企业合理确定小麦、稻谷等口粮品种加工精度，发展专用粉、全麦粉、专用米和糙米等新型健康产品。三是充分利用麦麸米糠、果皮果渣等加工副产物开发植物油、膳食纤维、蛋白制品等产品，提高食物综合利用效率。

另一方面，针对食品的碳排放建设一个全生命周期的平台。从全生命周期看，农业食品生产过程中，畜禽养殖和水产养殖造成的碳排放占50%左右，粮食作物种植的碳排放占30%左右，食品加工到消费者环节的碳排放占20%左右，还有巨大的减排空间。很多零碳食品和低碳食品都是在某一个环节进行评价，并不全面，应该从全生命周期评价食品生产全过程的碳排放，为整个食品行业最终实现低碳发展提供很好的切入点。同时，建立相应的标准和法律法规体系，指导行业健康的发展，让食品行业为我国实现碳达峰和碳中和的目标作出应有的贡献。

（三）重视食品工业健康转型中的"顶层设计"

我国食品产业已经进入依靠科技创新推进供给侧结构性改革和实现转型升级的关键时期，但相关研究依旧集中在应用领域，如何实现从基础研究到技术创新，从工程平台建设到产品开发再到产业转化等多层次、分阶段的发展，具体方式和路径仍不明确。

一是在食品营养领域，形成"以人为本"的产品创制理念。首先，着重研究目标人群营养代谢特征，并根据相关特征对目标人群进行细分，实现多元化、个性化营养食品创制。建立中国人群营养代谢特征数据库，对不同生理状态、特殊时期、地域性人群的营养需求提供理论支持，实现与不同人群生物学特征相匹配的功能性食品定制。其次，重视研究传统中医药等经典理论的科技内涵，药食两用物质使用经验、传统发酵食品工艺是我国历经数千年历史遗留下来的文化瑰宝，但都没有被大众很好地接受并利用。需要以健康与风味为导向，以科技为驱动，利用多组学、系统生物学等技术理论，系统解析传统食疗/酿造机理，明确关键功能因子在维护人体健康过程中的动态变化，以及关键微生物在原料利用、营养与风味物质代谢、发酵过程调控等方面的作用机制。最后，结合现代科技提升生产技术水平，提高产品品质。

二是发展以功能为导向的多元化、品类化、个性化精准营养加工工艺。在当下食品行业健康转型的重要时期，食品的"三减"（减油、减糖、减盐）与新一代健康食品的"加"已经形成双轮驱动的格局。在转型创新和"健康中国 2030"浪潮的共同推动下，食品产业正在向全营养、高科技和智能化方向快速发展，结合以人为本的产品创制策略，对特殊人群营养的精准干预与精准对接、提升不同人群生命品质成为食品精准营养发展的重要方向。以学科交叉为主要突破手段，结合药学靶向对接，以及分子修饰、稳态递送等精准营养技术，提高现有食品中营养素的生物利用度，利用人工智能等技术，建立适用不同人群和个体的食品精准营养设计智能化模型，实现更加有效、安全的营养支持。利用人工智能、大数据、云计算、区块链等新一代信息技术，结合生命科学研究，发展营养健康大数据产业，为个体提供个性化营养检验检测、合理膳食建议、营养食品组件及定制化配方食品等服务，并结合健康营养心理学评测提供综合健康管理服务。

三是在合成生物学领域，逐一构建对其长期与短期技术发展路线整体规划、技术发展实施路径、生物伦理监管体系。大力发展关键底层技术，如基因编辑与迭代、DNA 组装与测序等，提升基础研究、技术方法原始创新、生物信息大数据、分子设计育种等前沿和核心技术领域的创新能力。同时，重视合成生物学与人工智能等新兴学科的深度交叉，借助交叉学科在原件工程、基因线路、代谢工程、基因组工程中的广泛应用，提升合成生物各个环节的工作效率，降低成本，缩短研发周期并扩大研发可能（赵越，2023）。

（四）聚焦应用技术，赋能产业升级

"从农田到餐桌""速食主义"等现代元素逐渐占据食品市场主流消费。推动适用于工业化生产的中式主食和菜肴创制、标准化烹饪和自热复热等关键技术研发、中餐连续化生产和智能化配送装备研制等，为中餐工业化的发展注入新的活力。针对我国食品冷链物流产业环节多、技术单一、标准化程度低、品质劣变严重以及物流损耗、能耗和成本过高等问题，食品包装、贮藏与保鲜领域将结合材料科学、智能制造等学科，围绕绿色低碳、安全高效、标准化、智能化和可追溯化食品物流产业发展需求展开研究，突破我国食品冷链物流的技术瓶颈，促进食品物流产业转型升级。

（五）"寓教于食"，提升人民群众的健康理念

科普宣传是每一位科技工作者的责任。鼓励食品科技工作者在教学、科研的同时，做好科普宣传；食品企业也要从自身做起，共同维护行业的生存环境。将营养导向融入所有政策科教体系，增加健康膳食的可负担性和可及性，推进营养导向型消费体系建设。针对居民膳食结构不合理、膳食理念不科学等突出问题，借助宣传教育优化完善消费引导政策体系，实现绿色饮食，杜绝资源浪费等现象。同时针对极端条件下的食物资

源获取方式进行基础培训，培养应急情况下食品自给能力，提高生存能力。

报告主要研究人员：曹崇江、胡德俊、年琳玉（中国药科大学）

参考文献

曹小红，2011. 食品高压处理后组分变化及关键技术分析 [J]. 中国食品学报，11（9）：26-31.

陈坚，2022. 未来食品：任务与挑战 [J]. 中国食物与营养，28（7）：5-6.

陈启杰，2000. 中国食品供求结构的发展及对策研究 [J]. 财经研究（1）：28-33.

程国强，2022. 深刻把握大食物观的内涵和要求 [J]. 中国食品工业（20）：6-7.

程国强，2023. 大食物观：结构变化、政策涵义与实践逻辑 [J]. 农业经济问题（5）：49-60.

冯文丽，刘泽青，2022. 我国农产品物流保险发展现状、困境与对策 [J]. 中国保险（6）：51-54.

高瑞昌，谢建华，任红艳，等，2013. 我国食品加工学领域基础研究现状和发展趋势——基于国家自然科学基金申请和资助情况分析 [J]. 中国食品学报，13（12）：1-11.

郜海燕，吴伟杰，穆宏磊，等，2022. 食品新技术在生鲜农产品供应链绿色保鲜中的应用 [J]. 中国食品学报，22（9）：1-12.

黄莉娟，2012. 高细胞密度发酵技术的研究进展 [J]. 安徽农业科学，40（14）：8009-8011，8023.

李士萌，2023. 如何守住粮食安全底线？[J]. 中国报道（6）：24-26.

李亚先，韩松岭，张小斌，等，2016. 大数据时代的网管创新应用食品高压处理后组分变化及关键技术分析 [J]. 中国电信业（4）：78-79.

南开，2006. 中国人的膳食结构 [J]. 中国食物与营养（6）：55-57.

谭明乾，崔国馨，于潇婷，等，2022. 食品功能因子稳态化靶向递送与精准营养 [J]. 中国食品学报，22（7）：1-20.

童强，姜宇，佟垚，等，2023. 食品3D打印中的食品材料特性与应用研究进展 [J]. 食品与机械，39（7）：1-5，19.

王帅，杜睿珂，2023. 新时代"大食物观"论述的理论渊源与意蕴阐释 [J]. 现代面粉工业，37（5）：44-49.

杨博，2023. 新食品加工技术对食品营养的影响 [J]. 现代食品，29（4）：100-102.

杨培，2009. 厨房小家电的本土化设计研究 [D]. 无锡：江南大学.

杨平，2021a. 面向人民生命健康 引领食品产业高质量发展 [J]. 中国农村科技（12）：16-20.

杨平，2021b. 射频技术来攻关　保障粮食安全［J］. 中国农村科技（10）：7-9.

杨新泉，司伟，李学鹏，等，2016. 我国食品贮藏与保鲜领域基础研究发展状况——基于2010—2015年度国家自然科学基金申请和资助情况分析［J］. 中国食品学报，16（3）：1-12.

姚惠源，2019. 精准营养与粮油健康食品的发展趋势［J］. 粮油食品科技，27（1）：1-4.

佚名，2023.《中国农业展望报告（2023—2032）》摘要［J］. 中国农村科技（6）：7-11.

詹琳，杜志雄，2021. 统筹食品链管理推动粮食减损降废的思考与建议［J］. 经济纵横（1）：90-97.

赵彤，2023."大食物观"视域下课程思政元素的探索与实践——以"食品加工新技术"课程为例［J］. 当代农机（8）：103-104.

赵越，2023. 合成生物学在食品领域的发展前景与热点［J］. 张江科技评论（5）：32-35.

中国农村科技编辑部，2021. 健康中国看食品新型加工与绿色制造研发［J］. 中国农村科技（10）：2-6.

专题报告七　大食物观背景下科技支撑微生物领域潜力趋势

一、微生物食物的内涵

1. 微生物食物的定义

2023年中央一号文件《关于做好2023年全面推进乡村振兴重点工作的意见》提出"树立大食物观,加快构建粮经饲统筹、农林牧渔结合、植物动物微生物并举的多元化食物供给体系,分领域制定实施方案"。

"大食物观"关键在大力提升食物来源的多元化,推动食物供给由单一生产向多元供给转变,充分保障"科研—投入—生产—流通—消费"全产业链的食物安全,并以食物产业链为载体向前拓展到微生物资源、动植物种质研发和要素投入,向后延伸到食物流通和消费,在加工环节和消费端做减法(加工环节减少粮食损耗,消费端减少食物浪费)。2017年,习近平总书记在中央农村工作会议上强调,老百姓的食物需求更加多样化,这要求我们转变观念,树立大农业观、大食物观,向耕地草原森林海洋、向植物动物微生物要热量、要蛋白,全方位多途径开发食物资源。微生物食物资源是践行大食物观的重要组成部分。随着大食物观的践行,传统的"主""副"食品的观念正在淡化,界定主粮与副食之间的观念藩篱正在消除,肉蛋奶、果蔬菌、水产品等正成为城乡居民餐桌上的"主旋律"。

中国是最早提出发展"白色农业"理念的国家,早在1986年中国学者包建中研究员就提出了"发展高科技应创建三色农业——绿色农业、白色农业、蓝色农业"新观点。其中,"绿色农业"指传统的绿色植物种植业;"蓝色农业"指在水体中开展的海洋水产农牧化农业;而"白色农业"则指微生物资源产业化的工业型新农业。在全世界面临人口、资源和环境所带来的严峻挑战的时候,依靠水土为中心的传统农业将要接近或达到承载能力的临界状态,深耕空间利用率高、绿色环保、高效的白色农业,打造中国"白色粮仓",实现"零废弃生态农业模式",是拓展农业生产空间格局、促进食物多元供应的重要战略措施,是实现大食物观的重要保证。

微生物食品是指利用微生物的发酵、转化、合成等生物技术生产的食品,它们具有高蛋白质、低脂肪、低糖、低胆固醇、多功能等特点,是一类具有广阔发展前景的新型食品。在大食物观的践行中,微生物食品担任了重要的角色,发挥了多方面的作用。微生物食品生产被认为是解决粮食安全和提供高质量食品挑战的有意义和有希望的解决方案。食用微生物已被认为是替代传统食品供应的一种很有前景的选择，其主要优点是以生态友好的方式快速生长，可灵活地生产所有类型的食品营养素，并具有克服环境问题的潜力。微生物的多样性拓宽了食物的来源，食品发酵可以容纳多种微生物，而目前能在发酵过程中人为添加和控制的微生物种类仍然局限于较小的群体。

2. 微生物领域涉及的食物范围

微生物食物资源包括微生物菌体本身、微生物代谢产物及其加工制品、微生物与动植物互作创制食物三大类。前者是由微生物菌种自身生长而产生的微生物菌体，如蘑菇、木耳等食用真菌；微生物代谢产物及其加工制品是通过微生物发酵繁殖自身或通过基因工程改造产生的代谢产物，除了食品工业的重要门类——发酵食品，还包括微生物合成蛋白、油脂和多糖，如单细胞蛋白、蛋白质（血红蛋白、乳铁蛋白、酪蛋白和乳清蛋白等）、碳水化合物（淀粉、多糖等）、氨基酸、脂质和微量元素（维生素、矿物质等）。

二、中国微生物食物供需结构、潜力和趋势

（一）近30年中国微生物食物供需结构变化特征

近30年来，我国微生物源食物无论在产量和品种还是在需求结构方面都发生了显著变化。

1. 呈现出多样化和高端化的发展趋势

一方面，我国微生物源食物从单一的传统发酵产品向多种新型产品拓展，满足了人们对不同口味和功能的需求；另一方面，我国微生物源食物从低端的原料或添加剂向高端的成品或专用产品升级。

近年来，随着合成生物学技术的快速发展，利用微生物工程细胞，不仅可以合成蛋白质，也可以利用其生产的工业酶蛋白生产淀粉、糖等其他重要农业产品，同时还是有效的碳减排解决方案（表2-7-1）。酪蛋白如α（S1）-酪蛋白、β-酪蛋白和κ-酪蛋白，乳清蛋白如α-乳白蛋白和β-乳白蛋白等已成功在工程大肠杆菌和酵母细胞工厂中使用简单和明确的培养基进行表达，可将纯化的酪蛋白和乳清蛋白与脂肪、水和其他必需成分混合制备得到非动物源人造牛奶。此外，由工程细胞工厂还可以制造脂肪、低聚糖、维生素等其他营养保健成分。

表2-7-1 微生物细胞工厂生产的食物种类

产物	宿主	产量
血红蛋白	酿酒酵母 *Saccharomyces cerevisiae*	分批发酵中总蛋白质的18%

（续表）

产物	宿主	产量
豆血红蛋白	毕赤酵母 *Pichia pastoris*	分批发酵产量提高 6.9 倍
乳铁蛋白	毕赤酵母 *P. pastoris*	12 毫克/升
D-葡萄糖	酿酒酵母 *S. cerevisiae*	8.90 毫摩/（克·小时）
脂质	解脂耶氏酵母 *Yarrowia Lipolytica*	66.4 克/升
脂肪酸	酿酒酵母 *S. cerevisiae*	1~10 克/升
淀粉	毕赤酵母 *P. pastoris*	总速率为 2 纳摩/（分钟·毫克）催化剂，比玉米淀粉合成速度高 8.5 倍

2. 产量逐年增加

（1）食用菌

通过菌物栽培生产的食用菌，以丰富的营养和口味改变着人们的生活。如今食用菌产品已成为仅次于粮、油、果和菜的第五大类农产品。1978 年，我国食用菌产量为 5.78 万吨，大约占全球总产量 6%；1990 年，我国食用菌产量首次超过 100 万吨，大约占全球食用菌总产量 28%，成为我国食用菌栽培的第一个转折点；1994 年我国食用菌产量突破 260 万吨，超过全球食用菌总产量的 1/2；2020 年，我国食用菌产量达到 4 061.4 万吨，占全球总产量 75% 以上；2021 年，我国食用菌总产量 4 133.96 万吨（鲜品），总产值 3 475.63 亿元。经过 40 多年来的发展，食用菌产业已成为我国蓬勃发展的第五大种植业和大食物观产业。目前，我国已是全球最大的食用菌生产国、消费国和出口国。食用菌在粮食安全大格局中的作用，不只是增加了人类食用蛋白，同时还可以添加至咖啡、食品、人造肉和保健品，乃至用于生产人造皮革、建筑材料、家具和环保日化等产品。

（2）微藻蛋白

我国在约 1 500 年前已有食用微藻的记载，但进入 21 世纪后，微藻的食品资质才被国家批准。微藻作为光合生物，其主要储藏物质蛋白质、淀粉等的合成过程与植物高度相似，是优质的单细胞蛋白质的来源，可以直接食用或用于生产人造肉、食品添加剂等，还可直接作为主粮产品的蛋白替代品。我国微藻产业最初以螺旋藻（*Spirulina* sp.）为主导，后呈现螺旋藻（*Spirulina* sp.）、小球藻（*Chlorella* sp.）和雨生红球藻（*Haemtococcus pluvialis*）等多元发展的格局。随着生物技术的蓬勃发展以及微藻培育方式的根本性创新，中国已成为世界上规模最大的微藻生产国。

（3）工程细胞生产的蛋白

利用工程细胞制造的蛋白质市场将从目前每年的 1 300 万吨增长到 2035 年的 9 700

万吨,并将占到整个蛋白质市场的11%。到2035年,更快的技术创新和全面的监管支持可能会使生物制造蛋白质市场份额增长至22%。通过构建以食物为基础的细胞工厂,可以用完全可再生资源生产肉类类似物、无动物生物工程牛奶和糖替代品等食品。此外,目前成熟的发酵食品也可能通过合成生物学技术手段进行改造来生产。

3. 消费市场不断扩大和多元化

随着人民生活水平不断提高,对食品安全和营养健康的需求日益增强,微生物源食物以其低碳环保、高效节能、富含功能性成分等优势,受到了越来越多消费者的青睐。尤其是在新冠疫情期间,微生物源食物的抗疫保健功能得到了更多关注和认可。除酸奶、干酪、酒酿、泡菜、酱油、食醋、豆豉、乳腐、黄酒和啤酒等常规发酵食品外,新兴保健类及功能类微生物食品(如酵母β-葡聚糖、灵芝多糖等)也日益受到消费者的追捧。

(二)微生物领域国内外膳食模式对比分析

欧美发达国家、东亚发达国家以及我国居民的膳食结构特点如下。

1. 欧美发达国家

微生物源食品主要以乳制品和植物基肉为主,消费者更关注食品的功能性和可持续性,对新型微生物源食品(如细胞培养肉和微生物蛋白)有较高的接受度和市场潜力。例如,美国的Beyond Meat(别样肉客)和Impossible Foods(不可能食品)是植物基肉的领导者,其产品模仿了动物肉类的口感、味道和营养,添加了转基因酵母生产的血红蛋白,受到了许多消费者和投资者的青睐。欧洲也有许多创新型的微生物源食品公司,如荷兰的Mosa Meat和英国的Solar Foods(太阳能食品公司),分别利用细胞培养技术和氢氧化合物发酵技术生产无动物来源的肉类和蛋白质。

2. 东亚发达国家

日本、韩国等微生物源食品主要以传统发酵食品为主,如味噌、酱菜和泡菜等,消费者更关注食品的自然性和传统性,对新型微生物源食品如细胞培养肉和微生物蛋白有一定的保守态度和市场壁垒,对动物肉类的需求仍然很高,对植物基肉和细胞培养肉的接受度不高。不过,也有一些日本公司在尝试开发新型微生物源食品,如日清食品推出了以大豆为原料的植物基面条,并利用水藻提取蛋白质、不饱和脂肪酸和多糖。

3. 中　　国

以"面向人民生命健康"为根本遵循,以培育"健康中国"背景下颠覆性创新成果为目标,我国科技工作者在医药与营养食品的前沿绿色制造方面不断取得创新突破。微生物源食品以传统发酵食品为主,如豆制品、酱制品、酒类等,消费者对这些食品有着深厚的文化情感和习惯偏好,但也开始关注食品的营养和功能性,对新型微生物源食品(如植物基肉和细胞培养肉)有一定的好奇心理并愿意尝试。例如,我国的部分公司也在开发植物基肉产品,以满足消费者对于低碳、健康和多样化的饮食需求。我国也有一些科研机构和企业在探索细胞培养肉和微生物蛋白的技术和应用,但目前还处于实验室阶段,尚未进入市场。

综上所述,我国居民的膳食结构特点是以传统微生物源食品为主,但也开始逐渐接受新型微生物源食品,与欧美发达国家相比,我国在新型微生物源食品的技术创新和市场推广方面还有一定的差距,需要加强科技研发和消费者教育,与东亚发达国家相比,我国在新型微生物源食品的市场潜力有一定的优势,需要抓住机遇,培育新的消费需求。

(三)中国微生物食物供需潜力深度解析

1. 微生物食物:主粮供给的潜在支柱,面临供需缺口挑战

(1)微生物蛋白食物:种类繁多,精深加工前景广阔

蛋白类微生物食物主要包括食用菌、单细胞蛋白和微藻蛋白等,是优质的蛋白质来源,可以直接食用或用于生产人造肉、食品添加剂等,可直接作为主粮产品的蛋白质替代品。

食用菌已成为人类食物结构的重要组成部分,其中蛋白质含量可达19%~42%,与牛肉、猪肉等相当。据估算,1 000万吨秸秆与1 000万吨牛粪,可生产400万~700万吨双孢菇(即至少40万吨干菇)。干菇蛋白质含量按30%计,相当于生产400万吨牛奶、92万吨鸡蛋或60万吨肉类。此外,食用菌可将秸秆转化成膳食纤维、优质蛋白等营养物质,增加土壤有机质,储碳于土,形成碳利用闭环。通过精深加工,食用菌不仅在营养健康、个性快捷方面能有所突破,在传统产品向新型产品转变中,它可以产生出品质优良、营养丰富的各种产品,包括传统产品现代化、新型产品方便化、新型食品功能化、新鲜食品个性化等。食用菌集食用、营养、保健和药用等价值于一体,已在食品加工业、菌物药业等产业中有一定的开发基础,形成了较完整的产业链,并呈现良好的发展态势。截至目前,食用菌深加工产品中初级产品占比95%,只有约5%为精深加工产品。以当前产量最高的食用菌——香菇为例,2019年河南省香菇产量为312.36万吨,占全国总产量的27.99%,其中90%~95%产品为生鲜、干制等初级产品。由此看出,精深加工和原始创新驱动的健康产品的研发力度远远不够,很难满足食用菌精深加工的需求。因此,应不局限于传统思路,开展食用菌杂粮、菌糠综合利用、高效发酵技术等多方面、全方位、多元化的技术与产品研究开发,在提高产能的同时,充分考虑绿色环保,形成一系列"零污染排放、全资源利用"的新型技术和产品,实现食用菌的可持续发展。

单细胞蛋白是一种来源于微生物的蛋白质资源,具有潜力成为未来食品供给的一部分。单细胞蛋白可以通过微生物发酵生产,从而节省资源和环境。在可持续发展的背景下,单细胞蛋白被认为是一种具有前景的蛋白质来源。一些新的蛋白质来源(如细菌和昆虫)的平均蛋白质含量是肉类的2~2.5倍,是大豆的1.7倍。就土地的蛋白质生产效率而言,细菌的产量比动物高出约600倍,比大豆高出约90倍。然而,单细胞蛋白在中国的规模化生产和广泛应用还处于起步阶段。有研究发现,利用酵母生产的发酵产品营养丰富,更有利于人类的身体健康。例如,在味精生产过程中,经过连续等电提

取谷氨酸后，会产生大量微生物菌体蛋白，目前只有少部分会用作动物饲料，大部分则直接排放，不仅对环境造成污染，还会造成资源浪费（每年会有千万吨级别的资源浪费）。如果这些味精厂的废弃菌体蛋白都能实现回收，则每年可以生产出34万~43万吨的味精菌体蛋白，相当于120万~140万吨牛羊肉提供的蛋白质，这些酵母单细胞蛋白不仅可以增加微生物食物的风味，还会降低味精废水对环境的污染，同时增加企业的效益，在一定程度上能缓解我国蛋白质资源紧张的问题。此外，啤酒酵母作为啤酒的副产物，因其丰富的营养价值也是微生物食物的可替代来源。单细胞蛋白发展中与细胞农业相关的一个重要趋势是从使用可食用的农业生产原料向非食用原料过渡，如单碳化合物（二氧化碳和甲烷）以不同的有机副产物和废弃物。

微藻蛋白是一种重要的动物替代蛋白，具有抗病毒、抗菌、抗肿瘤以及诱导生物调节等特殊优势作用，在食品加工、保鲜、保健品及特殊健康辅助食品等产业中具有重要的开发价值。作为一种新兴产业，微藻蛋白产业链在减少碳排放、减少向土地要粮食方面具有优势。我国也在积极推动微藻蛋白的研发和应用，例如，在《关于政协第十三届全国委员会第四次会议第5062号（农业水利类475号）提案答复的函》中明确指出强化项目支持；在"蓝色粮仓科技创新专项"中安排中央财政资金约5 700万元，支持"重要养殖藻类种质创制与高效扩繁""水产养殖动物新型蛋白源开发与高效饲料研制"等项目，将高蛋白微藻作为重要的新型非粮蛋白资源进行研究开发，并积极开展前沿探索。目前，微藻已经开始在食品、饲料、化妆品等领域得到应用。微藻可以制成藻粉、藻油、藻蛋白等食品原料，为人们提供高营养、低碳排放的健康食品选择。新加坡食品技术公司Sophie's Bionutrients怀着"鱼虾等生物从微藻中获取营养"的想法，通过微藻创造优质的高蛋白且低过敏性肉类替代品。目前，由微藻制成的微藻蛋白粉、微藻基海鲜、微藻血红素等食物已逐步走进大众视野。

微生物蛋白技术有广阔的发展前景，值得关注和支持，但整体还处于起步阶段，面临着生产成本过高、缺乏系统的安全评估等问题，需要进一步研究完善后再进行有步骤的推广。首先，积极发展微藻蛋白。相关科研单位与企业在生产藻类蛋白的同时，加强其生产、加工特性的研究，为产业进一步发展打下坚实基础。其次，依法开展安全评估。植物基蛋白作为食品原料，应先根据食品安全有关要求，按程序进行工艺安全性评价、成分安全性评价、毒理学评价等科学评估，获得许可后方可列入相应目录。我国积极开展相关审批工作，已将7种藻类列入食品目录，数量与欧盟、美国相当。最后，有序推进产业发展。我国积极发展农产品加工业，拓展蛋白质多元供给渠道，制定了一系列的优惠政策和扶持措施。

（2）微生物油脂缺口较大，潜力有待挖掘

微生物油脂，又称为单细胞油（Single Cell Oil，SCO），是由微生物在一定条件下，利用碳水化合物、碳氢化合物和普通油脂作为碳源，在菌体内产生的大量油脂，在组成成分上类似植物油，甚至具有比动植物油脂更符合人体需要的高营养油脂。主要包括中性油脂、游离脂肪酸、类脂物及不皂化物，尤其是高不饱和脂肪酸，具有特殊的生理功能。产油微生物能够以脂质形式积累超过其细胞干重20%的油脂，主要包括某些微藻［如葡萄藻（*Botryococcus braunii*）、细菌如浑浊红球菌（*Rhodococcus opacus*）］、霉菌［如土曲霉

(*Aspergillus terreus*)]、酵母 [如黏质皮状新丝孢酵母 (*Cutaneotrichosporon*)] 等,某些产油微生物胞内积累的油脂甚至超过其细胞干重的 90%。目前,单细胞油作为功能性油脂的供应原料,已经得到商业化应用,如多不饱和脂肪酸 (PUFAs) 可以作为膳食补充剂的成分,添加至奶粉中。此外,PUFAs(如亚麻酸、亚油酸)对于维持哺乳动物(如人类)的生理机能至关重要,可预防循环系统疾病、癌症和炎症。目前,培养基的高昂价格仍是限制 SCO 实现工业化生产的一大阻碍。利用廉价原料进行发酵产油,是降低生产成本最直接的方法,但这些原料通常成分复杂,一般都含有抑制菌株生长代谢、不利于油脂积累的物质,须对其进行脱毒处理。现阶段的脱毒处理技术仍存在一些不足之处,不利于其规模化应用,其开发潜力有待挖掘。

2. 利用微生物工程细胞合成的食物供给不足,潜力有待挖掘

整体而言,全球合成生物技术领域起步不久,还处在前沿阶段。美国人造肉龙头企业 Impossible Foods 认识到血红素对汉堡的味道和体验很重要,其利用经过改造的毕赤酵母生产大豆血红蛋白,将其添加到人造肉汉堡中,有效改善了人造肉风味和香气,与牛肉饼相比,人造肉汉堡所需的土地减少 96%,温室气体减少 89%。在全球范围内,超过 30 000 家餐厅和 15 000 家杂货店都可以买到他们的产品。我国在关键核心技术体系和重大产品研发方面也取得了一定的进展,在合成生物学、系统生物学、基因编辑与高通量设计筛选等新生物技术底层支撑领域,我国的相关研究进展正在接近国际水平,已经在国际竞争中处于"并跑"地位,在某些方向甚至处于"领跑"地位。

食物蛋白生物合成制造的原料趋于多样化,随着合成生物工具设计创制水平的不断提高,工程细胞的原料谱系进一步扩大,包括生物质、二氧化碳和甲烷等一碳化合物,以及农林残余物、城市有机垃圾甚至工业塑料等固体废弃物都可以通过工程细胞有效转化生产蛋白质,理性设计的工程细胞的原料转化利用能力持续增强,培养基技术不断优化,工程细胞的原料成本逐步低廉化、多样化。

(四)未来中国微生物食物供需趋势分析

1. 微生物蛋白食物产量稳中有增,需求持续增长

(1)食用菌产量持续增加,需求持续增长

随着科学技术研究的不断深入,食用菌栽培技术不断进步,同时由于消费者需求的结构升级,越来越多的食用菌成功实现了商业化栽培,并进入消费市场,我国食用菌产能不断增加。我国还建立了食用菌产业技术体系,培育了一批高效节水、高抗性、高品质的优良品种,推广了一批先进适用的栽培技术和装备,提高了食用菌的生产效率和质量安全水平,使食用菌成为继粮食、菜、果、油之后,我国农业第五大超过 3 000 亿元产值的种植业,是真正的大食物产业。食用菌产业在农业产业结构调整中成为生力军,在大健康产业发展中成为新引擎,在粮食安全中成为新抓手,在构建大食物观格局中成为新推手。

中国是世界上重要的食用菌生产和消费国,食用菌产业已成为农业增效、农民增收的重要支柱产业之一。多年来,食用菌在中国的种植、加工和销售已经取得了显著的发

展。从生产种类看，我国食用菌栽培种类有70~80种，其中形成商品的有50种，具有一定生产规模的有近30种。中国的食用菌产业主要集中在东北、华北、西南等地区，包括木耳、香菇、平菇等多个品种。食用菌产业是集经济效益、社会效益和生态效益于一体的农业产业，在促进农民增收方面发挥着重要的作用。

（2）单细胞蛋白产量及市场需求增加，潜力可观

单细胞蛋白（SCP）生长速度快，可以用简单廉价的非蛋白原料转换为蛋白质，这些优秀的特征可有效补充蛋白质来源的不足，单细胞蛋白具有生产效率高、原料来源广、适合工业化生产、营养价值高等优点，对于食品工业的发展具有重要意义。生产单细胞蛋白，一方面可以利用各种废弃物、废液、废渣作为原料来源，从而降低环境污染；另一方面，可以获得大量的蛋白质、维生素等营养物质用于食品制造，从而缓解食物危机。若以蛋白质含量计算，1千克SCP相当于1~1.5千克大豆，建立一座5个100吨发酵罐的工厂，可以年产5 000吨SCP，相当于0.3万公顷耕地上种植大豆的产量。因此，SCP的开发和生产在我国具有广阔的前景，关于单细胞蛋白的研究必将是一个长期的热点科学问题。安全菌株的发掘和选育、SCP风味的改良、减少SCP核酸含量的方法和工艺以及培养基和培养过程的规范化与优化等，都是需要聚焦研究的课题。SCP原料资源丰富、营养全面，同时能减少环境污染，能有效解决蛋白质来源不足的困境，对食品工业的发展具有极强的推动作用。发挥SCP的优势，解决其不足，降低其存在的风险，对解决我国甚至世界的食品、环境、资源等问题都大有裨益。大力发展SCP产业适合我国的国情，具有广阔的发展空间。

（3）微藻蛋白需求增加，潜力可观

我国是世界上最大的藻类生物质生产国，但是微藻产量占比较低（不足1%）。微藻作为优质的单细胞蛋白质来源，是传统粮食蛋白的极佳替代品。另外，微藻是可以直接食用的植物性蛋白源，以欧美国家为代表，微藻在人造肉开发相关领域已崭露头角。

不同于传统粮食作物，微藻的规模化培养高度依赖设备、设施和工艺，可彻底摆脱对传统农业用地的依赖和需求。微藻作为光合自养生物，可直接利用太阳光或人造光源进行蛋白质合成。与传统农业或养殖业提供蛋白相比，微藻可实现"不与粮争地，不与人争粮"。此外，微藻可在盐碱地、滩涂、沙漠等恶劣环境开展生产，具有显著战略和资源优势。微藻在世界各国已被用作食品，例如，在《欧盟食品法》中，有6种微藻（节旋藻、小球藻、齿状藻、扁藻、微拟球藻和裸藻）被批准成为新型食品；在我国，螺旋藻、蛋白核小球藻、杜氏盐藻、裸藻和雨生红球藻等已作为新资源食品获批生产和上市销售。随着全球蛋白质需求的不断增长，微藻将成为人类消费潜在的大宗蛋白质来源。

2. 微生物油脂供给及需求显著增长

利用微生物生产油脂具有很多优势：①生长周期短，培养条件简单，操作方便且微生物适应性强，可进行连续化规模化生产；②生产不受场地、季节限制；③可利用工农业副产品、食品加工废弃物等廉价原料进行生产，保护环境，节约资源；④可对微生物进行定向改造，强化遗传性能，提高油脂产量；⑤微生物油脂不易被氧化，生物安全性较高。微生物油脂毒副作用小、营养价值高，其应用延伸至食品、医药、化工和生物柴

油等多个方面，市场需求潜力极大。随着研究的深入，更高效的原料处理技术、发酵产脂的新技术与新设备、更高效菌株的选育方法体系的出现，在很大程度上降低了生产成本、提高了油脂的产率。因此，未来微生物油脂替代植物及动物油脂的潜力巨大。

3. 利用微生物工程细胞合成的食物成为重要资源

以合成生物为工具进行物质加工与合成的生产方式，具有清洁、高效、可再生等特点，能够减少工业经济对生态环境的影响，重塑碳基物质文明发展模式，触发新的产业变革，引领新的产业模式和经济形态。合成生物学在工业领域的应用正在成为全球再工业化的重要驱动力，对于我国向经济高质量发展具有重大意义。以打造生物经济为核心，重点突破工业底盘细胞设计、合成、调控与优化等合成生物工业应用关键核心技术体系，实现高性能工业酶、精细与特种化学品、大宗可再生化工产品、生物基可降解新材料、天然产物、二氧化碳人工生物转化利用等颠覆性技术创新，推进合成生物工业应用技术工程化、产业化应用。

低碳循环发展已经成为全球共识，在资源环境约束和碳中和战略的引领下，各国都在积极从化石原料绝对主导向低碳多种原料融合方向转变。生物质、二氧化碳和合成气等可再生碳资源的生物转化利用生产蛋白质正在加快推进。生物质原料主要来源于太阳能和植物的光合作用，是吸收自然界二氧化碳、实现碳汇的最佳途径，生物质的高值化综合利用已成为近年的研究热点。二氧化碳、一氧化碳、甲烷、甲醇和甲酸等一碳化合物来源广泛，价格低廉，并且有望结合光催化、电催化等实现绿色、可持续生产。以一碳化合物作为原料有助于解决目前工程细胞高度依赖糖质原料的问题，也可帮助缓解生物质原料与粮争地和与人争粮的局面。同时，石油化工、煤化工产业产生的副产品如甲酸、甲醇、乙酸、丙酸和丁酸等各种有机酸都可以作为新一代工程细胞的原料用来生产各类蛋白质以及其他重要生物基产品。在新型食物资源开发领域，重组食品的研究和生产取得了一些初步成果，人工合成淀粉和二氧化碳精准合成葡萄糖等研究均取得了突破性进展，细胞培养肉代表了未来农业高效低碳发展的重要方向。

三、中国科技支撑微生物食物的潜力和趋势

（一）中国科技创新支撑微生物食物领域发展的情况

1. 国家高度重视，微生物食物领域发展迅速

近年来，我国高度重视微生物制造产业的研发能力，多所高等院校与科研院所联合建立了多个国家重点实验室、国家级工程研究中心、行业专项技术研究中心等。通过一大批国家重点实验室、工程技术研究中心、产业技术创新战略联盟及产业基地的组建，工业生物技术行业的产学研资源得以优化整合，显著提升了行业的自主创新能力与国际竞争力。经过"十二五"期间的大力发展，中国工业生物技术产业主要产品的年产值已经超过5 500亿元，年均增速达到8%以上。2016年，我国发酵行业主要产品产量达到2 629万吨，与2015年相比增长8.3%，扭转了近年来一直低位徘徊的局面。其中，

氨基酸实现了快速增长，淀粉糖、酶制剂、酵母和功能发酵制品保持了稳定增长，多元醇行业小幅增长，有机酸行业负增长。"十三五"期间，科技部大力推动生物制造科技的发展，在国家重点基础研究发展计划、国家高技术研究发展计划和科技支撑计划等国家重大研发项目中多次提出生物科技发展的战略需求，大力推动我国微生物制造科技和产业的发展。我国微生物制造产业正在向质量效益型转变，产品产量于2018年达到约2.9亿吨，总产值2 472亿元，新型产品持续增多。2006—2017年，全球工业生物技术领域申请专利515 677件，其中中国专利为120 586件，占总数的23.4%，全球排名第一。中国微生物制造产业已经形成了淀粉、纤维素、木质素油脂和蛋白质等系统的产业链，并且在柠檬酸、谷氨酸、维生素B_2和淀粉酶等领域产量排名世界第一。以柠檬酸为例，在1992—2020年，我国研发团队开发了新菌种、新工艺及复合酶技术，使产量达到191克/升，远超发达国家，其年产量达到140万吨以上；2004—2020年，维生素C生产水平显著提高，年产量达到21.3万吨，达到世界一流水平。近20年，中国微生物制造产业在柠檬酸、维生素C等生产技术领域实现了从跟跑、伴跑向领跑迈进。

2. 微生物食物领域发展向高科技含量方向发展

围绕粮食与食品自主供给的重大战略需求，聚焦未来食品生物制造，发展功能酶元件挖掘与改造、体外催化体系构建、菌种定向选育等关键技术，解决生物合成效率低、成本高等瓶颈问题，建立糖、牛奶、蛋白肉、油脂和营养素等加工生产新路线成为大食物产业的新趋势。

酱油、食醋和酱菜等行业也利用微生物组学解析、酿造工艺优化、功能成分分析等技术从传统的天然发酵升级为精准调控的工业化数控发酵，从过去的手工作坊发展到中小型企业以及少数龙头企业。总体来说，"十三五"以来，通过利用先进的微生物合成技术及先进的生产设备，我国发酵食品产业产量与规模得到了大幅提升，并保持稳定发展的态势。

一是利用基因编辑技术，精准调控微生物代谢途径，提高产物产量。通过修改微生物基因组，优化合成途径，有效提升微生物生长速率和目标产物产量。基因编辑技术可以改变微生物合成产物的种类和结构，从而创造出具有新功能、新特性的食物成分。通过合成生物学的方法，可以设计出更合理的食物结构，为大食物产业带来创新。

二是利用发酵工程优化提高微生物生长和代谢产物合成效率。通过调控发酵条件、培养基组成等，采用现代高密度培养技术，实现微生物生产规模化，进一步增加食品产量。精细控制发酵过程可以提高产物的纯度和一致性，从而改善微生物源食物的品质。菌种改良技术可以培育出更适合食品生产的微生物株系，确保产物的稳定性和品质。

三是利用生物反应工程优化微生物的代谢途径，实现高效代谢产物生产。代谢工程的方法可以调整微生物代谢通路，提高目标产物的合成产量。代谢工程可以引入新的代谢途径，合成出具有特定功能和特性的食品成分。通过调控微生物代谢途径，创造出更多种类更具创新性的食物结构。

四是利用生物传感技术实时监测微生物生产过程中的关键参数，如pH值、温度和氧气含量等，确保生产过程的稳定性和产物的质量。通过生物传感技术，可以精确监测微生物代谢产物的合成情况，及时调整生产条件，实现特定食物结构的合成和控制。

这些关键、核心技术为微生物食物领域的大食物产业的科技创新提供了重要支持，不仅能够增加食品产量，提高质量，还能够创造出新的食物结构，为大食物产业的发展带来了新的机遇和可能性。通过持续的研究和创新，我国在微生物食物领域将继续取得突破。

（二）中国微生物食物科技创新面临的问题和挑战

1. 微生物食物开发及转化难度较大

微生物的生物量生产和代谢产物的产量受到限制，可能导致食物生产效率低下，造成生产成本较高，市场属性较差，此外，微生物源食物的转化技术涵盖多个环节，包括发酵、提取和加工等，当前存在技术薄弱的问题。目前微生物源食物主要集中在某些特定食品类型，如蛋白质食品，导致食品种类和性质单一。微生物源食物的部分产品在品质方面可能不如传统食品，需要进行品质提升。发酵技术在微生物源食物生产中占据重要地位，但可能存在工艺落后和发酵种子种类单一的问题。在解决上述问题和挑战的过程中，需要政府、科研机构、企业以及科研人员的紧密合作，加大投入，加强创新，促进我国微生物源食物科技创新迈向更高水平，为食品产业的可持续发展作出贡献。

2. 利用微生物工程细胞合成食物的技术难度大

随着合成生物学的出现和发展，越来越多的食物将通过工程细胞合成来制造。然而，合成生物学在未来食品中的应用仍有很多技术难题需要克服。尽管合成生物学和遗传工具的发展为微生物食品的转化和增强提供了策略，但微生物的代谢网络是复杂的，细胞工厂的建设面临着各种挑战。有效设计增强型细胞工厂的关键是了解和调控关键功能基因。近年来，不同类型的基因操作过程相对简单、生长速度较快、关键核心代谢物充足的微生物底盘细胞被开发出来，这可能是设计高效食品生产菌株的基础。合成生物学的关键技术如下。

（1）细胞数学建模

以分析描述为主的旧生物学向以数学定律模型为核心的新生物学转变，发展基于人工智能大语言模型，借助其整合海量数据并进行自学习和推理的能力推进系统组织规律的发现，突破复杂生物系统基础理论，阐明细胞在系统层面的组织原理，将细胞整体系统层面组织规律与描述分子层面过程的数学方程相结合构建多层次的数字细胞模型。

（2）DNA 合成技术

在设计环节，结合人工智能的手段设计出所需要的基因、调控元件、启动子等功能元器件所对应的 DNA 序列。在合成环节，以微流芯片等微型化和高并行的寡核苷酸合成技术为基础，实现大片段 DNA 的高保真合成。在组装环节，通过挖掘基因组规模上的结构功能关系与特定生命过程的工作原理，研究功能模块的解耦、抽提规律，探索模块化基因组的组装原则，实现基因组的合成，再造细胞结构与功能。

（3）精准基因组编辑

挖掘和设计新型基因组编辑工具，提升它们的准确性和特异性，同时开发解决当前编辑技术脱靶效应的切实方法。发展高效的工程细胞外源 DNA 递送技术，实现在工程细胞中对基因组进行高效、多位点、大片段的编辑，从而为精确调控工程细胞的特性打下坚实基础。探索在蛋白质序列和细胞器水平上的新编辑工具，最终的目标是实现对任何目标生物大分子进行可控精准编辑。

(4) 细胞代谢传感技术

细胞代谢特性的实时在线表征是实现生物过程智能控制的基础，是基于大数据的人工智能技术得以实施的数据来源。通过先进在线光谱技术，包括在线拉曼光谱、在线红外光谱等对细胞代谢过程进行各种代谢参数的模型表征，从而实现无损的细胞代谢典型特征的高通量检测；另外，针对胞内典型代谢物（如 ATP、NAD/NADH、NADP/NADPH 等）浓度的实时无损检测，通过胞内荧光探针技术构建生物探针，结合在线荧光光谱对细胞内生命代谢进行实时监测；开发高通量微量移液质谱结合技术，实现发酵过程代谢组学的实时高通量检测，同时开发微型集成传感器，包括 pH 值、温度、溶氧和活菌浓等参数的高通量集成传感技术开发，实现高通量的在线实时多参数监测为智能发酵过程调控积累大数据。

（三）近年来中国科技支撑微生物食物的布局

我国的科技创新在微生物食物领域发挥着关键作用，为大食物产业的发展提供了有力支撑。经过"十一五""十二五""十三五"期间一系列政策的带动和扶持，中国工业生物技术进入快速发展时期。"十二五"期间，科技部通过国家"863"计划的精密部署，围绕重大化工产品的先进生物制造、微生物基因组育种、工业酶分子改造等关键领域共布局 15 个项目，国拨经费超过 6.5 亿元，自筹经费超过 22 亿元，总经费达 28 亿元以上。国家"十三五"期间，先后启动了"合成生物学""绿色生物制造"等国家重点研发计划专项，持续推进我国工业生物技术领域的创新发展。《"十四五"生物经济发展规划》再次将"人造蛋白"作为国家重点发展领域，顺应"解决温饱"转向"营养多元"的新趋势，发展面向农业现代化的生物农业，满足人民群众对食品消费更高层次的新期待。

我国科技支撑大食物观的布局是在"大食物观"的指导下，以科技创新为动力，开发和利用多种食物资源，构建多元化食物供给体系，满足人民群众的美好生活需要。近年来，我国为了实现大食物观的目标，积极加强对微生物食物产业的科技支撑，取得了一定的成果和进展。这一努力体现在以下几个关键方面。

1. 国家级研发平台助力微生物种质资源发掘

为确保微生物食物质量和安全性，我国建立了国家菌种资源库、中国海洋微生物菌种保藏管理中心、国家食用菌工程技术研究中心等设施，加强了微生物资源的收集、保藏和应用。这有助于优化微生物的特性，从而实现更高效的生产。

2. 加大投入及培育力度，提升对微生物食物的认知度

我国加大了对微生物食物的研发投入。通过基因编辑、发酵技术等手段，开发出多样化、富含营养、功能独特的微生物食物，如微藻冰淇淋、食用菌面包等，满足消费者不同的需求。同时，通过市场培育和推广，扩大微生物食物的消费需求和社会认知度。

推出具有创新性和健康价值的微生物食物产品，如微藻奶粉、食用菌饮料等，有助于吸引更多消费者。

3. 制定了相关标准规范微生物食物行业

为确保微生物食物的质量和安全，我国制定了一系列国家和行业标准，规范了微生物食物的生产、加工和销售。这有助于建立信任，保障消费者权益，推动微生物食物产业的健康发展。如GB 2720—2015《食品安全国家标准　味精》和GB 7096—2014《食品安全国家标准　食用菌及其制品》分别规定了味精和食用菌及其制品的生产规范。

4. 搭建产业集群平台，促进了行业的发展

食用菌具有低能耗、低污染、高附加值等特点，是循环经济和绿色农业的典范，我国持续加强对食用菌产业的规划和建设，打造了一批示范基地和龙头企业，促进产业的集聚和协同发展。目前，我国食用菌重点企业有众兴菌业、雪榕生物、华绿生物和万辰生物，4家企业都是国家级农业产业化重点龙头企业。随着食用菌工厂化栽培进程加快，规模效益导致食用菌行业的龙头企业与中小企业在技术、生产成本、市场拓展等各方面能力差距不断扩大，在激烈的竞争市场中，占据优势的龙头企业将加速抢占市场，提高市场占有率，行业集中度也将逐步提高。

综上所述，我国在微生物食物领域的科技支撑方面已取得显著进展。通过菌种资源的开发、创新产品的研发、标准制定与监管等多方面的努力，微生物食物产业得以发展壮大，为实现大食物观的目标作出了积极贡献。未来随着科技的不断进步，微生物食物有望继续引领食品产业的创新和发展。

（四）微生物食物产业科技支撑潜力的深度剖析

1. 微生物食物：潜力无限，科技引领未来

大食物观力图构建健康、绿色、可持续的食品体系。在这一背景下，大食物产业科技支撑具有巨大的潜力。在微生物发酵食品领域，"十三五"以来，我国发酵大宗产业逐渐形成味精、赖氨酸、柠檬酸和结晶葡萄糖等为主体，小品种氨基酸、功能糖醇、低聚糖和微生物多糖等高附加值产品为补充的多产品协调发展的产业格局。然而，我国微生物发酵食品领域仍面临着挑战性。尽管我国大宗发酵产品的产量占据了国际领先地位，但这是以高资源消耗、高能耗和低人工成本竞争得来的。基于发酵工程、基因工程、合成生物学技术等大食物产业合成技术的快速发展，有利于实现土地、水与畜牧资源节约型的低碳、高效、定制化营养的大食物产业全新供应体系，颠覆性重构人类食物链。

植物、动物、微生物"三物"循环利用，是农业的本质特征，现代科技的介入，使农业对微生物的开发利用出现质的飞跃。我国现有微生物食物的产业潜力巨大，并且已经有了一定的科技基础和产业基础。仅以食用菌为例，改革开放以来产量增长了700多倍，产值一跃成为继蔬菜、谷物、水果和中药材之后的第五大农产品，若把中药材中的灵芝、天麻、茯苓、虫草和桑黄等分离出来加到食用菌类别中，食用菌它已稳居第四位。联合国粮食及农业组织已将菌菇作为广义的粮食，食用菌具有五不争的特性：不与

人争粮，不与粮争地，不与地争肥，不与农争时，不与其他争资源。其开发潜力巨大，前景十分广阔，是未来农业的新蓝海、新风口。我国的各类微生物食品不仅满足了国内市场的需求，还出口到了全球众多国家和地区。同时，我国在微生物食品领域也拥有一批具有国际竞争力的科研机构和企业。以藻类开发为例，如果微藻被开发用作食物，可节省约5 000万吨大豆或1.6亿吨玉米，相当于直接节约耕地约1.6亿亩。经研究预测表明，如果所有动物源食品都被微生物食品取代（包括微生物精准发酵生产的蛋白和牛奶），全球变暖趋势将下降，土地和水的使用将总体减少80%。

微生物食物已经在食品产业中逐渐崭露头角。通过技术挖掘，其潜力可以进一步扩大。此外，微生物蛋白质的生产可以减少对传统畜牧业的依赖，有利于可持续发展。微生物食物产业有望在未来成为食品行业的重要一环。它不仅可以提供高蛋白质、低环境影响的食品选择，还能满足消费者对多样化、功能性食品的需求。微生物食物产业目前还处于相对初级阶段，需要进一步的科技支持来实现其潜力。

2. 科技支撑：破解难题，开启新质生产力的大门

随着生物技术和信息技术的发展，微生物食物的种类和功能将不断扩展和提升，可以实现微生物食物的智能化监测和控制，提高产品质量和稳定性，降低生产成本和资源消耗。简言之，微生物食物产业的发展离不开以下几项关键技术的革新。

（1）合成生物学技术：突破壁垒，引领创新

合成生物学利用工程化思维和方法，设计和构建具有特定功能的新型生命系统或改造现有的自然生命系统。利用合成生物学、基因编辑、代谢工程等技术，定制微生物菌种和发酵过程，结合代谢工程、多组学分析、代谢网络模型计算、调控基因回路设计与基因元件设计等多种合成生物学技术实现对微生物基因组的精准编辑和调控，创造出具有新功能的微生物菌种，或者将微生物作为细胞工厂，生产出人类所需的特定物质，如蛋白质、脂肪、糖类和维生素等。近年来通过合成生物学技术解析合成途径，设计组装了近百种异源合成的细胞工厂，取得突破的天然产物包括β-胡萝卜素、番茄红素、丹参酮、天麻素、红景天苷和灯盏乙素等，合成生物学技术为微生物食品的多样化、功能化和定制化提供了强大的工具。如果通过科技支撑将微生物食品产量提高20%~30%，即可进一步降低生产成本，弥补极端环境下食物短缺所需食物的10%~30%。

（2）发酵生产：攻克瓶颈，实现市场化飞跃

发酵技术是利用微生物或其代谢产物对食品原料进行生物转化的技术，是微生物食品的核心技术之一。在我国微生物发酵食品领域，发酵产业主产品的产量由2010年的1 840万吨增长为2019年的3 000万吨，年平均增长率为7.8%。新发展阶段，结合发酵过程多组学分析、数据建模和仿真、工业菌种高效基因组重编程、智能化发酵工艺等技术体系，突破核心菌种高产、抗逆机理，好氧代谢转变为厌氧代谢的生理机制等关键科技问题，通过绕道设计，规避专利封锁，重构自主知识产权的生物发酵核心菌种，大幅度提升工业菌株生产水平和效率，可进一步将产量提高7%~20%。对大宗发酵产业进一步升级改造，将"去产能，降成本、补短板"作为重点任务来实施。同时围绕人类营养健康与安全的重大需求，构筑农业产品生物重组合成技术，挖掘并创新植物天然产

物、蛋白质和油脂等微生物合成技术，突破人工奶蛋白、人造肉等仿真合成、细胞合成等关键技术，解决生物合成效率、成本等瓶颈问题，建立糖、人造肉和油脂等加工生产新工艺。

(3) 人工智能及信息技术：智慧赋能，助力产业升级

信息技术是指利用计算机、网络、通信等手段进行信息获取、处理、传输和应用的技术，是微生物食品的重要支撑技术之一。利用大数据、云计算、人工智能等技术，实现对微生物食品的智能化监测和控制，提高产品的质量和稳定性，降低生产成本和资源消耗。信息技术还可以实现对微生物食品的大数据分析和人工智能应用，挖掘出潜在的功能成分和作用机制，为产品开发和创新提供科学依据。"十三五"以来，基因组改组技术、系统代谢工程技术、细胞全局扰动技术等微生物基因组育种技术已在氨基酸等生物合成方面取得了显著的效益，这大大加速了基于数据分析与基因编辑的微生物食物合成新途径、构建新菌种、设计复合酶的功能化和智能化研究，大大提高了生物性能与物质转化效率，加快了我国微生物食品产业进程，促进了我国食品产业结构的调整。近年来，微生物制造产业应用云计算、物联网和机器人等技术，开发了由光学传感器、数据分析软件等组成的微型生物反应器，实现了多数据在线监测、高通量筛选、单位能耗低、实验周期短的生产目标。在未来，微生物食品产业可利用大数据、人工智能等技术形成的信息物理系统（CPS）打造具有自感知、自学习、自决策、自执行、自适应功能的智能食品制造产业链，实现标准化、精细化、智能化生产。

微生物食物在我国的大食物观下具有巨大的产业潜力，持续且高质量的科技支持是实现这一潜力的关键。通过发酵技术创新、基因编辑、生产规模化等方面的技术支持，微生物食物产业有望在未来发展壮大，为构建健康、绿色、可持续的食品体系贡献力量。

（五）微生物食物产业科技支撑的未来趋势分析

微生物食物作为大食物产业的一部分，具有广阔的发展前景。未来的食物可能是用细菌、真菌和动物细胞组成的联合体来生产，类似于汉堡、火腿肠、人造奶等是营养、风味和香味兼备的食品。未来随着科技的不断进步和社会需求的变化，微生物食物将向标准化、精细化、智能化转变，并呈现出重要的科技支撑趋势。

1. 精细化发酵技术实现微生物食物的突破

发酵技术是微生物食物生产的核心，未来将进一步优化微生物的生长环境、培养条件和发酵过程，以提高产量和质量。精细化发酵技术可以实现更高效的微生物菌种培养，从而降低生产成本并提升产出，以提高单细胞蛋白、微藻蛋白和食用菌等微生物食物的产量和质量。

2. 基因编辑和合成生物学的融合应用推动微生物食物的定制化开发

基因编辑和合成生物学的发展将有助于设计出更具有特定功能和特性的微生物，用于生产特定类型的微生物食物。通过改造微生物的遗传信息，可以实现定制化的食品生产，从而满足不同的口味和营养需求，使其产生更高质量的蛋白质，或者在微藻生产中

增加所需的营养成分。这将推动微生物食物品质和营养价值的提升。

3. 生物反应器和生产工艺优化实现降本增效

新型生物反应器和生产工艺的创新将进一步提高微生物食物的产量和效率。采用连续生产模式、多级发酵系统等方式可以优化微生物的生产过程，实现持续稳定的食品供应。针对不同的微生物资源，未来将涌现出更多高效的生物反应器和生产工艺。例如，微藻的光合作用利用、食用菌的生长介质优化，都将为微生物食物的大规模生产提供更高效的解决方案。

4. 微生物食品定制化和多样化发展，认可度提升

微生物食品是一种具有高效、低耗、环保等优势的食品，能够满足消费者对营养、健康、美味、方便等多方面的需求。随着消费者对食品个性化、差异化、功能化等要求的提高，微生物食品的创新和多样化将更加迫切和必要。未来可能会涌现出更多具有新型形态、新型口感、新型功能等特点的微生物食品，包括单细胞蛋白质、微生物发酵的乳制品、替代性肉类等。这些产品将更加多样化，满足人们对不同类型食品的需求，丰富消费者的选择和体验。

5. 微生物食品的标准化和规范化，提高可追溯性和可信度

微生物食品是一种涉及人类健康和安全的食品，需要严格遵守相关的法律法规和标准规范，保证产品质量和安全性。随着微生物食品产业的发展和壮大，食品安全和监管将变得更为重要，微生物食品的标准化和规范化将更加完善。未来的趋势可能包括建立更严格的微生物食品质量标准和监管机制，确保微生物食物的安全性和合规性，且需要建立一套覆盖从原料到成品的全过程质量控制体系，包括菌种鉴定、原料检测、发酵控制、产品检验等环节，提高产品可追溯性和可信度。

6. 不断发掘微生物食物资源，产品更加多元化

菌种资源是微生物食物产业的核心和基础，决定了微生物食物的品种、质量、功能和安全性。随着基因测序、合成生物学、代谢工程等技术的发展，菌种资源的挖掘和利用将更加深入和广泛，能够发现更多具有新颖特性和性状优良的菌种，或改造和优化已有的菌种，提高其产量和稳定性，增加其附加值和竞争力。

7. 微生物食品的智能化和数字化，推动产业的转型与升级

微生物食品是一种依赖于科技进步和创新驱动的食品，需要不断引入新技术和新方法，提高产业效率和水平。随着人工智能、大数据、云计算、区块链等技术的应用和普及，微生物食品的智能化和数字化将更加广泛和深入，能够实现对菌种资源的智能管理和共享，对发酵过程的智能监测和调控，对产品销售和分销的智能预测和优化等。

总的来说，微生物食物产业将在精细化生产技术、创新产品开发、可持续性和健康营养等方面持续发展，为大食物观的践行提供了重要的科技支撑。这些趋势不仅将满足未来食品需求，还有望推动食品产业的转型与升级。

四、极端情况下中国科技支撑微生物食物的潜力

（一）极端情况下的场景描述及其对中国微生物食物生产的影响

基于当前国际形势及未来可预测的一段时期的国情，俄乌冲突仍在继续，巴以争端持续发酵，在面临极端战争情况下，国际环境持续动荡，导致全球食品供需紧张程度加剧，进口不确定因素加大。在微生物食品制造产业中，我国主要面临的风险点是美国、欧盟等国家和地区的技术垄断，同时还面临微生物食品制造产业相关仪器设备、装备系统的技术封锁。

极端情况下，微生物优质蛋白保障是主要风险点。尽管面临诸多外部的威胁与挑战，但是也应当清楚地认识到，微生物食品产业仍属于新兴产业，我国整体发展水平与国外基本并行。在国内研发机构与企业的不断突破下，我国有机会掌握该领域的未来核心技术，形成持续研发能力和自主的产品体系、技术体系、产业体系和知识产权体系，保障我国的经济健康发展与国防安全。应以强化大食物观的营养为目标，以农业技术创新引领食物供给向营养健康转型，提升多元化食物供给能力，探索研发替代蛋白等食品新原料。

（二）极端情况下提高微生物食物供给能力

在原有生产体系被破坏的情况下，粮食大幅度减产，我国需要重建和优化生产体系，保障国家经济社会稳定。在极端环境下，我国食物资源紧缺，传统食物在数量、质量和可持续发展方面越来越难以满足需求，因此食用菌、微藻、单细胞蛋白、微生物食物甚至细胞培养产品等微生物蛋白替代肉类因其具有减少耕地使用、降低淡水资源消耗、减少温室气体排放等诸多优势，都可作为食物的重要来源。

1. 改变固有思维，深度挖掘微生物来源，扩大生产规模，找准微生物食物机会点

真菌蛋白作为一种衍生的蛋白质来源，是一种可持续和更健康的肉类替代品，其谷氨酸、天冬氨酸、核苷酸和风味肽等呈味物质含量丰富，一般含有 50% 以上的蛋白质成分。通过挖掘食用菌来源增加 10%~20% 的菌种品种数量，人工培养扩大生产规模，进一步提升 20%~30% 的产量，到 2050 年，可用发酵获得的微生物蛋白替代全球牛肉消耗的 20%，从而使森林砍伐和相关二氧化碳排放减半。因此，优化真菌蛋白的生产过程，降低成本、提高生产效率和解除区域供应限制是未来真菌蛋白生产的机会点。

2. 高质量、低成本合成食品原料和关键功能性营养因子，实现合成生物学在未来食品中的大规模应用

通过动态控制细胞工厂以实现目标产物的高效合成，实时检测细胞生理以了解细胞代谢过程中代谢特征的基础。利用实时多参数数据和不同水平的细胞内组织化学数据，

揭示影响细胞生长和产物合成的关键因素,为发酵过程的优化和控制策略提供有针对性的指导。

3. 有效增强型细胞工厂的构筑,结合人工智能提高微生物食品的转化,提高抵御风险能力,保障我国食品的基本营养

了解食品合成过程中调控和关键功能基因,通过模块化工程、代谢工程和基因工程等策略提高微生物食品的产量。将反应器设计与人工智能相结合,以获得适合大规模细胞生产的生物反应器。如细胞培养肉方面,可通过提高干细胞来源、降低生产成本、扩大生产规模提高人造肉产量,同时增加血红素等风味物质的高效生产以及微生物、矿物质等营养物质的合成。通过利用食品合成生物学技术,使用程序化的食品细胞工厂、工程微生物联合体和无细胞生物合成平台生产的食品有望在极端情况下弥补食物缺口的15%~30%。应进一步提升我国微生物食物抵御极端情况下的风险,提升我国生产微生物食物的生产力。

(三)大食物观背景下微生物食品为农业、畜牧业、能源和环境领域提供有力支撑

微生物食物可以在多个方面发挥重要作用,如农业利用、畜牧业生产、能源转化、提供生物质、净化环境等,同时为维持和恢复生态平衡起到重要作用。

在农业利用方面,微生物可以在土壤中进行生物修复,将污染物转化为无害物质,从而净化环境,为植物提供健康的生长环境,进而维持食物链的稳定。未来我国微生物肥料产业发展的首要目标以需求为导向,搭建"产学研"融合的科技创新平台,选育新菌种、研发新产品、拓展新功能,实现微生物肥料产业可持续创新的长远发展。同时,围绕人类营养健康与安全的重大需求,构筑农业产品微生物重组合成技术,促进新型合成农业发展。

在畜牧业方面,微生物工业大量应用于畜牧业,畜牧业现代化是保障农产品供给的重要支撑,在确保粮食安全的前提下,拓展了食物供给种类,保证了居民多元、营养的食物需求。

在能源方面,微生物可以用于生产生物能源。微生物发酵可以产生生物气体(如甲烷),作为可再生能源用于发电和供热。微生物还可以用来生产生物柴油和生物乙醇等替代能源,减少对传统能源的依赖。面向可持续化学的发展需求,尤其是针对有机化工路线污染严重、生物路线生产效率低等问题,结合合成生物学新技术,设计化学品生物合成的新酶、新反应、新途径,开辟新的原料利用与物质生产新路线,实现医药化学品、精细化学品、高能燃料、新材料分子、高含能材料等生物合成技术创新与应用。

在环境方面,在生态环境整体破坏的严重极端情况下,我国需要恢复和改善生态环境,保障国家生存发展空间。在这种情况下,微生物食物可以在极端条件下进行生产,如地下、太空等。地表资源会受到环境的影响,但地下环境可能相对较为稳定。微生物可以在地下生产环境中发挥作用,用于生产食物和资源。在地下环境可以借助微生物进行废弃物转化、生物能源生产以及食物生产,从而在地表环境恶劣的情况下提供可持续

的食物和资源供应。例如，食用菌是一种利用真菌作为原料或通过固态发酵等技术制成的食品，其蛋白质含量高达 30% 以上，且具有多种药用价值。食用菌可以利用各种有机废弃物进行培养，不需要阳光等条件。

总的来说，微生物在不同程度的极端情况下，都具有巨大的潜力，我国科技支撑大食物观与微生物食物密切相关，可以通过生物技术和微生物工程等手段，为我国大食物观的实践提供创新解决方案。这些解决方案不仅可以提供替代性食物和资源，还可以减轻生态环境压力，实现可持续发展。在未来，随着科技的不断进步，微生物食物可能会在极端情况下发挥更加重要的作用，是未来食品产业的重要发展方向。我国应加大对微生物食物的科技投入和政策支持，促进其产业化和规模化，为国家粮食安全和生态文明建设作出贡献，为人类社会带来更大的生存和发展机会。

五、政策建议

微生物食物具有多样化、高效化、绿色化等特点，是践行大食物观的重要途径之一。为了促进微生物食物产业的发展，顺应大食物观发展趋势，可以从以下方面入手。

（一）充分布局"白色粮仓"产业链条的搭建，深度挖掘微生物食物的潜力

洞察当下，审时度势，以科技创新推动产业创新升级，大力发展新质生产力，催动新产业、新模式及新动能。要充分利用现有的科研院所、高校、企业等资源，建立一批国家级或省级的微生物食物技术创新中心或工程技术研究中心，形成产学研用一体化的创新体系，提供技术服务和支持。同时，要加强对微生物食品产业园区的规划和建设，打造一批示范基地和龙头企业，促进产业集聚和协同发展，形成规模化效应。要培养和引进一批高层次的微生物食品科技人才，提高产业发展的人才保障水平。要加强对从事微生物食品生产、加工、检测等工作的人员的培训和考核，提高他们的专业素养和技能水平。要加强对消费者和社会公众的科普宣传和教育，提高他们对微生物食品的认知度和接受度。要制定和完善一系列有利于微生物食品产业发展的政策措施，如给予税收优惠、财政补贴、金融支持、市场准入等方面的支持和激励。要加强对微生物食品的标准制定和监管，确保产品质量和安全。要加强对微生物食品市场的培育和推广，扩大消费需求。

（二）推进食物链的链级提升，顺应微生物食物发展趋势

微生物能够分解和利用动植物残渣、工厂下脚料、有机固体废弃物等难再利用资源，使其再生为能够重新进入食物链的可利用资源，对于提升能量的利用等级具有重要意义。因此，要充分调动和鼓励种植业、养殖业及微生物行业的联合发展，充分发挥微生物在食品、肥料、能源、生态环境保护等方面的作用，实现农田有机垃圾、养殖业粪便、动物残体等的零废弃、无污染及资源化应用，全面助力打造"零废弃生态农业"

及食物链的链级提升。

(三) 交叉前沿与颠覆性创新提升微生物食物生产力

我国的微生物制造产业应当坚持引领跨越，促进跨学科、跨行业的深度融合交叉合作。充分发挥生物技术的引领性作用，强化原始创新和集成创新，促进生物技术成果转化和产业化发展，抢占国际竞争的战略制高点。生物制造的前沿交叉与应用将有助于我国摆脱原始创新能力不足、关键核心技术受制于人的困境，提升科技创新质量；有助于为我国科技创新实现跨越式发展提供新的物质基础；有助于缩小与发达国家之间的科技创新差距，为我国建设世界科技强国提供战略新机遇。目前，合成生物学的发展正在改变食品工业、食品科学与合成生物学的有效结合，不仅是解决现有食品安全和营养问题的重要技术，也是克服传统食品技术不可持续性问题的重要方法。将合成生物学技术应用于未来的食品生产，有可能在提高资源转化效率的同时，摆脱传统农牧业的弊端。总的来说，合成生物学驱动的食品工业有潜力解决未来可持续食品供应的挑战。

微生物已经在食物体系中发挥了核心作用，但是要发挥下一代微生物食品的潜力，需要在几个领域进行创新：①了解和利用粮食生产中的微生物多样性，以改善人类和地球环境的健康和可持续发展；②采用科学驱动的发酵工程、合成生物学系统工具及基因工程来改进微生物源食品的生产；③通过利用废物或废气作为制造微生物源食品的底物，来提高食品系统的效率。

(四) 重点发展微生物食物的提质增量，提升微生物食物的科技支撑

加大国家对微生物食物行业的投入，进一步提升微生物食物生产的科技支撑，从而推动生产及加工技术的发展。同时，扩大生产基地、做优品质、做强品质、大力拓展国内与国际两个市场，推进微生物食物产业持续健康发展。重点开展微生物种质资源的发掘和改造，充分利用生物信息大数据、基因编辑、合成生物学等技术对微生物进行更为精准的人工调控，以实现更高效的定向进化，进而开展微生物菌种选育及改良。

(五) 以科技创新推动产业创新，向新质生产力要增长新动能

通过整合科技创新资源，引领发展战略性新兴产业和未来产业，加快形成新质生产力。推进并支持微生物食物企业与高校深度合作交流，坚持以企业为主体、市场为导向，促进产学研用深度融合，一体化推进部署创新链、产业链、人才链，从而进一步提高科技成果转化和产业化水平。提高生产效率、降低生产成本、提升产品质量、减少能源消耗和环境污染，拉长产业链条，提高产品附加值，提升产业竞争力。持续推进高水平开放创新，深度参与全球产业分工与合作，增强联动效应，同时推动微生物食物高水平走出去，构筑发展新优势。

报告主要研究人员：周波、李大鹏、陈义伦、李峰、陈伟、王建宇、张永淋（山东农业大学）；李福利（中国科学院青岛生物能源与过程研究所）

参考文献

顾显伟, 沈沂, 周君梅, 等, 2020. 基于 Web of Science 的生物样本库论文计量学分析 [J]. 中华医学科研管理杂志, 33: 5.

郭姝媛, 吴良焕, 刘香健, 等, 2022. 微生物中一碳代谢网络构建的进展与挑战 [J]. 合成生物学, 3: 22.

侯正猛, 罗佳顺, 曹成, 等, 2023. 中国碳中和目标下的天然气产业发展与贡献 [J]. 工程科学与技术, 55: 243-252.

李洁琼, 2014. 白色农业——未来农业新方向 [J]. 中国农村科技 (5): 60-61.

李伟, 吴树彪, HAMIDOU B, 等, 2015. 沼气工程高效稳定运行技术现状及展望 [J]. 农业机械学报, 46 (7): 187-196, 202.

李寅, 2022. 合成生物制造 [J]. 生物工程学报, 38: 28.

石维忱, 王晋, 2021. 生物发酵产业"十四五"时期发展展望 [J]. 食品科学技术学报, 39 (2): 8-13.

史硕博, 孟琼宇, 乔玮博, 等, 2020. 塑造低碳经济的第三代固碳生物炼制 [J]. 合成生物学, 1 (1): 44-59.

张虎, 谭英南, 朱瑞鸿, 等, 2023. 微藻生物固碳技术在"双碳"目标中的应用前景 [J]. 生物加工过程, 21: 390-400.

BYCH K, MARTA H M, TED J, et al., 2019. Production of HMOs using microbial hosts-from cell engineering to large scale production [J]. Curr. Opin. Biotechnol., 56: 130-137.

CAI T, SUN H, QIAO J, et al., 2021. Cell-free chemoenzymatic starch synthesis from carbon dioxide [J]. Science, 373: 1523-1527.

CHAUDHURI T K, KATSUNORI H, TAKAO Y, et al., 1999. Effect of the extran-terminal methionine residue on the stability and folding of recombinant α-lactalbumin expressed in Escherichia coli [J]. Journal of Molecular Biology, 285: 1179-1194.

CHOI B K, JIMÉNEZ-FLORES R, 2001. Expression and purification of glycosylated bovine beta-casein (L70S/P71S) in Pichia pastoris [J]. Journal of Agricultural and Food Chemistry, 49: 1761-1766.

CUI S, XIA H, CHEN TAICHI, et al., 2020. Cell membrane and electron transfer engineering for improved synthesis of menaquinone-7 in *Bacillus subtilis* [J]. iScience, 23: 100918.

FERNANDEZ-MOYA R, DA SILVA N A, 2017. Engineering *Saccharomyces cerevisiae* for high-level synthesis of fatty acids and derived products [J]. FEMS Yeast Research, 17.

GAO R, XU X, WU Z, et al., 2023. The potential of converting carbon dioxide to food compounds via asymmetric catalysis [J]. Nanoscale Advances, 5: 2865-2872.

ISHCHUK O P, AUGUST TF, FACUNDO M P, et al., 2021. Improved production of human hemoglobin in yeast by engineering hemoglobin degradation [J]. Metabolic Engineering, 66: 259-267.

KIM T R, GOTO Y, HIROTA N, et al., 1997. High-level expression of bovine beta-lactoglobulin in *Pichia pastoris* and characterization of its physical properties [J]. Protein Engineering, 10: 1339-1345.

KYEONG K Y, YU D Y, KANG H, et al., 1999. Secretory expression of human αs1-casein in *Saccharomyces cerevisiae* [J]. J. Microbiol. Biotechnol., 9: 196-200.

LI X, WANG X, DUAN C, et al., 2020. Biotechnological production of astaxanthin from the microalga Haematococcus pluvialis [J]. Biotechnology Advances, 43: 107602.

LV X, Wu Y, Gong M, et al., 2021. Synthetic biology for future food: Research progress and future directions [J]. Future Foods, 3: 100025.

Monte J, Ribeiro C, Parreira C, et al., 2020. Biorefinery of Dunaliella salina: Sustainable recovery of carotenoids, polar lipids and glycerol [J]. Bioresource Technology, 297: 122509.

NISHSHANKA G K S, LIYANAARACHCHI V C, NIMARSHANA P H V, et al., 2022. Haematococcus pluvialis: A potential feedstock for multiple-product biorefining [J]. Journal of Cleaner Production, 44: 131103.

PENG X, QIAO K G, AHNW S, et al., 2016. Engineering *Yarrowia lipolytica* as a platform for synthesis of drop-in transportation fuels and oleochemicals [J]. Proceedings of the National Academy of Sciences, 113: 10848-10853.

SHI S, WANG Z, SHEN L, et al., 2022. Synthetic biology: A new frontier in food production [J]. Trends Biotechnology, 40: 781-803.

VOIGT C A, 2020. Synthetic biology 2020-2030: Six commercially-available products that are changing our world [J]. Nature Communications, 11: 6379.

WANG SH, YANG T S, LIN S M, et al., 2002. Expression, characterization, and purification of recombinant porcine lactoferrin in *Pichia pastoris* [J]. Protein Expression and Purification, 25: 41-49.

ZHENG T T, ZHANG M L, WU L H, et al., 2022. Upcycling CO_2 into energy-rich long-chain compounds via electrochemical and metabolic engineering [J]. Nature Catalysis, 5: 388-396.

附　　录

附表1 中国主要食物供给与消费现状

主要食物类型	供给端					消费端				《中国居民膳食指南(2022)》推荐消费模式		总供应量/消费满足程度(%)	自产量/消费满足程度(%)
	主要食物产量及进出口量(万吨)			进口依存度(%)	表观满足度(%)	主要食物类型	主要食物消费情况		总供应量/消费满足程度(%)	自产量/消费满足程度(%)	克/天	千克/(人·年)	万吨/年		
	产量	进口量	出口量				千克/(人·年)	万吨/年						
粮食（原粮）	68 285	4 336	242	5.7	94.3	粮食（原粮）	141	19 768	366.1	345.4	375	137	19 163	377.7	356.3
谷物	63 276	4 308	242	6.0	94.0	谷物	128	17 948	375.2	352.6	300	110	15 330	439.3	412.8
稻谷	21 284	496	242	1.2	98.8	稻谷									
小麦	13 694	977		6.7	93.3	小麦									
玉米	27 255	2 835		9.4	90.6	玉米									
薯类	3 044	28		0.9	99.1	薯类	3	434	707.7	701.3	75	27	3 833	80.1	79.4
豆类	1 966			0.0	100.0	豆类	10	1 400	140.4	140.4					
大豆	1 640	9 652		85.5	14.5	大豆									
食用油	1 303	3 420		72.4	27.6	食用油	10	1 456	324.4	89.5	30	11	1 533	255.6	187.9
奶类（折原奶计）	3 883	2 223	16	36.2	63.8	奶类（折原奶计）	43	6 090	100.0	63.8	300	110	15 330	39.7	25.3
动物性食品	21 242	1 661	449	5.4	94.6	动物性食品	64	8 988	249.8	236.3	200	73	10 220	219.7	207.9
畜禽肉类	8 990	938	35	9.1	90.9	畜禽肉类	25	3 472	284.9	258.9	40	15	2 044	484.0	439.8
猪肉	5 296	371	10	6.4	93.6	猪肉	18	2 548	222.0	207.8					
牛肉	698	233	1	25.0	75.0	牛肉	2	322	288.8	216.6					
羊肉	514	41		7.4	92.6	羊肉	1	168	330.3	306.0					
禽类肉	2 380	148	23	5.0	95.0	禽类肉	13	1 778	140.9	133.9	50	18	2 555	98.0	93.2
水产品	6 464	575	380	2.9	97.1	水产品	14	1 946	342.2	332.2	60	22	3 066	217.2	210.8
蛋类	3 409		10	0.0	100.0	蛋类	13	1 792	189.6	190.2	50	18	2 555	133.4	133.4
蔬菜及食用菌	81 710		65	0.0	100.0	蔬菜及食用菌	104	14 518	562.4	562.8	500	183	25 550	319.8	319.8
水果类	29 970	703	355	1.1	98.9	水果类	51	17 182	422.1	417.3	350	128	17 885	169.5	167.6

数据来源：《中国统计年鉴2021》《中国居民膳食指南（2022）》。

注：食用油进口量是指合进口食用油以及进口油料所产食用油的总量；动物性食品未减去进口玉米饲料、进口大豆产豆粕及进口豆粕折算成的动物性食品产量。

附表 2 食品加工制造业与大食物各行业之间的关联

类别	上游	食品加工制造业		下游
农副食品加工业	粮食种植	粮食加工（谷物磨制）	稻谷加工	烘焙食品生产、饲料加工、方便食品生产、发酵制品生产等
			小麦加工	
			玉米加工	
			杂粮加工	
			其他谷物磨制	
	粮食种植、粮食加工	饲料加工	单一饲料加工	畜牧业
			配合饲料加工	
			浓缩饲料加工	
			添加剂与混合饲料加工	
			精饲料及补充料加工	
			宠物饲料加工	
	粮食种植、林业、粮食加工	食用植物油加工	食用植物油料生产油脂	多种食品加工
			精制食用油加工	
	畜牧业、饲料加工	屠宰及肉类加工	牲畜屠宰	方便食品、罐头食品生产等
			禽类屠宰	
			肉制品及副产品加工	
	鱼饲料加工	水产品加工	水产品冷冻加工	方便食品、罐头食品生产等
			鱼糜制品及水产品干腌制加工	
			鱼油提取及制品制造	
			其他水产品加工	
	果蔬种植、林业	蔬菜、食用菌、水果和坚果加工	蔬菜加工	方便食品、罐头食品生产等
			食用菌加工	
			水果和坚果加工	
	糖料作物种植	制糖业	制糖业	
	粮食种植、林业、畜牧业、饲料加工	其他农副食品加工	淀粉及淀粉制品生产	烘焙食品生产、饲料加工、方便食品生产、调味品生产、发酵制品生产等
			豆制品生产	
			蛋品生产	

(续表)

类别	上游	食品加工制造业		下游
食品制造业	粮食种植、粮食加工	烘焙食品生产	糕点、面包生产	
			饼干及其他烘焙食品生产	
		糖果、巧克力及蜜饯生产	糖果、巧克力生产	
			蜜饯制作	
	粮食种植、多种农副产品加工	方便食品生产	米、面食品生产	
			速冻食品生产	
			方便面生产	
			其他方便食品生产	
	畜牧业、粮食加工、饲料加工	乳品生产	液体乳生产	烘焙食品发酵制品生产等
			乳粉生产	
			其他乳制品生产	
	粮食种植、多种农副产品加工	罐头食品生产	畜禽肉罐头生产	
			蔬菜、水果罐头生产	
			其他罐头食品生产	
	粮食种植、林业、粮食加工	调味品、发酵制品生产	味精生产	烘焙食品生产、饲料加工、罐头食品生产、方便食品生产
			酱油、食醋及类似的食品生产	
			其他调味品、发酵制品生产	
		其他食品生产	营养食品生产	
			保健食品生产	
			冷冻饮品及食用冰生产	
			食盐加工	
			食品级饲料添加剂生产	
			其他未列明食品生产	
酒、饮料和精制茶产业				
烟草制品业				

附表3 中国大食物产业发展趋势

趋势来源	产业	趋势方向	趋势分析
生产方式	畜牧	立体养殖引领养殖方式变革	养殖业从平房搬进楼房，畜舍布局从"平面化"变为"立体式"，有助于产能倍增，发展肉制品深加工项目
		智慧畜牧业提升核心竞争力	当前我国大多数大中型饲料厂，已经建立了在线的动物营养管理系统，在原料仓、配料仓等环节，使用智能装备；未来基于健康养殖智能监测模型，提升饲料数字化、智能化生产水平，建设智能养殖技术体系和设备，实现畜牧业数字化、智能化
	林业	信息化赋能森林食品制造	通过充分利用云计算、物联网、大数据等新一代信息技术，形成信息化森林食品制造业，达到"信息化引领、一体化集成、智慧化创新"
		场景驱动，优化宏观布局	建设现代海洋牧场，发展深水网箱、养殖工船等深远海养殖；依托大数据平台和指挥调度系统，监测水盐场景的动态变化，实现实时监控、远程控制和智能决策的数字化管理
		牧养互动，促进模式创新	陆海统筹，优化产业空间布局，发挥内陆水域、滩涂、近海和深远海等资源优势；陆海统筹，实现海洋和陆地和海洋的生态、经济、景观等流通
	渔业	装备推动，实现智能产业升级	针对不同经济物种和场景，研发机械化、智能化、智能养殖配套设施；研发经济物种和自动化采捕新装备，如利用生物集群行为学研发高效诱捕装备等；研发生态化养殖、自动化监测、精准化计量、环境友好型采捕装备、实现少人化管理，如水面自主导航船、水下巡检机器人与水下采收机器人等
		智慧与深蓝渔业关键技术创新	以智能传感器、泛在物联网、无线电及卫星通信、人工智能、大数据、云计算等现代信息技术为依托，开展智慧绿色养殖、渔船渔港渔政渔业大数据流通和渔业水产品流通大数据应用等关键技术研究，构建覆盖渔业生产和管理的智慧渔业技术体系；面向深海大洋，开展极地资源海洋生物遗传资源综合利用、工业化绿色生产模式养殖工厂构建，大洋极地资源精准探测与高品质捕捞、海陆联动信息技术与渔船装备、海上物流智能装备，海上"岛一岛一陆"相联动的全产业链渔业生产体系

（续表）

趋势来源	产业	趋势方向	趋势分析
生产方式	设施农业	创新或更新设施结构与类型	通过工程技术创新，改进日光温室结构，在维持原来结构优势的基础上，必须提高温室气密性和洁净度，增加被培空间及其利用效率，并从结构上进行预设环控装备衔接功能；大力发展人工光植物工厂和连栋温室等新型设施类型，替代并释放大量土地资源；大换代的跨越发展，以连栋温室栽培管控模式为发展目标，设施内环境因子监测，达到更新执行机构运行闭环，水肥一体化装备管控等均应实现自动化管理，减少人力资源投入或劳动量；大力发展设施内小型农机具，耕地、开沟、起垄、覆膜、种植等操作实现机械化，进一步减少人力资源投入或劳动量
生产方式	设施农业	技术创新引领设施蔬菜低碳高效发展	利用我国绝大多数地区40℃以上的年温差，探索低能耗、低成本、生态安全、高产优质高效的设施农业发展之路；设施农业也可向低产田发力，在确保生态安全的前提下，积极向沿海滩涂和矿山废弃地拓展，加大设施蔬菜、西甜瓜、食用菌生产规模，适度发展设施蔬菜和井；开发低碳设施加温和人工补光技术是保障设施农业稳产高产的必要措施
	林业	加快多元化森林食品开发	围绕采后贮藏加工与综合利用对产业链带动的重大科技需求，研究采后贮运过程中鲜果品质劣变和病原菌致病规律，开发"运销保鲜"的新型绿色包装材料；基于生物保鲜技术及绿色包装材料，研究精准控温与采后贮运保鲜技术，开发纳米涂膜抑菌保鲜技术及绿色包装材料，解决鲜果易损伤的包装难题；研究色素、淀粉、蛋白质及多糖等生物活性成分高效富集与高值化利用技术，集成特色经济林产品多级联产加工技术，实现产品采后多级增值；突破智能农业与智能装备关键技术，提升我国森林食品生产的装备现代化水平
食物来源	渔业	提高水产品养殖占比，稳定发展捕捞	坚持数量和质量并重，不断提高综合生产能力，增强竞争力和质量效益，推动高质量发展，产量将平稳持续推进，预计水产品产量年均增长0.8%；随着养殖技术的不断进步和绿色健康养殖的持续推进，水产品养殖继续提高，预计年均增长1.1%，养殖产量占水产品总产量的比例将提高至82.2%；未来中国将推动捕捞形成保持基本稳定，基本保持在每年1 000万吨左右局，捕捞产品总体将小幅下降并趋于稳定，基本保持在每年1 000万吨左右
食物来源	渔业	立足原种保护，改善生物多样性	开展原种资源遗传多样性评估，筛选利用优质原种，加强外来物种控制与治理，精确测评加强遗传改良品种选育繁推"一体化健康种业新模式

（续表）

趋势来源	产业	趋势方向	趋势分析
食物来源	设施农业	加快培育设施蔬菜专用品种	自主培育设施农业品种，四季供应绿色蔬菜。目前已经实现了黄瓜、辣椒的品种自由，部分高端设施蔬菜品种仍然依赖进口，例如，西兰花品种的对外依赖度达95%以上，菠菜、洋葱等品种占领、国内番茄品种的进口依赖度达90%以上，国内番茄抗黄化曲叶病毒能力弱，杂交胡萝卜、菠菜、洋葱等品种占领，加强优异种质资源的收集，开展优异种质资源精准鉴定、挖掘优异基因变异，定向创制新种质；建立高通量基因型和表型精准数据库
食物来源	食品加工制造业	合成生物学提供新型原料	为畜禽等动物饲养提供蛋白质，替代植物蛋白，具有缓解"人畜争粮"矛盾的作用；我国每年产生农作物秸秆9亿吨和林木生物质9.2亿吨，若将1/4的秸秆和林木生物质用于生产蘑菇，可生产蛋白质约3 150万吨，相当于7 875万吨的蛋白质总量，折合6亿亩农田种植大豆所生产的蛋白质；未来30年内，若用真菌蛋白替代全球20%的牛肉消费量，可降低56%的森林砍伐量和与之相关的碳排放量
食物来源	食品加工制造业	开展功能性油脂分子修饰与产品创制研究	以脂质功能挖掘和产品为导向，研究生物化学选择性调整、高活性脂肪酶微阵列、脂质分子靶向重构与修饰分子修饰关键技术，集成建立功能油脂制造技术与装备体系
消费结构	食品加工制造业	精准营养已成国家战略需求	对动物营养进行精准估测，推进低蛋白饲料的基础上再添加其他氨基酸，以低成本生产饲料蛋白，饲料蛋白的用量每年可将减少1 393万吨，相当于将近3 000万吨大豆
消费结构	渔业	水产品消费增速提高，加工消费占比提高	随着国内居民食物消费持续升级，结构不断优化，水产品高蛋白质、低脂肪的特性将受到更多的青睐，消费具有较大增长空间，预计水产品总消费量年均增长0.9%，食用消费量年均增长1.0%，加工消费量年均增长1.2%，损耗逐渐下降
消费形式	渔业	透明的生产方式	消费者对水产品的需求从"能吃到"转变为"吃得好"，不仅关注鲜活度、规格大小，而日益重视水产品的安全、营养、风味等，更加关注水产品的生长环境、饲养过程、营养组分、肌肉品质等
消费形式	渔业	及时的供应渠道	社会生活方式愈加城镇化，消费端对水产品的供货要求从"时令供应"的农贸市场向"按时吃"有"的商贸平台转变，消费端对水产品的稳定与消费要求从"时令吃"转变为"随时吃"，注重水产品供应量的稳定与消费体验的一致性
消费形式	食品加工制造业	多样的消费方式	水产品购买渠道、服务方式、商品种类都有新的变化，品牌特色的水产调理制品、休闲即食产品等越来越受到家庭厨房的欢迎，预制菜需求增长迅猛

附表4 "十三五""十四五"期间中国科技支撑大食物产业情况

大食物产业对象	科技支撑来源	科技支撑名称	科技支撑内容/目标
传统农业——种质资源	"十四五"期间国家重点研发计划	农业生物种质资源挖掘与创新利用	种业是农业现代化的基础,没有良种难以实现农业现代化。专项重点攻克珍稀种质资源保护、种质资源精准鉴定和基因挖掘等关键技术,创制突破性新种质,为建设种业强国和保障国家食物安全提供坚实支撑
	"十四五"期间国家重点研发计划	农业生物重要性状形成与环境适应性基础研究	保障国家粮食安全是关系我国国民经济发展和社会稳定的全局性重大战略问题。专项聚焦加快破解农业生物遗传基础科学问题,提升设计育种能力,从源头上保障国家粮食安全
	"十五"期间国家重点研发计划	转基因生物新品种培育专项	要获得一批具有重要应用价值和自主知识产权的基因,培育一批抗病虫、抗逆、优质、高产、高效的重大转基因生物新品种,提高农业转基因生物研究和产业化整体水平,为我国农业可持续发展提供强有力的科技支撑
传统农业——种质资源	"十三五"期间国家重点研发计划	七大农作物育种	按照"加强基础研究,突破前沿技术,创制重大品种,引领现代种业"的总体思路,以七大农作物(水稻、玉米、小麦、大豆、棉花、油菜、蔬菜)为对象,围绕种质创新、育种新技术、新品种选育、良种繁育等核心技术,获得具有科技创新链条,重点突破基因挖掘、品种设计和种子质量控制等关键技术,创制优异新种质,形成高效育种技术体系,主要农作物新品种育种效率提高50%,培育重大新品种并推广应用的贡献率由43%提高到50%
传统农业——化肥、农药	"十三五"期间国家重点研发计划	化学肥料和农药减施增效综合技术研发	通过研究化学肥料和农药高效利用机理与限量标准,研发肥料和农药技术创新与装备,开展化肥和农药减施增效技术集成与示范应用,构建化肥和农药减施增效与增产技术体系,到2020年,项目区化学农药利用率由33%提高到43%,磷肥利用率由24%提高到34%,化肥氮磷减施20%,化学农药利用率由35%提高到45%,化学农药减施30%,农作物平均增产3%,实现作物生产提质、节本、增效

(续表)

大食物产业对象	科技支撑来源	科技支撑名称	科技支撑内容/目标
传统农业—粮食	"十四五"期间国家重点研发计划	北方干旱半干旱与南方红黄壤等中低产田能力提升科技创新	落实"藏粮于地、藏粮于技"战略，围绕中低产田产能提升，在北方干旱半干旱和南方红黄壤等中低产田地区，创新障碍消减、耕地质量保育、节水增效、产能提升等基础理论与关键技术，创制新型产品与装备，构建中低产田分区分类综合治理模式，充分挖掘我国粮食增产潜力
	"十三五"期间国家重点研发计划	粮食丰产增效科技创新	围绕粮食丰产增效可持续发展，聚焦三大粮食作物（水稻、小麦、玉米），突出三大主产区（东北地区、黄淮海地区、长江中下游地区的13个粮食主产省份），注重三大目标（丰产、增效与环境友好），强化三大功能区（核心区、示范区与辐射区）建设，衔接三大层次（基础理论、共性关键技术、区域集成示范），开展科技创新
传统农业—农机	"十四五"期间国家重点研发计划	工厂化农业关键技术与智能农机装备	为大力推进农业机械化、智能化，专项聚焦农业传感器和智能农机装备核心技术/核心大田农业整体产出效能不高等问题，创制一批关键技术、核心部件、重大产品并开展典型应用示范，引领未来农业发展方向，保障国家粮食安全
	"十三五"期间国家重点研发计划	智能农机装备	围绕现代农业发展方式转变、提质增效对高端技术和市场重大产品的紧迫需求，重点突破市场机制和企业无力解决的信息感知、决策智控、试验检测等基础和关键共性技术，智能化核心技术，实现自主化，破解完全依赖进口受制于人的瓶颈；加大力度开发大型与专用拖拉机、田间作业及收获等主导产品智能技术与智能制造技术，自主建立农业智能装备技术体系；创制丘陵山区、设施生产与农产品产地处理装备，支撑全程全面机械化发展
传统农业—土壤与生态	"十四五"期间国家重点研发计划	重大病虫害防控综合技术研发与示范	聚焦健全农作物病虫害防治体系，加强外来物种管控，重点解决农林重大病虫害"可防""可治"和全程防控"绿色化"的基础理论、关键技术、重大产品与装备等问题
	"十四五"期间国家重点研发计划	黑土地保护与利用科技创新	聚焦用好养好黑土地这一珍贵资源，解析黑土地保护利用重大科学问题，研发监测监控及保护利用重大技术、产品与装备

(续表)

大食物产业对象	科技支撑来源	科技支撑名称	科技支撑内容/目标
传统农业—土壤与生态	"十四五"期间国家重点研发计划	农业面源、重金属污染防控和绿色投入品研发	围绕农业绿色科技主题，重点解决绿色农药肥料衣膜创制、减肥减药关键技术与设备、废弃物循环利用、产地污染防控与修复等问题，支撑农业绿色发展
	"十三五"期间国家重点研发计划	农业面源和重金属污染农田综合防治与修复技术研发	以我国农业面源污染高发和重金属污染典型区为重点，以农田面源污染物和重金属溯源、迁移和转化机制，污染负荷及其有害化学生物、有毒有害化学等理论创新为驱动力，突破氮、磷、重金属、农业有机废弃物等农田污染物全方位防治与修复集成关键技术瓶颈，提升装备化水平，产业化水平，建设技术集成与修复示范基地。到2020年，示范区实现氮、磷污染负荷降低20%以上，农药残留率降低30%以上，污染农田重金属有效性降低50%以上，农产品质量符合国家食品卫生标准，农业有机废弃物无害化消纳利用率达到95%
传统农业—作物	"十四五"期间国家重点研发计划	主要经济作物优质高产与产业提质增效科技创新	以主要经济作物"优质高产、提质增效"为目标，围绕"基础研究、技术研发、技术集成与示范"全创新链进行系统部署，专项的实施将通过创新共性关键技术研究，提质增效的理论和方法，提升我国主要经济作物科技创新能力和水平；通过研发高效快速改良育种新技术，结合常规改良途径，创制一批新优的新种质，选育若干适合机械化生产、抗性强、品质优、产量高的突破性新品种；通过集成良种繁育、轻简高效栽培、产品加工增值、防灾减灾等关键技术，建立全产业链的示范模式，最终实现主要经济作物产业提质增效，为农业供给侧结构性改革提供技术支撑
畜牧业	"十四五"期间国家重点研发计划	畜禽新品种培育与现代化牧场科技创新	围绕保障"菜篮子""肉盘子""奶瓶子"等畜产品稳定供给，重点解决畜牧业生产中良种繁育、高效养殖等关键科学问题与技术瓶颈
	"十四五"期间国家重点研发计划	动物疫病综合防控关键技术研发与应用	围绕动物疫病防控的国家重大需求，以非洲猪瘟等畜禽重大疫病、重要人兽共患病为主攻方向，重点突破病原学与疫病防控关键机制，新型诊断试剂、新型疫苗、兽药与替抗新产品，产品应用与疫病防控关键科学与技术瓶颈

（续表）

大食物产业对象	科技支撑来源	科技支撑名称	科技支撑内容/目标
畜牧业	"十三五"期间国家重点研发计划	畜禽重大疫病防控与高效安全养殖综合技术研发	聚焦畜禽重大疫病防控、养殖废弃物无害化处理与资源化利用、养殖设施设备研发三大领域，贯通基础研究、共性关键技术研究、集成示范科技创新链条，进行一体化设计，攻克畜禽重大疫病防控与高效安全养殖领域的重大基础理论、关键核心技术，建立应用示范基地，辐射带动产业创新能力整体提升。实现核心场与原有场在原有基础上，畜禽病死率下降8%~10%，常规污染物排放消减60%，粪污及病死动物资源化利用率达80%以上，"全封闭、智能化、信息化、自动化"养殖
渔业	"十三五"期间国家重点研发计划	蓝色粮仓科技创新	围绕水产生物种质创制、健康养殖、资源养护、友好捕捞、绿色加工等产业面临的重大科学问题和重大技术瓶颈，贯通基础研究、共性关键技术研究、重大共性关键技术、典型应用示范科技创新全链条，进行一体化组织设计，聚焦淡水渔业的提质增效和转型升级，以绿色生态养殖为着力点，突破水体环境调控、产品质量安全等瓶颈制约，实现从增量到提质的转变；强化海洋渔业发展以装备技术和产业拓展，近海以引领现代海洋牧场发展为主线，深远海以提升智能装备能力为抓手，推动海洋渔业迈上新台阶，近海突破以提高蛋白质有效供给、构建池塘绿色生态养殖、现代化海洋牧场、深远海智能化养殖等新模式，智能捕捞和绿色加工等新生产力体系，形成三产融合、链条完整的产业集群和科技标准体系，实现我国渔业科技由并跑向领跑跨越
林业—资源培育	"十四五"期间国家重点研发计划	林业种质资源培育与质量提升	聚焦解决林地生产力低、森林质量不高、生态服务功能不强、高值深加工林产品缺乏突出问题，突破林业资源高效培育与精深加工重大科学问题和关键技术瓶颈，支撑林业高质量发展

(续表)

大食物产业对象	科技支撑来源	科技支撑名称	科技支撑内容/目标
食品加工制造业	"十四五"期间国家重点研发计划	食品制造与农产品物流科技支撑	为支撑食品产业高质量发展、保障农民增收、满足人民日益增长的美好生活需要,助力"后疫情时代"新业态形成,专项围绕解决食品制造和农产品物流瓶颈问题,提高食品产业的自主创新能力,提升产业竞争力
	"十三五"期间国家重点研发计划	现代食品加工及粮食储运技术与装备	以创新驱动发展战略为核心,紧系围绕食品产业新型加工与绿色制造、粮食收储运技术装备、现代食品物流的信息化、智能化与低碳化研发,全产业链品质质量过程控制开发,中华传统与民族特色食品工业化以及工程化食品加工技术过程控制与装备创制创新,依靠科技创新,实现新知识支撑、新工艺创建、新装备保障、新产品创制和新格局形成
食品安全	"十三五"期间国家重点研发计划	食品安全关键技术研发	重点解决我国食品源头污染严重、过程控制能力薄弱、监管支撑能力不足的问题,聚焦严重危害我国人民健康的食源性致病微生物、化学致癌物、内分泌干扰物、抗生素、生物毒素等重要危害因素,深入开展食品危害识别与毒性机制、食品原料中危害物迁移转化规律与安全控制机理等基础研究,为科学有效保障食品安全提供重要的理论基础;有效强化过程控制、检验检测、监测评估、监管应急4个方向关键共性技术研究,加快研发快速检测和非定向筛查技术及产品,大幅提升食品安全快速检测试剂和装备国产化率,构建与国际接轨的食品安全标准体系、全国统一的追溯预警体系、全链条控制技术体系以及国家食品安全大数据平台,进一步完善监管应急预警体系;积极转化研究成果,食品安全应用示范,食品安全保障、食品安全应急监管、社会共治等重点领域,开展区域和产业链质量综合示范,为实现我国食品安全从"被动应对"向"主动保障"的转变,确保群众舌尖上的安全和推动食品相关产业健康、快速发展提供技术支撑
未来食物资源	"十三五"期间国家重点研发计划	合成生物学	针对人工合成生物创建的重大科学问题,围绕物质转化、医疗健康、农业增产等重大需求,突破合成生物学的基本科学问题,构建几个实用性的重大人工生物体系,创新合成生物前沿技术,为促进生物产业个展与经济绿色增长等作出重大科技支撑